**2021年**

# 农业主推技术

中华人民共和国农业农村部 编

中国农业出版社
北 京

**图书在版编目（CIP）数据**

2021年农业主推技术 / 中华人民共和国农业农村部编 . —北京：中国农业出版社，2021.10
ISBN 978-7-109-28880-5

Ⅰ.①2… Ⅱ.①中… Ⅲ.①农业技术－技术推广—中国－2021 Ⅳ.①F324.3

中国版本图书馆 CIP 数据核字（2021）第 211901 号

---

中国农业出版社出版

地址：北京市朝阳区麦子店街 18 号楼
邮编：100125
责任编辑：周益平　李海锋
版式设计：杜　然　责任校对：刘丽香
印刷：中农印务有限公司
版次：2021 年 10 月第 1 版
印次：2021 年 10 月北京第 1 次印刷
发行：新华书店北京发行所
开本：787mm×1092mm　1/16
印张：30.25
字数：725 千字
定价：198.00 元

---

# 目 录

## 粮 食 增 产 类

优质小麦全环节高质高效生产技术 ………………………………………… 1

冬小麦宽幅精播高产栽培技术 …………………………………………… 6

冬小麦节水省肥优质高产技术 …………………………………………… 8

小麦两墒两水两减绿色高效生产技术 ……………………………………… 13

稻茬小麦灭茬免耕带旋播种技术 ………………………………………… 16

稻茬麦秸秆还田整地播种一体化机播技术 ………………………………… 20

小麦绿色智慧施肥技术 …………………………………………………… 24

杂交稻暗化催芽无纺布覆盖高效育秧技术 ………………………………… 28

籼粳杂交稻优质高产高效栽培技术 ……………………………………… 33

水稻叠盘出苗育秧技术 …………………………………………………… 38

水稻"三控"（控肥、控苗、控病虫）施肥技术 …………………………… 41

北方寒地水稻机插同步侧深施肥技术 ……………………………………… 44

玉米品种互补增抗生产技术 ……………………………………………… 49

玉米控释配方肥免追高效施肥技术 ……………………………………… 54

玉米密植高产全程机械化生产技术 ……………………………………… 58

西南山地玉米黑膜覆盖控草集雨抗旱栽培技术 …………………………… 61

马铃薯绿色高效栽培技术 ………………………………………………… 65

旱地黑色地膜马铃薯垄上微沟栽培技术 …………………………………… 67

小麦机械化收获减损技术 ………………………………………………… 70

水稻机械化收获减损技术 ………………………………………………… 76

玉米机械化收获减损技术 ………………………………………………… 83

## 油 料 增 效 类

大豆带状复合种植技术 …………………………………………………… 90

黄淮海夏大豆高质低损机械化收获技术 …………………………………… 94

黄淮海夏大豆免耕覆秸机械化生产技术 …………………………………… 98
米豆轮作条件下大豆高产栽培技术 ……………………………………… 102
油菜精量联合播种与广适低损高品质收获技术 ………………………… 106
长江流域油菜密植增效种植技术 ………………………………………… 109
玉米花生宽幅间作技术 …………………………………………………… 115
花生单粒精播节本增效栽培技术 ………………………………………… 120
夏花生免膜播种机械化技术 ……………………………………………… 122
芝麻节本增效机械化播种技术 …………………………………………… 125

## 特 色 产 业 类

西北内陆棉区"宽早优"绿色高质高效机采棉生产技术 ……………… 128
黄河流域棉花生产全程机械化增产技术 ………………………………… 134
设施茄果类蔬菜优质绿色简约化栽培技术 ……………………………… 138
非耕地日光温室蔬菜有机生态型无土栽培技术 ………………………… 143
高光效日光温室蔬菜绿色生产技术 ……………………………………… 149
旱作区苹果高品质栽培技术 ……………………………………………… 152
梨树液体授粉节本增效技术 ……………………………………………… 157
"一改二精三高"鲜食葡萄高效栽培技术 ……………………………… 162
哈密瓜露地优质绿色高效轻简化栽培技术 ……………………………… 167
设施高品质生食果蔬生态基质无土栽培稳产技术 ……………………… 171
茶园化肥减施增效生产技术 ……………………………………………… 174
茶园农药减量增效生产技术 ……………………………………………… 179
蚕豆全程机械化生产技术 ………………………………………………… 183
燕麦宽幅匀播栽培技术 …………………………………………………… 189
旱作谷子全程机械化栽培技术 …………………………………………… 193
甘薯机械化栽插与碎蔓收获技术 ………………………………………… 198
食用菌菌棒自动化高效生产技术 ………………………………………… 203
甘蓝类蔬菜全程机械化生产技术 ………………………………………… 208
露地蔬菜无人化作业生产技术 …………………………………………… 214
木薯宽窄双行起垄种植及配套全程机械化技术 ………………………… 219

## 绿 色 防 控 类

水稻病害"一浸两喷"精准防控技术 …………………………………… 222
稻田抗药性杂草"早控—促发"治理技术 ……………………………… 225
基于农田杂草群落消减的稻田精确生态控草技术 ……………………… 228
二点委夜蛾绿色防控技术 ………………………………………………… 232
葡萄果实病害绿色防控技术 ……………………………………………… 236

猕猴桃细菌性溃疡病"三位一体"精准防控技术 ······················· 239
利用寄生蜂防治椰心叶甲技术 ························································ 244
水果内部病害的田间减控与采后精准无损筛查技术 ···················· 247
梨蜜蜂授粉与病虫害绿色防控技术 ··············································· 251
甘薯病毒病综合防控技术 ···························································· 254

## 耕地质量提升类

玉米秸秆覆盖保护性耕作技术 ························································ 258
东北地区玉米秸秆集中深还田快速改土培肥技术 ························· 263
旱作土壤秸秆错位轮还全耕层培肥技术 ········································ 266
农产地土壤重金属关键障碍降控技术 ············································ 269
寒区黑土地保护性耕作技术 ························································· 273
东北黑土区旱地肥沃耕层构建技术 ··············································· 277
健康耕层构建技术 ······································································ 281
土壤熏蒸消毒技术 ······································································ 288
南方稻田豆科绿肥与稻草联合利用养地减肥技术 ························· 292

## 健 康 养 殖 类

玉米豆粕减量替代技术 ································································ 295
畜禽抗生素减量替代技术 ···························································· 301
奶牛精准饲养技术 ······································································ 304
优质苜蓿青贮加工与饲喂利用技术 ··············································· 306
放牧绵羊母子一体化养殖技术 ························································ 310
肉羊标准化饲养管理技术 ···························································· 314
肉鹅规模化高效生产技术 ···························································· 317
单作苜蓿田季节性套作青贮玉米种植技术 ···································· 322
规模养殖母猪定时输精批次生产技术 ············································ 327
混播草地划区轮牧技术 ································································ 331
高青贮日粮均衡营养技术 ···························································· 335
漏斗形池塘循环水高效养殖技术 ·················································· 339
池塘鱼菜共生循环种养技术 ························································· 345
稻田生态综合种养技术 ································································ 349
池塘养殖水质调控与尾水生态治理技术 ········································ 356
海水池塘养殖尾水生态治理技术 ·················································· 361
对虾工厂化循环水高效生态养殖技术 ············································ 364
池塘工程化循环水养殖技术 ························································· 368
鱼虾混养生态防控技术 ································································ 373

## 畜 禽 防 疫 类

种畜场口蹄疫免疫无疫控制技术 ······························· 377
非洲猪瘟常态化防控技术 ······································· 381
奶山羊布鲁氏菌病区域净化技术 ································· 384
生猪养殖机械化防疫技术 ······································· 389
规模化鸡场消毒技术 ··········································· 394

## 增 值 加 工 类

冷鲜肉减损保鲜物流关键技术 ··································· 399
奶产品三维评价技术 ··········································· 403
玉米种子精细高效规模化加工技术 ······························· 405
切花采后运销综合保鲜技术 ····································· 407
橡胶树省工高效采胶技术 ······································· 411
玉米全株青贮裹包机械化技术 ··································· 413
全株玉米青贮质量评价技术 ····································· 418
高水分苜蓿青贮技术 ··········································· 421

## 生 态 环 保 类

北方地区秸秆捆烧清洁供暖关键技术 ····························· 423
畜禽粪便就近低成本处理利用集成技术 ··························· 428
村镇有机废弃物高效清洁好氧发酵技术 ··························· 434
分散式农业废弃物能源化利用技术 ······························· 440
畜禽粪便纳米膜好氧发酵堆肥技术 ······························· 444
秸秆基料化循环利用技术 ······································· 448
农业废弃物食用菌基质化利用技术 ······························· 452
黄土高原旱作果园雨水集蓄根域补灌技术 ························· 455
玉米无膜浅埋滴灌水肥一体化技术 ······························· 459
热带果园间作柱花草提质增效技术 ······························· 462
镉污染稻田原位钝化联合微肥调控技术 ··························· 464
稻田氮磷流失田沟塘协同防控技术 ······························· 466

附录 ························································· 470

# 粮食增产类

# 优质小麦全环节高质高效生产技术

## 一、技术概述

### 1. 技术基本情况

随着经济社会高质量发展和人民群众生活水平不断提高，小麦生产呈现结构性供求矛盾，发展优质专用小麦势在必行。但河南省优质小麦发展面临以下主要问题：①种植面积比例较小，供给不足；②技术集成度、融合度不够，良种良法配套技术相对缺乏，导致优质小麦产量低、达标率不高、比较效益差；③区域化种植，规模化、标准化生产程度低，难以开展订单生产；④生产经营主体发生变化，缺乏有效推广机制。因此，迫切需要开展优质专用小麦技术集成、熟化、培训与示范推广，提升优质专用小麦生产质量效益和竞争力。

该技术以强筋小麦品种为基础，集成配套区域化布局、规模化种植、土壤培肥、深耕或深松、高质量播种、水肥后移、后期控水、叶面喷氮、病虫害综合防治、风险防控、适期收获、单收单贮等各环节关键技术措施，能够有效解决优质小麦生产中良种良法不配套，技术集成度、融合度不够，产量品质效益不同步等问题，为优质小麦发展提供技术支撑。

### 2. 技术示范推广情况

2017 年在 19 个示范县重点推广应用，2018 年在 37 个示范县重点推广应用，2019 年在 37 个示范县和黄泛区农场重点推广应用，2020 年在 37 个示范县和黄泛区农场重点推广应用，目前全省推广应用面积 1 000 万亩*以上，且呈逐年增加趋势。2019 年该优质小麦全环节高质高效生产技术模式图在中央电视台《壮丽 70 年奋斗新时代——重温嘱托看变化》节目中呈现。

### 3. 提质增效情况

通过强筋小麦全环节绿色高质高效技术模式示范推广，一是初步实现了节本增效。该技术注重打牢播种基础，减少后期田间投入，初步实现了项目区节本增效 5% 以上的目标任务。如示范推广的规范化耕种技术，不仅平均每亩减少播量 1.5~2.5kg，而且有利于培育冬前壮苗，提高综合抗逆能力，减少了田间管理。二是初步实现了绿色增效。示范推广的测土配方、机械深松、氮肥后移等节水节肥技术，有效提高了水肥资源利用率，示范区全面推

---

  \* 亩为非法定计量单位，1 亩＝1/15 公顷。

广病虫害统防统治，不仅提高了防治效率，而且减少了农药用量。三是初步实现了优质增效。项目区运用规范化生产技术收获的优质专用小麦受到用粮企业欢迎，收购价格较高。

**4. 技术获奖情况**

2020年获得河南省农业技术推广成果奖一等奖。2018—2020年连续三年列入河南省农业主推技术推介项目，2020年获得"河南省十大农业绿色技术推广"称号。

## 二、技术要点

### （一）核心技术

区域化布局＋规模化种植＋土壤培肥＋深耕或深松＋高质量播种＋水肥后移＋后期控水＋叶面喷氮＋病虫害综合防治＋风险防控＋适期收获＋单收单贮。

### （二）全环节关键技术

**1. 区域化种植**

强筋小麦适宜生态区。

**2. 规模化种植**

推广单品种集中连片种植。

**3. 规范化耕种**

（1）品种选用。选用适宜在我省强筋小麦生态区种植稳产高产优良品种。

（2）种子和土壤处理。根据病虫发生情况，选用包衣种子或药剂拌种、地下害虫严重发生地块进行土壤处理。

（3）深耕机耙配套。耕深应达到25cm，耕后耙实耙透，达到地表平整，上虚下实，表层不板结，下层不翘空。

（4）高效精准施肥。推广测土配方施肥，增施有机肥，补施硫肥。一般亩产500kg左右的田块，每亩总施肥量氮肥（纯氮）为12～14kg、磷肥（五氧化二磷）6～8kg、钾肥（氧化钾）3～5kg。磷肥、钾肥和硫肥一次性底施，氮肥分基肥与追肥两次施用，基肥与追肥比例为5∶5或6∶4。

（5）适期播种。一般豫北麦区适播期：半冬性品种10月10—15日；豫中、豫东麦区适播期：半冬性品种为10月15—20日。

（6）控制播量。在适宜播期范围内，适当控制播量，一般每亩播量8～10kg。整地质量差、土壤偏黏地块应适当增加播量。

（7）高效播种。推广宽幅匀播机、宽窄行播种机等高效复式作业机具，播深3～5cm，随播镇压或播后镇压。

**4. 规范化田间管理**

（1）前期管理（出苗—越冬）。

【化学除草】冬前是麦田化学除草有利时机，可选用炔草酸、精恶唑禾草灵等防除野燕麦、看麦娘等；用甲基二磺隆、甲基二磺隆＋甲基碘磺隆防除节节麦、雀麦等；用双氟磺草胺、氯氟吡氧乙酸、唑草酮、苯磺隆、溴苯腈和二甲四氯水剂等防除双子叶杂草。防治时间宜选择在小麦3～5叶期、杂草2～4叶期、气温在10℃以上的晴朗无风天气进行。

【科学灌水】若冬前降水较少，土壤墒情不足，要浇好分蘖盘根水，促进冬前长大蘖、成壮蘖。对秸秆还田、旋耕播种、土壤悬空不实和缺墒的麦田必须进行冬灌，以踏实土壤，保苗安全越冬。冬灌时间一般在日平均气温 3℃ 以上时进行，在封冻前完成，一般每亩浇水量为 40m³，禁止大水漫灌，浇后及时划锄松土，增温保墒。

（2）中期管理（返青—抽穗）

【肥水后移】在小麦拔节期，结合灌水追施氮肥，每亩灌溉量以 40～50m³ 为宜。追氮量为总施氮量的 40%～50%。但对于早春土壤偏旱且苗情长势偏弱的麦田，灌水施肥可提前至起身期。

优质小麦拔节期灌水追肥

【防治病虫害】在返青至抽穗期，重点防治小麦纹枯病、条锈病、红蜘蛛。坚持以"预防为主，综合防治"为防治原则，按病虫害发生规律科学防治，对症适时用药。

【预防倒伏】小麦起身期是预防倒伏的最后关键时期，对整地粗放、坷垃较多的麦田，开春后要进行镇压，以踏实土壤，促根生长；对长势偏旺的麦田，可在起身初期喷洒化控剂，另外，可采用深中耕断根，控制麦苗过快生长。

【预防冻害】及时浇好拔节水，促穗大粒多，增强抗寒能力，特别要密切关注天气变化，在降温之前及时灌水，防御冻害。低温过后，及时检查幼穗受冻情况，一旦发生冻害，要落实追肥浇水等补救措施。

（3）后期管理（抽穗—成熟）。

【合理灌溉】干旱年份或缺墒地块在抽穗前后灌溉，保证小麦穗大粒多，每亩灌溉以 30～40m³ 为宜，一般不提倡浇灌浆水，严禁浇麦黄水。

【防治病虫】在小麦抽穗至扬花期应对赤霉病进行重点防治。小麦齐穗期进行首次防治，若天气预报有 3d 以上连阴雨天气，应间隔 5d 再喷施一次。若喷药后 24h 内遇雨，应及时补喷。同时灌浆期应注意防治白粉病、叶锈病、叶枯病、黑胚病及蚜虫等，成熟期前 20d 内停止施用农药。

【叶面喷肥】灌浆期结合病虫害防治，每亩用尿素 1kg 和 0.2kg 磷酸二氢钾兑水 50kg进行叶面喷施，促进氮素积累与籽粒灌浆。

优质小麦生育后期叶面喷施氮肥

单品种连片种植与单收单储

**5. 规范化收获与贮藏**

抽齐穗后 10～20d 进行田间去杂，拔除杂草和异作物、异品种植株。机械化收获时按同一品种连续作业，防止机械混杂。收获后按单品种晾晒和贮藏。

## 三、适宜区域

该技术模式适合在豫北强筋小麦适宜生态区和豫中、豫东强筋小麦次适宜生态区推广应用，土壤质地偏沙、瘠薄地及无灌溉的田块不宜推广。

## 四、注意事项

（1）在强筋小麦适宜生态区推广单品种集中连片种植。

（2）真正掌握整地播种质量标准和技术要领，确保田间整地播种作业质量。

（3）依据不同时期苗情、墒情、病虫害情和天气变化，强化应变管理，科学防灾减灾。

**技术依托单位**

河南省农业技术推广总站

联系地址：河南省郑州市农业路 27 号

邮政编码：450002

联系人：毛凤梧 蒋 向 王 策

联系电话：0371-65917929

邮 箱：xialiangke@126.com

# 冬小麦宽幅精播高产栽培技术

## 一、技术概述

### 1. 技术基本情况

小麦是山东省第一大粮食作物，是全国第三大粮食作物，也是全国人民的主要口粮，搞好小麦生产，对于满足人民生活需求和确保粮食安全具有十分重要的意义。自 20 世纪 70 年代末，山东农业大学余松烈院士提出小麦精播栽培技术以来，该技术在我国黄淮海麦区小麦生产发挥了巨大的增产作用。但近年来，主要是农村实行家庭承包经营责任制以来，农民种地分散经营，规模小，种植模式多，种植密度大，播种机械种类多且机械老化等现象普遍存在，造成小麦精播高产栽培技术应用面积下降，小麦播量快速升高，部分地区平均每亩播种量达 15kg 以上，少数农户每亩播量达 20kg 左右，甚至 25～30kg。大播量、大群体粗放管理十分突出，造成群体差、个体弱、产量徘徊的局面。针对上述小麦生产播种机械老化、种类杂乱、行距小、播种差、播量大、个体弱、缺苗断垄、疙瘩苗严重、产量徘徊等生产状况，2006 年，在山东农业大学余松烈院士指导下，山东农业大学农学院董庆裕老师研制出新型小麦宽幅精量播种机，该技术将小麦播种机械的播种苗带由以前的 3～5cm 加宽到 8cm 左右，具有播种量准确，出苗均匀、整齐、健壮，亩穗数较多等优点，一般增产 10% 左右。因此，在黄淮海麦区示范推广小麦宽幅精播栽培技术，对大幅度提高小麦单产、保证小麦高产稳产具有非常重要意义。

### 2. 技术示范推广情况

山东省农业技术推广总站自 2007 年以来在全省重点推广该技术，目前已连续 8 年被列为山东省和全国主推技术，推广面积已占山东全省种植面积的三分之一，在周边省份均有较大面积示范推广。

### 3. 提质增效情况

该技术经大面积试验和示范，一般每亩增产增收 79.2 元，亩减少种子、肥水等投入40.2 元，单位规模新增纯收益 119.4 元。

### 4. 技术获奖情况

该技术于 2016 年获山东省农牧渔业丰收奖一等奖，于 2019 年获全国 2016—2018 年度农牧渔业丰收奖一等奖。

## 二、技术要点

一是选用有高产潜力、分蘖成穗率高，中等穗型或多穗型品种。

二是坚持深耕深松、耕耙配套，重视防治地下害虫，耕后撒毒饼或辛硫磷颗粒灭虫，提高整地质量，杜绝以旋代耕。

三是实行宽幅精量播种，改传统小行距（15～20cm）密集条播为等行距（22～26cm）宽幅播种，改传统密集条播籽粒拥挤一条线为宽播幅（8cm）种子分散式粒播，有利于种子分布均匀，无缺苗断垄、无疙瘩苗，克服了传统播种密集条播籽粒拥挤，争肥、争水、争营养，根少、苗弱的生长状况。

四是坚持适期适量足墒播种，播期10月3—10日，每亩播量6～8kg。

五是冬前每亩群体大于70万苗时采用深耘断根，有利于根系下扎，健壮个体。浇好冬水，确保麦苗安全越冬。

六是早春划锄增温保墒，提倡返青初期搂枯黄叶，扒苗青棵，以扩大绿色面积，使茎基部木质坚韧，富有弹性，提高抗倒伏能力。科学运筹春季肥水管理。

七是重视叶面喷肥，延缓植株衰老，后期注意及时防治各种病虫害。

## 三、适宜区域

山东省和黄淮海高产小麦区。

## 四、注意事项

因地力、产量水平适宜调节行距。

**技术依托单位**

1. 山东农业大学

联系地址：泰安市岱宗大街61号

邮政编码：271018

联 系 人：董庆裕

联系电话：0538-8242694

电子邮箱：qydong@sdau.edu.cn

2. 山东省农业技术推广总站

联系地址：济南市历城区工业北路200号

邮政编码：250100

联 系 人：鞠正春

联系电话：0531-67866308

电子邮箱：juzhengchun@163.com

**技术推荐单位**

山东省农业技术推广总站、山东省农业产业技术体系小麦创新团队

# 冬小麦节水省肥优质高产技术

## 一、技术概述

### 1. 技术基本情况

针对华北平原水资源紧缺，冬小麦现实生产中水肥高投入导致地下水超采、环境污染、高产不高效的突出问题，研究形成节简化栽培技术。本项技术以冬小麦（晚播）-夏玉米（晚收）种植体系为整体，采用"大群体、小株型、高收获指数"高产栽培途径，建立了"贮墒节灌"（三种节灌模式，足墒播种：春季不灌溉、春灌 1 水和春灌 2 水）和"集中施肥"相结合的水肥管理模式，组配关键调控技术，实现小麦水肥高效和优质高产统一。其主要原理是：①发挥 2m 土体的水库功能，夏贮春用，高效利用周年水肥资源。小麦季充分利用土壤水，减少灌溉水，提高当季水分利用效率；麦收后腾出较大库容接纳夏季多余降水，减少水氮流失，提高周年水肥利用率。②发挥适度水分亏缺对作物的有益调控作用，构建高效低耗群体结构并促进籽粒灌浆。拔节前水分调亏促根控叶，改善株型，减少无效生长和水氮损耗；灌浆后期上层水分亏缺，加速灌浆，并改善籽粒品质。③发挥综合技术协调补偿作用，补偿阶段性干旱胁迫对产量形成的不利影响。通过增加基本苗补偿晚播和前期水分亏缺对穗数的不利影响；通过肥料集中基施促进壮苗，并通过中期因墒补灌稳定粒数；通过增苗扩大种子根群和增穗扩大非叶片光合面积，发挥种子根深层吸收和非叶器官（穗、茎、鞘）光合耐逆机能，补偿后期上层供水不足、叶片功能下降对粒重的不利影响。

**冬小麦节水省肥高效灌溉与施肥模式**

| 生育过程 | 播种—越冬 | 返青—拔节前 | 拔节—开花 | 灌浆—成熟 |
|---|---|---|---|---|
| 土壤水分调控目标 | 水分适宜<br>晚播增苗增穗<br>安全越冬 | 表层水分调亏<br>促根控叶 | 水分适宜<br>保穗稳粒 | 上层水分调亏<br>深层吸水<br>加快灌浆 |
| 灌溉模式 | 浇足底墒水 | 保墒免灌 | 因墒补灌<br>（0~2 水） | 腾出土壤库容<br>接纳夏季降水 |
| 施氮模式<br>（每亩总氮量 10~14kg） | 集中底施<br>（70%~100%） | | 因苗补施<br>（0%~30%） | |

### 2. 技术示范推广情况

本项技术自 2012 年以来已连续 8 年被农业农村部推介为全国主推技术，持续在华北地区大面积推广应用。2018 年以本项技术为核心内容的"小麦节水保优技术"又被农业农村部列为"全国农业十大引领性技术"之一。"十三五"期间本项技术与节水品种配套应用，累计推广面积 1.1 亿多亩，累计节水 40 亿 $m^3$ 以上，累计节省氮肥（纯 N）约 3 亿 kg，为促进我国小麦绿色增产增效、为华北地区地下水超采治理和农业面源污染防治做出了重要贡献，2020 年被农业农村部遴选为"十三五"农业科技十大标志性成果之一。

**3. 提质增效情况**

在华北中上等肥力土壤上实施该项技术，正常年份足墒播种春浇 2 次水（每次灌水60～75mm）亩产 500～600kg 或以上，春浇 1 次水亩产 450～500kg，春不浇水亩产 400kg 左右，并保优增效，比传统高产栽培方式每亩减少灌溉水 50～100m³，节省氮素 15%～20%，水分利用效率提高 15%～20%，降低温室气体 $N_2O$ 累积排放量20%～32%。技术措施简化，农民易掌握。

**4. 技术获奖情况**

本项技术获中华农业科技奖一等奖（2011）。

## 二、技术要点

**1. 贮足底墒**

播前浇足底墒水，以底墒水调整土壤储水，使麦田 2m 土体的储水量达到田间最大持水量的85%～90%。底墒水灌水量由播前 2m 土体水分亏额决定，一般在常年八、九月份降水量 200mm 左右条件下，小麦播前灌底墒水 75mm，降水量大时，灌水量可少于 75mm，降水量少时，灌水量应多于 75mm，使底墒充足。

播前浇足底墒水

**2. 优选品种**

选用早熟、耐旱、穗容量大、灌浆快的节水优质品种。熟期早可缩短后期生育时间，减少耗水量，减轻后期干热风危害程度；穗容量大的多穗型品种利于调整亩穗数及播期；灌浆强度大的品种籽粒发育快，结实时间短，粒重较稳定，适合应用节水高产栽培技术。精选种子，使种子大小均匀，严格淘汰碎瘪粒。

**3. 集中施肥**

节水有利于节氮，在节水和节氮条件下，增加基肥施氮比例有利于抗旱增产提高肥效。节水栽培以"限氮稳磷补钾锌，集中基施"为原则，调节施肥结构及施肥量。一般春浇 1～2 次水亩产 400～600kg，氮肥纯氮亩用量 10～14kg，全部基施；或以基肥为主，拔节期少量追施，适宜基：追比 7：3。基肥中稳定磷肥用量，亩施磷 7～9kg，补施钾肥 7～9kg，硫酸锌 1～2kg。

**4. 晚播增苗**

早播麦田冬前生长时间长，耗水量大，春季需要早补水，在同等用水条件下，限制了土壤水的利用。适当晚播，有利于节水节肥。晚播以不晚抽穗为原则，越冬苗龄 3 叶是个界限，生产上以苗龄 3～5 龄为晚播适宜时期。各地依此确定具体适播日期。晚播需增加基本苗，以增苗确保足够穗数，并增加种子根数。在前述晚播适期范围内，以亩基本苗 30 万苗为起点，每推迟 1d 播种，基本苗增加 1.5 万苗，以基本苗 45 万苗为过晚播最高苗限。

**5. 精耕匀播**

为确保苗全、苗齐、苗匀和苗壮，要求：①精细整地。秸秆应粉碎成碎丝状（＜5cm）均匀铺撒还田。在适耕期旋耕 2～3 遍，旋耕深度要达 13～15cm，耕后适当耙压，使耕层上虚下实，土面细平。②窄行匀播。播种行距不大于 15cm，做到播深一致（3～5cm），落籽均匀。严格调好机械、调好播量，避免下籽堵塞、漏播、跳播。地头边是死角，受机压易造成播种质量差和扎根困难，应先横播地头，再播大田中间。

前茬秸秆粉碎还田

旋耕整地要细平

提高机械播种质量确保出苗均匀

**6. 播后镇压**

旋耕地播后务必镇压。应选好镇压机具，待表土现干时，强力均匀镇压。

播后务必均匀镇压

**7. 适期补灌**

一般春浇1～2次水，春季只浇1次水的麦田，适宜浇水时期为拔节至孕穗期；春季浇2次水的麦田，第1水在拔节期浇，第2水在开花期浇。每亩每次浇水量为40～50m³。在地下水严重超采区，可应用"播前贮足底墒，生育期不再灌溉"的贮墒旱作模式，进一步减少灌溉用水。

## 三、适宜区域

华北年降水量500～700mm地区，适宜土壤类型为沙壤土、轻壤土及中壤土类型，不

小麦节水示范田群体长势

适于过黏重土及沙土地。

## 四、注意事项

强调"七分种三分管"，确保整地播种质量；播期与播量应配合适宜；播后务必镇压。

技术依托单位

1. 中国农业大学

联系地址：北京市海淀区圆明园西路2号

邮政编码：100193

联 系 人：王志敏

联系电话：010-62732557

电子邮箱：cauwzm@qq.com

2. 河北省农业技术推广总站

地　　址：河北省石家庄市裕华区裕华东路212号

邮　　编：050011

联 系 人：曹　刚　王亚楠

联系电话：0311-86678024

# 小麦两墒两水两减绿色高效生产技术

## 一、技术概述

### 1. 技术基本情况

华北地区是我国重要的粮食作物主产区,小麦总产量占全国79%;耕地面积占全国近30%,而水资源仅占全国6%左右,年均降水量多为500~600mm,水土资源严重不匹配,水资源紧缺已成为制约华北地区农业生产的首要因素。

长期以来,该区域内生产者为了追求产量,盲目施用化肥农药,造成施用量整体偏高(以河北省为例,平均每亩施氮量22.5kg)。不仅增加生产成本,浪费资源,而且在一定程度上影响农田生态环境,降低小麦品质。

近年来,坚持绿色高质量发展的主线,本着节水、节肥、节药的原则,进一步提高自然降水及化肥利用率,减少农药用量。通过实施三个"两"(两墒两水两减:深松蓄墒和镇压保墒,浇越冬水和拔节水,减少氮肥和农药用量),实现四个"一"(每亩浇水100m³、产粮500kg,肥料减少10%、农药减少10%以上),集成了以"两墒两水两减"为核心的小麦节水减肥绿色高效生产技术,经过示范推广,有利于促进该区域小麦产业可持续发展。

### 2. 技术示范推广情况

近年来,在河北、河南、山东等地建立示范点,进行技术集成和试验示范,同时通过举办培训班、现场会等形式,正在大面积推广。

### 3. 提质增效情况

实现"四个一":浇水100m³、产粮500kg,同时肥料减少10%、农药减少10%以上。与常规生产技术相比,可以减少春季1~2次浇水,全生育期每亩浇水100m³左右,节省灌溉水50~100m³,提高自然降水利用率10%左右;减少氮肥施用量2~3kg,提高土壤氮素利用率10%左右,亩产量稳定在500kg左右。

### 4. 技术获奖情况

2016年12月,小麦高产创建技术集成与示范推广,获农牧渔业丰收奖一等奖。

## 二、技术要点

### 1. 强化"两墒",深松蓄墒和镇压保墒

一是深松蓄墒。根据土壤墒情和降水情况,隔年选用深松耕技术,耕深25厘米以上,破除犁底层,疏松土壤,保证地面平整,上松下实,以充分接纳自然降水,减少水分蒸发,将自然降水全部贮存在土壤中,提高其利用率约10%,提高土壤对自然降水的蓄保能力。

二是镇压保墒。播种后及时镇压,随播随压,保证镇压质量,使耕层紧密,促进种子与土壤紧密结合,利于保墒出苗,可提高土壤表层含水量0.5%~2%,同时促进种子与土壤充分接触,促进全苗、齐苗。同时,根据土壤墒情和苗情,适时开展越冬期镇压,要在气温

深松蓄墒

超过 3℃、中午前后、麦苗解冻变软、地表坷垃解冻变酥后进行，以免造成麦苗折断损伤，进一步保墒防冻，确保安全越冬。

镇压保墒

**2. 强化"两水"，浇好越冬水和拔节水**

一是冬前浇越冬水。浇越冬水有利于保苗安全越冬，使早春保持较好墒情，推迟春季第一次肥水管理。于日均气温 0～3℃、昼消夜冻时浇越冬水为宜。浇水过早气温较高时，会加速小麦生长；浇水过晚，宜使地面结冰，麦苗发生冻害。一般每亩浇水 50m³ 即可。弱苗早浇，旺苗迟浇。必要时需划锄破除板结。

二是春后浇拔节水。早春返青期一般可不进行肥水管理，以镇压为主，蹲苗控节，提墒增温，促进根系发育，充分利用土壤水分，吸收土壤有效氮素。推迟春季返青期水肥至拔节期,浇好拔节水,每亩浇水 50m³,基本满足小麦后期对水分的需求。

**3. 强化"两减",减少氮肥和农药用量**

一是科学减肥。测定土壤基础养分含量,结合目标产量,实施精准施肥计划,氮磷钾肥配合,补施微量元素肥。一般亩施纯氮 14～16kg、磷肥 7～8kg、钾肥 6～8kg,缺锌地块亩施硫酸锌 1～2kg。氮肥底施一般占全生育期用量的 50%,其他肥料可全部底施,提高肥料利用率。根据新型水分管理制度下小麦对氮肥的需求规律,每亩降低氮肥施用量 2～3kg,或选用新型缓释肥、控失肥,可降低氮肥施用量 10%～15%。在拔节期随水施用氮素总量的 50%左右,满足小麦后期对养分的需求,形成合理群体结构,提高成穗率,保花增粒,实现亩产 500kg 目标产量。

二是适量减药。坚持"预防为主,综合防治"原则,小麦生育中后期实施"一喷多防",结合病虫害防治及喷施叶面肥、植物生长调节剂,优先采用农业防控、理化诱控、生态治理及生物防控等技术,或选用新型高效低毒农药,可以减少用药次数 1 次以上,降低用药量 10%左右,降低作业成本,提高防治效果。

## 三、适宜区域

通常适用于北方冬麦区,主要包括北京、天津、河北、山东等省(市),以及江苏、安徽、河南中北部地区。

## 四、注意事项

一是深松深耕时要注意土壤墒情,墒情较差时不宜进行。同时,保证作业深度及整齐度,减少漏耕率,并及时合垄平整地面。

二是冬季镇压时要注意天气条件,有霜冻的麦田不宜进行。同时,要注意选用光滑平整的镇压器,降低对麦苗机械损伤。

三是需根据土壤养分测定结果,计算肥料用量,进行配方施肥。

**技术依托单位**

1. 全国农业技术推广服务中心
联系地址:北京市朝阳区麦子店街 20 号楼;
邮政编码:100125;
联 系 人:吕修涛 梁 健
联系电话:010-59194509
电子信箱:liangjian@agri.gov.cn

2. 中国农业科学院作物科学研究所
联系地址:北京市海淀区中关村南大街 12 号
邮政编码:100081
联 系 人:常旭虹
联系电话:010-82108576
电子信箱:changxuhong@caas.cn

# 稻茬小麦灭茬免耕带旋播种技术

## 一、技术概述

### 1. 技术基本情况

稻茬小麦主要分布于长江流域，常年种植面积 7 000 万亩左右，约占全国小麦总面积 20%。稻茬小麦的提升发展，对于稳定全国小麦生产至关重要。

播种质量不高是稻茬小麦产量不高不稳的关键所在。土壤质地黏重、土壤湿度过高、秸秆过多乃是影响稻茬小麦播种质量的三个核心要素。已有的"秸秆粉碎→翻埋还田→机械播种→机械镇压"技术模式，不仅动力需求大、耗油多、成本高，而且常常造成粗耕烂种、立苗质量差、苗子长势弱。尤其随水稻产量水平不断提升和规模化生产发展，进一步增加了规范化播种难度。比如，农机手为了提高收稻效率，降低油耗成本，往往不愿采取低留茬和秸秆粉碎作业，而采取高茬收获方式，但又导致秸秆参差不齐、分布凌乱。

国家小麦产业技术体系西南区高产栽培岗位科学家聚焦稻茬小麦播种质量难题，将机具设计创新和农艺优化创新相结合，研究集成了稻茬小麦灭茬免耕带旋播种技术，一举解决了稻茬小麦长期面临的"播不下、出不齐、长不好"的重大技术难题。该技术优势特点：①将原有技术的 4～5 次作业工序简化为 2 次，大幅度提高了播种效率；②免耕作业避免了对土壤结构的破坏，利于排水降渍；③免耕降低了动力需求，从小四轮到中型拖拉机都能驱动，机械重量降低，能耗减少，对黏湿土壤的适应性显著增强；④通过带旋播种和刀片优化设计，增强了秸秆通透性，避免缠绕、堵塞，播种深浅一致、均衡，能实现一播全苗；⑤稻秸覆盖于地表，减少棵间蒸发，提高了中后期土壤保墒抗旱能力；⑥同翻耕技术模式相比，播种效率提高 50% 以上，出苗率提高 20%，低位分蘖提高 10%；⑦免耕结合稻草覆盖栽培，能够降低氮素淋溶损失，大大提高氮素利用效率。该技术将氮素利用效率（PFPN）从每千克 40kg 提高到 50kg 以上。

### 2. 技术示范推广情况

该技术先进成熟，已在四川、重庆、云南、湖北、安徽、江苏等省市进行大规模示范推广，节本、提质、增效显著，深受种粮大户欢迎，连续几年出现免耕带旋播种机供不应求局面。自 2015 年起，四川省广汉、绵竹、梓潼等地实产验收均在每亩 500kg 以上，最高达 703.2kg（四川梓潼，2020）。农业农村部小麦专家指导组多次现场考察，并形成了现场鉴定意见，认为该技术先进成熟，应加大推广力度。2020 年秋播，示范规模已达 100 万亩以上。

### 3. 提质增效情况

一是显著节约成本。播种量降低 25%，每亩节种 4～6kg，价值 20 元；燃油用量显著减少（减少工序 1 次），每亩节约成本 25 元；每亩减施氮肥（纯氮）2～3kg，折价 12 元；减少 1 次化学除草，药剂成本减少 9 元；多数年景可以不用灌溉拔节水，节约成本 10 元；用工成本节约 30 元。各项合计每亩节本 106 元。

二是显著增加效益。每亩增产 40～70kg，即增值 90～160 元（平均 125 元）。加上节约的成本 106 元，合计增加效益 231 元。

三是显著提升品质。由于群体起点控制、氮肥用量降低，倒伏得到有效控制，不完善粒比例明显下降，品质得以明显提升。体现在容重提高 20～40g/L，不完善粒下降 3～5 个百分点，优质膨化小麦、酿酒小麦原料质量提高 1 个档次。

**4. 技术获奖情况**

以该技术为核心的科技成果获得了 2012 年四川省科技进步奖一等奖；该技术的核心知识产权已获得国家发明专利授权［ZL201310455004.4］和实用新型专利授权［ZL201521034141.1］。

## 二、技术要点

**1. 水稻高留茬收获**

水稻生育后期及时排水晾田，尽量避免收割机对土壤产生碾压破坏。收获时留茬高度 30～50cm，既可减少机械负荷、提高收获效率，又利于节约燃料和后续粉碎作业。条件允许的情况下，收割机直接加装切草、粉碎、分散装置，使稻秸均匀分布于田面。

**2. 秸秆粉碎还田**

水稻收获后，及时开好边沟、厢沟，最大限度沥干渍水。对于水稻收获时未对秸秆进行切碎处理的地块，应当适时进行灭茬作业，用 1JH-150 型或类似型号的秸秆粉碎机进行灭茬粉碎作业，粉碎后的秸秆要求细碎（＜8cm）、分布均匀。

**3. 免耕带旋播种**

采用 2BM-8、2BM-10、2BM-12 系列型号的带旋播种机播种。播前调试机器，根据种子大小调节播量，每亩控制在 9～10kg（基本苗每亩 15 万～18 万株）范围即可。种肥选择养分配比适宜的复合肥，使其底肥 N 用量占全生育期的 50%～60%，P、K 肥用量占到总用量的 100%。一次作业即可完成开沟、播种、施肥、盖种等工序。

水稻收获后秸秆粉碎灭茬作业

小麦免耕带旋播种

小麦出苗效果

**4. 苗期化学除草**

灭茬作业后秸秆覆盖于地表，播前一般不进行化学除草。杂草种子伴随小麦出苗而陆续萌发，应在小麦 3～5 叶期进行苗期化学除草。根据杂草种类选择适宜的除草剂。

## 三、适宜区域

长江流域稻茬麦区及类似生态区域。

## 四、注意事项

第一，水稻生育后期及时排水晾田，避免因土壤过湿造成土壤过度碾压破坏，影响播种作业质量。

第二，排水不畅的田块，在水稻收获后及时开好边沟、厢沟，排出田间积水，为播种创造一个良好的墒情环境。

第三，提高秸秆粉碎质量。粉碎机类型、刀片质量以及机手作业的规范化程度，都会影响秸秆粉碎质量。如果粉碎质量达不到要求，如秸秆过长或堆积过多，都将影响播种质量。

第四，极端黏湿土壤，配套履带式拖拉机。对于大多数稻茬田，轮式拖拉机能够下田作业，但对于丘陵稻茬田或长江下游部分特湿田块，可采用履带式拖拉机作为动力驱动播种机，以免造成进一步的碾压破坏。

**技术依托单位**

四川省农业科学院作物研究所

联系地址：四川省成都市狮子山路 4 号

邮政编码：610066

联 系 人：汤永禄

联系电话：028-84504601，13518156838

电子邮箱：ttyycc88@163.com

# 稻茬麦秸秆还田整地播种一体化机播技术

## 一、技术概述

### (一) 技术基本情况

针对稻麦轮作区因茬口紧、雨水多、土质黏重、秸秆量大等因素造成机播小麦难的"卡脖子"问题，面对前茬水稻收获后，秸秆不做任何收集移出和耕整地处理的"全量秸秆稻茬田"，研究形成了"稻茬麦秸秆还田整地播种一体化机播技术"，实现水稻秸秆障碍整体消除与适量适位精细覆盖还田一体化小麦高质顺畅机播作业，为推进稻麦全程机械化、实现稻麦轮作周年高产高效生产提供了有力支撑。

该技术包含"碎秸覆还调控"和"碎秸行间集覆"两项小麦机械化播种关键技术，并分别形成两大系列播种技术装备，一次完成"秸秆粉碎、覆还调控、种床整备、施肥播种、跨越匀覆"作业，或者"秸秆粉碎、种带清秸、行间集覆、种床整备、施肥播种"作业，相对传统灭、翻、旋、播多台机具轮番下田的机播方式，减少了机具下田次数，降低了作业成本，抢农时，作业集成度高；该技术在整体粉碎作业幅宽内秸秆的同时，利用将碎秸整体接续空间移位，为施肥播种形成无秸秆障碍区域，整体消除了全量水稻秸秆对机播的阻滞、阻隔障碍，为机播顺畅作业和高质量播种创造了良好条件，彻底破解了"挂秸壅堵、架种、晾种"难题；该技术在"播好种"的同时，又将秸秆适量、适位精细覆盖还田，保温保墒、封闭杂草，有效避免了秸秆当茬全量入土消耗氮肥量大的问题，为播种作物后期生长和增产提供保障。

### (二) 技术示范推广情况

稻茬麦秸秆还田整地播种一体化机播技术已在江苏、安徽、湖北等长江流域各省稻麦轮

稻茬麦"碎秸覆还调控"秸秆还田整地播种机典型机型

稻茬麦"碎秸行间集覆"秸秆还田整地播种机典型机型

作区获得较大范围推广应用，核心技术在河南、山东、河北等小麦主产区与种植区已获得多年较大范围推广应用。

**（三）提质增效情况**

该技术整体消除了全量水稻秸秆对机械化播种的阻滞、阻隔障碍，彻底破解了"挂秸壅堵、架种、晾种"难题，实现稻茬麦高质顺畅机械化播种，秸秆去除率≥95％，机具作业有效度≥99.5％，架种率和晾种率为0，作业顺畅，提高了生产率，播种质量高，确保了产量；技术作业集成度高，较稻茬麦常规机播要分别完成秸秆粉碎、犁翻入土、旋耕混埋、二次旋耕、施肥播种的作业方法，减少了机具下田次数3～4次，降低作业成本50％以上；该技术下，碎秸按需均匀覆盖播后地表或有序规整铺放于种行间，保温保墒、封闭杂草，又有效破解了秸秆全量入土还田当茬耗氮量大的难题，可较常规机播增产5％～10％，节本增效显著，并实现水稻秸秆全量覆盖还田资源化利用，有利于耕地提质保育、实现禁烧、保护生态；同时，该技术适应各种前茬水稻机收工况下播种小麦，水稻联合收获机上不仅无需增设秸秆粉碎、抛撒等装置，而且还可高留茬或切穗收获、降低草谷比、减少收获损失率，为前茬收获"减负降损"、实现优质高效低损谷物收获提供了技术支撑。

**（四）技术获奖情况**

（1）以该技术为核心的科技成果"旱田全量秸秆覆盖地免耕洁区播种关键技术与装备"2017年获农业部"神农中华农业科技奖"一等奖。

（2）该技术核心发明"一种碎秸、清秸、施肥、播种、覆秸多功能机组"获2019年"中国专利优秀奖"。

（3）以该技术为核心的科技成果"旱田全量秸秆覆盖地免耕洁区播种关键技术与装备"2017年获中国农业科学院十大杰出科技创新奖。

（4）以该技术为核心的科技成果"整体去秸障高质机播技术有效破解秸秆禁烧难题"入选中国农业科学院2020年度十大科技进展成果。

## 二、技术要点

**（一）核心技术主要内容**

**1. 稻茬麦"碎秸覆还调控"秸秆还田整地播种一体化机播技术**

该技术可一次完成稻茬麦"秸秆粉碎、覆还调控、种床整备、施肥播种、跨越匀覆"播种作业。作业时将水稻秸秆整体粉碎的同时，按需适量向上向后跨越抛撒，在秸秆拾起又未

稻茬麦"碎秸覆还调控"秸秆还田整地播种一体化机播作业与小麦长势情况

落下形成的无秸秆障碍区域内进行种床整备、播种施肥，再将适量碎秸沿种带方向均匀抛撒覆盖于播后地表。其中部分碎秸经种床整理入土还田（混还）、部分碎秸拾起输送抛撒播后地表（覆还），覆还与混还量可根据农艺需求实现0～100%无级调控，实现碎秸适量精细覆还，解决了稻麦轮作区播种小麦时，因水稻秸秆量大又全量覆盖还田易引起的缺苗弱苗问题。

**2. 稻茬麦"碎秸行间集覆"秸秆还田整地播种一体化机播技术**

该技术可一次完成稻茬麦"秸秆粉碎、种带清秸、行间集覆、种床整备、施肥播种"播种作业。作业时，在整体粉碎幅宽内水稻秸秆的同时，将碎秸按种植农艺需求规整有序条覆于行间，为播种施肥作业形成了宽幅条状无秸秆障碍区域，在宽幅种带上完成小麦施肥播种。

"碎秸行间集覆"秸秆还田整地播种一体化机播

碎秸行间条幅效果　　　　小麦田间早期长势

小麦田间后期长势　　　　小麦田间中期长势

稻茬麦"碎秸行间集覆"秸秆还田整地播种一体化机播作业效果与小麦长势情况

**（二）配套技术要点**

**1. 田块要求**

土壤含水率合适、黏度合适的水稻田，以机具可顺畅实现前行作业为准；水稻收获时，对机收方式、留茬高度及秸秆状态无特殊要求，全喂入联合收获和半喂入联合收获均可以，高留茬、低留茬、切穗收获均可以，收获后水稻秸秆粉碎抛撒覆盖、粉碎成条铺放、整秆放倒等各种作业工况均可，播前无需单独处理秸秆和根茬。

**2. 机具选择**

根据当地农艺需求，选择秸秆覆盖还田的稻茬麦"碎秸覆还调控"秸秆还田整地播种机或秸秆条状覆盖行间的稻茬麦"碎秸行间集覆"秸秆还田整地播种机。

**3. 种子准备**

根据当地生态条件和生产特点，选择适宜的小麦种子，播种前精选种子，清除秕、碎、病粒和杂质；可根据当地病虫害发生规律，选用种衣剂对种子进行包衣处理；种子包衣时应选用伤种率较低的包衣机进行加工处理。

**4. 肥料准备**

应根据当地小麦实际需肥规律、土壤供肥性能与肥料效应，将氮、磷、钾合理配比后施用；肥料应采用流动性较好的颗粒肥料，以防止排肥管堵塞和肥料在肥箱内架空。

## 三、适宜区域

稻麦轮作区、玉麦轮作区均可参照执行。

## 四、注意事项

配套动力要足，一般选用 73.5kW 以上四驱轮式拖拉机进行播种；严禁秸秆清理装置入土作业。

**技术依托单位**

1. 农业农村部南京农业机械化研究所

联系地址：江苏省南京市玄武区柳营 100 号

邮政编码：210014

联 系 人：胡志超

联系电话：025-84346246

电子信箱：zchu369@163.com

2. 农业农村部农机鉴定总站、农机推广总站

联系地址：北京市朝阳区东三环南路 96 号农丰大厦 1209

邮政编码：100022

联 系 人：吴传云

联系电话：13693015974

3. 江苏欣田机械制造有限公司

联系地址：江苏省镇江市丹阳市云林镇马厂区

邮政编码：212344

联 系 人：徐花岗

联系电话：13812378198

# 小麦绿色智慧施肥技术

## 一、技术概述

### 1. 技术基本情况

智慧农业是当今世界农业发展的新潮流，随着 5G、物联网、人工智能、智能装备等技术的快速发展，传统作物栽培正向现代作物栽培演变。当前，大面积小麦生产仍存在施肥不合理、施肥效率低等现象，常常出现强筋不强、弱筋不弱的状况，严重制约绿色丰产优质高效生产。如能基于小麦生产目标，根据区域气象、土壤养分和品种特性定量设计基肥施用量，根据实时长势信息精确推荐适宜追肥用量，并通过智能农机进行变量作业，则可为化肥减施增效和作业效率提升等提供技术支撑。近年来，项目组将现代农学、信息技术、农业工程、北斗导航应用于小麦施肥管理等过程，建立以"信息感知、定量决策、智能控制、精确投入、特色服务"为特征的现代麦作管理方式，集成构建了小麦绿色智慧施肥技术体系，实现施肥方案的精确设计、营养指标的精确诊断、施肥作业的智能控制这一技术链的创新与融合，为小麦生产提供了全新的关键技术和应用载体，有力促进作物施肥管理的定量化、信息化和智慧化。

### 2. 技术示范推广情况

自 2006 年起，以小麦精确管理决策系统、生长监测诊断设备及应用系统、播种施肥一体机、变量追肥机械等软硬件产品为主要技术应用载体，以小麦栽培管理处方图、长势分布图、追肥调控处方图等为主要技术形式，以农技推广服务站、农业专家工作站、农业产业合作社等产学研合作基地为主要依托，通过"技术培训—示范应用—辐射推广"的应用流程，在江苏、安徽、河南、河北、山东等小麦主产区开展了规模化示范应用，极大地提升了技术示范推广区域的小麦生产管理水平和综合效益。

### 3. 提质增效情况

技术系统和设备操作简单，效率高，可适应不同生产条件和目标，技术可综合运用，也可单独运用，具有明显的增产、节本、提质、增效等优势。与常规技术相比，亩均增产 6%以上，节约肥料约 15%以上，亩均增效 50 元以上。通过技术实施，积极推进农作生产管理信息化和工程化进程，加速信息技术在农业及农村经济社会领域的渗透，提高农业生产管理全程智能化、机械化水平。同时，根据麦田空间差异，实施肥料变量按需投入，提高肥料利用效率，减轻麦苗病虫害，降低农业面源污染，确保农业可持续发展，具有良好的生态效益。

### 4. 技术获奖情况

以作物栽培方案精确设计为核心的"基于模型的作物生长预测与精确管理技术"成果，荣获 2008 年国家科技进步奖二等奖；以作物生长监测诊断为核心的"稻麦生长指标光谱监测与定量诊断技术"成果，荣获 2015 年国家科技进步奖二等奖；"稻麦精确管理技术的集成与推广"成果，荣获 2017 年江苏省农业技术推广奖一等奖。

## 二、技术要点

### 1. 小麦施肥方案的精确设计

利用小麦精确管理决策系统（单机版、网络版、手机版），基于麦田土壤肥力和品种特性等，为不同生产条件和优质专用小麦目标（产量、品质）设计适宜的基肥运筹方案；根据实时长势信息与参考指标的偏离程度，则可生成精确的追肥运筹方案；并以作业处方图等形式提供技术指导，实现小麦基肥和追肥施用量的定量化。

小麦精确管理系统

### 2. 小麦营养指标的定量诊断

可选择应用便携式/车载式/无人机载式作物生长监测诊断设备、农田传感网等平台，快速监测小麦生长过程中的营养状况等信息；进一步结合小麦精确管理决策系统，定量设计适宜的追肥调控方案，实现小麦营养状况的定量诊断与智慧管理。

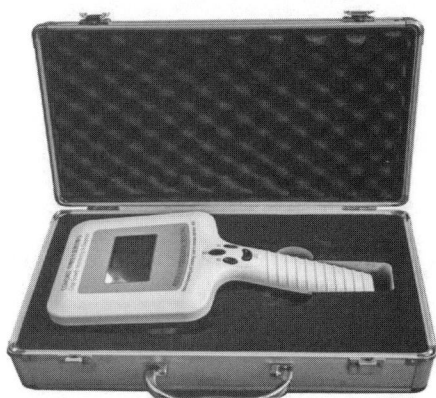

小麦长势无损监测诊断设备

### 3. 小麦施肥作业的智能控制

以小麦精确播种施肥智能装备为载体，将基肥施用量作业处方图和导航路径图相融合，实现小麦基肥（包括播种量）的精确施用；基于获取的小麦营养状况和推荐的追肥施用量处方图，以小麦变量追肥机或水肥一体化装置为载体，实施基于实时苗情的小麦变量追肥作业。

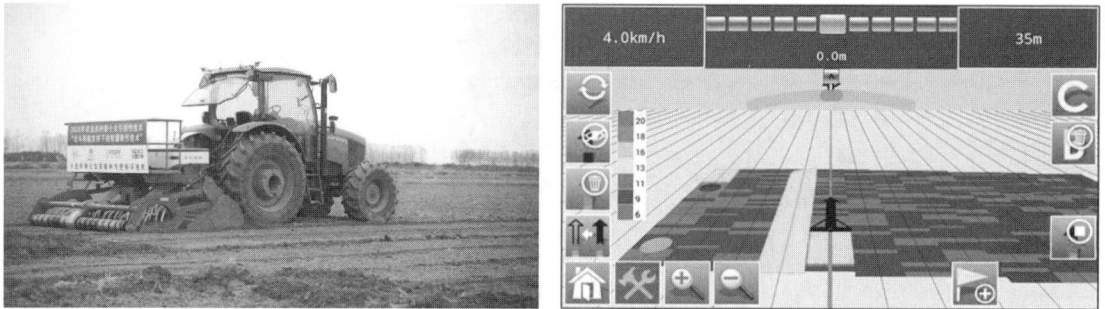

小麦精确播种施肥智能装备

小麦变量追肥机

### 三、适宜区域

长江下游冬麦区（江苏、安徽），黄淮海冬麦区（河南、山东、河北）等。

### 四、注意事项

（1）小麦应根据土壤墒情、农机具等情况进行适期精量播种，提高播种和出苗质量。

（2）根据小麦病虫害发生规律，结合植保部门的病虫草害测报数据，及时做好病虫草害的综合防治。

（3）小麦应制定有效预防倒春寒、渍害、后期高温等灾害的应急响应措施。

## 技术依托单位

1. 南京农业大学

联系地址：江苏省南京市玄武区卫岗 1 号

邮政编码：210095

联 系 人：刘小军　曹　强　田永超

联系电话：13512547551

电子信箱：liuxj@njau.edu.cn

2. 农业农村部南京农业机械化研究所

联系地址：江苏省南京市玄武区柳营路 100 号

邮政编码：210090

联 系 人：余山山

联系电话：15366092916

电子信箱：yushanshan@caas.cn

# 杂交稻暗化催芽无纺布覆盖高效育秧技术

## 一、技术概述

### 1. 技术基本情况

长江中下游西部地区是我国典型的杂交稻多元化种植稻区，水稻茬口类型复杂多样，该区春季气温回升快，温度变幅大。针对该地区传统育秧成苗率低，薄膜覆盖导致高温烧种烧芽烧苗，早揭晚盖管理导致费工费时，薄膜难以分解导致白色污染，全程不耐粗放管理等问题，依托"十三五"国家重点研发计划、农业农村部农业重大技术协同推广等研发与推广，形成该技术体系。通过技术研发，以苗齐、根壮和耐粗放管理为目标，以暗化催芽集约化管理代替传统育秧播种至出苗环节，以无纺布覆盖代替传统薄膜覆盖的秧田管理方式，系统研究了杂交稻暗化催芽无纺布覆盖的齐苗壮根育秧技术效应，明确了其关键技术环节，形成了一套技术成熟、高成苗率、苗齐根壮、健康适栽、节本增效的暗化催芽无纺布覆盖高效育秧技术，并进行了大面积示范推广应用，充分挖掘了一批杂交稻品种的丰产增效潜力，保证了杂交稻生产农机农艺融合、良种良法配套、生产生态协调，促进了新型经营主体水稻生产发展和节本增效。

### 2. 技术示范推广情况

该技术已于2019—2021年连续作为四川省农业主推技术，其中暗化催芽育秧技术已在四川熟化并示范应用了4年，无纺布覆盖控温保湿技术已在四川熟化并大面积应用了6年，均表现为苗齐根壮、成苗率高、适栽性强、成本低、风险小的效果。2017—2020年在四川农业大学农学院大邑水稻示范基地进行累计7 500亩的示范展示，采用该技术育秧成苗率为81.3%～84.5%，亩均大田平均用种量为1.3～1.4kg，不合格秧块率为0.8%，秧苗苗高整齐度达到92.9%。机插平均漏插率低至4.2%，实现了全田满插，保证了基本苗。2018—2020年示范区水稻测产验收亩产量分别达到了683.9kg、753.8千克和722.4kg，攻关田块的最高产量达到792.6kg。在四川稻区成都、南充、遂宁、德阳等地进行大面积推广中，也表现出技术的稳定性和可靠性，对多元茬口杂交稻育秧的适应性强。对采用本技术的新型经营主体进行典型调查也表明，满意度高达98.5%，育秧成本降低了28%。

### 3. 提质增效情况

与常规育秧技术相比，本技术可稳定缩短秧龄5～7d，提高成苗率至80%以上，整齐度提升30%以上，节省秧盘15%，降低育秧成本8%左右，气象风险降低80%，秧苗栽插质量提高10%～15%，漏插率基本可控制在5%以下，亩均节省种子0.1～0.2kg，育秧环节节本增效约50元，消除了农膜污染。2018年和2020年，四川地区育秧期均遭遇严重的低温冷害气象灾害，2019年，育秧期间遭遇34℃以上的高温，采用本技术育秧，秧苗生长正常，长势整齐均匀，叶绿根壮，盘根效果和栽插质量较好。

### 4. 技术获奖情况

未申报科技奖励。

## 二、技术要点

### 1. 种子处理

杂交稻种子可能携带病原菌，且稻瘟病等防治难度大、成本高，故要求播种前用三环唑或咪鲜胺等药剂浸种 12h 左右，再换清水浸泡至少 12h，清水浸洗后用药剂拌种并晾晒至种子之间不粘连，再用于播种。

### 2. 秧床准备

根据当地水、土资源条件选择地势平坦、土壤肥沃、灌排方便、交通便利的田块作为秧田。制作秧床时，要求秧床厢面净宽 1.4～2.0m，厢沟宽 0.4～0.5m，厢沟视情况深 10～15cm。秧床土块细碎，无杂物、杂草，床面平整一致，可采用人工或机械压平压实床面。秧床四周开围沟，确保排水畅通。

### 3. 育秧介质选择

①采用营养土作为育秧介质：选择疏松肥沃的菜田土，土壤晾至含水率为 15%～25%，机械粉碎过筛备用，含水率过高或过低均影响播种质量，营养土可添加稻壳增加土壤通气性，稻壳添加比例不超过 5%。营养土应添加育秧活性物质以培肥和消毒，优选育苗伴侣，每 200kg 土混 600～800g 育苗伴侣为宜，确保土壤和活性物质充分混匀。②采用无土育秧基质作为育秧介质：无土育秧基质因不需取土破坏耕地，质量稳定可控，具有安全、环保、稳定等优点。应选择质量稳定、当年生产的新鲜无土育秧基质，忌用陈旧基质以避免养分不足影响秧苗生长。无土育秧基质可直接使用，无需额外添加外源物质。

### 4. 播种

本技术宜采用塑料硬盘育秧，秧盘规格为 28cm×58cm×2.5cm。优选育秧播种流水线进行机械化播种，若采用硬盘手工育秧，流程参照机械化播种。播种量根据千粒重确定，一般发芽率 85% 以上，千粒重 20～25g，每盘用种量为 70～80g，千粒重 25～30g，每盘用种量 80～90g。播种过程中，调节底土厚度 1.8～2.0cm，并用 0.3% 的敌磺钠兑水浇透底土，盖土厚度 0.2～0.3cm，以覆盖不漏种为宜。播种后的盖土表面距离秧盘上缘 0.2～0.3cm，以便为暗化催芽留出稻芽生长空间。

### 5. 秧盘叠置

预先准备秧盘托架，托架可根据油动或简易叉车规格准备，采用托架可使秧盘与地面隔离，起到提升底盘温度，降低上下盘温差作用。播种后清除秧盘上缘的泥土，并将秧盘整齐叠置于秧盘托架，上下盘间堆叠整齐，防止相互压住营养土（或基质），叠盘高度以 25～30盘为宜，切忌超过 35 盘，避免暗化过程上下温差过大导致出苗不齐。顶盘采用空盘倒扣，以降低顶盘温度和预留生长空间。

### 6. 暗化催芽

暗化催芽场地宜选择开阔场地便于操作，将堆叠后的秧盘带托架运输至催芽场地整齐放置，每个托架间留 10～15cm 的间隙以促进空气流通，确保堆内温度相对均匀。秧盘摆放完成后，采用三色彩条防雨油布进行遮光覆盖，油布四周压住，以防风、保温、保湿。暗化过程适宜平均温度为 28～32℃，湿度为 65%～80%。早茬口杂交稻育秧暗化过程中若遇低温天气，可在彩条油布上覆盖农用薄膜保温增温；迟茬口水稻育秧暗化过程若遇超过 33℃的高温天气，应采取顶盘加高或揭开彩条油布周围以适当通风降温。当中部秧盘稻芽伸出土表

叠盘暗化催芽

1.5～2.0cm 时，暗化过程结束，一般在适宜温度下需要 3～5d，温度越低暗化时间相应延长。暗化结束的秧苗生长整齐一致，颜色嫩黄，无病害，入田可快速转绿生长。

叠盘暗化催芽结束

### 7. 摆盘和无纺布覆盖

暗化结束后的秧苗应及时摆入秧床，摆盘要求整齐一致，盘与厢面、盘与盘之间紧密接触，摆盘后起厢沟中泥土填敷盘边空隙，防止盘周缺水，影响整齐度。搬运秧盘时，应避免上下盘相互碾压导致断芽、伤芽。摆盘后应快速灌水浸透一次，淹水以恰好淹没秧盘为宜，保证每盘浸透，切忌淹水过深导致漂盘、漂土。淹水后，及时排干，并宜采用 50g/m² 厚度规格的白色无纺布覆盖，并用泥土压住无纺布边缘，无纺布宜松不宜紧，为秧苗预留生长空间。当秧苗生长至 2 叶 1 心时，可完全揭无纺布，早茬口秧床的无纺布可回收作为晚茬口秧床继续使用，质量较好的无纺布头年使用后也可回收于第二年再次使用。如遭遇长时间 20℃ 以下的低温，则需加盖薄膜保温。无纺布覆盖大大促进了秧床控温保湿效果，其可以有

暗化后摆盘入秧床

秧田无纺布覆盖

效控制迟栽茬口秧床温度，避免高温烧苗，也可保证秧床的湿度，减少水分蒸发，为秧苗生长提供优良的温湿度环境，大大减少人工频繁管水的繁琐工序，具有省工、省本的作用。

**8. 秧床水肥管理**

水分管理：推荐采用干湿交替管理。3叶期前要求速灌速排，严禁长期淹水，以防烂种烂苗。整个秧苗生长期，应采用干湿交替灌溉，秧苗浇一次透水后自然落干或排水保持土壤湿润，之后视情况盘面泥土泛白时再浇透水一次，反复如此管理。

**9. 肥药管理**

揭无纺布后，应及时用药防治立枯病、绵腐病、稻瘟病。对于已发生绵腐病的秧床建议用铜高尚或瑞苗清等于晴天早晚喷施，连续施药2～3次。移栽前5～7d，采用尿素15～20g/m² 施"送嫁"肥和"送嫁"药，以保证秧苗生长旺盛，带肥带药入田。施肥时应采用兑水浇施或秧床保持适当水层后撒施，施用时间应选择阴天或晴天傍晚施用，切忌晴天高温时施用。

干湿交替水分管理

**10. 适栽秧龄**

早茬口秧苗 30d 左右秧龄，迟茬口秧龄 23～25d。秧苗可达到生长均匀，颜色嫩绿，白根数多，盘根力强，适栽性好。

## 三、适宜区域

长江中下游西部四川、重庆、贵州、云南等杂交籼稻多元种植区，其他稻区可参照本技术。

## 四、注意事项

（1）要根据前作茬口合理安排水稻播种时间，若因气候、农事等原因出现育插秧不衔接，需要提前进行秧苗化控调节。

（2）实施过程中，要密切关注极端气温情况，并及时采取增温或控温措施。

**技术依托单位**

1. 四川农业大学

联系地址：四川省成都市温江区惠民路 211 号

邮政编码：611130

联系人：陈 勇 任万军

联系电话：028-86290872，13880286569

电子邮箱：yongchen@sicau.edu.cn，rwjun@163.com

2. 四川省农技推广总站

联系地址：四川成都市武侯大街 4 号四川省农技推广总站

邮政编码：610041

联系人：周 虹

联系电话：028-85505450，13540143821

电子邮件：402253722@qq.com

# 籼粳杂交稻优质高产高效栽培技术

## 一、技术概述

### 1. 技术基本情况

多年调查发现，我省粮食生产存在三个限制因素：一是水稻生产上存在诸多问题，如单产偏低、高产易倒伏、稻米整精米率低、晚稻易遭受寒露风危害、秋冬季温光资源利用不充分等技术瓶颈和制约因素，加上农业生产投入成本上涨，稻谷收购价下跌，严重影响了农户种粮积极性。二是江西粮食外销区域缩小。上海、浙江等江西大米传统市场几乎丧失殆尽。粳米消费区域强势南下，大有"以城市包围农村"的发展趋势。三是人均稻米消费量下降，粳米消费量却持续增长。2000—2016 年，全国人均稻谷消费总量从 152.8kg 下降到 140.8kg，但粳稻人均消费量却由 37.0kg 上升到 53.2kg，净增了 16.2kg。籼稻人均消费量则由 111.3kg 下降到 96.5kg，净减了 14.8kg。

为了解决上述问题，江西省农业技术推广总站 2009 年尝试"籼改粳"，在张洪程院士团队指导与合作推动下，经多年大量粳稻品种生产力对比试验，发现籼粳杂交稻具有较强的适应性和巨大的比较优势，又通过多项试验攻关，熟化集成了配套的绿色优质高效栽培技术规程，充分利用了籼粳杂交稻结实率高、耐肥抗衰、秆壮抗倒、耐寒抗逆、高产稳产、出米率高和不易落粒等多重优势，实现了江西省水稻大幅度增产和提质增效，为江西省水稻生产提档升级找到了一条重要的发展路径，得到了省委主要领导批示。

### 2. 技术示范推广情况

历经十年品种引进、本土化试验研究和示范推广，江西"籼改粳"相继攻克了品种关、技术关、优质关、稻曲病防控关、高产示范关及市场销售关，目前已进入高质量发展阶段。多年实践表明，江西推进"籼改粳"对稳定粮食生产、推进农业供给侧结构性改革、巩固我省粮食主产区地位、保障国家粮食安全具有重要的现实意义，已成为江西农业"调结构、转方式""稳粮、优供、提质、增效""藏粮于技"新途径。目前，江西籼粳杂交稻生产实现了"六化"发展。

一是品质优质化。随着品种改良和配套技术熟化，江西产粳稻品质口感实现了质的飞跃。到目前为止，全省通过审定和引种许可的粳稻新品种有 28 个，其中，主推的甬优 9 号达到国家《优质稻谷》标准 2 级优质，甬优 1538、甬优 15、嘉丰优 2 号等品种达到部颁优质三级以上，嘉丰优 2 号更是荣获了"首届全国优质稻品种食味品质鉴评"金奖。此外，企业还有引进"民稻 9 号"入选"国宴米""沪软 1212"有机粳稻畅销上海高端市场等。

二是品种本土化。自 2017 年江西省"籼改粳"产业技术创新战略联盟成立以来，江西农业大学、江西省农科院、种子企业等单位先后培育了赣宁粳 1 号、赣宁粳 2 号、赣宁粳 3 号、昌粳 225、长粒香粳等本土化品种，目前已审定的品种有 3 个，实现了本土化育种"零突破"。江西农大选育的苗头性品种昌粳 225 在 2019—2020 年生产区域试验中表现突出，产量排常规晚粳组第一位，2021 年有望通过审定。

三是种植规模化。重点依托种粮大户、家庭农场、农民专业合作社、农业龙头企业等新型经营主体，在多地多点创建了一批籼粳杂交稻高产高效典型，示范区单产屡创江西水稻单产纪录。其中，一季中（晚）粳百亩示范片屡创我省高产新纪录，由 2014 年 914.5kg，2015 年 922.5kg 到 2017 年 974.5kg，2019 年更是在克服罕见干旱气候条件下，在共青城市创下一季亩产 1 022.2kg 新纪录，首次实现单季亩产"吨粮"的梦想；双季晚粳单产新纪录则由 2014 年 769.9kg，到 2015 年 796.2kg，2019 年更是在南昌县、东乡区、上高县分别创下 843.1kg、834.5kg 和 802.5kg 高产，首次突破双季晚稻 800kg 大关。

四是生产标准化。针对粳稻生育特点和南移规律，江西省农业技术推广总站组织开展了粳稻栽插方式、种植密度、肥料运筹、水分管理、病虫防控等专题试验 350 余项次，不断攻克了南方粳稻栽培发苗慢、分蘖少、稻曲病防控等难关，总结集成了南方粳稻"早、短、稀、增、严、强、迟"的优质高产栽培技术要点，申请了江西省地方标准 6 项，其中，已发布《一季籼粳杂交稻栽培技术》和《双季籼粳杂交晚稻栽培技术》，《早籼稻-籼粳杂交晚稻栽培技术》《春毛豆-籼粳杂交晚稻栽培技术》《烤烟-籼粳杂交晚稻栽培技术》及《绿肥-一季籼粳杂交稻栽培技术》等 4 项已报审，确保了粳稻生产标准化。先后示范总结了"一季中粳＋冬作""早籼＋晚粳""春毛豆＋晚粳""烤烟＋晚粳""再生稻""稻虾连作"等高产高效种植模式，促进作物周年高产高效。

五是经营产业化。经省科技厅批准，2017 年成立了由稻米种植合作社、稻米加工运销等新型经营主体、种子企业、科研院所、推广体系等稻米全产业链法人单位组成的江西省"籼改粳"产业技术创新战略联盟，贯通了全产业链，实现了经营产业化发展，并于 2019 年成功举办了"江西'籼改粳'创新发展高峰论坛"，加快推进了全产业链高质量发展。

六是销售品牌化。联盟注册了"清正纯和"优质米通用商标，并通过产销对接共创优质等形式，培育了兴安珍珠米、宜丰秋瑶、上饶玉雾茗、浮梁瑶鹅、奉心米、万载陈垦农场粳米等一批粳米品牌，推进了粳稻产业化开发、品牌化销售。

**3. 提质增效情况**

2009—2020 年，全省籼粳杂交稻示范推广面积超过了 680 万亩，其中，全省一季粳稻平均亩产 750kg 左右，同比杂交籼稻，亩增产 100kg 以上，增收 200 元以上；双季晚粳平均亩产 700kg 左右，同比杂交籼稻，亩增产 100kg 左右，增收 150 元以上，增产增效显著。另外籼粳杂交稻整精米率接近 70％，较杂交籼稻提高 5～10 个百分点，为加工企业提升了效益空间。

**4. 技术获奖情况**

无。

## 二、技术要点

### 1. 科学选择良田良种

种植籼粳杂交稻对粮田基础设施和地力水平要求较高，应选择水源充足、排灌方便、耕性良好、地力较高的田块进行。预估不施氮肥条件下，中稻亩产 400～450kg，晚稻亩产 300～350kg，肥力偏差田块亩施有机肥 100～150kg，实现籼粳杂交稻亩产 650kg 以上。在选好良田的基础上，科学选用良种是籼粳杂交稻高产高效的关键。宜选择广适质优、高产抗性强的主导品种，如甬优 1538、甬优 538、甬优 9 号等。

**2. 严把浸种消毒关口**

播种前选择晴天均匀摊薄晾晒 1～2d，以提高种子发芽势和发芽率。晒种时切忌在水泥场暴晒，以免种子高温灼伤。晒种后先用清水选种，间歇浸种 24h，然后用咪酰胺等药剂间歇浸种消毒 12h 以上，防止种传病害。浸种时注意浸露结合，既保证种子充分吸足水分，又有充足的氧气供应。籼粳杂交稻浸种有别于籼稻，宜保障间歇浸种 36h 以上。浸种后置于透气性良好的器具中适温催芽至破胸露白待播。

**3. 备好秧床适期播种**

选择背风向阳、排灌方便、土壤肥沃的田块作秧田。整墒前施足底肥，亩施尿素 10～15kg、普钙 20～25kg 或三元复合肥（15-15-15）25～30kg。秧田做到墒平沟直，墒宽 1.5m，沟宽 0.3m，沟深 0.15m。籼粳杂交稻播种期安排要充分考虑前作收获时间、秧龄弹性（弹性小、要求短秧龄）、播始期（相比同生育期的杂交籼稻偏短）、抽穗期常年光温资源（要求晴天多、光照充足、温度适宜）等因素。全省一季中粳适宜播种期为 5 月中下旬，将抽穗扬花期控制在 8 月下旬至 9 月上旬初。双季晚粳适宜播种期为 6 月下旬至 6 月底，最迟不超过 7 月初，将抽穗扬花期控制在 9 月中旬。

**4. 培育叶蘖同伸壮秧**

采用湿润育秧或塑盘旱育方式培育叶蘖同伸壮秧。湿润育秧一季中粳亩用种量 0.75～1.0kg，按秧本比 1∶（10～15）安排秧田面积，双季晚粳亩用种量 1.5～1.75kg，按秧本比 1∶10 安排秧田面积，秧龄 22d 以内。塑盘抛秧播种量按每孔平均 2～3 粒种子，秧龄 20d 左右。如，选用 353 孔塑盘，一季中粳需秧盘 55 片左右，双季晚粳需秧盘 90 片左右，每盘约播种 20～25g 干种子。选用 434 孔塑盘，一季中粳需秧 45 片左右，双季晚粳需秧盘 70 片左右，每盘约播 25～30g 干种子；机插秧大田一季中粳亩播 20 盘左右，每亩 75～80g，双季晚粳亩播 35～38 盘，每盘 60～70g，秧龄不宜超过 20d，以 18d 左右为宜。视种子千粒重大小可作适当调整，尽量通过稀播匀播降低用种量，提高秧苗素质。

**5. 保障移（抛）栽合理基本苗**

合理基本苗是优化水稻群体结构、挖掘籼粳杂交稻产量潜力的关键。一季中粳移栽田亩栽 1.2 万～1.3 万蔸，每蔸 2 粒谷苗，移栽规格 26.6cm×20.0cm 或 30cm×16.7cm；抛秧田亩抛栽 1.3 万～1.5 万蔸，基本苗 2.5 万～3.0 万；机插秧尽量选用 9 寸机，栽插规格以 30cm×12cm 为宜，选取大档取秧量。双季晚粳移栽田亩栽 1.6 万～1.8 万蔸，每蔸 2 粒谷苗，移栽规格 26.6cm×13.3cm 或 23.3cm×16.7cm；抛秧田亩抛栽 1.8 万～2.0 万蔸，基本苗 3.5 万～4 万；机插秧尽量选用窄行 7 寸机，栽插规格以 25cm×14cm 为宜，若采用传统 9 寸机，栽插规格以 30cm×12cm 为宜，并适当调大取秧量，确保足够的基本苗。

**6. 合理大田肥料运筹**

中等肥力田块，一季中粳亩产 700～800kg，亩施纯氮 16～20kg，双季晚粳亩产 650～700kg，亩施纯氮 14～16kg，磷、钾肥用量按高产栽培 N∶P$_2$O$_5$∶K$_2$O=1∶（0.3～0.5）∶0.8～1 折纯量确定。氮肥运筹按照基、蘖、穗肥比 4∶2∶4 或 4∶3∶3 比例进行，基肥于移（抛）栽前随耕耙田时施用，分蘖肥于移（抛）栽后 7 天左右施用，穗肥一季中粳于剑叶露尖或剑叶全展时施用，双季晚粳于倒 3 叶或倒 2 叶抽出时施用。磷肥作基肥一次施用，钾肥可分基肥和穗肥 2 次施用，各占 50%。总量确定前提下，如使用复合肥或商品有机肥，N、P、K 按实际用肥量折纯计算。

**7. 科学管水强根促蘖**

籼粳杂交稻全生育期水分管理以湿润灌溉为主，移（抛）栽期浅水插秧，栽后3～5d排水露田促根系生长。分蘖期以薄露灌溉为主，不宜深水灌溉，并多次露田促蘖促根。当田间苗数一季中粳达到计划穗数的80%、晚粳90%左右时，开始晒田控制无效分蘖。拔节期至抽穗期建立浅水层，确保"有水抽穗扬花"；相比籼稻，籼粳杂交稻灌浆结实期长，抽穗后需多灌一次水，全期分多次浅水灌溉，提倡后水不见前水，保持田间湿润，实行"干干湿湿壮籽"，后期切勿断水过早，确保穗基部籽粒充分完熟。

**8. 综合防治病虫害**

秧田期重点防治恶苗病、稻瘟病、稻蓟马、稻飞虱等，栽插前打好"送嫁药"。本田前期主防二化螟、稻纵卷叶螟，中后期重点防治纹枯病、稻曲病、稻飞虱和穗颈瘟等。因籼粳杂交稻穗型大、着粒密，始齐穗时间较长，尤其要重视稻曲病防治，重点把握抽穗破口前7～10d或10～12d（判断指标：主茎剑叶和倒二叶叶枕平齐时）及破口抽穗期两次关口，选用氟环唑、苯甲·丙环唑、戊唑醇、肟菌脂·戊唑醇、噻呋酰胺等药剂，用足水量科学防治，确保防效。

**9. 科学除草、安全用药**

籼粳杂交稻对除草剂施用较籼稻敏感，在不同生长期要科学选用适宜药剂防治杂草。秧田播种前可选用40%苄嘧·丙草胺除草，秧苗3叶1心期用15%氰氟草酯·五氟磺草胺复配剂秧面喷施除草；大田抛栽后5～7d，选用37.5%苄嘧·丁草胺可湿性粉剂结合分蘖肥施用撒施；分蘖末期及孕穗期慎重选择药剂除草，可选用2.5%五氟磺草胺或10%氰氟草酯兑水喷雾。

**10. 适当迟收减少损失**

根据籼粳杂交稻分段结实的特性，其抽穗至成熟期较籼稻长，一季中粳齐穗至收获期需50～60d，双季晚粳需45～50d，建议每穗饱谷95%以上谷粒黄熟时进行收割，切忌断水和收获过早，以免影响结实率、千粒重和稻米品质。

## 三、适宜区域

适宜基础地力好、水利设施完善田块，重点在环鄱阳湖、赣抚平原及吉泰盆地地区示范推广。丘陵山区、田间湿度大或土壤瘠薄地区不宜种植。

## 四、注意事项

**1. 培育短秧龄壮秧**

播种前用咪酰胺浸种，稀播壮秧，小苗移抛栽，秧龄控制20～25d以内；籼粳杂交稻对旱育保姆拌种、烯效唑浸种、多效唑控苗、除草剂等比籼稻敏感，用量、浓度要调减至1/2以下。喷施除草剂时水面切勿浸过心叶。

**2. 浅水返青分蘖**

晚稻移栽期气温高，移栽插后及时露田、浅水分蘖促根，防止淹灌造成籼粳杂交稻根系受损、分蘖受阻。

**3. 防好稻曲病和纹枯病**

重点是把好抽穗前两次防治关口，同时关注其他病虫害防治。

**4. 适当迟收，防断水过早**

齐穗后每 7~10d 灌水一次，待田间自然落干后再上水，养根保叶保鞘，增强抗倒伏能力、提高结实率、增加千粒重。

## 技术依托单位

江西省农业技术推广总站

联系地址：江西省南昌市省府大院东二路 2 号江西省农业农村厅 2 号楼 319 室

邮政编码：330046

联 系 人：刘凯丽

联系电话：0791-86212522

电子邮箱：karry_1991@163.com

# 水稻叠盘出苗育秧技术

## 一、技术概述

### 1. 技术基本情况

水稻叠盘出苗育秧技术是针对现有水稻机插育秧方法存在的问题，根据水稻规模化生产及社会化服务的技术需求，经多年模式、装备和技术创新的一种现代化水稻机插二段育供秧新模式。该技术采用一个叠盘暗出苗为核心的育秧中心，由育秧中心集中完成育秧床土或基质准备、种子浸种消毒、催芽处理、流水线播种、温室或大棚内叠盘、保温保湿出苗等过程，而后将针状出苗秧连盘提供给用秧户，由不同育秧户在炼苗大棚或秧田等不同育秧场所完成后续育秧过程的一种"1个育秧中心＋N个育秧点"的育供秧模式。在暗室叠盘，通过控温控湿，创造利于种子出苗的环境，解决出苗难题，提早出苗 2～4d，提高成秧率15％～20％；种子出苗后分散育秧，便于运秧和管理，方便机插作业，有利于扩大育供秧能力，降低运输成本，推动机插育秧模式转型、育秧社会化服务。

### 2. 技术示范推广情况

水稻叠盘出苗育秧技术的创新及应用，提升了我国水稻机插秧技术水平，近几年分别在浙江、湖南、江西、云南、江苏、山东等省建立了一批水稻机插工厂化叠盘育秧中心，大面积推广应用该技术模式，与全国农技推广中心合作，制定了该模式农业行业标准，为水稻规模化生产和社会化服务提供技术，推进生产机械化发展。水稻叠盘出苗技术入选 2018 年中国农业科学院十大科技进展及浙江省十大农业科技成果，并入选 2019 年农业农村部主推技术。

### 3. 提质增效情况

水稻叠盘出苗育秧技术目前已在我国长江中下游稻区浙江、江西、湖南等省大面积推广应用，增产效果显著，与传统育秧及机插技术相比，具有出苗率高，秧苗素质好，机插伤秧伤根率和漏秧率低，插后返青快和促进早发等优点，据初步统计，近几年在浙江省不同地方、季节、品种试验示范，增产幅度为 3％～15％，平均增产每亩 37.11kg，通过节约育秧成本，节省机插漏秧补秧用工、节种和节肥，实现节本增效，累计平均每亩新增纯收益 99.45元。2019 该技术在浙江杭州、绍兴、温州等 11 个市推广应用面积达 160.57 万亩，近 5 年累计推广应用 623.19 万元，新增效益总额 3.91 亿元。预计在湖南、江西、江苏等省市年推广应用超 500 万亩，社会经济效益显著。

### 4. 技术获奖情况

以该技术为核心的科技成果"粮油产业技术团队协作推广模式的创新与实践"获 2019年全国农牧渔业丰收奖合作奖。

## 二、技术要点

### 1. 品种选择

考虑当地生态条件、种植制度、种植季节、生产模式等因素，根据前后作茬口选择确保能安全齐期水稻品种，双季稻区应注意早稻与连作晚稻品种生育期合理搭配，争取双季机插高产。

**2. 种子处理**

种子发芽率常规稻要求 90%，杂交稻种子 85% 以上。种子处理包括选种、浸种消毒、催芽。先晒种，以提高种子发芽势和发芽率，然后用盐水或清水选种，为防止恶苗病、干尖线虫等病虫害发生，用使百克＋吡虫啉、劲护、适乐时等浸种消毒 48 小时，清水洗净后催芽，采用适温催芽，催芽要求"快、齐、匀、壮"，温度控制在 35℃ 左右。当种子露白，摊晾后即可播种。

**3. 育秧土或基质准备**

可选择培肥调酸的旱地土或育秧基质育秧，旱地土育秧应选择 pH 为中性偏酸、疏松通气性好、有机质含量高、无草籽、无病虫源的肥沃土壤。为防止立枯病等，需要做好土壤调酸、消毒；建议采用水稻机插专用育秧基质育秧，确保育秧安全，培育壮苗。

**4. 适期播种**

适时播种，南方早稻在 3 月气温变暖播种，秧龄 25～30d，南方单季稻一般在 5 月中下旬至 6 月初播种，秧龄 15～20d，连作晚稻根据早稻收获合理安排播种期，一般秧龄在 15～20d。

**5. 流水线精量播种**

根据品种类型、季节和秧盘规格合理确定播种量，实现精量播种，南方双季常规稻播种量，9 寸秧盘一般每亩 100～120g，每亩 30 盘左右；杂交稻可根据品种生长特性适当减少播种量；单季杂交稻 9 寸秧盘播种量每亩 70～100g。7 寸秧盘按面积作相应减量调整。选择叠盘暗出苗专用秧盘，采用播种均匀、播量控制准确、浇水到位的机插秧播种流水线播种，一次性完成放盘、铺土、镇压、浇水、播种、覆土等作业。流水线末端可加装叠盘机构，并配装自动上料等装备。播种前做好机械调试，调节好播种量、床土铺放量、覆土量和洒水量。

**6. 叠盘暗出苗**

将流水线播种后的秧盘，叠盘堆放，每 25 盘左右一叠，最上面放置一张装土而不播种的秧盘，每个托盘放 6 叠秧盘，约 150 盘，用叉车运送托盘至控温控湿暗出苗室，温度控制在 32℃ 左右，湿度控制在 90% 以上。放置 48～72h，待种芽立针（芽长 0.5～1.0cm 左右）时用叉车移出，供给各育秧点育秧。

**7. 摆盘育秧**

早稻摆放在塑料大棚内，或秧板上搭拱棚保温保湿育秧，单季稻和连作晚稻可直接摆秧田秧板育秧，有条件的可放入防虫网大棚内育秧。

**8. 秧苗管理**

南方稻区早稻播种后即覆膜保温育秧，棚温控制在 22～25℃，最高不超过 30℃，最低不低于 10℃，注意及时通风炼苗，以防烂秧和烧苗。注意控水，采用旱育秧方法，注意做好苗期病虫害防治，尤其是立枯病和恶苗病防治。

**9. 壮秧要求**

秧苗应根系发达、苗高适宜、茎部粗壮、叶挺色绿、均匀整齐。南方早稻 3.1～3.5 叶，苗高 12～18cm，秧龄 25～30d；单季稻和晚稻 3.5～4.5 叶，苗高 12～20cm，秧龄 15～20d。

### 10. 病虫害防治

秧田期间重点防治立枯病、恶苗病、稻蓟马等。立枯病防治首先做好床土配制及调酸工作，中性或微碱性土壤，需施用壮秧剂或调酸剂进行土壤调酸处理，把 pH 调至 6.0 以下，同时做好土壤消毒；恶苗病防治首先选栽抗病品种，避免种植易感病品种，并做好种子消毒处理，建议用氰烯菌酯、咪鲜胺等药剂按量浸种。提倡带药机插。

## 三、适宜区域

适合在长江中下游稻区、华南稻区、西南稻区等水稻生产中推广应用。

## 四、注意事项

### 1. 通风降温

早稻水稻种子叠盘出苗，秧盘从暗室转运出来，室内外温差不宜太大，注意转运前先让暗室通风降温 1～2h，再将出苗秧盘移出暗室。

### 2. 炼苗

目前南方生产上水稻秧苗较多在大棚育秧，机插前需做好炼苗，增强秧苗抗逆性。

---

**技术依托单位**

1. 中国水稻研究所

联系地址：杭州市体育场路 359 号

邮政编码：310006

联 系 人：朱德峰　陈惠哲

联系电话：0571-63371376

电子信箱：chenhuizhe@163.com

2. 浙江省农业技术推广中心

联系地址：杭州市凤起东路 29 号

邮政编码：310020

联 系 人：王岳钧　陈叶平

联系电话：0571-86757905

邮　　箱：Wangyj5678@qq.com

# 水稻"三控"(控肥、控苗、控病虫)施肥技术

## 一、技术概述

### 1. 技术基本情况

水稻"三控"施肥技术是针对我国南方水稻生产中化肥农药过量施用、环境污染严重、病虫害和倒伏等突出问题而研发的以控肥、控苗、控病虫(简称"三控")为主要内容的高效安全施肥及配套技术体系。与传统栽培相比,该技术具有省肥省药、增产增收、操作简便的优势。一般节省氮肥20%,增产10%左右,氮肥利用率提高10个百分点(相对提高30%)以上,环境污染大幅减轻,纹枯病、稻飞虱、稻纵卷叶螟等主要病虫害减少20%~60%,每季少打农药1~3次,抗倒性大幅提高,稳产性好,平均每亩增收节支180元。2012年入选农业部主推技术。2020年11月27日,中国农学会组织有关专家对该技术成果进行了第三方评价,评价专家组一致认为"在通过氮肥的科学运筹实现群体定量调控和高产控害抗倒的协调方面取得了重大突破,成果整体达到同类研究的国际领先水平"。

水稻"三控"施肥技术增产增收(左)、抗倒性强(右)

### 2. 技术示范推广情况

水稻"三控"施肥技术2012年入选农业部主推技术,2010—2020年连续11年入选广东省农业主推技术,2011年入选海南省农业主推技术,2017—2020年入选江西省农业主推技术,2014—2020年入选世界银行贷款广东农业面源污染治理项目重点推广技术,2018年以来被国家重点研发计划"华南及西南水稻化肥农药减施增效技术集成研究与示范"和"长江中下游水稻化学肥料和农药减施增效综合技术集成研究与示范"项目用作支撑技术,在南方稻区示范推广多年,被广泛用于粮食高产创建、农业面源污染治理等重大项目(工程)中,节本增产增收效果显著而稳定,受到广大基层农技人员和水稻种植户的热烈欢迎,2017—2019年连续三年被评为"广东省最受欢迎的农业主推技术"。

### 3. 提质增效情况

该技术减肥减药、增产增收,较好地实现了粮食安全（高产）与生态安全的协调。与传统技术相比,该技术增产10％左右,每亩节约化肥、农药等成本30～50元,每亩增收节支180元。仅2017—2019年在粤桂赣浙琼5省（自治区）累计推广应用1.1亿亩,增产稻谷49.0亿kg,节约成本42.1亿元,增收节支175.2亿元。同时,由于氮肥利用率提高,减少氮肥环境损失19.0万t,环境效益显著。农药用量减少还有利于稻米食用安全。

### 4. 技术获奖情况

以该技术为核心的科技成果获2012年度广东省科学技术一等奖、2011年度广东省农业技术推广一等奖和2014—2016年度全国农牧渔业丰收奖二等奖,成果第一完成人钟旭华获2014年国际植物营养奖（Norman Borlaug Award）,以该技术为核心内容之一的"水稻节水减肥低碳高产栽培技术"2017年入选国家发改委重点推广低碳技术目录。

## 二、技术要点

### 1. 选用良种,培育壮秧

选用株型和群体通透性好、抗病性较强的高产、优质良种。育秧方式可采用水、旱育秧或塑料软盘育秧等。大田育秧要求适当稀播,培育适龄壮秧。一般早稻秧龄为25～30d,晚稻秧龄为15～20d。

### 2. 合理密植,保证基本苗数

根据育秧方式不同,可采用人工插秧、抛秧和铲秧移栽等方式,每亩栽插或抛植1.8万穴左右。杂交稻每穴插植苗数1.2条,每亩基本苗数达3万条;常规稻每穴插3～4条苗,每亩基本苗数达6万条。有条件的地方,推荐采用宽行窄株插植,插植规格以30cm×13.3cm为宜。

### 3. 氮肥总量控制

根据目标产量和不施氮空白区产量确定总施氮量。以空白区产量为基础,每增产100kg稻谷施氮5kg左右。空白区产量可通过试验确定,也可通过调查估计。目标产量根据品种、土壤和气候等条件确定。

### 4. 氮肥的分阶段调控

在总施氮量确定后,按照基肥占40％左右、分蘖中期（移栽后15天左右）占20％左右、幼穗分化始期占30％左右、抽穗期占5％～10％的比例,确定各阶段施氮量,追肥前再根据叶色作适当调整。该技术的最大特点是"氮肥后移",大幅减少分蘖肥,控制无效分蘖,在保证穗数的前提下主攻大穗。

### 5. 磷钾肥的施用

在不施肥空白区产量基础上,每增产100kg稻谷需增施磷肥（以$P_2O_5$计）2～3kg,增施钾肥（以$K_2O$计）4～5kg。在缺乏空白区产量资料的情况下,可按$N:P_2O_5:K_2O=1.0:(0.2～0.4):(0.8～1.0)$的比例确定磷钾肥施用量。磷肥全部作基肥,钾肥在分蘖期和穗分化始期各施一半。

### 6. 水分管理

寸水回青,回青后施用除草剂。浅水分蘖,当全田茎数达到目标穗数80％～90％时（早稻插秧后25d左右,晚稻插秧后20d左右）排水晒田,但不宜重晒。倒二叶抽出期（插秧后 40～45d）停止晒田，此后保持水层至抽穗。抽穗后干干湿湿，养根保叶，收割前 7d 左右断水，不宜断水过早。

**7. 病虫害防治**

以防为主，按病虫测报及时防治病虫害。秧田期注意防治稻飞虱、叶蝉、稻蓟马、稻瘟病等，移栽前 3d 喷施"送嫁药"。插秧后注意防治稻瘟病、纹枯病、稻飞虱、三化螟和稻纵卷叶螟等，插秧后 45d 左右预防纹枯病一次。破口期防治稻瘟病、纹枯病、稻纵卷叶螟等，后期注意防治稻飞虱。采用"三控"施肥技术的水稻病虫害一般较轻，可酌情减少施药次数。

## 三、适宜区域

南方稻区（包括双季稻和单季稻）。

## 四、注意事项

（1）要保证栽插密度，每亩栽插 1.6 万～2.2 万穴左右，不能太稀，保证高产所需穗数。

（2）保水保肥能力差的土壤，或者栽插密度和基本苗不达要求的，应在插秧后 5～7d 每亩增施尿素 3～5kg。

（3）若前作是蔬菜或绿肥的，施肥量要酌情减少。

---

**技术依托单位**

1. 广东省农业科学院水稻研究所
联系地址：广东省广州市天河区金颖东一街 3 号
邮政编码：510640
联 系 人：钟旭华
联系电话：020-87579473，18998336766
电子邮箱：xzhong8@163.com
2. 广东省农业技术推广总站
联系地址：广东省广州市天河区柯木塱南路 30 号
邮政编码：510520
联 系 人：林　绿
联系电话：020-87036799，13902211113
电子邮箱：linlvok@sina.com

# 北方寒地水稻机插同步侧深施肥技术

## 一、技术概况

### （一）技术基本情况

北方寒地水稻机插同步侧深施肥技术是在插秧机上外挂侧深施肥装置或使用插秧施肥一体机，将基肥和分蘖肥一次性施入或全生育期用肥一次性施入根系侧 3cm、深 5cm 耕层中。该技术可有效解决北方寒地水稻生产过程中因肥料表施、施肥次数多造成的肥料利用率低，劳动力成本高的问题，是一项高效节本增效的机械化轻简栽培技术。

**1. 研究背景**

2018 年，吉林省农业科学院联合吉林省农业技术推广总站、通化市农业科学院、白城市农业科学院、延边州农业科学院利用农业农村部重大技术协同推广项目平台，采用"政、产、研、推、用"相结合的模式，在吉林稻区开展了技术示范与推广，有效聚集农技创新资源和推广资源，实现创新和推广无缝对接。研究和示范结果证明，该技术可有效提高北方寒冷稻区养分利用率，减少化肥施用量和施用次数，大幅降低生产成本，实现稳产增产。

**2. 作用与效果**

提高肥料利用率，降低肥料使用量。机插同步侧深施肥技术将肥料呈调整施于耕层中距离水稻根系近，利用根系吸收，有效减少了肥料淋失，提高了土壤对养分的吸收，减少了肥料浪费，减轻了环境污染。

降低无效分蘖，提升水稻抗性。基础同步侧深施肥可保证水稻前期营养生长养分充足，加快返青速度，促进水稻插秧后早生快发，保证水稻有效分蘖数，当达到预计分蘖数时可适当晒田，降低无效分蘖，提高根系活力，提高水稻抗性，为水稻高产稳产提供了良好的生理基础。

### （二）技术示范推广情况

在吉林省前郭、白城、延边、九台、通化 5 个主要稻区开展技术示范降低肥料 31.6％的前提下，实现平均增产 11.4％。节约化肥成本约 40.0 元/亩，节省人工费用 65.0 元/亩左右，亩均增收 180 元左右。

吉林省水稻机插秧同步侧深施肥技术示范推广效果

| | 产量（kg/hm²） | | 施氮量（kg/hm²） | | 增产（％） | 减 N（％） |
|---|---|---|---|---|---|---|
| | 侧深施肥 | 对照 | 侧深施肥 | 对照 | | |
| 前郭 | 9 321.6 | 7 883.6 | 100 | 150 | 18.2 | 33.3 |
| 白城 | 10 464.6 | 9 743.6 | 100 | 150 | 7.4 | 33.3 |
| 延边 | 9 393.6 | 7 251.1 | 75 | 100 | 30.0 | 25.0 |
| 九台 | 9 059.2 | 8 690.0 | 100 | 150 | 4.2 | 33.3 |

（续）

| | 产量（kg/hm²） | | 施氮量（kg/hm²） | | 增产（%） | 减 N（%） |
|---|---|---|---|---|---|---|
| | 侧深施肥 | 对照 | 侧深施肥 | 对照 | | |
| 通化 | 9 520.0 | 9 775.0 | 100 | 150 | −2.6 | 33.3 |
| 平均 | | | | | 11.4 | 31.6 |

### （三）获奖情况

无。

## 二、技术要点

### （一）专用机械的选用：侧深施肥插秧机

目前市场主流侧深施肥插秧机主要分为三类，分别为：①气送式：采用气流吹送原理，把肥料输送至肥料沟内。②螺旋杆输送式：类似绞肉机工作原理，主要适应独轮大板插秧机。③重力直接下肥式：施肥机配置在插秧机后部，肥料依靠重力掉入肥料沟内。

选用带有侧深施肥装置的施肥插秧一体机或者在已有插秧机上加挂侧深施肥装置，侧深施肥装置应可调节施肥量，量程需满足当地施肥量要求，能够实现肥料精准深施、条施，肥料落点应位于距离秧苗侧 3cm、深 5cm 处。

### （二）专用肥的选择

水稻机插同步侧深施肥技术应选用专用肥料，肥料应具有以下几个特点：肥粒硬度高、粒径均匀、形状规则，不易潮解。满足机械不宜堵塞的使用要求；肥效长、利用率高。依据肥型，可全生育期一次性施肥或适当补肥一次；肥料配方科学，合理释放，抗逆性强，返青快，促进低位分蘖早发，提高成穗率；粒径为 2～5mm 的圆粒型复合肥料，含水率≤2.0%，要求手捏不碎、吸湿少、不粘不结块。

### （三）育秧管理技术

**1. 品种选择**

所选品种应通过审定、适合当地生态环境条件种植，种子应符合 GB 4404.1 和 GB/T 179891 的规定。机插秧用种量 40～50kg/hm²。

**2. 种子处理**

专用消毒液浸种至积温达到 100℃。浸泡好的种子捞出放在保温处催芽，以 80% 以上种子破胸露白、芽长 1.0～1.5mm 为催芽标准。

**3. 播种**

4 月上旬至中旬播种。大棚盘育苗旱育稀植。播种前 10d 扣棚，苗床地浅翻 5～10cm 后做床，播种前 1d 浇透底水。将选好的床土过筛后，配制成 pH 4.5～5.5 的营养土装盘播种。每盘播芽种 100～120g，钵体毯式育苗盘每钵孔 3～5 粒。

**4. 秧田管理**

出苗前密闭保湿，棚温控制在 30℃ 以内，70% 出苗后及时揭去地膜；出苗至 1 叶 1 心时，棚温控制在 25～28℃，床土保持湿润，水分不宜过高；1.5～2.5 叶时，棚温控制在 20～25℃，晴天可适当通风炼苗，床土保持湿润；2.5 叶至插秧前棚温控制在 20℃ 左右，床面略呈干燥，及时通风控温，以防秧苗徒长。1.5～2.0 叶时防治立枯病，2.5 叶时追施离乳肥，插秧前 1d 防治潜叶蝇。

**5. 壮秧标准**

秧苗叶龄 3.5～4.0 叶，秧龄 35～40d，苗高 15cm 左右，百株地上部干重 3g 以上，根数 8～15 条；第一叶鞘高 3cm 以内，1 叶和 2 叶的叶耳间距 1cm 左右，2 叶和 3 叶的叶耳间距 1cm 左右，3 叶长 10cm 左右。秧苗敦实稳健，有弹性，叶色绿而不浓，叶片不披不垂，茎基部扁圆，须根多，充实度高，无病虫害。

**（四）本田作业技术**

**1. 整地**

翻耕或旋耕、旱整平与水整平相结合，耕深至少在 12cm 以上，耕层浅，中期以后易脱肥；稻草还田地块耕深至少在 15cm 以上。水整地在插秧前 3～5d 进行，要求精细平整，池内田面高低差≤3cm，寸水不漏泥，耙平后带水沉淀 3～5d 为宜，松软适度，软硬以用手指划沟分开合垅为标准，过软易推苗，过硬行走阻力大。

**2. 施肥量**

若所选肥料仅满足基、蘖肥同施，可减少基肥分蘖肥常用施肥量的 20％～30％，中后期视苗情适当补肥，防止脱肥减产；若所选肥料可满足全生育期一次性施肥，可减少常用施肥量（N）的 25％～30％。

**3. 施肥方法**

若所选肥料仅满足基、蘖肥同施，一般 60％左右的氮肥侧深施入，其余 40％用作中后期调节肥、穗肥、粒肥施用。磷肥和钾肥在土壤中的移动性比氮肥小，磷肥一次侧深施，钾肥侧深施 80％，追肥 20％。

若所选肥料可满足全生育期一次性施肥，氮磷钾全部与插秧同步、做底肥一次性侧深施。

**4. 装肥**

应使用无结块刚开封的肥料。料斗多为树脂制品，为了防止破损发生，在肥料补给时不要施力过大。密切关注肥料箱，及时补给；雨天作业时，应注意不要让肥料沾到水。为了避免作业终止时箱内残留过多肥料，应有计划地投入肥料。

**5. 调整排肥量**

作业前根据品种、地力调整好施肥量，保证各条间排肥量均匀一致。田间作业受施肥器、肥料种类、转数、速度、泥浆深度、天气等影响排肥量，要及时检查调整。

**6. 插秧**

5 月 15—25 日为最适插秧期。栽培密度，低产地块或稻草还田地、排水不良地、冷水灌溉地等初期生育不良、密度应为 30cm×13cm，中、高产田密度应为 30cm×16cm 或 30cm×20cm。每穴 3～4 株，不窝秧、不漏插、深浅一致。施肥量，一般地块应比常规施肥减少 10％。

**7. 排肥**

插秧前将肥料装入施肥器肥料箱内。插秧机作业时要求匀速前进，利用插秧机动力完成开沟、排肥、覆泥等项作业，把肥料均匀、连续、定量、等深度、等距离地埋在水稻根系侧 3cm、深 5cm 部位的泥中，车轮打滑状态下易过量施肥。施肥作业中应回避紧急停止操作，如果紧急停止，肥料易集中于一点落下。

技术生产田插秧

**8. 机械清理**

作业完毕后，排出剩余肥料，清扫肥料箱，第二天加新肥料再作业，严防肥料潮解堵塞排肥口。肥料的排出应在平坦的场所进行。插秧结束后，将相关设备清洗干净，干燥保管。

**9. 水分管理**

整地后以水调整泥的硬度，插秧后保持水层促进返青，分蘖期灌水 5cm 左右，生育中期根据分蘖、长势及时晒田。晒田后采用浅湿为主的间歇灌溉法，腊熟末期停灌，黄熟初期排干。

**10. 病虫草害防治**

农业防治：抗性品种、合理密植、配方施肥、科学灌溉、消除病稻草及池埂上杂草。

生物防治：采用性诱剂和保护水田生物（害虫天敌）等方法进行防治。

物理防治：黑光灯、频振式杀虫灯等机械物理装置诱、捕杀害虫。

药剂防治：专用药剂及时防治稻瘟病、稻曲病、二化螟、杂草等。

**11. 适时收获**

当稻谷黄化完熟率达 95%，籽粒含水量为 15%～20% 时，籽粒充实饱满坚硬，适时机械收获。

**三、适宜区域**

该技术适宜推广的区域为吉林省、辽宁省、黑龙江省等北方单季寒冷稻区。

## 四、注意事项

（1）必须采用专用水稻机插同步侧深施肥机械做业。

（2）必须采用水稻机插同步侧深技术专用肥。

（3）采用该技术需适度减氮肥，防止倒伏。

**技术依托单位**

吉林省农业科学院

联系地址：吉林省长春市生态大街1363号

邮政编码：130033

联 系 人：侯立刚

联系电话：0431－87063262，13069288103

电子邮箱：houligang888@163.com

# 玉米品种互补增抗生产技术

## 一、技术概述

### 1. 技术基本情况

玉米生长季节高温、干旱、阴雨寡照、大风倒伏等气象灾害和玉米螟、南方锈病等生物灾害频发，且随着全球气候变化呈加重趋势，严重威胁玉米安全生产。据农业农村部预计，2021年玉米"三虫一病"发生面积将达到4.4亿亩次、同比增加13.4%。因此，推广玉米减灾、抗灾和增产、稳产技术，对稳定玉米产量、保障国家粮食安全，具有重要意义。

针对上述灾害造成玉米减产降质的问题，利用不同玉米品种之间的抗逆性和育性的差异，通过间作或混作构建互补增抗群体，提高群体对单一或多种灾害的抗性，从而实现玉米减灾稳产。对抗逆、增产、稳产机理的长期跟踪研究和应用实践，证实该技术对高温热害、大风倒伏、南方锈病、青枯病、玉米螟等主要气象灾害及病虫害具有良好防御效果，正常年份增产5%以上、灾害发生年份增产20%以上。该技术针对主导品种的缺陷（如郑单958易感南方锈病、浚单20易倒伏、登海605不耐高温），合理搭配抗性伴侣品种，有效延长了主导品种的生产寿命。

2013年7月，该技术通过河南省科技厅组织的专家鉴定，核心技术达到国内领先水平。2017年作为河南省地方标准发布实施。2019年，《玉米互补增抗生产技术规范》作为农业行业标准立项并通过专家审定，待发布。

### 2. 技术示范推广情况

"玉米品种互补增抗生产技术"2012年开始示范推广应用，2012—2014年，在河南省累计推广面积1 393万亩，比单作对照平均亩增产51.5kg。2014年开始，由登海道吉、登海先锋、北京联创等种业公司大面积推广应用，相继推出登海662/登海701、登海605/登海6702、登海605/登海662、登海6701/登海6702、先玉335/先玉048、先玉335/先玉047、先玉335/先玉045、先玉335/先玉688、联创808/联创825等间（混）播组合，在全国累计推广面积3 134万亩。通过近年来的示范推广，该技术已被种粮大户、农民种植专业合作社等广泛接受并大面积采用，平均每年推广面积2 000万亩以上。

### 3. 提质增效情况

2010—2011年，在漯河、郑州、新乡和安阳试验点，为了解决黄淮海区种植面积最大、丰产性好的品种浚单20抗倒性较差的问题，采用抗倒性强的品种登海662与品种浚单20间（混）作，在2011年倒伏发生年份，登海662与浚单20间（混）作群体的倒伏率显著低于单作浚单20倒伏率，单作浚单20倒伏率90%以上，登海662与浚单20间（混）作群体倒伏率小于10%。

南方锈病近年来在我国黄淮海地区发生日趋严重，给玉米丰产造成巨大影响。为了有效解决我国种植面积最大的品种郑单958抗南方锈病差的问题，2011年在豫中、豫

登海 662 与浚单 20 间作（倒伏轻）

浚单 20 单作（倒伏重）

东、豫南试验证明，采用抗南方锈病品种鲁单 981 和高感南方锈病品种郑单 958 间作，玉米间作群体中郑单 958 南方锈病病情指数降低 60％以上，显著提高了群体南方锈病抗性。

2017 年在郑州、漯河试验点的研究证实，利用抗青枯病玉米品种登海 605 和高感青枯病玉米品种登海 701，登海 701 在混作和间作条件下，发病率分别显著降低 72.0％和 74.8％，登海 605 降低 48.7％和 61.9％。

2017 年西平县二郎乡百亩登海 605 与登海 6702 混作示范田，表现出显著的抗高温效果，平均增产 38.7％。

20 余年的田间试验和大面积示范结果表明，应用品种互补增抗技术可降低灾害风险 50％以上，亩增产 5.8％～18.2％，减少农药用量 30％以上，水分利用率提高 10％以上，亩增收节支 100 元左右。同时降低了籽粒霉变率和农残，提高了产品品质和经济效益，实现了玉米生产的良种良法配套、农机农艺融合、绿色生产和产量品质的协同提升。

郑单 958 单作（南方锈病发生重）

郑单 958 与鲁单 981 间作（南方锈病发生轻）

登海 605 单作

登海 605 与登海 6702 混作

### 4. 技术获奖情况

该技术获 2015 年河南省教育厅科技成果一等奖。

## 二、技术要点

### 1. 品种选择、组配及主要灾害管理

应选择适合当地种植的通过审定或引种认定的高产玉米品种。根据当地玉米常年发生的主要灾害类型及主导品种抗逆缺陷，选择对某一或多种灾害存在抗性差异且能够实现抗性互补或育性互补的品种进行组配，育性互补应选择散粉期相差 2~3d 或花粉量不同的品种，品种的成熟期应相近，有专用收储加工要求的，籽粒商品品质和加工品质应基本一致。

主要灾害品种组配及管理要点：①病虫害：针对当地常发主要病虫害选择抗性互补品种与主导品种进行搭配。结合采用物理、生物与化学相结合的综合防治方法。②干旱：选择耐旱性品种与当地主导品种搭配，保证玉米需水敏感期水分供给。③高温：选择耐高温品种与当地主导品种搭配，两品种的开花期应基本一致。④阴雨寡照：选择耐荫性强的品种与当地主导品种搭配。适当降低种植密度，或实行宽窄行种植，构建通风透光良好的群体结构；或垄作种植，预防持续阴雨引发的渍涝灾害。⑤倒伏：选择抗倒性强的品种与当地主导品种搭

配。密度过大或植株、穗位较高的群体，在拔节期到小喇叭口期喷施适宜的植物生长延缓剂，降低株高，增强植株抗倒伏能力。

**2. 种植方式**

间作或混作种植。若两个品种的株型、株高、种子形状及大小相近，可进行种子 1∶1 混合种植，也可进行间作；若株型、株高差异较大（≥30cm）或种子形状及大小差异较大，应进行间作，且株型、株高差异较大的宜进行宽窄行（80/40cm）2∶2 行比间作，同一品种的行间为窄行，不同品种的行间为宽行。

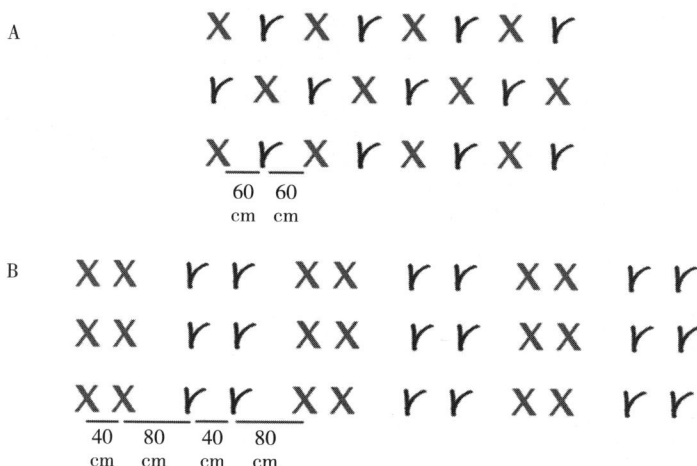

混作（A）和行比 2∶2 间作（B）示意图

**3. 生产管理**

（1）种子处理。精选种子，种子发芽率和发芽势应达 95％以上，满足机械单粒精量播种需求。种子应选用适宜的杀虫剂和杀菌剂进行拌种或包衣，以防治地下害虫及苗期病虫害。

（2）播种。采用种、肥一体化单粒播种机播种。前茬为小麦等留茬作物的，留茬高度≤20cm，秸秆切碎（长度≤10cm）并抛撒均匀。依据逆境发生规律和品种特性确定适宜播期，播种深度 3～5cm。播后浇"蒙头水"，确保一播全苗。

（3）施肥。一次性施肥应选用玉米专用缓控释复合肥，每亩 40～50kg 随播种一次施入；若选用其他配方肥，氮肥的 40％及全部磷、钾肥在玉米播种时施入，剩余 60％的氮肥在大喇叭口时期施入。

（4）排灌。穗发育期和灌浆期遇旱应及时灌溉，如遇涝灾应及时排涝，田间积水时间不宜超过 1 天。

**4. 收获及存储**

（1）全株青饲或青贮。在两个品种的籽粒乳线均达到 1/2～2/3，苞叶青绿，全株含水量 65％～75％时收获。

（2）人工或机械收穗。在两个品种的果穗苞叶发黄后 7～10d，籽粒乳线消失、基部黑层出现时收获。

（3）机收籽粒。在两个品种的籽粒乳线消失、基部黑层出现、籽粒含水量≤28％（一年两熟区夏玉米）或≤25％（一年一熟区春玉米）时收获。

籽粒收获后，要及时烘干、晾晒，籽粒含水量≤14％时进行存储。

## 三、适宜区域

经多年多点试验验证，本技术适宜全国玉米生产区应用。以黄淮海夏玉米生产区品种组配和管理技术较为成熟，其他地区大面积应用品种组配方案建议开展进一步试验验证。

## 四、注意事项

该技术主要针对主导品种的抗性缺陷，筛选搭配品种应在综合评估品种的丰产性、抗逆性、开花散粉特性及株型、株高和生育期的基础上，进行选配品种组合，以实现应用效果最优。

在大面积推广种植前，新品种组合模式应经过1～2年的生产试验验证，正常年份产量平均比对照增产5％以上或持平、灾害年份产量平均比对照增产10％以上，方可扩大种植面积。

**技术依托单位**
河南农业大学
联系地址：郑州市郑东新区龙子湖高校区15号
邮政编码：450046
联 系 人：李潮海　刘天学　张永恩
联系电话：13633860687、18638287106
电子邮箱：lichaohai2005@163.com
　　　　　tianxueliu2005@163.com

# 玉米控释配方肥免追高效施肥技术

## 一、技术名称

玉米控释配方肥免追高效施肥技术

## 二、技术概述

### 1. 技术基本情况

玉米是我国第一大粮食作物。与发达国家相比，我国玉米生产是相对高投入和低产出的系统，玉米生产中化肥施用量高，资源环境问题日益突出。实际生产中，劳动力紧缺迫切需要轻简化、机械化的施肥技术，而现有的产品和技术难以实现稳产高产。

本技术依据高产玉米的养分需求动态规律、我国四大玉米主产区（东北、黄淮海、西北、西南）玉米生育期、水分条件、土壤养分特征，采用高质量、低成本的控释肥料设计了我国四大主产区的玉米专用控释配方肥系列产品，采用种肥同播的机械化方式，一次施肥免追肥为玉米提供全生育期所需养分，减少施肥次数与肥料用量，达到玉米高产稳产、减肥增效和节本增收。玉米控释配方肥免追高效施肥技术的应用，不仅很好地解决了因施肥不合理导致的资源环境问题，同时减少生产管理环节、节省劳动力，并协同提高玉米生产的农学、经济与环境效益，为提升我国玉米生产竞争力提供了切实可行的技术。

### 2. 技术示范推广情况

本技术首先在国家玉米产业技术体系 24 个试验站进行了连续 4 年小规模示范，随后在国家玉米产业技术体系提高玉米产业竞争力的 10 个百亩示范方进行了连续两年的应用，并在国家重点研发计划——化学肥料和农药减施增效综合技术研发中的黄淮海玉米和南方山地玉米化肥农药减施技术集成研究与示范中进行了大面积示范，累计覆盖 17 个省份，示范 24 000 余亩。

### 3. 提质增效情况

在全国四大玉米主产区 24 个试验站连续开展 4 年田间联网示范试验和 10 个百亩示范方连续 2 年示范应用的结果表明，玉米控释配方肥免追高效施肥技术平均亩产 779kg，较普通农户田间管理增产 6.7%；平均每亩总养分投入 24.5kg，较普通农户田间管理节肥 21.9%；平均每亩施肥成本 179 元，较普通农户田间管理节约施肥成本 47 元。该技术可在节省养分投入的同时大幅提高农民收入，并进一步减少劳动环节和劳动时间，增加潜在收益。

## 三、技术要点

### 1. 肥料选择及用量

（1）主产区玉米专用控释肥配方：依据高产玉米的养分需求动态规律、基于我国四大玉米主产区玉米生育期、水分条件、土壤养分特征，采用高质量、低成本的控释肥料设计了我国四大主产区的玉米专用控释配方肥系列产品。玉米专用控释配方肥的配方包括：总施肥量、氮磷钾养分配比、控释氮肥和速效氮肥比例、不同控释期的控释氮肥比例等。

（2）施肥量的确定：根据 4 个主产区玉米生产的目标产量确定玉米专用控释配方肥用量。

（3）控释肥释放期的选择：控释肥养分的释放时间，以控释养分在 25℃静水中浸提开始至达到 80％的累积养分释放所需的时间（d）来表示。根据各主产区生态条件、土壤肥力、玉米生育期和产量水平，东北、西北和黄淮海区一般选用释放期 2 个月的控释尿素，西南和南方区要同时选用 2 个月和 3 个月的控释尿素配合使用。

（4）控释肥添加比例的确定：以产量水平和生育期降雨（灌溉）量作为控释肥添加比例的设计依据。目标产量大于每亩 1 000kg 的，控释氮肥占总氮肥的比例为 50％，目标产量每亩 600～1 000kg 的，控释氮肥占总氮肥的比例为 30％～40％；生育期内降雨（灌溉）量大于 400 毫米的，控释氮肥占总氮肥的比例为 50％，生育期内降雨（灌溉）量低于 400 毫米的，控释氮肥占总氮肥的比例为 30％～40％。满足目标产量大于每亩 1 000kg 或生育期降雨（灌溉）量大于 400mm 中的一项即需选用控释氮肥占总氮肥 50％的添加比例。

控释肥土壤中养分释放完成状态

玉米控释配方肥免追高效技术田间分部位展示

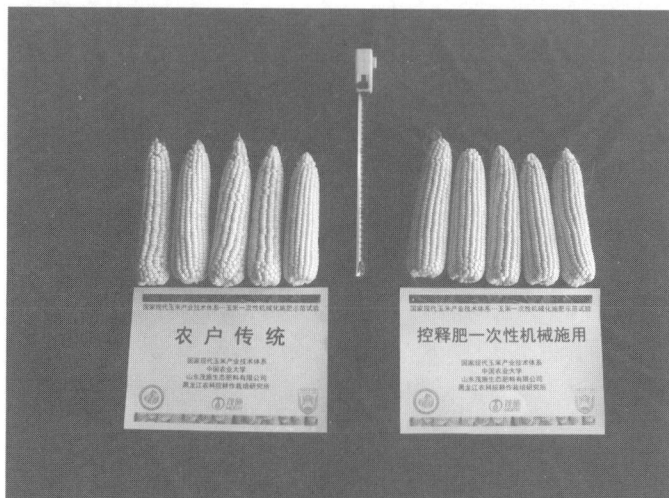

玉米控释配方肥一次性机械化施用效果比较

玉米控释配方肥免追高效技术田间展示

玉米体系田间开放日玉米控释配方肥免追高效施肥技术田间效果展示（2019，遵义）

**2. 机械选择及设定**

（1）机具选择与使用：根据四大主产区土壤耕作与栽培技术、土壤条件等，选择具备可调节施肥量和施肥深度功能的相关机具，且符合 GB/T 15369、GB/T 20346.1、GB/T 20346.2 和 GB/T 20865 等国家标准的规定。

（2）排肥器及用量设定：根据玉米专用控释配方肥产品的设计用量，准确调整排肥器，使施肥机械满足肥料施入量要求。

**3. 施肥作业流程**

（1）施肥时间确定：采用种肥异位同播，待土壤墒情适宜时进行播种与施肥操作。

（2）施肥深度及种肥间距：肥料施在种子侧下方，肥料施入深度 8～10cm，种子播深 4～5cm，肥料与种子水平间距 10～15cm。

（3）施肥作业：在机械选择、深度调试和施肥机械用量设定后，一次性将玉米专用控释配方肥结合玉米播种同时施入土壤。

（4）施肥质量检查：施肥开始阶段，除去施肥行表土，用尺子测量施肥深度是否符合要求，早发现早调整；施肥过程中，随机抽查测量不少于 20 个样点，合格率 90％以上即通过。

## 四、适宜区域

适宜在北方春玉米区、黄淮海夏玉米区、西南玉米区和西北玉米区等玉米主产区推广。

## 五、注意事项

（1）使用玉米控释肥免追高效施肥技术应选择适宜当地生产的机械。

（2）种、肥同播时注意排肥器和用量设定，以及种、肥间距设定。

（3）施肥后进行施肥质量检查，早发现早调整。

**技术依托单位**

西南大学

联系地址：重庆市北碚区天生路 2 号

邮政编码：400715

联 系 人：陈新平　张务帅

联系电话：13910130705

电子信箱：chenxp2017@swu.edu.cn

# 玉米密植高产全程机械化生产技术

## 一、技术概述

### 1. 技术基本情况

增密种植、全程机械化是国内外玉米高产增效的重要途径，是现代玉米生产的技术核心。本技术以耐密品种、合理密植、群体质量调控为核心，配套精量点播、化学调控、机械施肥、秸秆还田、机械收获、烘干收储等关键技术，在新疆生产建设兵团、甘肃、陕西、宁夏、内蒙古、黑龙江等省区多年试验示范的基础上完善形成。

### 2. 技术示范推广情况

该技术体系近年在新疆生产建设兵团和自治区、黑龙江农垦、内蒙古兴安盟、宁夏等北方省区已大面积推广应用，并在黄淮海多省份进行了技术示范，技术先进可行，增产增收效果显著。

### 3. 提质增效情况

该技术在 2014 年新疆生产建设兵团第 4 师 71 团万亩（10 500 亩）高产创建田创亩均单产 1 227.6kg 的我国大面积玉米新纪录，净利润达到每亩 1 607.88 元；2017 年再创每亩 1 229.8kg 的新纪录，净利润每亩 1 110 元，实现高产高效与绿色生产协同提高。

### 4. 技术获奖情况

"玉米密植栽培理论与技术研究" 2016 年获得兵团科技进步奖一等奖；"玉米密植高产全程机械化绿色生产技术研究与应用"获 2016—2018 年度全国农牧渔业丰收奖合作奖；"黄淮海夏玉米机械粒收关键技术研究与应用"获 2016—2018 全国农牧渔业丰收奖二等奖。"玉米密植高产全程机械化绿色生产技术"被评为 2019 年中国农业农村十项重大新技术之一；"西北灌溉玉米密植高产机械粒收生产技术模式"被遴选为全国 27 项作物全程机械化模式。

## 二、技术要点

### 1. 选择耐密、抗倒、适合机械收获的品种

选择国家或省审定、在当地已种植并表现优良的耐密、抗倒、适应机械精量点播和机械收获的品种。籽粒机械直收要求后期脱水快、生育期短 5～7d 的品种。种子质量符合 GB 4404.1《粮食作物种子质量标准——禾谷类》的规定。

### 2. 增密种植

根据当地气候条件、土壤条件、生产条件、品种特性以及生产目的，合理株行距配置，确保适宜密度。一般大田比目前种植密度每亩增加 500～1 000 株。西北地区光照条件较好，有灌溉条件的地区一般中晚熟品种留苗每亩 6 000～6 500 株；中早熟品种每亩 6 500～7 000 株。

### 3. 机械精量播种

单粒点播种子发芽率应高于 96%。通过足墒、适期播种等，保证苗齐、苗匀、苗全、

苗壮，提高群体整齐度。带种肥播种时要种、肥分离。

**4. 分期施肥**

根据玉米产量目标和地力水平进行测土配方施肥，使用各级土肥站经测土推荐的配方或配方专用肥。在有条件的地区，每亩施优质粗有机肥 2～3t 或精制有机肥 1t 左右；全部磷肥、30%～40% 的氮肥（如有种肥可相应减少用量）和 70% 钾肥作基肥。剩余的肥料在小喇叭口期以前机械能进地时进行一次性机械追施。也可施用缓控释肥，根据肥效与含量确定施肥量，实现一次性机械施肥。

**5. 化控防倒**

对于倒伏常发地区和密度较大、生长过旺、品种抗倒性差的地块，可在玉米 6～8 展叶期，喷施化控药剂，如玉黄金、吨田宝、羟基乙烯利等，控制基部节间长度，增强茎秆强度，预防倒伏。

**6. 病虫害防控**

苗期病虫害主要通过种子包衣防控，中后期病虫害可采用高地隙喷药机或植保无人机配药防治。

**7. 适时晚收、机械收获**

根据种植行距及作业质量要求选择合适的收获机械。玉米完熟后可果穗收获。籽粒机械直收可在生理成熟（籽粒乳线完全消失）后 2～4 周进行收获作业，籽粒水分含量应为 28% 以下，一次完成摘穗、剥皮、脱粒，同时进行茎秆处理（切段青贮或粉碎还田）等项作业。籽粒机械收获玉米及时烘干。

**8. 秸秆还田，培肥地力**

利用饲草捡拾打捆机将秸秆打捆做饲料，或利用秸秆还田机粉碎秸秆。用翻转犁翻地，深度 30～40 厘米；或秸秆覆盖还田，下年免耕播种。

## 三、适宜区域

北方春玉米区、西北春玉米区中有水分供应保障地区，其他区域可参照执行。

## 四、注意事项

玉米机械化生产要抓好播种与收获两个关键环节，玉米密植后要抓好倒伏、整齐度、早衰三个关键问题。机械收粒时间应适当推迟，保证收获质量。

---

**技术依托单位**

1. 中国农业科学院作物科学研究所

联系地址：北京市海淀区中关村南大街 12 号

邮政编码：100081

联 系 人：李少昆　明　博

联系电话：010-82108891

电子邮箱：lishaokun@caas.cn

2. 宁夏农林科学院农作物研究所

联系地址：宁夏回族自治区银川市永宁县王太堡

邮政编码：750105

联 系 人：王永宏

联系电话：13037967105

电子信箱：wyhnx2002-3@163.com

3. 西北农林科技大学农学院

联系地址：陕西省杨凌农业高新技术示范区邰城路3号

邮政编码：712100

联 系 人：薛吉全

联系电话：029-87082934，13709129113

电子邮箱：xjq2934@163.com

# 西南山地玉米黑膜覆盖控草集雨抗旱栽培技术

## 一、技术概述

### 1. 技术基本情况

玉米是西南山区主要粮食作物，关系到粮食安全。云南玉米常年种植在 2 600 多万亩，其中 80% 以上分布在山区、半山区坡地。从气候条件来看，降水时空分布变化大，11 月至次年 4 月干旱少雨，降水量仅为全年降水量的 15% 左右，玉米最佳播种时间主要在 3—5 月，常遭遇干旱威胁；高海拔 1 900m 以上区域，玉米生产常因积温不足，"早种不出、晚种不熟"；而普通白色地膜覆盖条件下杂草丛生，与玉米争肥争水，若施用除草剂，又增加农药用量、影响环境，传统的玉米覆膜栽培需破膜引苗，同时大量施用化肥又造成土壤环境恶化、不可持续。该技术着眼于抗旱播种、不使用除草剂而有效抑制杂草、窝塘或 W 形集雨覆土，套种绿肥、用地养地结合，达到抗旱节水、减少用工、减少农药和化肥用量、绿色可持续发展目的，推进了山区、半山区旱地耕作制度改革，稳定提高玉米单产、促进了农民增产增收。

### 2. 示范推广情况

2015 年以来，云南省把"山地玉米黑膜覆盖控草集雨抗旱栽培技术"作为高产创建的主推技术，经广大农技推广人员的示范推广，目前在全省高海拔玉米产区广泛应用，特别是滇东北的曲靖、昭通，应用面积较大，每年都创出万亩示范区 800kg 以上的高产典型。通过这一技术的推广，有效推动了旱粮生产方式的根本性转变，显著提高了玉米生产效益和水平，还促进了生产资源节约、生态绿色发展。近年来，在云南适宜区每年推广该技术 200 万亩左右。

### 3. 提质增效情况

该技术通过选用抗病耐瘠耐密玉米绿色品种，减轻玉米灰斑病和穗腐病的发生；采用黑膜覆盖抑制杂草和窝塘或 W 型集雨覆土抗旱栽培，减少芽后除草剂使用每亩 15ml，亩节约成本 7 元，亩节水 1.5m³，亩减少破膜放苗用工 2 个，亩节约投入 100 元；通过玉米乳熟期套种绿肥，用地养地相结合，以及实施绿肥及玉米秸秆过腹还田替代化肥等，每亩节约尿素 10kg，亩节约成本 25 元。

2015 年以来，全省每年推广该项技术 200 万亩，到 2019 年共推广 1 000 多万亩，共减少除草剂额使用 150 万 L，节约投入 7 000 万元，节水 1 500 万 m³，减少用工节约投入 10 亿元，减少尿素使用 10 万 t，增加效益 2.5 亿元。5 年共节约增效 13.2 亿元，经济效益、生态效益和社会效益显著。

### 4. 技术获奖情况

2014 年曲靖市农业技术推广中心、宣威市农业技术推广中心等完成的"玉米抗旱集雨集成技术推广"获 2013 年度云南省农业厅农业技术推广一等奖；2018 年曲靖市农业科学院主持完成的"山地玉米抗逆简化栽培技术研究与应用"获云南省科技进步奖三等奖。

## 二、技术要点

关键技术：高抗耐密绿色品种＋黑膜覆盖＋抗旱窝塘（W 形沟）播＋测土配方施肥＋间种＋病虫害绿色防控＋套种绿肥。

（1）品种选择：选用生育期适中，抗灰斑病、大斑病和穗粒腐病，适应性广，株型紧凑，群体整齐，穗位适中，灌浆快速，成熟后苞叶松散，且适于机播机收的绿色品种。如：靖单 15、靖玉 1 号、兴玉 3 号、川单 99、宣黄单 13、宣黄单 4 号、海禾 2 号、云瑞 999、金玉 2 号、华兴单 88 等。

（2）精细整地：绿肥收割后及时机械深松整地，使土壤上松下紧、表土平细，深松深度达 25cm 以上。

（3）抗旱窝塘或 W 形沟早播：雨季来临前，整地理墒，农家肥入地，并在墒面上打塘或开沟，整理成集雨窝塘或 U 形或 W 形沟。4 月 5 日前遇降雨及时抢墒播种，不降雨则实行抗旱播种。

（4）黑膜覆盖、窝塘或 W 形沟覆土：使用幅宽 80～100cm、厚度符合国家标准的黑色地膜覆盖，有效控制杂草生长；或选用小四轮拖拉机带动覆膜机具覆膜，然后人工破膜播种，并在窝塘或 W 形沟上覆土，使播种塘或沟始终低于墒面，以利于露水或降雨聚集形成有效利用。

山地玉米黑色地膜覆盖控草集雨抗旱栽培技术——黑色地膜窝塘或 W 形集雨抗旱栽培田间情况

（5）测土配方施肥：采用测土配方施肥，提高肥料利用率和施肥效果。底肥亩施用农家肥 1 000～1 500kg，玉米专用复合肥 40～50kg。追肥应因地制宜，分二次进行，6～7 叶期，亩追施尿素 15～20kg；大喇叭口期，亩追施尿素 20～25kg。

（6）规范化间种：采用玉米间种马铃薯、豆类等。①玉米间种豆类，采用双行玉米间双行豆，播幅 130～140cm，大行 90～100cm，小行 40cm 左右，大行间 2 行豆。②玉米和马铃薯间作，各占 1.0m，行比 2∶2。

（7）病虫害绿色防控：发生病虫害时，有针对性选择高效低毒农药，组织专业化防治队伍统防统治，重点防治草地贪夜蛾、玉米螟、黏虫等。

山地玉米黑色地膜覆盖控草集雨抗旱栽培技术——间种马铃薯田间长势情况

山地玉米黑色地膜覆盖控草集雨抗旱栽培技术——玉米收获后套种绿肥前期长势情况

（8）免耕套种绿肥培肥地力：在间种的马铃薯、豆类等作物收获后或玉米乳熟期（8月下旬至9月上旬）免耕套种绿肥（光叶紫花苕或箭舌豌豆）。

（9）适时收获：玉米成熟后于晴天进行及时收获。果穗收获后不宜长时间堆放，应及时去苞叶晾晒和脱粒贮藏，以防霉变，确保丰产丰收。

## 三、适宜区域

适宜西南丘陵旱地，特别是高海拔山地玉米生产。

## 四、注意事项

选择抗穗粒腐病、灰斑病的绿色玉米杂交品种；各地可结合当地自然条件和耕作水平，适时播种，确保播种质量；追肥时应选择在距植株基部8～10厘米处，破膜追肥，追后覆土封膜。

山地玉米黑色地膜覆盖控草集雨抗旱栽培技术——玉米收获后套种绿肥中后期长势情况

## 技术依托单位

1. 云南省农业技术推广总站

联系地址：云南省昆明市高新开发区科高路新光巷 165 号

邮政编码：650106

联 系 人：道金荣　吴叔康

联系电话：13708719392、13116290817

电子信箱：919473510@qq.com

2. 云南省曲靖市农业科学院

联系地址：云南省曲靖市麒麟区紫云南路 78 号

邮政编码：655000

联 系 人：钱成明　黄吉美

联系电话：13887450368、13769765106

电子信箱：445898453@qq.com

3. 云南省宣威市农业技术推广中心

联系地址：云南省宣威市榕城街道振兴街 143 号

联 系 人：展　康　高连彰

联系电话：13987407331、13577368306

电子信箱：461322342@qq.com

# 马铃薯绿色高效栽培技术

## 一、技术概述

### 1. 技术基本情况

我国北方一作区（河北张家口、内蒙古乌兰察布和甘肃定西）马铃薯生产面临干旱缺水，优质种薯应用率低，土传病害严重、防控不到位，产量低，因盲目追求产量导致水肥药投入量大、利用效率低等问题，其对马铃薯绿色高效栽培技术有着迫切需求。通过集成绿色优质品种和健康脱毒种薯应用、种薯催芽防病处理、水肥一体化精准智能微灌、病虫害绿色综合防治和全程机械化等关键核心技术，将有效解决马铃薯生产过程中脱毒种薯普及程度低、水肥利用率低、机械化程度低等问题，促进马铃薯产业提质增效和绿色高质量发展。

### 2. 技术示范推广情况

2018—2019 年集成技术模式在北方一作区等马铃薯主产区进行了规模化示范推广，取得较好的应用效果。

### 3. 提质增效情况

在北方一作区多地平均产量每亩为 2 858kg，比农民同等投入地块增产 10％以上，按照产地近 3 年平均价格每千克 1.2 元计算，亩增值 350 元以上。比种植大户减少化肥施用量为每亩 50kg，减少灌水量每亩 40m$^3$，化肥和农药施用量减少 20％以上，每亩减少投入 150元，每亩增加经济效益 15％以上。

## 二、技术要点

### 1. 播前整地

播前深松耕土地，耕翻方向与播种方向垂直，耕深 40～45cm 以保证马铃薯根系充分发育和吸收养分。耕翻深度一致，土表层平整，无土块，旋耕打碎土。

### 2. 绿色优质高效品种应用

根据生产目的和市场需求，筛选适宜本地区种植的耐旱抗病优质新品种：中薯 19、冀张薯 12、后旗红和中薯 18 等。

### 3. 脱毒健康种薯切块拌种

采用符合国家标准的脱毒原种播种，种薯在种薯库或基地切块。切块大小应控制在 40克左右，切刀需用 75％的酒精（15～30 秒杀灭细菌）消毒。每 2 吨切好的薯块用适乐时 1升对噻霉酮素水溶液（含噻霉酮 400g）12L 搅拌均匀进行包衣。

### 4. 水肥一体化精准管理

根据马铃薯生长发育情况、降雨和土壤墒情，在出苗、块茎形成和块茎膨大关键时期补灌 4～5 次，每亩灌水用量控制在 60m$^3$。播种前结合翻地每亩撒施有机肥 100kg，播种时机每亩施复合肥（15-15-15）40kg，中耕每亩施复合肥（20-0-24）30kg，出苗后通过水肥一体化系统每亩追施硝酸钙镁 10kg，尿素 8kg，硝酸钾 10kg。

### 5. 土传病害绿色防控

综合运用化学药剂、生物制剂和土壤改良等手段，实现黑痣病、干腐病、疮痂病和粉痂病等土传病害的绿色防控，减少农药施用。马铃薯需与其他非茄科作物三年轮作，播前增施有机肥，种薯药剂拌种、垄沟喷药，关键生育期采取机械喷洒或随滴灌施入化学药剂。苗期至块茎开始膨大期：采用甲基立枯磷/嘧菌酯＋噻霉酮/梧宁霉素/铜制剂，或枯草芽孢杆菌随水滴灌；现蕾至成熟期：采用枯草芽孢杆菌、梧宁霉素、噻唑锌、噻霉酮或铜制剂灌根处理。

### 6. 全程机械化

高垄单行种植，合理密植，种植密度可根据土壤肥力、品种特性和市场要求确定，原种一般以每亩 4 000～4 500 株为宜。采用开沟、播种、铺带、喷药一体机，一次性完成开沟、施种肥、播种、沟喷药、铺滴灌带等作业。播后 20 天左右进行机械中耕培土，收获前 10～15 天采用机械杀秧，选晴天收获，收获时尽量避免机械损伤。

## 三、适宜区域

本技术适用于北方一作区，主要包括河北坝上、内蒙古中西部和甘肃等地块较大地区。

## 四、注意事项

轮作种植：马铃薯忌连作，实行马铃薯—蚕豆—燕麦 3 年轮作制或马铃薯-蔬菜-玉米 3 年轮作制，以平衡土壤养分，减轻病虫草害。

**技术依托单位**

中国农业科学院蔬菜花卉研究所

联系地址：北京市海淀区中关村南大街 12 号

邮政编码：100081

联系人：金黎平

联系电话：010-82105943

电子信箱：jinliping@caas.cn

# 旱地黑色地膜马铃薯垄上微沟栽培技术

## 一、技术概述

### 1. 技术基本情况

旱地黑色地膜马铃薯垄上微沟栽培技术是在多年多点开展的地膜覆盖栽培方式试验中比较筛选而成的，该技术于 2012 年定名。其最大的特点是垄间大沟与垄脊小沟同时集雨，双向补水，大沟还具有蓄水及排水双重功能，有效地解决了垄作侧播技术垄中间部位土壤含水量低、土壤较干的问题。同时，增加了土壤熟土层厚度及薯块有效生长空间，使薯块生长均匀，有效地提高了马铃薯商品率。

### 2. 技术示范推广情况

2014 年该技术被甘肃省农业技术推广总站确定为全省粮油作物十大主推技术之一，在全省范围内大面积推广，全省累计推广应用旱地黑色地膜马铃薯垄上微沟栽培技术 953.21 万亩。

### 3. 提质增效情况

旱地黑色地膜马铃薯垄上微沟栽培技术集雨增产效果明显。2012—2013 年两年试验表明，平均亩产可达 2 483.6～2 529kg，比双垄作鲜薯产量增加 4.0%～5.9%，商品率提高 2.1～4.1 个百分点；较平作鲜薯产量增加 9.0%～13.8%、商品率提高 0.7～1.6 个百分点；较露地对照增产 34.85%～37.32%、商品率提高 5.4～7.45 个百分点。平水年耗水生产效率达到 5.73～6.17kg/mm，是露地对照的 2.07～2.23 倍，生育期内 0～100cm 土层平均含水量提高 1.78～1.87 个百分点。2014 年在年均降雨量 350mm 的会宁县大沟乡创建的马铃薯高产攻关田 506 亩，经农业部马铃薯专家组专家和省级专家联合测产显示，平均亩产达到 4 106.1kg。2016—2019 年平均亩产达到 1 665.4kg，较对照亩增产 302kg，增产率 22.15%。

### 4. 技术获奖情况

以该技术为核心的《旱作区马铃薯垄上微沟集雨种植技术研究与应用》项目，分别通过甘肃省农牧厅验收、白银市科技局鉴定，成果登记号分别为：甘农科验字［2015］61 号、2015-046，于 2016 年度获甘肃省农牧渔业丰收奖一等奖、2018 年度获白银市科技进步奖一等奖。

## 二、技术要点

### 1. 整地

前茬作物收获后深耕灭茬，耕深 25～30cm，耕后及时耙糖。若前茬为全膜种植地块，则选择不整地留膜春揭春用。

### 2. 基肥

起垄前每亩施农家肥 3 000～4 000kg，纯 N15～20kg，$P_2O_5$ 9～11kg，$K_2O$ 0～4kg 作

基肥。

**3. 起垄覆膜**

（1）地膜选择：选择黑色地膜，宽度 120cm。

（2）起垄覆膜：按幅宽 120cm，垄宽 75cm，垄沟宽 45cm，高 15cm，垄脊微沟 10cm 起垄，用垄上微沟一体机一次性完成起垄、覆膜、打孔。用 120cm 的黑色地膜覆盖垄面垄沟，垄土力求散碎，忌泥条、大块，人工起垄时要进行整垄，使用整垄器，使垄面平整、紧实、无坷垃，垄面呈 M 形。覆膜要达到平、紧，两边用土压严压实，同时每隔 2～3m 横压土腰带，以防被风掀起和拦截垄沟内降水径流。

（3）打渗水孔：覆膜一周后要在垄沟内打渗水孔（或机械一次性打孔），孔距 50cm。

**4. 种子**

（1）品种选择：选用陇薯 3 号、陇薯 6 号、庄薯 3 号、青薯 168、青薯 9 号等品种。

（2）种薯处理：播前 20d 剔除病、烂、伤、萎蔫、畸形的块茎。在温度 10～15℃，有一定光线的室内，放置 15d，待芽眼萌动时切块。

（3）切块：切块 40～50g，准备两把切刀，浸放在盛有 0.1％高锰酸钾溶液中，用其中一把刀切块，当切到病薯、烂薯后，立即换另一把切刀。

**5. 播种**

马铃薯 4 月中下旬播种，在垄脊上用打孔器破膜点播，打开第一个播种孔，将土提出，孔内点种，打第二个孔后，将第二个孔的土提出放在第一个孔口，撑开手柄或用铲子轻磕，覆盖住第一个孔口，以此类推。每垄播种 2 行，按照品字形播种，要求株距 35cm，深 15cm，每亩保苗 2 800～3 500 株。

**6. 田间管理**

（1）出苗前田间管护：覆膜后严防牲畜入地践踏、防止大风造成揭膜。发现地膜破损，及时用细土盖严。

（2）查苗补苗：马铃薯出苗后及时用湿土封住膜孔，以防跑墒。缺苗的地块及时补种或移栽。

（3）中后期追肥：在现蕾期叶面喷施硼、锌微量元素、磷酸二氢钾或尿素。用 0.1％～0.3％的硼砂或硫酸锌、0.5％的磷酸二氢钾，或 0.5％尿素的水溶液进行叶面喷施，一般每隔 7d 喷一次，共喷 2～3 次，每亩需溶液 50～70kg。也可在马铃薯现蕾期、块茎膨大期注灌沼液补充肥力，注灌浓度以稀释至 67％即可。

**7. 病虫草害防治**

重点防治疫病早疫病、晚疫病、蚜虫。

早疫病、晚疫病防治以每亩用 58％甲霜灵锰锌可湿性粉剂 500 倍液、64％杀毒矾可湿性粉剂 500 倍液或 75％百菌清可湿性粉剂 600 倍液，任选两种药剂交替均匀喷雾，隔 7～10 天防治 1 次，连续防治 2～3 次。

蚜虫防治以每亩用 10％吡虫啉可湿性粉剂 3 000 倍液、2.5％溴氰菊酯乳油 2 500 倍液，交替均匀喷雾。

生育期内垄沟杂草人工拔除。

**8. 收获**

当地上部茎叶基本变黄枯萎，匍匐茎开始干缩时即在收获期前 15d 杀秧，便于机械收获，也便于块茎脱离匍匐茎、加速块茎成熟、薯皮老化。

在马铃薯的收获、拉运、贮藏过程中，应注意轻放轻倒，以免碰伤薯块，收后除去病薯、擦破种皮的伤薯和畸形薯，阴凉通风处堆放，使块茎散热、去湿、损伤愈合、表皮增厚，收获后及时清除田间废膜，以防造成污染；当夜间气温降至0℃以下时入窖贮藏。

## 三、适宜区域

该技术最大特点是垄间大沟与垄面小沟同时集雨，双向补水，同时大沟还具有蓄水及排水双重功能，有效实现了马铃薯种植抗旱排涝两不误，特别适宜年降雨量250～400mm的干旱半干旱大面积推广。

## 四、注意事项

一是该技术要求在原有大垄种植的基础上，在垄脊再起小垄，中间留小垄沟，实现马铃薯的垄上微沟双垄种植。

二是要求马铃薯在垄脊呈"品"字形播种，播种时及时封住播种孔。

三是在人工起垄时，注意在覆膜一周内在小垄底部打渗水孔。

四是要严格防止小垄沟过深、过宽，大垄沟过浅的现象发生，为马铃薯块茎在垄内的生长创造良好的条件。

五是要覆膜后抓好田间防护管理，防止人畜践踏或大风揭膜现象的发生，发现地膜破损的要及时用细土覆盖；生育期内垄沟杂草人工拔除或机械中耕铲除。

**技术依托单位**

1. 甘肃省农业技术推广总站

联系地址：甘肃省兰州市城关区嘉峪关西路708号

邮政编码：730020

联 系 人：赵贵宾

联系电话：0931—8653691

电子信箱：gsnjz@vip.163.com

2. 会宁县农业技术推广中心

联系地址：会宁县农业技术推广中心

邮政编码：730700

联 系 人：齐向辉

联系电话：13893013390

电子信箱：renliang604@163.com

# 小麦机械化收获减损技术

## 一、技术概述

### 1. 技术基本情况

节约减损等于绿色增产。习近平总书记高度重视节约粮食问题，2020 年 8 月，习近平总书记再次对制止餐饮浪费行为作出重要指示。当前我国粮食损失浪费主要体现在生产和消费两个方面，小麦生产损失主要在种植和收获环节，特别是收获环节损失率相对较高，人工收获小麦损失率在 8％左右，机械收获损失率在 2％左右。我国小麦生产机械化减损空间和潜力较大，机械化减损技术有待提高。主要表现在以下几个方面。

（1）部分地区使用的小麦播种机精量播种程度低，存在漏播、多播以及种子消耗偏大、成苗率不高等问题。

（2）小麦机械化减损技术不系统，特殊作业条件机收技术没有突破，过熟小麦作物难以收割。

（3）机手对减损技术不熟悉，培训不到位，作业准备不充分、精细化作业水平不高、驾驶操作不规范，不能做到适时收获。

（4）机收作业服务过程中，机手更多追求作业效率和效益，人为造成粮食机械损失。

农业农村部农机鉴定总站、农机推广总站针对小麦种植和收获机械化环节损失存在的关键问题深入研究，2015 年形成了《小麦机械化收获减损技术指导意见》，2020 年根据新形势、新技术进行重新修订，不断完善小麦机械化减损技术体系。通过该技术，形成了小麦机械化减损作业质量标准、技术要求和操作规程，有效指导机手选择合适机具、适时开展机械种植收获、做好作业前准备、规范低损收获作业，促进农机企业提高机械减损性能指标，提高小麦生产机械化作业质量和效率，切实减少种子浪费、粮食收获损失。

### 2. 技术示范推广情况

核心技术"小麦机械化减损技术"自 2015 年开始在河北、山西、江苏、安徽、山东、河南等全国小麦主产区示范推广，广泛开展试验示范、技术宣贯和培训指导，切实提高了机手机械化减损技术水平。江苏、安徽等地开展小麦机械化减损试验示范项目，累计示范面积达 5 万亩以上，获得良好效果。江苏开展减损技术培训 20 余次，培训机手 1 000 余人次，深受广大农民机手的欢迎。指导各地将损失率作为农业机械社会化服务标准条款内容，明确责任义务，避免服务纠纷，同时也作为农民享受社会化服务的重要标准和依据。

### 3. 提质增效情况

试验统计显示，和常规机收技术相比，应用小麦减损机械化技术可使小麦种植种子用量减少 20％以上，机收损失率、破碎率降低 50％以上，试验示范地区小麦机械化平均机收损失率从 2％下降到 0.8％，破碎率从 1％下降到 0.5％，每亩粮食减少损失 8kg。通过五年来的示范推广，收割机减损技术日趋成熟，机手操作水平逐步提升，带动我国小麦机械化损失率整体水平逐步提高。如按照 2020 年全国稻谷总产量 13 425 万 t 计算，如果机收损失率下降1个百分点，就可节约稻谷134.25万t，大大提高了土地产出率，节约粮食就相当于开发"无形良田"，实现"无地增产"。另外，根据试验示范区测算，大力推广小麦机械化减损技术，优化了作业路线、减少机器空跑，确保机器处于理想工作状态，油耗下降20%以上，每亩减少燃油0.4kg，亩增收节支40元以上。

### 4. 技术获奖情况

未申报科技奖励。

## 二、技术要点

小麦机械化减损技术主要是通过规范种植、收获两个环节以及特殊作业条件的机械化技术要点和作业规范，减损种子浪费和粮食收获损失。技术路线如下：

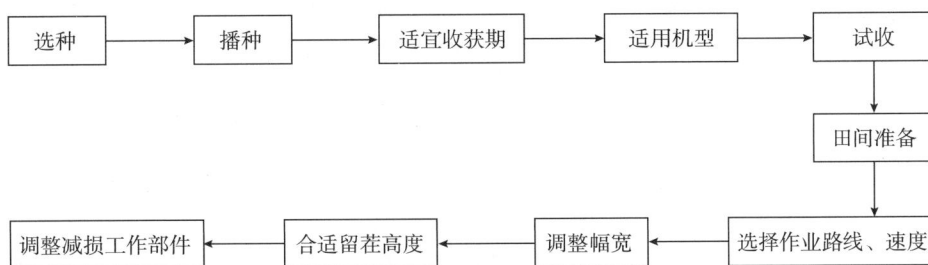

选种 → 播种 → 适宜收获期 → 适用机型 → 试收

试收 → 田间准备

田间准备 → 选择作业路线、速度

选择作业路线、速度 → 调整幅宽 → 合适留茬高度 → 调整减损工作部件

### 1. 机械化播种环节

（1）选择宜机化品种。选用通过国家或省级审定的达到国家标准小麦品种，其中纯度≥99%、净度≥98%、发芽率≥85%、水分≤13%。株型紧凑或半紧凑，分蘖成穗率高，穗层整齐度好；根系发达、茎秆坚韧，抗倒伏，抗穗发芽能力强；抗病性强，中抗赤霉病，兼抗条锈、白粉、纹枯病；成熟时落黄好，成熟度一致，灌浆完成后脱水快，籽粒含水率低；颖壳松紧度适中，籽粒破损率低，穗部残留少、净度高。

小麦播种机

（2）精量施肥播种。播种前种子药剂处理，应根据当地病虫害发生情况选择高效安全的杀菌剂、杀虫剂，用包衣机、拌种机进行种子机械包衣或拌种，以确保种子处理和播种质量。播种时一次性完成施肥、播种、镇压等复式作业，要求下种均匀，无漏播、重播，覆土均匀严密，播后镇压效果良好；播深3～5cm；采用宽苗带播种时，苗带宽度10～12cm，行距30～38cm；免耕播种的地块不能将基肥撒施地表，必须随播种作业将基肥深施。

**2. 机械化收获环节**

（1）确定适宜收获期。小麦机收宜在蜡熟末期至完熟期进行，此时产量最高，品质最好。小麦成熟期主要特征：蜡熟中期下部叶片干黄，茎秆有弹性，籽粒转黄色，饱满而湿润，籽粒含水率25％～30％。蜡熟末期植株变黄，仅叶鞘茎部略带绿色，茎秆仍有弹性，籽粒黄色稍硬，内含物呈蜡状，含水率20％～25％。完熟期叶片枯黄，籽粒变硬，呈品种本色，含水率在20％以下。确定收获时间，还要根据当时的天气情况、品种特性和栽培条件，合理安排收割顺序。小面积收获宜在蜡熟末期，大面积收获宜在蜡熟中期，以使大部分小麦在适收期内收获。留种用的麦田宜在完熟期收获。如遇雨季迫近，或急需抢种下茬作物，或品种易落粒、折秆、折穗、穗上发芽等情况，应适当提前收获时间。

全喂入轮式联合收割机收割小麦

（2）选择适用收获机型。一般情况，使用全喂入联合收割机收割小麦比半喂入收割机损失率更低，特别是收获易脱粒品种（脱粒强度小于100g）时，建议使用全喂入收割机，喂入作物的长度为500～800mm。对于小麦生长高度为650～1 100mm、穗幅差≤250mm，或收获难脱粒品种（脱粒强度大于180g）时，适合选用半喂入式联合收割机。作物高度超出1 100mm时，可以适当增加割茬高度，对半喂入联合收割机要适当调浅脱粒喂入深度。

（3）机具调试和试割。作业季节开始前要依据产品使用说明书对联合收割机进行一次全面检查与保养，确保机具在整个收获期能正常工作。正式开始作业前要选择有代表性的地块进行试割。试割作业行进长度以50m左右为宜，根据作物、田块的条件确定适合的收割速

全喂入履带联合收割机收割小麦

半喂入履带联合收割机

度，对照作业质量标准仔细检查损失、破碎、含杂等情况，有无漏割、堵草、跑粮等异常情况。并以此为依据对割刀间隙、脱粒间隙、筛子开度和（或）风扇风量等视情况进行必要调整。调整后再进行试割并检测，直至达到质量标准。

（4）业质量标准。机收作业严格下列作业质量标准。

小麦联合收割机作业质量标准

| 项目 | 指标 | |
|---|---|---|
| | 全喂入式 | 半喂入式 |
| 损失率/% | ≤1.2 | ≤3.0 |
| 破碎率/% | ≤1.0 | ≤0.5 |
| 含杂率/% | ≤2.0 | ≤2.0 |
| 污染情况 | 籽粒无污染，地块和茎秆中无明显污染。 | |

（5）机收田间准备。作业前要实地察看作业田块土地、种植品种、自然高度、植株倒伏、作物产量等情况，调试好机具状态。检查去除田里木桩、石块等硬杂物，对可能造成倾翻、跌落的地方做出标识，以保证安全作业。查看田埂情况，如果田埂过高，应用人工在右角割出 2.5m×6m 的空地，或在田块两端的田埂开 7m 宽的缺口，便于联合收割机顺利下田。

（6）选择行走路线。联合收割机作业一般可采取顺时针向心回转、反时针向心回转、梭形收割三种行走方法。在具体作业时，机手应根据地块实际情况灵活选用。转弯时应停止收割，将割台升起，采用倒车法转弯或兜圈法直角转弯，不要边割边转弯，以防因分禾器、行走轮或履带压倒未割麦子，造成漏割损失。

（7）选择作业速度。根据联合收割机自身喂入量、小麦产量、自然高度、干湿程度等因素选择合理的作业速度。作业过程中应尽量保持发动机在额定转速下运转。通常情况下，采用正常作业速度进行收割。当小麦稠密、植株大、产量高、早晚及雨后作物湿度大时，应适当降低作业速度。

（8）调整作业幅宽。在负荷允许的情况下，控制好作业速度，尽量满幅或接近满幅工作，保证作物喂入均匀，防止喂入量过大，影响脱粒质量，增加破碎率。当小麦产量高、湿度大或者留茬高度过低时，以低速作业仍超载时，适当减小割幅，一般减少到 80%，以保证小麦收割质量。

（9）保持合适的留茬高度。割茬高度应根据小麦高度和地块平整情况而定，一般以 5～15cm 为宜。割茬过高，由于小麦高低不一或机车过田埂时割台上下波动，易造成部分小麦漏割，同时，拨禾轮的拨禾推禾作用减弱，易造成落地损失。在保证正常收割的情况下，割茬尽量低些，但最低不得小于 5cm，以免切割泥土，加快切割器磨损。

（10）调整拨禾轮速度和位置。拨禾轮的转速一般为联合收割机前进速度的 1.1～1.2倍，不宜过高。拨禾轮高低位置应使拨禾板作用在被切割作物 2/3 处为宜，其前后位置应视作物密度和倒伏程度而定，当作物植株密度大并且倒伏时，适当前移，以增强扶禾能力。拨禾轮转速过高、位置偏高或偏前，都易增加穗头籽粒脱落，使作业损失增加。

（11）调整脱粒、清选等工作部件。脱粒滚筒的转速、脱粒间隙和导流板角度的大小，是影响小麦脱净率、破碎率的重要因素。在保证破碎率不超标的前提下，可通过适当提高脱粒滚筒的转速，减小滚筒与凹板之间的间隙，正确调整入口与出口间隙之比（应为 4:1）等措施，提高脱净率，减少脱粒损失和破碎。清选损失和含杂率是对立的，调整中要统筹考虑。在保证含杂率不超标的前提下，可通过适当减小风扇风量、调大筛子的开度及提高尾筛位置等，减少清选损失。对于清选结构上有排草挡板的，在含杂、损失较高时，可通过调整排草板上下高度减少损失。

（12）特殊条件收割。①收割倒伏作物。适当降低割茬，以减少漏割；拨禾轮适当前移，拨禾弹齿后倾 15～30℃，或者安装专用的扶禾器，以增强扶禾作用。倒伏较严重的作物，采取逆倒伏方向收获、降低作业速度或减少喂入量等措施。②收割过熟作物。小麦过度成熟时，茎秆过干易折断、麦粒易脱落，脱粒后碎茎秆增加易引起分离困难，收割时应适当调低拨禾轮转速，防止拨禾轮板击打麦穗造成掉粒损失，同时降低作业速度，适当调整清选筛开度，也可安排在早晨或傍晚茎秆韧性较大时收割。

（13）在线监测。如有条件，可在收割机上装配损失率、破碎率在线监测装置，驾驶员根据在线监测装置提示的相关指标、曲线，适时调整行走速度、喂入量、留茬高度等作业状态参数，得到并保持低损失率、低破碎率较理想的作业状态。

## 三、适宜区域

全国小麦种植区。

## 四、注意事项

（1）各地小麦种植农艺条件不同，需因地制宜选用机械化减损技术。

（2）加强操作机手技术培训，提高机手操作水平和作业质量。要求播种、收割机具调整必须以提高机械化作业质量为前提，避免机手因追求速度和效益忽略质量造成不必要的损失。

**技术依托单位**

农业农村部农业机械试验鉴定总站、农业机械化技术开发推广总站

联系地址：北京市朝阳区东三环南路 96 号农丰大厦

邮政编码：100122

联 系 人：张树阁　徐　峰

联系电话：010-59199056，13401133675

电子邮箱：moralzjxc@163.com

# 水稻机械化收获减损技术

## 一、技术概述

### 1. 技术基本情况

节约减损等于绿色增产。习近平总书记高度重视节约粮食问题，2020年8月，习总书记再次对制止餐饮浪费行为作出重要指示。当前我国粮食损失浪费主要体现在生产和消费两个方面，水稻生产损失主要在种植和收获环节，人工撒播增加用种量造成的种子损失率达12%，机械化育秧、插秧环节稻种损失率约为4%；人工收获稻谷损失率在10%左右，机械收获损失率3%左右。我国水稻生产机械化减损空间和潜力较大，机械化减损技术有待提高。主要表现在以下几个方面。

（1）我国水稻种植环节机械化水平偏低，部分地区水稻人工撒播和人工抛秧较为普遍，工厂化育秧比例低，存在种子消耗偏大、成苗率有待提高等问题。品种宜机化技术掌握不够、播期不当、农机农艺不匹配。

（2）水稻减损机械化技术不系统，特殊作业条件机收技术不太成熟，对于过熟、浸泡、倒伏水稻作物难以收割。

（3）机手对减损技术不熟悉，作业准备不充分、精细化作业水平不高、驾驶操作不规范，不能适时收获。

（4）机收作业服务过程中，机手更多追求作业效率和效益，不能按照规范操作，人为造成粮食机械损失。

（5）不同地区水稻机械化水平不平衡，南方丘陵山区田块不适合机械化作业，粮食生产损失率相对北方平原地区更高。

农业农村部农机鉴定总站、农机推广总站针对水稻种植和收获环节机械化损失存在的关键问题深入研究，2015年形成了《水稻机械化收获减损技术指导意见》，2020年根据各地多年水稻低损机械化试验示范和推广情况，立足新形势、新技术进行重新修订，不断完善水稻机械化减损技术体系。通过该技术，形成了水稻生产机械化减损作业质量标准、技术要求和操作规程，有效指导机手选择合适机具、适时开展机械种植收获、做好作业前准备、规范低损收获作业，促进农机企业提高机械减损性能指标，提高生产作业质量和效率，切实减少种子浪费、粮食收获损失。

### 2. 技术示范推广情况

核心技术"水稻机械化减损技术"自2015年开始在吉林、黑龙江、江苏、江西、安徽、湖北、湖南等全国水稻主产区示范推广，广泛开展试验示范、技术宣贯和培训指导，提高了机手机械化减损技术水平。江苏、江西等地实施水稻机械化减损技术试验示范项目，累计示范面积达5万亩以上，获得良好效果。黑龙江开展减损技术培训20余次，培训机手2 000余人次，深受广大机手的欢迎。指导各地将损失率作为农业机械社会化服务标准条款内容，明确责任义务，避免服务纠纷，同时也作为农民享受社会化服务的重要标准和依据。

2020年6月，因水稻收获期洪涝灾害影响，湖南、江西等省水稻受灾严重。9月，因多场台风影响，吉林、黑龙江等地水稻倒伏严重。通过大面积推广应用水稻收获减损机收技术，加强技术指导培训，倒伏水稻收获效率和质量明显提升，减损达到预期效果，充分体现机械化减损技术在应对自然灾害时应急救灾减灾的作用。

**3. 提质增效情况**

试验统计显示，和常规机械化生产技术相比，应用水稻减损机械化技术可使水稻种植种子用量减少20％以上，机收损失率降低50％以上，试验示范地区水稻机械化平均机收损失率从3％下降到1.5％左右，破碎率从1.5％下降到0.8％左右，每亩粮食减少损失12kg。通过五年来示范推广，收割机减损技术日趋成熟，机手操作水平逐步提升，带动我国水稻机械化损失率逐步下降。如按照2020年全国稻谷总产量21 186万t计算，如果机收损失率下降1个百分点，就可增收稻谷211.86万t，大大提高了土地产出率，节约粮食就相当于开发"无形良田"，实现"无地增产"。

根据试验示范区测算，水稻机械化减损技术优化了收获作业路线，减少机器空跑，确保机器处于最优工作状态，促使油耗减少。大力推广和引导推荐机手选用半喂入联合收割机，损失率和破碎率比全喂入收割机低20％以上，同时减少机器作业燃油消耗，油耗下降20％以上，每亩减少燃油0.4kg，亩增收节支50元以上。通过推广优质绿色低损机械化收获技术，稻米品质、口感更佳，有利于促进形成品牌，提高水稻种植收益。

**4. 技术获奖情况**

未申报科技奖励。

## 二、技术要点

水稻机械化减损技术主要是通过规范种植、收获两个环节以及特殊作业条件机械化技术要点和作业规范，减损种子浪费和粮食收获损失。技术路线如下：

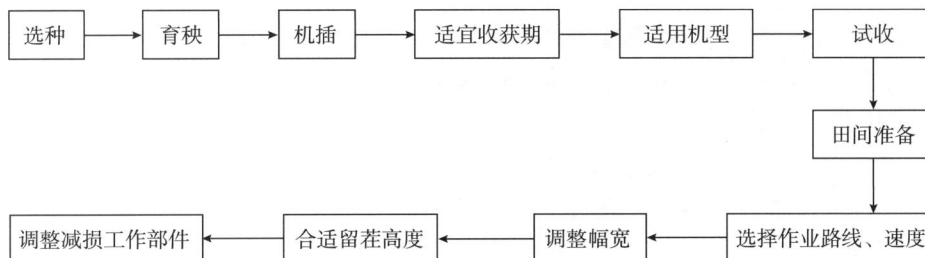

**1. 机械化种植环节**

（1）选择宜机化品种。选用通过国家或省级审定的，且由当地农业技术部门主推的生育期适宜、优质、抗逆性强、适宜机械化生产的丰产稳产水稻品种，种子纯度≥99％，净度≥98％，发芽率≥85％。应满足以下要求，水稻茎秆坚韧、抗倒伏性强；株型紧凑，株高适中，剑叶中短、坚挺，穗型直立或半直立，二次枝梗少；单季稻分蘖力适中、双季稻分蘖力较强；直播稻品种要穗大，分蘖性适中，主穗和蘖穗整齐，抗倒性强，发芽势强，根中胚轴长，顶土能力强。

（2）精量育秧播种。稻种处理：种子经晒种、脱芒、清选、药剂浸种处理后，用催芽机集中催芽，调整设定好温湿度，使种子达到破胸露白，芽长不超过1mm为宜。根据移栽时间、适宜秧龄以及移栽机械的作业进度，精确推算适播期。播种量根据品种类型、季节和秧盘规格确定，常规稻宽行（30cm行距）秧盘（9寸盘）一般播种量每盘100～120g，杂交稻宽行（30cm行距）秧盘播种量为每盘70～80g，每667m² 大田常规稻需30盘、杂交稻20盘左右。对钵体秧苗以专用育秧播种流水线作业，播种量为常规稻4～6粒/钵，杂交稻2～4粒/钵。播种要求准确、均匀、不重不漏。播种时要求播量准确，播种均匀。

水稻插秧机作业

（3）精准机械插秧。根据水稻品种、栽插季节、秧盘选择适宜类型的插秧机，提倡采用高速插秧机、侧深施肥插秧机作业，部分有条件的地区可采用钵体苗移栽机。采用插秧机作业的栽插密度一般在每平方米25～30穴，4～6株/穴，基本苗数每平方米125～180株。根据各个地区的土地、肥力等情况，栽插穴距以10～17cm为宜。浅水移栽，水深2～3cm为宜。采用侧深施肥插秧机时，施肥位置距水稻秧苗根部侧位3～5cm且深度为5cm。

**2. 机械化收获环节**

（1）确定适宜收获期。准确判断确定适宜收获期，防止过早或过晚收获对水稻的产量和品质产生不利影响，实现水稻丰产增收。①根据水稻生长特征判断确定。水稻的完熟期或蜡熟期较为适宜收获，此时稻谷籽粒含水量15％～28％。一般认为，谷壳变黄、籽粒变硬、水分适宜、不易破碎时标志着水稻进入完熟期。水稻分段式割晒机作业一般适宜在蜡熟期进行。②根据稻穗外部形态判断确定。谷粒全部变硬，多数穗颖壳变黄，穗轴上干下黄，有70％的枝梗已干枯，水稻黄化完熟率95％以上，说明谷粒已经充实饱满，此时应进行收获。在易发生自然灾害或复种指数较高的地区，为抢时间，可提前至九成熟时开始收获。③根据生长时间判断确定。一般南方早籼稻适宜收获期为齐穗后25～30d，中籼稻为齐穗后30～35d，晚籼稻为齐穗后35～40d，中晚粳稻为齐穗后40～45d；北方单季稻区齐穗后45～50d收获。

（2）选择适用收获机型。采用高留茬收获或选用半喂入联合收割机为宜。水稻生长高度为650～1 100mm、穗幅差≤250mm，更适合选用半喂入式联合收割机。作物高度超出

全喂入履带联合收割机

半喂入履带联合收割机

1 100mm 时，可以适当增加割茬高度，对半喂入联合收割机要适当调浅脱粒喂入深度。收获易脱粒品种（脱粒强度小于 100g）时，建议使用全喂入收割机，喂入作物的长度为 500～800mm。收获难脱粒品种（脱粒强度大于 180g）时，建议采用半喂入收割机。

（3）机具调试和试割。开始收割作业前要保持机具良好技术状态，预防和减少作业故障，提高工作质量和效率。正式开始作业前要进行试割。试割作业行进长度以 50m 左右为宜，根据作物、田块条件确定适合的收割速度，对照作业质量标准仔细检测试割效果，并以此为依据对相应部件（如风机进风口开度、振动筛筛片角度、凹板间隙、拨禾轮位置、半喂入收割机的喂入深浅、全喂入收割机的收割高度等）进行调整。调整后再进行试割并检测，直至达到质量标准为止。作物品种、田块条件有变化时要重新试割和调试机具。

（4）作业质量标准。机收作业时要严格执行作业质量标准。

水稻联合收割机作业质量标准

| 项目 | 指标 | |
|---|---|---|
| | 全喂入式 | 半喂入式 |
| 损失率/% | ≤2.8 | ≤2.5 |
| 破碎率/% | ≤1.5 | ≤0.5 |
| 含杂率/% | ≤2.0 | ≤1.0 |
| 污染情况 | 籽粒无污染，地块和茎秆中无明显污染。 | |

（5）机收田间准备。作业前要实地察看作业田块土地、种植品种、自然高度、植株倒伏、作物产量等情况。检查去除田里木桩、石块等硬杂物，了解田块的泥脚情况，一般要求15cm以下。对可能造成陷车或倾翻、跌落的地方做出标识，以保证安全作业。查看田埂情况，如果田埂过高，应用人工在右角割出2.5m×6m的空地，或在田块两端的田埂开7m宽的缺口，便于收割机顺利下田。

（6）选择行走路线。行走路线最常用的有以下两种：①四边收割法。对于长和宽相近、面积较大的田块，开出割道后，收割一个割幅到割区头，升起割台，沿割道前进5～8m后，边倒车边向右转弯，使机器横过90℃，当割台刚好对正割区后，停车，挂上前进挡，放下割台，再继续收割，直到将谷物收完。②左旋收割法。对于长宽相差较大、面积较小的田块，沿田块两头开出的割道，长方向割到割区头，不用倒车，继续前进，左转弯绕到割区另一边进行收割。

（7）选择作业速度。作业过程中应尽量保持发动机在额定转速下运转，机器直线行走，避免边割边转弯，压倒部分谷物造成漏割，增加损失。地头作业转弯时，不要松油门，也不可速度过快，防止清选筛面上的物料甩向一侧造成清选损失，保证收获质量。当每亩产量超过600kg时，应降低作业速度，适当增加割茬高度并减小收割幅宽。若田间杂草太多，应考虑放慢收割机前进速度，减少喂入量，防止出现堵塞和谷物含杂率过高等情况。

（8）调整作业幅宽。在负荷允许的情况下，控制好作业速度，尽量满幅或接近满幅工作，保证作物喂入均匀，防止喂入量过大，影响脱粒质量，增加破碎率。当水稻产量高、湿度大或者留茬高度过低时，以低速作业仍超载时，适当减小割幅，一般减少到80%，以保证收割质量。

（9）保持合适的留茬高度。割茬高度应根据水稻高度和地块平整情况而定，半喂入机型一般以5～15cm为宜，全喂入机型一般以15～40cm为宜。割茬过高，由于水稻高低不一或机车过田沟时割台上下波动，易造成部分水稻漏割，同时，拨禾轮的拨禾推禾作用减弱，易造成落地损失。在保证正常收割的情况下，割茬尽量低些，但最低不得小于5厘米，以免切割泥土，加快切割器磨损。

（10）调整拨禾轮速度和位置。对于全喂入收获机型，要根据作物的状况调节拨禾轮的前后位置。拨禾轮的线转速一般为联合收割机前进速度的1.1～1.2倍，不宜过高。拨禾轮高低位置应使拨禾板作用在被切割作物2/3处为宜，其前后位置应视作物密度和倒伏程度而定，当作物植株密度大并且倒伏时，适当前移，以增强扶禾能力。拨禾轮转速过高、位置偏高或偏前，都易增加穗头籽粒脱落，使作业损失增加。割台搅龙叶片与底板间隙一般为18～

20mm，当作物的产量较高时，适当调大间隙，以免引起搅龙堵塞。

（11）调整脱粒、清选等工作部件。脱粒滚筒的转速、脱粒间隙和导流板角度的大小，是影响水稻脱净率、破碎率的重要因素。在保证破碎率不超标的前提下，可通过适当导流板的角度，减小滚筒与凹板之间的间隙，正确调整入口与出口间隙之比（应为 4∶1）等措施，提高脱净率，减少脱粒损失和破碎。清选损失和含杂率是对立的，调整中要统筹考虑。在保证含杂率不超标的前提下，可通过适当减小风扇风量、调大筛子的开度及提高尾筛位置等，减少清选损失。作业中要经常检查机箱内秸秆堵塞情况，及时清理，轴流滚筒可适当减小喂入量和提高滚筒转速，以减少分离损失。对于清选结构上有排草挡板的，在含杂、损失较高时，可通过调整排草板上下高度减少损失。

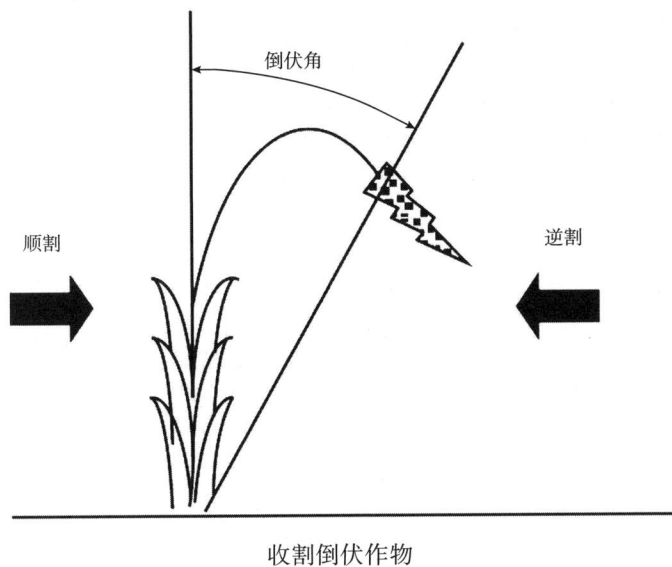

倒伏角

顺割　　逆割

收割倒伏作物

（12）特殊条件收割。①收割潮湿作物。在季节性抢收时，如遇到潮湿作物较多的情况，应经常检查凹板筛、清选筛是否堵塞，注意及时清理。有露水时，要等到露水消退后再进行作业。②收割倒伏作物。收获倒伏水稻时，可通过安装"扶倒器"和"防倒伏弹齿"装置，尽量减少倒伏水稻收获损失，收割倒伏水稻时应先放慢作业速度，全喂入机型原则上倒伏角小于 45℃时顺向作业；倒伏角 45～60℃时逆向作业；在倒伏角大于 60℃时，若采用机收方式要尽量降低收割速度。③收割过熟作物。水稻完全成熟后，谷粒由黄变白，枝梗和谷粒都变干，特别是经过霜冻之后，晴天大风高温，穗茎和枝梗易折断，这时收获需注意：尽量降低留茬高度，一般在 100～150mm，但要防止切割器"吃泥土"，并且严禁半喂入收获，以减少切穗、漏穗。

（13）分段收获。使用分段式割晒机作业时，要铺放整齐、不塌铺、不散铺，穗头不着地，防止干湿交替，增加水稻惊纹粒，降低品质。捡拾作业时，最佳作业期在水稻割后晾晒 3～5d，稻谷水分降至 16％左右时，要求不压铺、不丢穗、捡拾干净。

（14）在线监测。如有条件，可在收割机上装配损失率、破碎率在线监测装置，驾驶员根据在线监测装置提示的相关指标、曲线，适时调整行走速度、喂入量、留茬高度等作业状态参数，得到并保持低损失率、低破碎率较理想的作业状态。

## 三、适宜区域

全国水稻种植区。

## 四、注意事项

（1）各地水稻种植农艺条件不同，需因地制宜选用机械化减损技术。

（2）加强操作机手技术培训，提高机手操作水平和作业质量。要求插秧机、收割机具调整，必须以提高机械化作业质量为前提，避免机手因追求速度和效益忽略质量造成不必要的损失。

**技术依托单位**

农业农村部农业机械试验鉴定总站、农业机械化技术开发推广总站

联系地址：北京市朝阳区东三环南路96号农丰大厦

邮政编码：100122

联 系 人：张树阔　徐　峰

联系电话：010-59199056，13401133675

电子邮箱：moralzjxc@163.com

# 玉米机械化收获减损技术

## 一、技术概述

### （一）技术基本情况

节约减损等于绿色增产。习近平总书记高度重视节约粮食问题，2020年8月，习近平总书记再次对制止餐饮浪费行为作出重要指示。当前我国玉米生产环节损失主要体现在种植和收获环节，玉米机械化播种种子浪费率4%左右，玉米机收损失率3%左右，玉米生产节粮减损空间和潜力较大，机械化减损技术有待提高。主要表现在以下几个方面。

（1）部分地区仍大量使用非精量玉米播种机，存在漏播、重播以及种子消耗偏大、成苗率不高等问题。

（2）我国玉米机收仍以果穗收获为主，在拉运、晾晒、脱粒过程中损失偏高且存在霉变风险。玉米籽粒直收存在籽粒破碎率较高等问题。适宜籽粒机收的玉米品种还有待改进，大面积推广还不成熟。

（3）玉米减损机械化技术不系统，特殊作业条件机收技术不太成熟，农民和机手普遍缺乏倒伏玉米机收经验和应对措施，对于倒伏玉米作物难以收割。

（4）机手对减损技术不熟悉，作业准备不充分、精细化作业水平不高、驾驶操作不规范，不能适时收获，培训不到位。

（5）机收作业服务过程中，机手更多追求作业效率和效益，人为造成粮食机械损失。

农业农村部农机鉴定总站、农机推广总站针对玉米机械化损失种植和收获环节存在的关键问题深入研究，2015年制定了《玉米机械化收获减损技术指导意见》，2020年进行重新修订。2020年针对倒伏玉米机收减损难题制定了《东北地区倒伏玉米机收技术指引》《东北地区收获倒伏玉米机具改装方案》，不断完善玉米机械化减损技术体系。通过该技术，形成了玉米机械化减损作业质量标准、技术要求和操作规程，有效指导机手选择合适机具、适时开展机械种植收获、做好作业前准备、规范低损收获作业，促进农机企业提高机械减损性能，提高玉米生产机械化作业质量和效率，切实减少种子浪费、粮食收获损失。

### （二）技术示范推广情况

核心技术"玉米机械化减损技术"自2015年开始在辽宁、吉林、黑龙江、山东、河南、山西等玉米种植主产区示范推广，广泛开展试验示范、技术宣贯和培训指导，切实提高了机手机械化减损技术水平。开展秸秆全量覆盖还田玉米精量免耕播种技术、玉米籽粒低破碎机械化收获技术试验示范项目，以及玉米籽粒低损机械化收获现场推进会和综合测评，累计示范面积达6万亩以上，获得良好效果。各地通过培训加快提升农机推广人员、机手对玉米生产减损技术的掌握。2020年9月，因多场台风影响，吉林、黑龙江等地玉米倒伏严重。通过大面积推广应用倒伏玉米收获减损机收技术，加强技术指导培训，倒伏玉米机械收获效率和质量明显提升，减损达到预期效果。

### （三）提质增效情况

试验统计显示，和常规机收技术相比，应用玉米机械化减损技术可使玉米播种种子用量减少20％以上，机收损失率降低50％以上。试验示范地区玉米机械化平均机收损失率从3％下降到1.5％左右，籽粒直收机型籽粒破碎率从5％下降到4％，每亩玉米减少收获损失12kg。通过五年来示范推广，玉米种植、收获减损技术日趋成熟，机手操作水平逐步提升，带动我国玉米机械化播种用种量、出苗率以及收获损失率、破碎率整体水平逐步提高。

从各地试验数据来看，大力推广玉米机械化减损技术，优化了作业路线、减少机器空跑，确保机器处于理想工作状态，油耗下降15％以上，每亩减少燃油0.4kg。应用秸秆全量覆盖还田玉米精量免耕播种机械化技术，可减少作业次数和生产成本，平均每亩可节约支出80元左右，持续应用还有稳产增产的优势；应用玉米低破碎籽粒收获机械化技术，可减少玉米霉变，平均每亩可节本增收100元左右。在适宜地区应用玉米机械化减损生产模式，预计全国可实现增收超过100亿元。

### （四）技术获奖情况

未申报科技奖励。

## 二、技术要点

玉米机械化减损技术主要是通过规范种植、收获两个环节机械化作业技术，减损种子浪费和粮食收获损失。技术路线如下：

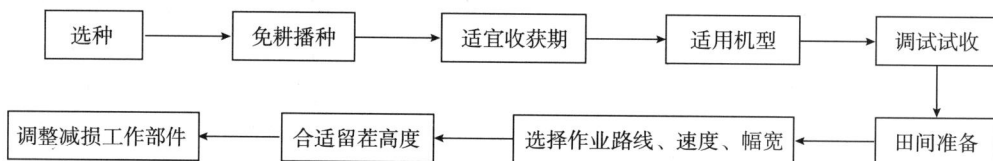

选种 → 免耕播种 → 适宜收获期 → 适用机型 → 调试试收

调整减损工作部件 ← 合适留茬高度 ← 选择作业路线、速度、幅宽 ← 田间准备

### （一）机械化播种环节

**1. 选择宜机化品种**

从全国审定通过的玉米主导品种中，选择适宜本地特点的品种，以早熟、耐密、抗倒伏、降水快的玉米品种为主。种子大小、形状均匀一致；芽势强、出苗快、整齐度好；穗轴细长，苞叶层数少、薄、长短适度、后期蓬松，籽粒后期脱水快，粒收品种成熟时，籽粒含水率降至25％以下；株形紧凑，茎秆高度2.5m左右，结穗高度80～100cm，且高度一致；抗（耐）茎腐病，抗穗（粒）腐能力强、站秆能力强、抗倒伏性好；籽粒脱粒性好，易从穗轴上脱离，且穗轴不易破碎，降低含杂率。种子需进行精选处理，纯度、净度98％以上，发芽率95％以上。播种前，选择相应防治药剂进行拌种或包衣处理。

**2. 秸秆覆盖精量免耕播种**

前茬作物秋收后应将秸秆覆盖还田和留茬，春播时采用免耕播种机一次性完成开沟、播种、施肥、镇压等复式作业。选用具有拨草装置、缺口圆盘切草装置、双圆盘种肥开沟装置和双圆盘高强度种位镇压装置的指夹式或气吸式高性能牵引式玉米精量免耕播种机进行播种，确保实现窄开沟、少动土、肥位准、种位精、镇压实、通过强、效率高的免耕播种

秸秆覆盖玉米免耕播种

作业质量。东北春玉米免耕播种须较常规播种时间推迟5～7d，当5～10cm耕层地温稳定在10℃以上即可开始播种，播种深度3～5cm，保障出苗率90％以上。夏玉米在小麦收获后直播越早越好，播种深度3～5cm，墒情好时浅播，干旱时加深。镇压要实，使种子与土壤紧密接触。

### （二）机械化收获环节

#### 1. 确定适宜收获期

适期收获玉米是增加粒重、减少损失、提高产量和品质的重要生产环节，防止过早或过晚收获对玉米的产量和品质产生不利影响。玉米成熟的标志是植株的中、下部叶片变黄，基部叶片干枯，果穗变黄，苞叶干枯成黄白色而松散，籽粒脱水变硬乳线消失，微干缩凹陷，籽粒基部（胚下端）出现黑帽层，并呈现出品种固有的色泽。玉米收获适期因品种、播期及生产目的而异。确定收获期时，还要根据当时的天气情况、品种特性和栽培条件，合理安排收获顺序，做到因地制宜、适时抢收，确保颗粒归仓。如遇雨季迫近，或急需抢种下茬作物，或品种易落粒、折秆、掉穗、穗上发芽等情况，应适当提前收获。

#### 2. 选择适用收获机型

（1）果穗收获：对种植中晚熟品种和晚播晚熟的地块，玉米籽粒含水率在25％～35％及以上时，应采取机械摘穗、晒场晾棒的收获方式。

（2）籽粒直收：对一些种植早熟品种的地块，因这类品种的玉米具有成熟早、脱水快的特点，当籽粒含水率在25％以下时，可利用玉米联合收获机直接脱粒收获，优先选用纵轴流低破碎玉米籽粒收获机。

#### 3. 机具调试和试收

作业季节前要依据产品使用说明书对玉米收获机进行一次全面检查与保养，确保机具在

果穗型玉米收获机

籽粒直收型玉米收获机

整个收获期能正常工作，认真检查行走、转向、割台、输送、剥皮、脱粒、清选、卸粮等机构的运转、传动、间隙等情况。正式收获前，选择有代表性的地块进行试收，对机器调试后的技术状态进行一次全面的现场检查，检查收获机各部件是否还有故障，同时根据实际作业效果和农户要求进行必要调整。方法如下：收获机进入田间后，接合动力挡，使机器缓慢运转，若无异常方可使发动机转速提升至额定转速。采取正常作业速度试收 20m 左右停机，检查收获情况，有无漏割、堵塞等异常情况。如有不妥，视情况对机器部件进行必要调整。调整后，再次试收，并检查作业质量，直到满足要求方可进行正常作业。

### 4. 作业质量标准

果穗收获机型在籽粒含水率为 25％～35％，植株倒伏率低于 5％，果穗下垂率低于 15％，最低结穗高度大于 35 厘米的条件下；籽粒直收机型在籽粒含水率为 15％～25％，果穗下垂率低于 15％，最低结穗高度大于 35cm 时，要严格执行以下作业质量标准。

**玉米收获机作业质量标准**

| 项目 | 指标 | |
| --- | --- | --- |
| | 果穗收获 | 籽粒直收 |
| 损失率％ | ≤3.5 | ≤4.0 |
| 破碎率％ | ≤0.8 | ≤5.0 |
| 含杂率％ | ≤1.0 | ≤2.5 |
| 苞叶剥净率 | ≥85 | / |
| 污染情况 | 籽粒无污染，地块和茎秆中无明显污染。 | |

### 5. 田间准备

玉米收获机在进入地块收获前，必须先了解地块的基本情况：玉米品种、种植行距、密度、成熟度、最低结穗高度、果穗下垂及茎秆倒伏情况，是否需要人工开道、清理地头、摘除倒伏玉米等，以便提前制定作业计划。对地块中的沟渠、田埂、通道等予以平整，并将地里水井、电杆拉线、树桩等不明显障碍进行标记，以利安全作业。

### 6. 选择行走路线

玉米收获机作业时保持直线行驶，在具体作业时，机手应根据地块实际情况灵活选用。转弯时应停止收割，采用倒车法转弯或兜圈法直角转弯，不要边收边转弯，以防因分禾器、行走轮等压倒未收的玉米，造成漏割损失、甚至损毁机器。选择正确的收获作业方向，应尽量避免横向收割，特别是在垄较高的田块，横向收割会使机器颠簸大，进而加大收割损失。对于侧向排出秸秆、草叶的玉米收获机，要注意排出口是左侧还是右侧。

### 7. 选择作业速度

收获时的喂入量是有限度的，根据玉米收获机自身喂入量、玉米产量、植株密度、自然高度、干湿程度等因素选择合理的作业速度。通常情况下，开始时先用低速收获，然后适当提高作业速度，最后采用正常作业速度进行收获，注意观察摘穗机构、剥皮机构等是否有堵塞情况。当玉米稠密、植株大、产量高、行距宽窄不一、地形起伏不定、早晚及雨后作物湿度大时，应适当降低作业速度。晴天的中午前后，秸秆干燥，收获机前进速度可选择快一些。严禁用行走挡进行收获作业。

### 8. 调整作业幅宽或收获行数

在负荷允许、收割机技术状态完好的情况下，控制好作业速度，尽量满幅或接近满幅工作，保证作物喂入均匀，防止喂入量过大，影响收获质量，增加损失率、破碎率。当玉米行距宽窄不一，可不必满割幅作业，避免剐蹭相邻行秸秆，导致果穗掉落，增加损失。

### 9. 保持合适的留茬高度

留茬高度应根据玉米的高度和地块的平整情况而定，一般留茬高度要小于110mm，既保证秸秆粉碎质量，又避免还田刀具太低打土，造成损坏。如安装灭茬机时，应确保灭茬刀具的入土深度，保证灭茬深浅一致，以保证作业质量。定期检查切割粉碎质量和留茬高度，根据情况随时调整。

### 10. 调整摘穗机构工作参数

对于摘穗辊式的摘穗机构：应合理选择摘穗辊转速，达到有效降低籽粒破碎率，减少籽粒损失的目的。当摘穗辊的间隙过小时，碾压和断茎秆的情况比较严重，而且会有较粗大的秸秆不能顺利通过而产生堵塞；间隙过大时会啃伤果穗，并导致掉粒损失增加。因此，摘穗辊间隙应根据玉米性状特点进行调整，适应不同粗细的茎秆、果穗，以减少果穗、籽粒的损失。对于拉茎辊与摘穗板组合式摘穗机构：当茎秆粗、植株密度大，作物含水率高时，拉茎辊间隙应适当大些，反之间隙应小些，一般取10～17mm。摘穗板工作间隙应根据被收玉米性状特点找到理想的摘穗板工作间隙。

### 11. 调整剥皮装置

对摘穗剥皮型玉米收获，要调整适宜压送器与剥皮辊间距。间距过小时，玉米果穗与剥皮辊的摩擦力大、剥净率高、单果穗易堵塞，果穗损伤率、落粒率均高；剥皮辊倾角一般取10°～12°，倾角过小果穗作用时间长，损伤率、落粒率均高。

### 12. 调整脱粒、清选等部件

对玉米籽粒收获，脱粒滚筒的转速、脱粒间隙和导流板角度的大小，是影响玉米脱净率、破碎率的重要因素。在保证破碎率不超标的前提下，可通过适当提高脱粒滚筒的转速，减小滚筒与凹板之间的间隙，正确调整入口与出口间隙之比等措施，在保障脱粒破碎率符合有关标准要求前提下，提高脱净率，减少脱粒损失和破碎。在保证含杂率不超标的前提下，可通过适当减小风扇风量、调大筛子的开度及提高尾筛位置等，减少清选损失。

### 13. 过熟玉米收获

玉米过度成熟时，茎秆过干易折断、果穗易脱落，脱粒后碎茎秆增加易引起分离困难，收获时应适当降低前行速度，适当调整清选筛开度，也可安排在早晨或傍晚茎秆韧性较大时收割。

### 14. 倒伏玉米收获

（1）适宜机具选择。收获倒伏玉米宜选用割台长度长、倾角小、分禾器尖能够贴地作业的高性能玉米收获机。对于有积水或土壤湿度大的地块，宜选用履带式收获机，防止陷车。对于倒伏严重且植株折断比率较高或有青贮饲料需求的地方，宜选用具有籽粒破碎功能的地滚刀割台式青贮玉米收获机。

（2）做好机具调试改装。适当调整辊式分禾器、链式辅助喂入和拨指式喂入等装置，提高倒伏作物喂入的流畅性；针对籽粒收获机，应调整滚筒转速和凹板间隙等，避免过度揉搓，减少高水分籽粒破损，提高作业的可靠性。

（3）合理确定作业时间方式。对于倒伏方向与种植行平行的玉米植株宜采取逆向对行收获方式，并空转返回，有利于扶起倒伏玉米进行收割；对于倒伏方向不一致的玉米植株宜采取往复对行收获作业方式。作业时收获机分禾器前部应在垄沟内贴近地面，并断开秸秆还田装置动力或将该装置提升至最高位置，防止漏收玉米果穗被打碎，方便人工捡拾，减少收获损失。收获作业时应适当降低收获速度确保正常作业性能，及时清理割台，防止倒伏后玉米植株不规则喂入等原因造成的堵塞，影响作业效果加大作业损失。

加装链式辅助喂入装置

加装拨指式喂入装置

## 三、适宜区域

全国玉米种植区。

## 四、注意事项

（1）各地玉米种植农艺条件不同，需因地制宜选用机械化减损技术。

（2）加强操作机手技术培训，提高机手操作水平和作业质量。要求播种、收获机具调整必须以提高机械化作业质量为前提，避免机手因追求速度和效益忽略质量造成不必要的损失。

**技术依托单位**

1. 农业农村部农业机械试验鉴定总站、农业机械化技术开发推广总站

联系地址：北京市朝阳区东三环南路96号农丰大厦

邮政编码：100122

联 系 人：张树阁　徐　峰

联系电话：010-59199056，13401133675

电子邮箱：moralzjxc@163.com

2. 中国农业大学

联系地址：北京市海淀区清华东路17号

邮政编码：100083

联 系 人：崔　涛　张东兴

联系电话：010-62737765，13466716366

电子信箱：cuitao850919@163.com

# 油料增效类

# 大豆带状复合种植技术

## 一、技术概述

### 1. 技术基本情况

该技术是针对我国旱地间套多熟种植习惯，采用玉米-大豆、木薯-大豆、马铃薯-大豆等大豆带状间作套种方式，集成品种搭配、扩行缩株、营养调控、减量施肥、绿色防控、封闭除草、机播机收等单项技术的大豆带状复合种植技术体系，集高效轮作、绿色增收、提质增效三位一体，实现了基础理论研究、应用技术（机具）和示范推广的有机结合，为提高我国大豆综合生产能力、促进农业可持续发展提供了新途径。

### 2. 技术示范推广情况

大豆带状复合种植技术研究始于 2002 年，历经 18 年的研究与示范推广，技术日臻成熟。多年多点试验示范表明，与单作相比共生作物（如玉米）不减产，多收一季大豆。2008—2019 年列为全国农业主推技术，2012 年列为农业部农业轻简化实用技术，2019 年被遴选为国家大豆振兴计划重点推广技术。该技术在我国西南地区进行了大面积推广，在黄淮海、西北及东北地区进行了试验示范，年均应用面积近 1 000 万亩。2019 年四川仁寿县套作大豆千亩示范片平均亩产 123.6kg，最高亩产 165.4kg；四川荣县套作大豆万亩示范片平均亩产 129.9kg，较非示范区增产 12.8%；河北藁城区间作大豆千亩示范片平均亩产为102.3kg，最高亩产 131.2kg；山东禹城市间作大豆千亩示范片平均亩产为 120.9kg，最高亩产 160.8kg；内蒙古包头市间作大豆千亩示范片平均亩产为 123.2kg；河南永城市间作大豆百亩示范片平均亩产为 111.5kg。良好的示范效果被农民日报、四川日报、河南日报、包头电视台等新闻媒体广泛宣传报道。

### 3. 提质增效情况

和常规技术相比，该技术具有高产出、可持续、机械化、低风险等优势，应用该技术的主产作物产量（如玉米、马铃薯）与原单作产量水平相当，还每亩新增套作大豆 130～150kg，间作大豆 110～130kg，土地当量比套作可达 1.8 以上，光能利用率 3% 以上，肥料利用率提高 20%～30%，亩增收节支 400～600 元；利用大豆根瘤固氮，每亩减施纯氮 4kg；利用机械灭茬还田与免耕直播等方式达到改善土壤团粒结构、提高土壤有机质和增加土壤肥力的效果；利用生物多样性、分带轮作和小株距密植降低病虫草害发生，农药施药量降低

25%以上，用药次数减少3～4次，有效控制面源污染。

**4. 技术获奖情况**

该技术作为《玉米—大豆带状复合种植技术研究与应用》《玉米—大豆带状复合种植技术体系创建与应用》《甘肃不同生态区大豆带状复合种植技术研究与示范》的主要成果内容，分别获得2017年中国作物学会中国作物科技奖、2019年四川省科技进步奖一等奖与甘肃省科技进步奖一等奖。

## 二、技术要点

第一，选配良种。大豆选用耐荫抗倒高产品种，如南豆25、齐黄34、中黄39、石豆936。

第二，扩间增光。宽窄行种植，共生作物玉米（马铃薯等）宽行长江流域1.6～1.8m，西北地区1.8～2m、黄淮海2～2.2m，窄行0.4m，宽行内种3行或4行大豆（窄行35或30cm），共生作物（玉米、马铃薯等）与大豆间距60～65cm。

大豆带状套作长势图（2∶3）

大豆带状间作长势图（2∶4）

第三，缩株保密。大豆单粒穴播，株距10～12cm，密度为当地单作的70%；共生作物根据当地种植习惯保密缩株，如玉米株距缩小为12～14cm，密度与当地净作相当。

第四，调肥控旺。共生作物按净作施肥标准施肥，或施用等N量的控释肥；大豆不施氮肥，施用生物菌肥或根瘤菌拌种；并在分枝期或初花期根据长势用5%的烯效唑可湿性粉剂喷施茎叶实施控旺。

第五，机播匀苗。玉米-大豆带状复合种植模式长江流域选择2BYFSF-3型，黄淮海地区选择2BYFSF-5、2BYFSF-6或2BMFJ-PBJZ6型专用施肥播种机实施播种；其它带状复合种植模式则选用当地配套播种机型。

第六，机收提效。大豆用GY4D-2联合收获机收获脱粒和秸秆还田，共生作物则利用当地现有配套机型，如玉米用4YZ-2A型自走式联合收获机和4YZP-2L型履带式收获机实施收穗。

第七，防除杂草。播后芽前每亩用96%精异丙甲草胺乳油（金都尔）80～100mm，如阔叶草较多可混加乙草胺进行封闭除草；苗后结合GY3WP-600分带高架喷杆喷雾机用玉米、大豆专用除草剂茎叶定向除草（通过物理隔帘将玉米、大豆隔开施药）。

第八，防病控虫。理化诱抗技术与化学防治结合，用可降解双色诱虫板诱杀蚜虫、蓟马

玉米大豆带状间作机播图

玉米大豆带状间作机收图

等，用智能 LED 集成波段太阳能杀虫灯＋性诱剂诱芯装置诱杀斜纹夜蛾、桃柱螟、金龟科害虫等。

### 三、适宜区域

适宜于长江流域多熟制地区，黄淮海夏玉米及西北春玉米产区。

### 四、注意事项

品种选择时注意与共生作物间的协调性，共生玉米品种不宜株型分散和高大；播种前需调试播种机的开沟深度、用种量、用肥量和培训农机手，确保一播全苗；如果封闭除草效果不佳，应及时采取茎叶除草，注意使用物理隔帘定向喷雾；注意防控根腐病、斜纹夜蛾等病虫害。

**技术依托单位**

四川农业大学农学院

联系地址：四川省成都市温江区惠民路 211 号

邮政编码：611130

联 系 人：杨文钰　雍太文　王小春

联系电话：13908160352、13980173140、13882441628

电子信箱：mssiyangwy@sicau.edu.cn；scndytw@qq.com

# 黄淮海夏大豆高质低损机械化收获技术

## 一、技术概述

### 1. 技术基本情况

该技术主要针对我国大豆收获时间短、大豆底荚高度低、收获质量低等现状，利用稻麦联合收割机进行调整后高质低损收获大豆的技术，主要解决大豆收获损失率高、破碎率高的问题，并实现"一机多用"。实现大豆高质低损机械化收获主要有两种方式，一是优先选择纵轴流互换割台大型联合收割机械进行大豆收获作业，该机型可自主选定作业技术参数，在实现大豆高质低损机械化收获目标前提下，实现一机多用，尽可能减少农机户机械购置投入，满足小麦、大豆、玉米籽粒、高粱籽粒机械化收获多种作业需求，提高机械利用效率和农机作业服务经济效益。二是按照操作规程调整普通谷物联合收割机械作业参数高质低损收获大豆，通过调整拨禾轮转速、拨禾板增加软质胶皮包装减轻对豆禾收获打击、降低脱粒滚筒转速、调大脱粒间隙、增大风扇转速加大清选风量等技术调整手段，实现大豆高质低损机械化收获。目前，该技术在黄淮海地区得到较为广泛的应用，有效降低了大豆机收的破碎率、损失率和含杂率，对提升大豆收获品质、提高大豆生产经济效益具有重要的应用价值。

### 2. 技术示范推广情况

近年来在江西、江苏、安徽、山东、河南、河北等地开展了多次试验示范，推广面积 3 万亩左右。与现有其他收获机相比，利用该技术收获大豆损失降低了 3%，以大豆每亩平均单产 175kg、每千克大豆平均单价 5.6 元为例，175×0.03×5.6＝29.4 元，即每亩可增收 29.4 元。大面积田间试验表明，该技术显著提高了大豆收获作业质量，具有较好的应用前景。

### 3. 提质增效情况

通过开展大豆高质低损机械化收获不同机型收获作业技术对比试验显示，采用纵轴流谷物联合收割机换装割台进行大豆收获比普通谷物收获机调整参数收获大豆损失率、破碎率分别降低 1.7%、1.3%，含杂率降低了 8.2%，大大提高了收获质量，降低了收获损失，按照大豆亩产 200kg，收购价为每千克 5 元计算，每亩减少损失 3.4kg，减少破碎 2.6kg，可增加收益 30 元。

### 4. 技术获奖情况

该技术在 2016—2019 年连续四年入选农业农村部主推技术，并于 2019 年入选十大引领性农业技术。

## 二、技术要点

### 1. 品种选择

选择抗倒伏，株型收敛、株高适中，底荚高度 10cm 以上，籽粒大小均匀，成熟度一致，不易破碎，植株落黄性好，适合机械化作业的品种。

**2. 收获期选择**

适期收获对保证大豆的产量和品质具有重要意义，大豆收获需要严格把握收获时间，收获过早，籽粒百粒质量、蛋白质和脂肪含量偏低，尚未完全成熟；收获过晚，大豆含水量过低，会造成大量炸荚掉粒现象。机械收获的最佳时期在大豆完熟初期，此期间大豆籽粒含水率在20%～25%，豆叶基本脱落，植株变成黄褐色，茎和荚变成黄色，豆粒归圆，摇动大豆植株会听到清脆响声。

收获期大豆植株状态

**3. 机具选择**

首选专用大豆联合收获机，也可以选用多用联合收获机或借用小麦联合收获机，但要更换大豆收获专用的挠性割台或液压仿形割台、大豆脱粒专用脱粒部件、大豆清选专用筛、大豆籽粒输送部件等，并调整部件参数。

普通联合收割机调整参数收割大豆

纵轴流联合收割机自动调整参数收割大豆

#### 4. 机具调整

①割台：配置扰性割台或大豆低割装置割台；②拨禾轮：转速尽量降低；③脱粒系统：配置大豆低破损脱粒滚筒，凹板筛栅条之间的有效间隙为15～18mm，脱粒滚筒与凹板筛之间的间隙为20～30mm，脱粒滚筒线速度为≤13m/s，将脱粒滚筒脱粒部件除锐角、倒钝；④排草口：安装拨草装置，保持排草口顺畅；⑤调整清选系统风机转速与振动筛类型，保证清选清洁度。普通谷物联合收割机收获大豆，通过对联合收割机脱粒滚桶转速、拨禾轮转速、风量、复脱器叶轮、清选系统等的调整或更换达到大豆高质低损收获的目的。纵轴流互换割台新型联合收割机收获大豆的，可参照普通谷物联合收割机进行调整，采用一键操作选定作业状态后，进行大豆机械化收获。

#### 5. 收获作业

①联合收获最佳时期在完熟初期，此时大豆叶片全部脱落，植株呈现原有品种色泽，籽粒含水量降为18%以下。②收割大豆应该选择早、晚时间段收割；避开露水时段，以免收获的大豆产生"泥花脸"；避开中午高温时段，以免炸荚造成损失。③大豆机械化收获时割茬高度应控制在5～6厘米，以不漏荚为原则，尽量放低割台。④收割采用"对行尽量满幅"原则，作业时不要"贪宽"，收割机的分禾器位置应位于行与行之间，避免收割机行走造成大豆的抛撒损失。⑤收获时适当调节拨禾轮的转速和高度，减轻拨禾轮对豆秆豆荚的打击和刮碰。收获早期豆枝含水率较高，拨禾轮转速可适当调高；晚期豆枝干燥，易出现炸荚，拨禾轮转速调低。⑥大豆籽粒损失率≤5%，脱粒破损率≤3%，泥花脸率≤5%，清选后杂质≤2%，脱净率在98%以上。

### 三、适宜区域

黄淮海麦、豆一年两熟区。

### 四、注意事项

（1）大豆收获时应根据当地机具保有情况，因地制宜，选择适宜收获机具和收获方式，尽量实现"一机多用"，减少机具购买成本。

（2）加强操作机手的技术培训，提高机手操作水平和作业质量。要求收获机具调整必须以提高收获质量为前提，避免机手因追求速度和效益忽略质量造成不必要的损失。

（3）驾驶操作前必须检查保证机具、设备技术状态的完好性，检查线路接线情况，及时开启作业质量监测显示屏，保证安全信号、旋转部件、防护装置和安全警示标志齐全，定期规范实施维护保养。

**技术依托单位**

1. 农业农村部农业机械试验鉴定总站、农业机械化技术开发推广总站

联系地址：北京市朝阳区东三环南路96号农丰大厦

邮政编码：100122

联 系 人：张树阁　王　超

联系电话：010-59199189，15901443016

电子邮箱：moralzjxc@163.com

2. 农业农村部南京农业机械化研究所

联系地址：江苏省南京市玄武区中山门外柳营100号

邮政编码：210014

联 系 人：金诚谦

联系电话：025-84346200

电子信箱：412114402@qq.com

3. 安徽省农业机械技术推广总站

联系地址：合肥市包河区洞庭湖路335号

邮政编码：230041

联 系 人：江洪银

联系电话：0551-65584280

电子邮箱：ahjianghy@sohu.com

# 黄淮海夏大豆免耕覆秸机械化生产技术

## 一、技术概述

### 1. 技术基本情况

针对黄淮海地区大豆播种时麦秸麦茬处理困难，大豆播种质量差，雨后土壤板结严重影响大豆出苗，土壤有机质含量持续下降，生产成本居高不下等问题，研究形成的技术体系。通过该技术，实现了小麦秸秆的全量还田，解决了播种时秸秆堵塞播种机，麦秸混入土壤后造成散墒、影响种子发芽，土壤有机质下降等长期悬而未决的难题；通过覆盖秸秆，提高了土壤水分利用效率，避免了播种苗带土壤板结；在小麦原茬地上，一次性完成"种床清理、侧深施肥（药）、精量播种、封闭除草、秸秆覆盖"等5项作业，提高播种质量，降低生产成本；通过侧深施肥，提高了肥料利用效率；通过化肥农药减施保证了大豆品质。实现了黄淮海麦茬夏大豆生产农机农艺融合、良种良法配套、生产生态协调。

### 2. 技术示范推广情况

核心技术"黄淮海夏大豆麦茬免耕覆秸精量播种技术"自2012年以来单独或作为其他技术的核心内容，连续8年被遴选为农业农村部主推技术，2019年"黄淮海夏大豆免耕覆秸机械化生产技术"被遴选为农业农村部主推技术。2013年以来在安徽、江苏、山东、山西、河南、河北、北京等省市多地进行示范、推广，获得良好效果。2013—2020年，在中国农业科学院作物科学研究所新乡试验基地，采用该技术小面积实收亩产均在282.0kg以上，最高达到336.28kg，7年大豆亩产超过300.0kg，8年平均亩产达到311.9kg。2020年在山东省菏泽市创造小面积实收353.5kg的黄淮海夏大豆高产纪录。2018年在山东省济宁市、河南省新乡市大面积实打实收测产亩产289.3kg、334.7kg。2019年、2020年在河南省新乡市实打实收面积分别为100.4亩、110.0亩，亩产分别达到303.1kg、309.2kg，为中国连续实收面积超过100亩、亩产超300kg的高产典型。目前该技术正在黄淮海夏大豆主产区推广应用。

### 3. 提质增效情况

和常规技术相比，应用该技术可增产大豆10%以上，水分、肥料利用率提高10%以上，降低化肥、农药用量5%以上，亩增收节支60元以上，同时秸秆全量还田且覆盖在耕层表面，避免土壤板结，提高土壤蓄水保墒能力，土壤肥力不断提高，水土流失减少，并可杜绝因秸秆焚烧造成的环境污染。通过优质高产大豆新品种应用且生产过程中减肥、减药，提高大豆品质。

### 4. 技术获奖情况

"黄淮海麦茬夏大豆免耕覆秸栽培技术体系构建与示范"获得2019年度北京市科技进步奖一等奖。

## 二、技术要点

### 1. 优质高产大豆新品种选择

蛋白质、豆浆产率和豆腐产率较高；高产田块大面积种植每亩可达到 200kg；抗大豆花叶病毒、疫霉根腐病，抗旱、耐涝，稳产性好；抗倒性好，底荚高度适中，成熟时落叶性好，不裂荚。

### 2. 种子处理

精选种子，保证种子发芽率。按照每粒大豆种子粘附根瘤菌 $10^5 \sim 10^6$ 个的用量接种根瘤菌剂，直接拌种或采用高分子复合材料包膜根瘤菌包衣技术。根瘤菌直接拌种后要尽快播种（12h 内）；采用高分子复合材料包膜技术，可以在播前 1 个至 2 个月将根瘤菌包衣到种子上，适合大面积机械化播种。防治病害用 7.4% 苯醚甲环唑·吡唑醚菌酯 FS 拌种。每亩播种量在 3～4kg，保苗 1.5 万株。

### 3. 小麦秸秆处理

综合考虑小麦收获成本及籽粒损失，建议小麦收获茬高 30 厘米，不对小麦秸秆进行粉碎、抛撒。

### 4. 麦茬免耕覆秸精量播种

麦收后趁墒播种，宜早不宜晚，底墒不足时造墒播种。采用麦茬地大豆免耕覆秸播种机播种，横向抛秸、侧深施肥（药）、精量播种、封闭除草、秸秆覆盖一次完成，行距 40cm，播种深度 3～5cm。结合播种亩施复合肥（N：P：K＝15：15：15）10kg，施肥位置在种子侧面 3～5cm，种子下面 5～8cm。

大豆免耕覆秸精量播种

大豆免耕覆秸精量播种后小麦均匀覆盖情况

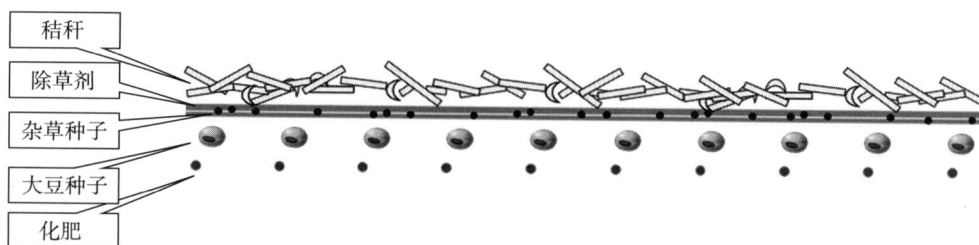

大豆免耕覆秸精量播种后土壤表面及耕作层模式图

**5. 病虫害综合防治**

蛴螬发生较重的地区或田块，可结合侧深施肥亩施 30％毒死蜱微囊悬浮剂 0.5kg 加每克 200 亿孢子卵孢白僵菌粉剂 0.5kg，或者每克 200 亿孢子卵孢绿僵菌 0.5kg 防治蛴螬。可结合播种实施田间封闭除草，亩施用精甲·嗪·阔复合除草剂 135g，机械喷雾每亩用量 15～20L，防治黄淮海地区大豆田常见的杂草。

幼苗期注意防治大豆胞囊线虫病、根腐病及蚜虫、红蜘蛛等，花期注意防治点蜂缘蝽、蛴螬、造桥虫、豆天蛾、棉铃虫，鼓粒期注意防治豆天蛾、造桥虫等。尽量使用生物杀虫剂或高效低毒杀虫剂。防治点蜂缘蝽，可在开花期喷施吡虫啉、氰戊菊酯、氯虫·噻虫嗪等杀虫剂，隔 7～10d 喷 1 次，连喷 2～3 次。注意防治成株期病害，主要包括大豆根腐病、大豆溃疡病、大豆拟茎点种腐病、炭疽病等，可在开花初期及结荚期使用嘧菌酯＋苯醚甲环唑进行防控。

**6. 低损机械收获**

联合收获最佳时期在完熟初期，此时大豆叶片全部脱落，植株呈现原有品种色泽，籽粒含水量降为18％以下。大豆联合收获机进行调整：①割台：配置扰性割台或大豆低割装置割台；②拨禾轮：转速尽量降低；③脱粒系统：配置大豆低破损脱粒滚筒，凹板筛栅条之间的有效间隙为15～18mm，脱粒滚筒与凹板筛之间的间隙为20～30mm，脱粒滚筒线速度为≤13m/s，将脱粒滚筒脱粒部件除锐角、倒钝；④排草口：安装拨草装置，保持排草口顺畅；⑤调整清选系统风机转速与振动筛类型，保证清选清洁度。

## 三、适宜区域

黄淮海麦、豆一年两熟区。

## 四、注意事项

如果因为天气原因造成封闭除草效果不佳，应及时采取茎叶处理。

**技术依托单位**

中国农业科学院作物科学研究所

联系地址：北京市海淀区中关村南大街12号

邮政编码：100081

联 系 人：吴存祥

联系电话：010-82105865，13511055456

电子邮箱：wucunxiang@caas.cn

# 米豆轮作条件下大豆高产栽培技术

## 一、技术概述

### （一）技术基本情况

根据《全国种植业结构调整规划（2016—2020 年）》和《探索实行耕地轮作休耕制度试点方案》要求，东北地区以发展玉米与大豆轮作为主，发挥大豆根瘤固氮养地作用，提高土壤肥力，增加优质食用大豆供给。为促进吉林省大豆生产，制定了米豆轮作条件下大豆高产栽培规程，技术包括选地与整地、品种选择与播种、施肥、田间管理及收获等综合生产技术。重点对轮作条件下的播种、除草剂使用和施肥等关键栽培措施进行说明，以确保米-豆轮作条件下，实现农民增产增收。

### （二）技术示范推广情况

2018—2019 年，该技术在玉米大豆轮作主产区吉林省敦化市和农安县大面积示范推广。2018 年在敦化市累计推广 7 万亩、农安县 3 万亩。2019 年在敦化市累计推广 10 万亩、农安县 5 万亩，2 年累计示范推广 25 万亩。

### （三）提质增效情况

该技术在玉米大豆轮作主产区吉林省敦化市和农安县大面积示范推广。2018 年在敦化市累计推广 7 万亩，节肥 15.6%，节药 22.3%，平均产量 180.2kg，增产 5.7%，累计增产大豆 679t，节本增效 356.9 万元；农安县 3 万亩，节肥 17.5%，节药 21.4%，平均产量 227.3kg，增产 6.1%，累计增产大豆 392t，节本增效 187.6 万元。2019 年在敦化市累计推广 10 万亩，节肥 16.2%，节药 20.6%，平均产量 175.3kg，增产 6.3%，累计增产大豆 1 040t，节本增效 533.6 万元；农安县 5 万亩，节肥 17.1%，节药 23.5%，平均产量 219.7kg，增产 6.5%，累计增产大豆 670t，节本增效 317.8 万元。2 年累计示范推广 25 万亩，增产大豆 2 782t，节本增效 1 395.9 万元。

### （四）技术获奖情况

无。

## 二、技术要点

### （一）选地与整地

**1. 选地**

实行玉米—玉米—大豆三年以上合理轮作模式。

**2. 整地**

（1）秸秆深翻还田：前茬作物收获后，进行秸秆粉碎，长度<10cm，将秸秆深翻入土，耕翻深度 30～35cm，进行旋耕耙地、起垄，垄距 60～65cm，起垄宜在秋季进行，达到待播种状态。

（2）秸秆碎混还田：灭茬机将前茬的根茬和散落的秸秆进行深度破碎，旋耕起垄机将碎混秸秆和土壤进行翻耕、起垄，垄距 60～65cm。

（3）秸秆覆盖还田：秸秆粉碎还田的长度一般小于 10cm，均匀覆盖在地表。春季利用免耕播种机播种。

（4）非秸秆还田整地：灭茬、深松起垄，深度 25cm，垄向直，垄距 60～65cm，垄体规范，深度均匀。

### （二）品种选择与播种

**1. 品种选择**

根据生态区域及市场需求的不同，选择通过省级以上农作物品种审定委员会审（认）定的丰产性好、抗性强的高蛋白或高油品种。

**2. 种子处理**

种子播种前要进行精选，用大豆选种机或人工挑选，剔除病粒、残粒、虫蛀粒及杂粒，净度达到 99%，纯度达到 98%，发芽率达到 95%，选用取得国家农药登记的大豆种衣剂，严格规范包衣，自然阴干后装袋存放。

**3. 播种**

4 月 25 日～5 月 10 日，当土壤 5cm 处地温稳定通过 10℃为适宜播种期，采用垄上双行精量播种机播种，行间距 10～12cm；或采用播种器、扎眼器穴播，每穴 2 粒，播种密度为每公顷 20～25 万株。播种、覆土均匀，播后及时镇压，镇压后土层厚度 3～5cm。

### （三）施肥

由于前茬种植玉米，施肥量均较大，大豆施肥可适量减少。尿素 50kg/hm²，磷酸二铵 100～150kg/hm²，硫酸钾 80～120kg/hm²。70%的化肥，施肥深度要达种下 10～15cm，结合翻整地施入；播种时施入剩余 30%的化肥，施肥深度达种下 4～5cm 处。如播种时种肥不能施入，结合整地一次性施入。

### （四）田间管理

**1. 化学除草**

禁止使用国家禁用农药，应选择登记的农药品种，按农药标签标注的使用范围、使用方法、用药量均匀施药，不漏喷，不重喷。

封闭除草：播种后出苗前，选择 90%乙草胺（90%禾耐斯、90%圣农施。括号内为除草剂其他名称，下同。）与嗪草酮（赛克、甲草嗪）、2，4-D 辛酯、异恶草松（广灭灵、田得济、豆草灵、封锄）等药剂混用。

茎叶除草：在大豆苗后 2～3 叶期，杂草 2～4 叶期施药；以禾本科杂草为主的大豆田，可以选用精禾草克（精喹禾灵、精克草能、金草克）、拿捕净（烯禾啶、灭草敌）、精稳杀得（精吡氟禾草灵）、高效盖草能（高效氟吡甲禾灵、圣戈、高盖）等；以阔叶杂草为主的大豆田，可以选用灭草松（排草丹、苯达松）、虎威（氟磺胺草醚）、三氟羧草醚（杂草焚、杂草净）、克莠灵（苯达松＋杂草焚）、克阔乐（阔侠）等；禾本科杂草与阔叶杂草混发的大豆田，可以选择上述两类除草剂混用。

**2. 中耕除草**

不进行化学除草的，可以实行铲趟制。在幼苗第一片复叶展开时，进行头遍铲趟；苗高 10cm 左右，进行第二遍铲趟，中耕深度 12cm；封垄前进行第三遍铲趟，培土达到第一复叶节。

化学除草效果较好，有条件的也可以进行第一遍和第三遍趟地，以破除土壤板结层，防止后期倒伏。

**3. 促控处理**

植株长势较弱时，在始花期，每公顷用尿素7kg，加硼钼微复肥0.2kg，再加磷酸二氢钾1.5kg，对水500kg叶面喷施；在始荚期，每公顷用尿素7kg，对水500kg，叶面喷施。

如果大豆前期生长旺盛，大豆初花期，即将封垄前，每公顷用5%烯效唑粉剂900g，兑水450kg叶面喷施，防止倒伏。

**4. 主要病虫害防治**

（1）灰斑病和霜霉病防治：可在发病初期用50%多菌灵可湿性粉剂，每公顷1 500g，对水喷雾防治。

（2）菌核病防治：发病初期可用50%速克灵或40%菌核净可湿性粉剂1 000倍液喷雾防治，也可用50%多菌灵可湿性粉剂500倍液喷雾防治。

（3）胞囊线虫病防治：胞囊线虫病常发生地区进行种子处理，用10%的克百威种衣剂进行包衣。

（4）大豆蚜虫防治：蚜虫发生时期一般为6月中旬至7月中旬，当5%～10%的植株卷叶或百株蚜量在1 500只以上时防治。每公顷用5%来福灵乳油0.3L，2 000～3 000倍液喷雾防治或10%比虫啉300g，兑水400kg喷雾防治。

（5）大豆食心虫防治：通常发蛾高峰期为8月8—15日。当傍晚豆田成虫出现成群飞舞时，用2～4kg/hm² 80%敌敌畏乳油浸40～60根玉米轴，抛于田间熏蒸防治，浸过敌敌畏的玉米轴每3～5垄抛一垄，3～5m远抛一根。幼虫防治可在成虫高峰期后5～7d内，用20%氯氰乳油或2.5%功夫乳油2 000～4 000倍液喷雾防治。

**（五）收获**

人工收获，落叶率达90%时进行；机械收获，叶片全部落净，豆粒归圆时进行；机械收获，损失率≤3%，破碎率≤1%，割茬不留底荚。

## 三、适宜区域

适宜玉米大豆轮作主产区示范推广。

## 四、注意事项

轮作除草剂使用注意事项：

（1）使用除草剂时，避免对下茬玉米产生药害。异恶草松属长残效除草剂，与其他除草剂混用，限制其使用药量有效成分480g/hm²，即48%异恶草松1 000mL/公顷以内；另外，不能重复施药，随意增加用药量，使用标准的喷雾机械，药液喷洒要均匀。切记用药量过大时，下茬不能种玉米、小麦、甜菜、马铃薯等对异恶草松敏感作物。

（2）建议不选择咪唑乙烟酸（普施特、豆草特、豆施乐）、氯嘧磺隆（豆黄隆、豆草隆）残留时间长，对下茬作物危害种类多而严重的除草剂。

（3）种植玉米时应控制对大豆敏感的除草剂用量。玉米除草剂莠去津（阿特拉津）有效成分超过1 000mL/hm²时，对下茬大豆会有不同程度的不良影响或药害。

（4）若玉米或大豆产生除草剂药害时，可选用功能性植物营养剂缓解药害。如碧护（赤·

吲乙·芸苔）、益微（SOD 菌剂）、禾生素（壳聚糖-N）等，混用效果更好，碧护每亩2g＋益微 20mL 或 4％禾生素 30～50mL 喷雾缓解药害。

**技术依托单位**

吉林省农业科学院

联系地址：长春市生态大街 1363 号

邮政编码：130033

联系人：张　伟

联系电话：0431-87063239

电子邮箱：zw.0431@163.com

# 油菜精量联合播种与广适低损高品质收获技术

## 一、技术概述

### 1. 技术基本情况

油菜播种精度低，种床整备质量差，油菜收获装备适应性差，收获损失率高，不能满足广泛区域油菜收获的差异化要求。油菜精量联合播种技术与装备解决了油菜小粒径、易破碎种子的精量播种难题；作畦开沟、旋耕灭茬、种肥同施技术解决了种床整备与联合作业问题。"1＋3"油菜分段/联合收获技术攻克了高大/倒伏油菜割晒、实时仿形捡拾、模块化割台快速挂接关键技术，首创1个共用底盘与3种割台组合成套收获装备，实现了收获方式转换，实现了油菜广适低损高效高质收获，同时能够兼收稻麦、青稞等作物。

### 2. 技术示范推广情况

油菜精量联合播种技术与装备已连续多年在油菜主产区推广应用；1＋3广适低损油菜分段/联合收获技术装备，在四川、安徽、湖北等地进行了大面积示范推广，受到用户广泛欢迎。

### 3. 提质增效情况

精量联合播种装备可一次性完成精量施肥、耕整开沟、播种等多道工序，播种合格率指数超过96％，工作效率比人工作业提高80倍以上。1＋3油菜分段/联合收获技术通过更换割台实现分段与联合收获转换，联合收获对于小规模小块田具有高效便捷的优势；分段收获更适用于规模化种植，具有适收期长、收获质量高，无青籽，损失率低；通过收获方式转换和兼用稻麦收获，机器利用率提高220％。该技术比现有联合收获技术每亩节本增效40～86元。

### 4. 技术获奖情况

广适低损油菜分段/联合收获技术与装备被评选为2019年度农业农村十大新装备；油菜生产全程机械化技术被列为2019年度十大引领技术。

## 二、技术要点

### 1. 油菜机械化精量联合直播技术

（1）田块准备：田块表面要相对平整，坡度不大于15°；前茬作物留茬高度不大于30cm；待播种土壤湿度适中，相对湿度为40％～60％。

（2）种子准备：根据当地生态条件和生产特点，选择适宜当地环境的高产、双低、抗病、抗倒、抗裂角、花期集中、株型紧凑等适合机械化收获的油菜品种。播种前精选种子，清除秕、碎、病粒和杂质，符合机械化作业要求。

（3）肥料准备：肥料应采用颗粒肥料，以防止化肥在肥箱内结块。

（4）播期选择：冬油菜直播，9月15日至10月25日为直播油菜播期，推荐在9月20日至10月15日之间适期雨前早播。春油菜根据当地气候条件确定。机械直播用量一般控制在每亩 150～250g，土壤墒情差或推迟播期应适当增加播量，推荐使用 2BFQ-6/4 型油菜精量联合直播机。

**2. 1＋3 分段/联合收获技术装备**

应用该技术可以方便地实现油菜联合收获和分段收获，用户根据种植规模、田块条件、当地气候条件等因地制宜选择收获方式，以获得最佳收获效果和最大经济效益。

油菜联合收获技术：

（1）油菜联合收获时应将拨禾轮降低到适当位置，收获倒伏作物时，逆倒伏方向收割，以免增加油菜籽损失。

（2）采用联合收获时应在 95％以上油菜角果变成黄色或褐色，植株、角果中含水量下降，冠层略微抬起时进行，并宜在早晨或傍晚进行收获以减少损失；割茬高度应符合当地农艺要求，应在 20～30cm。

（3）油菜联合收获机应加装秸秆粉碎装置，秸秆的切碎长度≤10cm，便于秸秆还田，避免秸秆焚烧造成环境污染等问题。

油菜机械化分段收获技术：

（1）油菜分段收割应选择全株有 70％～80％的角果呈黄绿至淡黄，主序角果已转黄色，分枝角果基本褪色，种皮也由绿色转为红褐色时期，割晒后熟 3～6d，用捡拾机收获。

（2）割晒机作业时，割茬高度应选择 20～40cm 左右，以便于割倒的油菜在割茬上晾晒。

（3）捡拾作业时一般要等露水稍干后，再捡拾作业。如遇到雨后，要等油菜上的雨水干了再收获。

## 三、适宜区域

全国油菜主产区。

## 四、注意事项

**1. 油菜机械化精量联合直播技术**

（1）播种完成后应及时清理与完善沟渠，做到"三沟"齐全、排水畅通。

（2）适时查苗，采用油菜精量联合直播机播种一般不需要间苗和定苗。

（3）化学除草即应在播种后选用除草剂进行土壤封闭处理。

（4）土壤含水量在 70％时可不灌水，长江流域一般秋冬干旱比较普遍，应注意抗旱保苗。

（5）注意田间追肥和防治病虫害，根据油菜生产农艺规程要求合理施用氮、磷、钾和硼肥。

（6）机具操作严格按照使用说明要求执行。

**2. 1＋3 分段/联合收获技术**

（1）联合收获时应选择成熟度一致性好、抗倒伏的油菜品种，按技术要求选定适宜的收获时机，以降低收获损失。

（2）油菜完全成熟后不宜在有太阳的中午联合收获或捡拾作业，以减少割台损失。

（3）油菜联合收获不宜速度太快，一般在 3km/h 以下作业，以减少脱粒清选损失。

（4）分段收获晾晒时间依据天气情况确定，一般不少于3个阳光日。

（5）联合收获菜籽含水率高，要及时晾晒或机械烘干以防止霉变。

（6）田块太小分段收获机具作业不方便，规模和田块越大分段收获的效果越显著。

**技术依托单位**

1. 农业农村部农业机械化研究所

联系地址：江苏省南京市玄武区柳营100号

邮政编码：210014

联 系 人：吴崇友

联系电话：15366092918

电子信箱：542681935@qq.com

2. 华中农业大学

联系地址：湖北省武汉市武昌区南湖狮子山街1号

邮政编码：430070

联 系 人：廖庆喜

联系电话：027-87282120

电子信箱：903621239@qq.com

# 长江流域油菜密植增效种植技术

## 一、技术概述

### （一）技术基本情况

油菜年生产食用油 500 万吨以上，约占国产植物油总量的 50%。大宗食用油中，"双低"菜籽油饱和脂肪酸含量低，油酸和亚麻酸含量较高，且富含甾醇和维生素等活性成分，是"最健康的食用植物油"之一。长江流域是我国最大油菜产区，年种植面积 1 亿亩左右，约占全国油菜总面积的 90%。但目前该产区油菜生产中普遍存在因种植密度低而导致的"单产偏低、机械化程度低、物化投入高以及人工成本高""两低、两高"的现状制约着该产业健康发展。

生产环节"两低、两高"的现状，导致长江流域油菜生产效益低下，农户种植油菜积极性不高。因此，迫切需要从栽培技术创新、集成组装优化和高效示范着手，辐射带动油菜大面积丰产增收。"长江流域油菜密植增效种植技术"通过核心区建设组装集成优质油菜高效生产技术模式，吸收利用了一批创新型、一体化的物化产品和集成技术，如油菜专用缓释肥、油菜精量复合播种机等新产品、新装备，压减物化投入、减少管理环节，提高资源利用效率，实现油菜轻简高效生产技术的集成推广和应用。

以本技术为核心内容的"油菜绿色轻简高效生产技术研发与应用"2018 年通过中国农学会组织的成果鉴定，评价结果为国际先进水平，获 2019 年全国农牧渔业丰收奖一等奖；"四川油菜丰产高效技术体系创建与应用"获得 2018 年四川省科技进步奖二等奖，获 2019 年全国农牧渔业丰收奖一等奖；"油料耕作栽培新模式集成创新与示范"获得 2013 年全国农牧渔业丰收奖一等奖；"稻油轮作区油菜免耕直播高产增效技术体系研究与示范"获得 2013 年中华农业科技奖二等奖。

### （二）技术示范推广情况

本技术紧紧围绕油菜高效生产目标，创新合作机制，加强农科教、产学研联合，协调推进育种、栽培、植保、土肥、农机等相关领域专家，在长江流域开展相关技术研发与推广应用工作。

**1. 组织模式**

强化技术支撑，加大推进力度。组建工作专班。成立由华中农业大学、四川省农业科学院等单位专家教授及示范县市技术骨干组成技术团队，涵盖育种、栽培、土肥、农机等领域，强化技术融合，提高实用性。

发挥新型经营主体带动，增强辐射带动能力。以新型经营主体为主搭建示范基地，发挥新型经营主体生产规模大、新技术需求强烈、技术接受能力强、辐射带动面广的优势，全面展示技术成效，提高辐射带动效果。

组织培训会，扩大成果影响力。参与农村科技口袋书《大田经济作物高效生产新技术》编写；召开现场会、组织培训会等讲授油菜高效生产技术要点。

**2. 推广模式**

构建农、科、教、社紧密结合的科技服务机制，组建推广团队，强化技术培训，搞好技术服务。依托科技示范主体搭建示范基地平台，建立团队专家常下乡、常在乡工作形态，狠抓技术措施到田到户，确保技术成效。

开展示范片建设。以直播油菜"以密增产、以密补迟、以密省肥、以密控草、以密适机"的"五密"栽培技术为核心，集成高产抗倒品种选用、机械精量播种、专用缓释肥和机械收获等关键技术，形成湖北省农业主推技术。该技术累计示范 12 765 亩，累计推广 820 万亩（长江上游 300 万亩、中游 400 万亩、下游 120 万亩）。

各单位依托新型经营主体精心做好示范片建设。示范片采用统一标牌、统一供种、统一田管、统一机械作业，确保各项核心技术落地，充分展示该技术模式的绿色轻简高效潜力。

**2018—2019 年度长江流域油菜密植增效种植技术示范情况**

| 种植区域 | 示范基地 | | 面积（亩） | 产量（kg） | 增收（元） |
|---|---|---|---|---|---|
| 长江下游 | 昆山市巴城镇 | | 100 | 177.9 | 278.1 |
| | 吴江区同里镇 | | 500 | 232.6 | 582.8 |
| | 溧阳市埭头镇 | | 310 | 191.5 | 290.8 |
| | 丹阳市吕城镇 | | 195 | 179.9 | 282.5 |
| | 高淳区东坝镇、漆桥镇 | | 470 | 195.2 | 350.2 |
| | 东台市琼港镇 | | 1 140 | 207.1 | 335.3 |
| | 合计/平均 | | 2 715 | 197.4 | 353.3 |
| 长江中游 | 荆州 | | 1 150 | 180 | 120 |
| | 荆门 | | 1 400 | 186 | 110 |
| | 宜昌 | | 800 | 180 | 110 |
| | 襄阳 | | 1 400 | 200 | 130 |
| | 黄冈 | | 800 | 175 | 100 |
| | 合计/平均 | | 5 550 | 184.2 | 114 |
| 长江上游 | 川西平原 | 广汉/邛崃 | 2 500 | 220 | 250 |
| | 川中丘陵 | 中江、三台、简阳 | 1 000 | 200 | 150 |
| | 川北 | 岳池 | 500 | 210 | 200 |
| | 川东北 | 宣汉 | 500 | 215 | 200 |
| | 合计/平均 | | 4 500 | 208 | 183 |

机械播种

联合收割

召开田间现场会

组织现场观摩推广。依托示范片开展各级现场观摩推广活动，夏收和秋播组织现场观摩，展示推广油菜联合机收、联合播种和技术模式增产增效成果。在示范片统一标牌上明确技术路线、指导专家等详细信息，增加推广效果。

开展技术培训，提升队伍素质。本项技术模式被列为湖北省农业主推技术核心内容。通过本技术研究，培训了一大批基层技术人员，提高了基层人员的业务水平。2018—2019年分别组织举办了省级新型经营主体和基层农技推广人员油菜产业知识更新培训班，团队专家赴各地开展技术培训指导，具体情况如下表。

**2018—2019年度长江流域油菜密植增效种植核心技术培训情况**

| 区域 | 时间 | 地点 | 培训内容 | 人数 |
|---|---|---|---|---|
| 长江上游 | 2019年4月27日 | 四川成都 | 科技创新助推四川油菜千亿产业 | 250 |
| | 2019年5月14日 | 四川崇州 | 油菜新品种及配套技术 | 100 |
| | 2019年5月15日 | 四川绵阳 | 密植油菜机械化生产技术 | 100 |
| | 2019年7月3日 | 四川成都 | 天府优质菜油新品种筛选与机械化生产 | 110 |
| | 2019年9月11日 | 四川内江 | 提高油菜生产效益—优良品种、机械化生产及多功能应用 | 100 |
| 长江中游 | 2019年9月10日 | 湖北武汉 | 油菜高效栽培 | 240 |
| | 2019年9月24—25日 | 湖北武汉 | 油菜绿色高质高效技术 | 120 |
| | 2019年9月26日 | 江西宜春 | 油菜多功能利用技术 | 100 |
| | 2019年10月29日 | 湖南衡阳 | 油菜多功能开发与利用技术 | 80 |
| 长江下游 | 2019年3月8日 | 江苏吴江 | 油蔬两用优质高效生产技术 | 60 |
| | 2019年4月3日 | 江苏高淳 | 油菜毯状苗机械移栽技术<br>油菜飞防技术 | 356 |
| | 2019年5月25日 | 江苏丹阳 | 油菜全程机械化生产技术；<br>油菜病害综合防治技术 | 255 |
| | 2019年5月29日 | 江苏溧阳 | 油菜机械化种植技术<br>油菜机械化收获技术 | 120 |

### （三）提质增效情况

经济效益：与传统生产方式相比，平均增产9.52%，亩均减少用工3～4个，肥料用量减少 17.5%，利用率提高 9.2%，机收损失率低于 8%，经济效益显著。

**密植增效技术和传统生产方式投入产出差异（工价 100 元，菜籽 4.4 元）**

| 明细 | 密植增效种植（1 亩） | | 传统种植（1 亩） | |
|---|---|---|---|---|
| 种子 | 精量播种 250～300g | 取均值 11 元 | 播种 300～400g | 取均值 14 元 |
| 密度 | 每亩 3.0 万～4.0 万株 | | 每亩 1.0 万～2.0 万株 | |
| 施氮量 | 每亩 13.0～15.0kg | | 每亩 16.0～18.0kg | |
| 施肥方式 | 全营养缓控肥　50kg | 120 元 | 基肥（复合肥）30kg<br>追肥（尿素）　10kg | 10 元<br>20 元 |
| 除草、防虫防病（药剂、用工） | 封闭除草剂 | 5 元 | 封闭＋茎叶除草剂 2 桶水剂量　5 元/桶 | 10 元 |
| | 虫害"飞防"药剂 | 15 元 | 虫害药剂 2 桶水剂量　5 元/桶 | 10 元 |
| | 病害"飞防"药剂 | 15 元 | 病害药剂 2 桶水剂量　5 元/桶 | 10 元 |
| | "飞防"机械　15 元辅工（对药水）<br>0.2 个 | 20 元 | 打药用工（病虫草各 2 桶水）<br>共计 6 桶水　0.5 个工 | 50 元 |
| 播种 | 精量联合播种机械<br>辅工（装种、配肥药）0.3 个 | 120 元<br>30 元 | 人工或机械整地 1 个工或机械收费<br>人工直播　0.1 个工<br>施肥用工（基肥与追肥）0.1 个工<br>三沟升级 1 个工 | 100 元<br>10 元<br>10 元<br>90 元 |
| 收获 | 收获机械<br>辅工（量晒、入库）0.4 个 | 100 元<br>40 元 | 人工割倒　1 个工<br>人工抱拾，喂入机械　0.5 个工<br>脱粒机械燃油<br>人工晾晒、入库　0.4 个工 | 100 元<br>50 元<br>50 元<br>40 元 |
| 合计用工 | 1 个 | | 4.6 个 | |
| 合计投入（含人工） | 491 元 | | 574 元 | |
| 收入 | 157kg 菜籽售价 691 元，纯收入 200 元 | | 140kg 菜籽售价 630 元，纯收入 56 元 | |

生态效益：油菜秸秆就地粉碎还田，减少了秸秆露地焚烧；无人机飞防、油菜专用缓释肥使用和栽培技术优化，提高了栽培管理科学性，提高了肥药利用效率，减少了肥、药用量，生态效益显著。

社会效益：示范片带动油菜产业发展，有效保障了菜籽供给；支撑了长江流域优质菜籽油品牌开发，满足了消费者对优质菜籽油需求，社会效益显著。

**（四）技术获奖情况**

（1）油菜绿色轻简高效生产技术研发与应用，2018 年通过中国农学会组织的成果鉴定，评价结果为国际先进水平。

（2）"油菜绿色轻简高效生产技术研发与应用"获 2019 年全国农牧渔业丰收奖一等奖。

（3）"四川油菜丰产高效技术体系创建与应用"获得 2019 年全国农牧渔业丰收奖一等奖。

（4）"四川油菜丰产高效技术体系创建与应用"获得 2018 年四川省科技进步奖二等奖，编号：2018-J-2-76-D02。

（5）"油料耕作栽培新模式集成创新与示范"获得 2013 年全国农牧渔业丰收奖一等奖，编号：FH-2013-18-04R。

（6）"稻油轮作区油菜免耕直播高产增效技术体系研究与示范"获得 2013 年中华农业科

技奖二等奖，编号：KJ2013-D2-006-01。

## 二、技术要点

### （一）抢时收获前作，秸秆粉碎翻压还田

在 10 月 15 日前选用集秸秆粉碎与抛撒装置于一体联合收割机收获前作，要求留茬高度小于 18 厘米，秸秆粉碎长度 10～15 厘米，均匀抛撒后翻压还田。

### （二）秸秆还田油菜一播足苗壮苗技术

（1）选择高产、耐密、抗病、抗倒，且在长江流域审定（登记）的品种。

（2）水田油菜播种期不迟于 10 月 20 日～10 月 25 日，旱地油菜播种期不迟于 10 月下旬。水田油菜每亩播种量在 0.25～0.30kg，旱地油菜每亩播种量在 0.20～0.25kg，确保越冬期每亩水田达到 3.0 万～3.5 万株、旱地达到 2.5 万～3.0 万株的基本苗。行距为 20～25 厘米，密度高于 3.5 万株/亩可进行宽窄行配置。

（3）水田油菜每亩施 35～40kg、旱地油菜施 25～30kg 的 $N-P_2O_5-K_2O-$微量元素含量为 25%-7%-8%-5% 的油菜专用缓释肥作底肥，全生育期一般不追肥。

### （三）选用联合作业直播机抢墒播种

（1）前茬收获后，选用一次性完成深旋（水田 20～25cm、旱地 25～30cm）、秸秆翻压、开沟、施肥、播种、镇压等多种工序联合作业的油菜直播机播种作业。

（2）根据天气抢墒播种，水田和旱地播种深度分别控制在 1.0cm 和 2.0cm 左右，土壤含水量在 70% 以下适当镇压，提高田间出苗率，土壤湿度过大时（含水量在 80% 以上）切勿镇压。

（3）播种结束后清理"三沟"，水田要求厢沟、腰沟、围沟的深度分别达到 20～25cm、25～30cm、25～30cm，旱地达到 15～20cm、20～25cm、20～25cm，确保沟沟相通。

### （四）科学防治病虫草害

（1）苗期是长江流域直播油菜杂草为害的主要时期。为害较轻时结合中耕松土的方法抑制草害发生。严重时选用化学除草剂防治。

（2）预测病虫害发生程度，达到防控要求时，利用无人机防控苗期菜青虫、蚜虫，防控初花期菌核病，确保油菜高产抗倒优质。

### （五）适期收获贮藏

（1）两段收获：全株角果 70%～80% 落黄，主茎中部角果籽粒呈该品种固有籽粒颜色时，割倒平铺 5～7d 后，捡拾脱粒，秸秆粉碎还田。

（2）联合收获：植株中上部茎秆明显褪绿、角果枯黄时，采用油菜联合收获方式收获，秸秆粉碎还田。

## 三、适宜区域

本技术适用于长江流域水田和旱地油菜种植地区。

## 四、注意事项

（1）前茬秸秆还田后影响油菜出苗成苗，做到抢墒播种，保证全苗、匀苗。

（2）高密度 3 万株以内种植，采取均匀排布株行距的模式；密度超过 3 万株建议采用宽

窄行配置的模式［宽窄行总行距 40～60cm，宽行与窄行行距比为 1～（3∶1）］，将基肥施入窄行内深层土壤，距表面土壤 10～15cm，可进一步提高油菜产量与抗倒性。

**技术依托单位**

1. 华中农业大学

联 系 地 址：湖北省武汉市洪山区狮子山街 1 号

邮 政 编 码：430070

联 系 人：蒯　婕　周广生

联 系 电 话：027-87281507

电 子 邮 箱：kuaijie@mail.hzau.edu.cn；zhougs@mail.hzau.edu.cn

2. 四川省农业科学院作物研究所

联 系 地 址：成都市锦江区狮子山路 4 号

邮 政 编 码：610066

联 系 人：李浩杰　崔　成

联 系 电 话：02884504528，02884504251

邮　　　箱：lhjie16@163.com，cuicheng005@163.com

3. 苏州市农业科学院

联 系 地 址：江苏省苏州市吴中区临湖镇

邮 政 编 码：215106

联 系 人：孙　华

联 系 电 话：0512-66297227

电 子 邮 箱：sunhqzy@163.com

# 玉米花生宽幅间作技术

## 一、技术概述

### 1. 技术基本情况

针对我国玉米、花生长期连作，冬小麦-夏玉米单一种植，导致肥药投入偏高、土壤板结、农田 $CO_2$ 及含 N 气体排放增加、可持续增产能力变弱等，且东北风沙大、威胁作物种植，粮油争地矛盾突出等问题，研究形成了玉米花生宽幅间作技术。该技术模式符合"稳定粮食产量、增加供给种类、实现种养结合、提高农民收入"的技术思路，是调整种植业结构、转变农业发展方式的重要途径。技术核心是充分发挥花生根瘤固氮作用及玉米边际效应，保障间作玉米稳产高产，增收花生，次年可以将条带调换种植，实现间作轮作有机融合，降低氮肥施用量；有助于缓解我国粮油争地、人畜争粮矛盾。实现种地养地结合、防风固沙、碳氮减排及农业绿色发展。

### 2. 技术示范推广情况

近年来，山东省农业科学院对玉米花生宽幅间作技术进行了系统研究，授权国家专利 10 余项，制定省级地方标准 1 项。该技术模式 2015 年被国务院列为农业转方式、调结构技术措施；2016 年中国工程院农业学部组织院士专家对该技术进行了实地考察，亩产玉米 517.7kg＋花生 191.7kg，认为该技术探索出了适于机械化条件下的粮油均衡增产增效生产模式。山东省财政厅、农业农村厅实施的 2018 年第二批粮油绿色高质高效创建项目，将玉米花生间作技术在山东临邑、莒县、泗水、昌乐等 4 地进行集中示范推广，每县 2.5 万亩，全省累计推广 20 余万亩，效果显著。2017—2019 年连续 3 年被列为农业农村部主推技术，在全国推广应用。

### 3. 提质增效情况

较传统纯作玉米，增收花生 120～180kg，节氮 12.5％以上、提高土地利用率 10％以上，增加亩效益 20％以上。改善田间生态环境，缓解连作障碍，减少碳氮排放，生态效益显著。

### 4. 技术获奖情况

作为主要内容，2018 年获得山东省专利奖二等奖和山东省农牧渔业丰收奖一等奖。花生带状轮作技术（含玉米花生宽幅间作技术）列入 2020 年度中国农业农村重大新技术。

## 二、技术要点

### 1. 选择适宜模式

根据地力及气候条件，选择不同的模式。黄淮夏播区宜选择玉米与花生行比为 3∶6、3∶8 等模式，春播区宜选择 2∶4、3∶4、2∶6 等模式，花生一垄双行；东北区宜选择大宽幅模式，如 8∶8 等模式；南方多熟地区因地制宜选择模式。以 3∶6 示例。

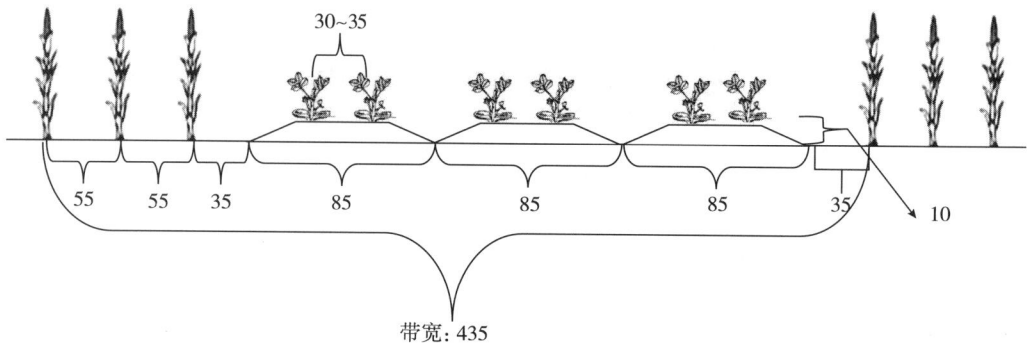

玉米花生 3∶6 模式田间种植分布图（单位：cm）

**2. 选择适宜品种并精选种子**

玉米和花生品种都要适合当地生态环境。玉米选用紧凑或半紧凑型的耐密、抗逆高产良种；花生选用耐荫、耐密、抗倒高产良种。

播前精选种子，玉米种子选用经过包衣处理的商品种。花生精选籽粒饱满、活力高、大小均匀一致、发芽率≥95％的种子，播前拌种或包衣、或选用包衣商品种。

**3. 选择适宜机械**

从目前生产推广应用的玉米播种机械和花生播种机械中选择播种机，实行玉米带和花生带分机播种。玉米收获选用现有联合收获机，花生收获选用联合收获机或分段式收获机。

玉米、花生同期分段播种

玉米、花生分机收获

**4. 适期抢墒播种保出苗**

玉米、花生可同期播种亦可分期播种，分期播种要先播花生后播玉米（一年两熟热量不足区域，如黄淮北部及东部）。大花生宜在 5cm 地温稳定在 15℃ 以上，小花生稳定在 12℃ 以上为适播期，土壤含水量确保 65％～70％。玉米一般以 5～10cm 地温稳定在 12℃ 以上为适播期。东北区宜在 5 月中上旬播种。黄淮海地区花生春播时间应掌握在 4 月 25 日至 5 月 10 日，玉米适当晚播，一般不晚于 6 月上旬；夏播时间应在 6 月 15 日前，花生应抢时早播，玉米粗缩病严重的地区，玉米播种时间可推迟到 6 月 15 日至 20 日。南方地区因地制宜择时播种。

**5. 播种规格**

以 3：6 模式示例，带宽 435cm，玉米小行距 55cm，株距 12～14cm；花生垄距 85cm，垄高 10cm，一垄 2 行，小行距 35cm，穴距 10～11cm，每穴 1 粒。

玉米播深 5～6cm，深浅一致，精量单粒播种；花生播深 3～5cm，深浅一致。

**6. 均衡施肥**

重视有机肥的施用，以高效生物有机复合肥为主，两作物肥料统筹施用。根据地力条件和产量水平，结合玉米、花生需肥特点确定施肥量，每亩基施氮（N）8～12kg，磷（$P_2O_5$）6～9kg，钾（$K_2O$）10～12kg，钙（CaO）8～10kg。适当施用硫、硼、锌、铁、钼等微量元素肥料。若用缓控释肥和专用复混肥可根据作物产量水平和平衡施肥技术选用合适肥料品种及用量。在玉米大喇叭口期亩追施 8～12kg 纯氮，施肥位点可选择靠近玉米行 10～15cm 处。覆膜花生一般不追肥。

**7. 深耕整地**

选择中、高产田，适时深耕翻，及时旋耕整地，随耕随耙耢，清除地膜、石块等杂物，做到地平、土细、肥匀。

对于小麦茬口，要求收割小麦时留有较矮的麦茬，于阳光充足的中午前后进行秸秆还田，保证秸秆粉碎效果,而后旋耕 2～3 次、整地,旋耕时要慢速行走、高转速旋耕,保证旋耕质量。

**8. 控杂草、防病虫**

重点采用播后苗前封闭除草措施,对水喷施 96％精异丙甲草胺(金都尔)或 33％二甲戊灵乳油(施田补)。

出苗后阔叶杂草和莎草的防除,应于杂草 2～5 叶期可用灭草松(苯达松)喷雾。禾本科杂草,玉米和花生应单独防除,在玉米 3～5 叶期,苗高达 30cm 时,在玉米带用 4％烟嘧磺隆(玉农乐)胶悬剂定向喷雾;花生带喷施 5％精喹禾灵等除草剂。采用分带隔离喷施除草技术与机械,避免两种作物互相喷到。

玉米、花生病虫害按常规防治技术进行,主要加强地下害虫、蚜虫、红蜘蛛、玉米螟、棉铃虫、斜纹夜蛾、花生叶螨、叶斑病、锈病和根腐病的防治。

施药应在早、晚气温低、风小时进行,大风天不要施药。

生育中期病虫防治

**9. 田间管理控旺长**

春玉米、春花生生长期遇旱及时灌溉,夏玉米、夏花生生长期降雨与生长需水同步,遇特殊旱情(土壤相对含水量≤55％)时应及时灌水,采用渗灌、喷灌或沟灌。遇强降雨,应及时排涝。

玉米一般不进行激素调控,但对生长较旺的半紧凑型玉米,在 10～12 展开叶时,每亩用 40％玉米健壮素水剂 25～30g,兑水 15～20kg 均匀喷施于玉米上部叶片。间作花生易旺长倒伏,当花生株高约 28～30cm 时,每亩用 24～48g 5％的烯效唑可湿性粉剂,兑水 40～50kg 均匀喷施茎叶(避免喷到玉米),施药后 10～15d,如果高度超过 38cm 可再喷施 1 次,收获时应控制在 45cm 内,确保植株不旺长。

**10. 收获与晾晒**

根据成熟度适时收获。玉米成熟标志为籽粒乳线基本消失、基部黑层出现。春花生在 70％以上荚果果壳硬化、网纹清晰、果壳内壁呈青褐色斑块时,夏花生在大部分荚果成熟时，及时收获、晾晒。用于鲜食时，应择时收获。

成熟期

## 三、适宜区域

适合全国玉米产区及中高产花生产区。

## 四、注意事项

不同区域使用，应选择适宜当地的模式与品种；旋耕后玉米播种要注意调整播深并注重播后镇压，保证苗全、苗齐；注重苗前除草；防止花生徒长倒伏。

**技术依托单位**

1. 山东省农业科学院

联系地址：山东省济南市历城区工业北路 202 号

邮政编码：250100

联 系 人：郭　峰　万书波　张　正　孟维伟　李宗新

联系电话：0531-66659692，15053173246

电子信箱：guofeng08-08@163.com

2. 山东省农业技术推广总站

联系地址：山东省济南市历城区工业北路 200 号

邮政编码：250100

联 系 人：曾英松

联系电话：0531-67866303，13969072806

电子信箱：zengys0214@sina.com

# 花生单粒精播节本增效栽培技术

## 一、技术概述

### 1. 技术基本情况

花生常规种植方式一般每穴播种 2 粒或多粒，以确保收获密度。但群体与个体矛盾突出，易早衰、早熟，限制了花生产量进一步提高。单粒精播能够保障花生苗齐、苗壮，提高幼苗素质；再配套合理的密度、优化肥水等措施，能够延长生育期，显著提高群体质量和经济系数，充分发挥花生高产潜力。此外，穴播 2 粒或多粒用种量很大，全国每年用种量约占全国花生总产量的 8％～10％，约 150 万 t，单粒精播技术节约用种显著。推广应用单粒精播技术对花生提质增效具有十分重要意义。

### 2. 技术示范推广情况

单粒精播技术先后作为省级地方标准和农业行业标准发布实施。2011—2019 年累计 8 年被列为山东省农业主推技术，2015—2019 年连续 5 年被列为农业农村部主推技术，在全国推广应用。据山东省农技推广部门统计，山东省累计推广 2 000 余万亩。

### 3. 提质增效情况

较常规双粒或多粒播种，单粒精播技术多数增产在 5.5％以上，部分产田达 20％以上，平均增产 8％，花生饱满度及品质显著提升；亩节种约 20％，亩增效 150 元以上。

### 4. 技术获奖情况

作为部分内容，2008 年获国家科技进步二等奖；随着深入研究和应用推广，作为主要内容，2018 年获山东省科技进步一等奖和山东省农牧渔业丰收奖一等奖；申报的 2019 年度国家科技进步二等奖已通过公示。

## 二、技术要点

### 1. 精选种子

精选籽粒饱满、活力高、大小均匀一致、发芽率≥95％的种子，药剂拌种或包衣。

### 2. 平衡施肥

根据地力情况，配方施用化肥，增施有机肥和钙肥，精准施用缓控释肥，确保养分全面平衡供应。分层施肥，底肥结合耕地施入，钙肥重点施予结果层，种肥随播种施用。

### 3. 深耕整地

适时深耕翻，及时旋耕整地，随耕随耙耢，清除地膜、石块等杂物，做到地平、土细、肥匀。

### 4. 适期足墒播种

5cm 日平均地温稳定在 15℃以上，土壤含水量确保 65％～70％。北方春花生适播期为 4 月下旬至 5 月中旬，南方春秋两熟区春花生为 2 月中旬至 3 月中旬，秋花生为"立秋"至"处暑"，长江流域春夏花生交作区为 3 月下旬至 4 月下旬。麦套花生在麦收前 10～15d 套种，夏直播花生应抢时早播。

**5. 单粒精播**

单粒播种，亩播 13 000～17 000 粒，宜起垄种植，垄距 85cm 左右，一垄两行，行距 30cm 左右，穴距 10～12cm，裸栽播深 3～5cm，覆膜压土播深 2～3cm。密度要根据地力、品种、耕作方式和幼苗素质等情况来确定。肥力高、晚熟品种、春播、覆膜、苗壮，或分枝多、半匍匐型品种，宜降低密度，反之增加密度。生育期较短的夏播花生根据情况适当增加密度，每亩不宜超过 17 000 粒。选用成熟的播种机械，覆膜栽培时，宜采用膜上打孔覆土机械或方式，膜上筑土带 3～4cm，引升子叶节出土，根据情况撒土清棵，确保侧枝出膜。

**6. 肥水调控**

花生生长关键时期，遇旱适时适量浇水，遇涝及时排水，确保适宜的土壤墒情。花生生长中后期，酌情化控和叶面喷肥，雨水多、肥力好的地块，宜在主茎高 28～30cm 开始化控，提倡"提早、减量、增次"化控，确保植株不旺长、不脱肥。

**7. 防治病虫害**

采用综合防治措施，严控病虫危害，确保不缺株、叶片不受危害。

## 三、适宜区域

适合全国花生产区。

## 四、注意事项

要注意精选种子。密度要重点考虑幼苗素质，苗壮、单株生产力高，降低播种密度，反之则增加密度；肥水条件好的高产地块宜减小密度，旱（薄）地、盐碱地等肥力较差的地块适当增加密度。

---

**技术依托单位**

1. 山东省农业科学院生物技术研究中心、山东省花生研究所
联系地址：山东省济南市历城区工业北路 202 号
邮政编码：250100
联 系 人：万书波　郭　峰
联系电话：0531-66658127；0531-66659692
电子信箱：wanshubo2016@163.com；guofeng08-08@163.com
2. 山东省农业技术推广总站
联系地址：山东省济南市历城区工业北路 200 号
邮政编码：250100
联 系 人：曾英松
联系电话：0531-67866303
电子信箱：zengys0214@sina.com

# 夏花生免膜播种机械化技术

## 一、技术概述

### 1. 技术基本情况

技术研发推广背景，能够解决的主要问题等。为提高花生生产效益，保护耕地，实现绿色农机化生产，山东省农机部门依托花生全程机械化示范推广项目，在多年生产实践和科学试验的基础上，探索了春花生改夏花生、增播一季小麦，小麦秸秆全部粉碎还田、夏花生免膜播种的机械化生产模式，并逐步得到广大花生种植业户的认可。

以夏花生免膜播种机械化技术为核心的两熟制花生直播生产模式，能够有效地提高耕地和水肥利用率，是适合黄淮两作区自然条件和生产条件的粮油高效种植模式，能够有效解决粮油争地矛盾，增加花生种植面积，也是花生节水、省肥、高产的有效途径，利于微滴灌和水肥一体化等绿色农机化生产技术发展，也是农业技术部门近几年大力推广的花生生产重点技术。大力发展夏花生免膜播种机械化技术，可以推进花生生产从一年一熟制和两年三熟制向一年两熟制转变，从广种薄收向高产稳产方向转变，更好地推动花生产业发展。

### 2. 技术示范推广情况

夏花生免膜播种机械化技术主要在临沭等地区进行了推广，临沭县位于鲁东南，境内以低山丘陵和平原为主，土壤多为棕壤土，部分为潮土和砂浆黑土，年降雨量 800 多 mm。丰富的自然资源，使临沭成为全国粮油生产大县，全县耕地 80 万亩，主要种植小麦、玉米、花生等作物，花生常年种植 50 万亩以上，是山东花生主产区之一。全县夏花生免膜播种面积达到 12 万亩，占到夏花生面积的 1/3 以上。

### 3. 提质增效情况

传统春花生一年仅能收获一季，农业生产资源浪费严重，土壤没有培肥资源，生产效益不能持续。传统夏花生采用小麦茬地套种花生，费工费时，灭茬难、劳动强度大，生产效率和种植效益低。夏花生免膜播种机械化技术模式，与传统春花生生产模式相比增加了一季小麦收获，亩增收 200 元左右；与传统夏花生生产模式相比，降低生产成本 40 元左右，增产收益 80 元以上，增产节支达到 120 元以上。

### 4. 技术获奖情况

无。

## 二、技术要点

### 1. 秸秆处理

小麦联合收获时，要对秸秆进行粉碎处理，且抛撒均匀；收获作业后，采用秸秆还田机对小麦根茬进行粉碎还田处理。秸秆粉碎要细碎，还田粉碎长度≤10cm、抛撒不均匀度≤20％。

### 2. 土壤耕整

（1）土壤耕整。对地表秸秆粉碎质量差、小麦播前未深松、深翻的地块，宜采用深耕犁对土壤进行耕翻，翻埋小麦秸秆和根茬，然后用动力驱动耙或旋耕机进行整地；对秸秆粉碎质量好、小麦播前深松、深翻后的地块，可选用旋耕机进行土壤耕整作业，将秸秆与土壤混合。翻耕作业深度 22～25cm，旋耕作业深度 15cm 以上。作业时深浅一致，无漏耕；整地土壤平整沉实、表层疏松细碎。

（2）机械起垄。花生起垄作业可以采用起垄机械单独起垄，也可采用具有起垄性能的播种机进行起垄播种复式作业。要求垄高 10～15cm，垄距 80～85cm，垄顶宽50～55cm。

**3. 花生播种**

（1）品种选择。花生夏直播选择全生育期在 110d 左右，综合性状好、单株产量潜力大的早熟或中早熟大果型品种。

（2）种子准备。种子要分级筛选，种粒大小一致。播种前，对种子进行包衣（拌种）处理，防治蛴螬等地下害虫，预防花生烂种及茎腐病等。处理后的种子，要晾干，保证机械排种通畅。

（3）抢墒播种。夏花生播种越早越好，墒情好要抢墒播种，墒情不好，要先播种后造墒，避免造墒影响播期。一般为 6 月 5 日～6 月 15 日。

（4）合理密植。为提高花生产量，夏花生常规穴播双粒要适当增加密度，亩播 9 500～11 000 粒（穴）；单粒精播应选用中等以上肥力地块，根据品种特性和土壤肥力状况，亩播 13 000～15 000 粒（穴）。

（5）播种作业。因地耕层残茬较多，夏花生播种时要选用带圆盘开沟器的播种机。同时应具有播行可调性能，可实现一垄双行播种要求。垄上行距 25～28cm。播种深度一般在 3～5cm。

**4. 田间管理**

田间管理主要是田间植保和培土作业。田间植保包括地面喷洒除草剂和叶面喷洒植物保护剂。喷洒除草剂要选择喷杆式喷雾机，叶面喷洒植物保护剂，可根据花生长势选喷杆式喷雾机和无人植保飞机。田间植保要求药液喷洒均匀，无漏喷重喷。培土作业主要是田园管理机械，一般盛花期进行培土作业，培土厚度 3cm。

**5. 花生收获**

（1）适期收获。当花生植株顶端停止生长，上部叶片变黄，基部和中部叶片脱落，大多数荚果成熟时，即到收获期。夏花生一般在 9 月中下旬。

（2）联合收获。选择轮式或履带花生联合收获机，一次进地完成挖掘、输送、摘果、集箱等作业工序。要求挖掘深度一致，落果漏果少，摘果干净，破损率低。收获后及时晾果。花生秧蔓用作青贮时，可及时收集贮藏；用作干饲料时，可晾晒 3～5d 再收集加工。

（3）分段收获。采用牵引式花生挖掘铺晒机，先将花生挖掘翻晒；晾晒 3～5d，秧蔓基本干燥，荚果与秧蔓连接具有一定韧性时，采用自走式花生捡拾摘果机进行捡拾摘果作业。要求翻晒均匀，捡拾落果少，摘果干净，落果漏果损失少。花生秧蔓可通过联合摘果机直接收集。

**6. 机具操作规程**

（1）试播作业。机具调整调试后，进行试播作业。将种子加入种箱，按农艺要求对好除草剂，将药桶充满，在待播地中作业 20m 左右，在满足作业质量要求下，确定适宜播种作业速度。

（2）检查调整。检查垄距、播深、穴距、穴粒数等性能指标和镇压效果。必要时进行相应调整，符合农艺要求后，投入正常播种作业。机组进入新地块作业，都应进行一次质量检查；特大地块要在中间进行 2～3 次检查。

（3）作业要求。作业时应保持匀速直线行驶，作业速度控制在 2～4km/h，中途不得拐弯、倒退和停车。

操作者要随时观察种、药的余量。在地头处补充种、药，避免中途停车。作业时种箱内的种子不得少于种箱容积的 1/5。

播种机组在掉头、转弯及转移作业地块时，应缓慢提升机具到安全高度，防止行进间工作部件与地面碰撞。作业时应缓慢放下机具，以免撞击地面，造成部件损坏。

作业中随时观察种箱、排种器、覆土圆盘、除草剂喷头等部件是否堵塞、缠绕，保证正常工作。

作业后应清理机具上的黏土，回收剩余的种子、药液；及时检查易损件、添加润滑油、紧固螺栓。

## 三、适宜区域

黄淮海两作传统春花生主产区、平原花生种植区。

## 四、注意事项

（1）选择地块，水肥保障。夏直播花生要获得高产，应选择土层深厚、有排灌条件、肥力中等或中等以上的地块。

（2）秸秆粉碎，质量要高。前茬作物收获后，应及时进行秸秆处理。离田处理田面要干净，还田处理要细碎，抛撒均匀。

（3）抢时早播，播时镇压。前茬作物收获后，应及时早播，越早越好，先抓早，再抓好。墒情不足时，应先播种后灌溉。耕整地和播种时，要做好土壤镇压，防止水分蒸发造成失墒。

（4）夏季品种，确保密度。选用增产潜力大、品质优良、综合抗性好夏花生品种，每亩保证密度达到 10 000 粒（穴）左右。

**技术依托单位**

山东省农业机械技术推广站

联系地址：山东省济南市工业南路 67 号

邮政编码：250100

联 系 人：马根众

联系电话：0531-83199975

电子信箱：mgz2570@163.com

# 芝麻节本增效机械化播种技术

## 一、技术概述

### 1. 技术基本情况

我国是世界芝麻主产国之一，种植面积和单产居世界前列。目前影响我国芝麻种植的因素很多，其中主要原因之一为芝麻播种和田间管理粗放，机械化程度低，农机农艺不配套；芝麻主产区土壤多黏重，整地质量不易保证一播全苗等。这种传统的耕作方式，生产成本高、效率低，不利于规范化、标准化生产实施。因此，针对芝麻生产的整地、开沟、播种和苗期管理技术及配套机具进行规范，不仅可为我国芝麻生产提供机械化播种技术指导和技术标准，而且对提高芝麻产量、降低成本、增加农民收入具有十分重要的意义。

机械化播种模式分为免耕直播、旋耕播种、膜下滴灌铺设一体化播种等。芝麻机械化播种每亩可节省用种 100～200g，降低播种用工成本 60％以上。

### 2. 示范推广情况

2008—2019 年，在安徽、河南、新疆等地示范推广芝麻节本增效机械化播种技术 12 万亩。

### 3. 提质增效情况

（1）研（改）制出芝麻多功能免耕施肥精量播种机、铺膜穴播机、鼠道犁、旋耕灭茬机、秸秆粉碎机、膜下滴灌装备、中耕除草机、高地隙喷雾机、开沟机等适于丘陵和平地整地、播种作业的装备 11 台套。

（2）在合肥、临泉、新疆等地开展 25 点次芝麻主栽品种适应性试验，筛选出适于机械化、轻简化栽培的优质高产多抗芝麻新品种郑芝 98N09、皖芝 5 号、皖芝 12、豫芝 Dw607 和中芝 78 等。

（3）开展芝麻机械化整地播种关键技术试验示范 19 项，主要结果：芝麻机械化播种每亩可节省用种 100～200g，作业效率达 0.4～1.0hm²/h，减少用工成本 70 元/亩以上；机条播比撒播处理增产 6.47％，适宜宽窄比为（59～70）cm∶（15～21）cm，适宜播种量为每亩200～300g，适宜留苗密度每亩为 1.0 万～2.0 万株，播后苗前适宜除草剂为异丙甲草胺；秸秆还田机播基施 25kg 复合肥＋追肥每亩 5kg 尿素、苗期喷施矮壮素，增产 11.72％。

### 4. 技术获得奖励

以该技术为核心的科技成果"优质芝麻系列新品种选育与高产轻简化栽培技术推广应用"、"优质皖芝系列新品种选育与高产增效栽培技术"获安徽省科学技术奖 2 项，制定《芝麻机械化播种技术规程》等地方标准 3 项，获授权专利 3 项。

## 二、技术要点

### 1. 机播出苗指标

出苗均匀、整齐，长势健壮，每亩出苗密度为 2.0 万～2.5 万株，保苗密度为 1.2 万～

2.0 万株。

**2. 机械选择**

针对砂姜黑土、黄褐土及潮土等不同土壤类型，选配适宜整地、播种机具，主要有翻耕机、旋耕机、多功能小籽粒精量播种机、铺设精量穴播机、高地隙打药机等。农业机械运行安全技术条件符合 GB 16151.1 规定。

**3. 品种选择**

选择优质、高产、中矮秆、耐密植、抗倒、抗病性强、通过国家或省级审（鉴）定的芝麻品种。

**4. 种子处理**

种子质量应符合 GB 4407.2 规定。播前晒种 2～3d，选择符合 GB/T 8321 要求的药剂进行拌种，防治苗期病害。

**5. 机械整地**

（1）前茬处理。前茬小麦、油菜等收获后，如杂草较多、茬桩高于 20cm，应及时灭茬：先将秸秆粉碎，再用旋耕机耕深 20cm 压草；或用翻耕机深翻压草，再旋耕耙平。

（2）开沟作畦。整地要求地表平整，土壤细碎，沟、畦配套，便于雨后排涝和抗旱浇灌。

**6. 机械播种**

（1）播种期。春芝麻为 4 月中旬至 5 月上旬，夏芝麻为 5 月中旬至 6 月中旬。

（2）播种量。春芝麻每亩用种量 150～200g，夏芝麻每亩用种量 200～300g。麦茬芝麻因田间秸秆还田后地表粗糙等原因，宜适当加大播种量到每亩 400～500g。

（3）宽窄行配置。宽行距 60～70cm，窄行距 15～20cm，播种深度 1～2cm。

（4）底肥。非膜下滴灌区底肥施入量为每亩 15～25kg 氮、磷、钾三元复合肥（15-15-15）；膜下滴灌区一般不施底肥。

（5）播种方法：

①春芝麻一体化播种：播前如地表干、平、净，可采用铺设精量穴播机，实行推土、镇平、开沟、铺滴管、覆膜、打孔、穴播、压土一体化播种，其中铺滴管、覆膜等环节根据实际情况配置；也可用多功能小籽粒精量播种机与旋耕、施肥、喷药、开沟等装置连接，一次性完成旋耕、开沟、播种、施肥、镇压、覆土、喷药等多项工序。②夏芝麻免耕播种：前茬收获时留茬高度 10cm，墒情适宜，及早播种；墒情不足，灌溉播种。采用精量播种机进行宽窄行条播，播种施肥一次性完成。③夏芝麻一体化播种：前茬收获后及时整地、灭茬和抢墒播种，墒情不足地块，造墒播种。使用精量播种机，一次性完成播种、施肥、开沟、镇压、拖平等工序。

**7. 苗期管理**

（1）确保一播全苗。膜下滴灌区播后气温稳定在 16℃ 以上时开始滴灌，连滴 2～3 次，直到出苗。露地芝麻播后遇旱应浇灌，遇大雨及时排涝降渍，确保一播全苗。覆膜芝麻出苗后及时放苗。播前除草用氟乐灵混土、播后苗前除草用异丙甲草胺均匀喷在地表，苗期草害用精奎禾灵防治。

（2）控水促壮。苗期适度控水有利于蹲苗。幼苗长势弱的地块每亩追施尿素 2～3kg；长势旺地块，喷施 100mg/L 剂量矮壮素促进幼苗健壮生长。

（3）病虫害防治。预防为主，综合防控。枯萎病、茎点枯病防治用甲基托布津喷打，疫病用甲霜灵锰锌喷雾防治，小地老虎用辛硫磷等防治。农药施用严格执行《GB/T 8321》和《NY/T 5010》规定。

## 三、适宜区域

芝麻主产区的大部分平原地区。

## 四、注意事项

我国芝麻种植的地形和土壤多样，该技术适用于平原旱地，不适用坡度大的丘陵山地芝麻播种。麦茬地因秸秆还田后地表松虚粗糙等原因，宜适当加大播种量。油菜茬地因机收后田间散落的菜籽多，必须深耕、翻埋大量的油菜次生苗后才可播种。

**技术依托单位**

安徽省农业科学院
联系地址：合肥市农科南路40号
邮政编码：230031
联系人：汪　强
联系电话：0551-65149814、65149815
电子信箱：1711288209@qq.com

# 特色产业类

# 西北内陆棉区"宽早优"绿色
# 高质高效机采棉生产技术

## 一、技术概述

### （一）技术基本情况

棉花是关系国计民生的重要物资。我国是世界上产棉和需棉大国，为确保国家棉花产业安全，国发（2017）24号文件制定了"以新疆为重点，黄河流域、长江流域主产区为补充，划定棉花生产保护区3 500万亩"的规划，明确了主要目标"力争用5年时间基本完成'两区'建设任务，形成布局合理、数量充足、设施完善、产能提升、管护到位、生产现代化的'两区'，国家粮食安全的基础更加稳固，重要农产品自给水平保持稳定，农业产业安全显著增强。"因此，提高以新疆为重点的西北内陆棉花保护区生产水平，实现优质高效，对确保实现任务目标、提高我国棉花市场竞争力、维护国家棉花产业安全具有重大意义。

新疆作为我国棉花重点产区，随着生产条件和技术水平的不断提高，产量水平得到提升。2020年新疆棉花面积250.19万hm²（占全国总数的78.93%），总产皮棉516.1万t（占全国总数的87.33%），平均单产达到2 062.7kg/hm²（相当于除新疆外全国其余棉区平均单产1 121.3kg/hm²的184.0%）。但是，自2013年以来新疆棉区出现了单产徘徊不前、纤维品质下降两个不容忽视的问题。与2012年皮棉单产2 057kg/hm²相比，2013—2020年的8年间皮棉单产除2017和2020两年略增外，其余6年减产，减产幅度在0.3%~10.5%，平均减产4.8%。纤维品质也呈变差趋势。

据2008—2014年我国新体制棉花公正检验质量情况的数据，分析全国不同区域棉花纤维品质及等级分布的变化特征，发现新疆棉区棉花品质存在的问题，纤维长度27mm级的比例在增加，29mm、30mm级的比例在降低，导致新疆棉区纤维长度最低并持续降低；棉纤维强力表现为我国内地棉区的纤维断裂比强度基本稳定在29cN/tex，新疆棉区显著低于内地棉区，年际间波动较大且呈显著降低趋势；并在10月以后断裂比强度明显下降，甚至降至27cN/tex及以下，致使差级的比例增加、强级的比例降低。另据2011—2015年新疆棉花公检质量数据，棉花纤维长度平均在28.4mm，断裂比强度平均在27.9cN/tex；马克隆值A级和B级占比由2011年的96.2%降为2015年的62.2%。

又据 2012—2018 年中国纤维检验局《中国棉花质量分析报告》，新疆棉花平均长度级（28.62）和全国棉花平均长度级较为接近（28.66）；其断裂比强度（27.85）低于全国平均水平（28.13）。截至 2020 年 5 月 31 日中国纤维质量监测中心数据统计，2019 年度新疆棉花整体质量较 2018 年度有所下降，其中，平均长度 29.04mm，较上个年度下降 0.1mm；平均断裂比强度 28.33cN/dtex，较上个年度下降 0.03cN/dtex；马值（A＋B）占比 83.62％，较上个年度减少 5.21 个百分点；平均长度整齐度 82.37，较上个年度下降 0.13。

经过研究分析，其根本原因是新疆等西北内陆棉区当前的生产技术不适应生产条件和科学技术发展，亟待创新和改进。自 20 世纪 80 年代以来，新疆棉区逐步推广了"矮、密、早、膜"技术，即（66＋10）cm 或（64＋12）cm 或（72＋4）cm 等宽窄行种植，公顷密度 21 万～24 万株，株高 60～65cm，辅之地膜覆盖，形成了小个体大群体、以密争早的技术模式。在示范推广初、中期，为新疆棉花产量提升发挥了重要作用。但是，随着科技进步、生产条件改善，特别是机械化精量播种覆膜铺管、膜下滴灌水肥一体化、优质高产强优势品种等技术推广应用以来，"矮密早"模式出现了不容忽视的问题，严重影响着该区棉花生产的进一步发展。突出表现是：密植虽然能够促进早熟，但密度过高反而不利于早熟。根据试验和实践，当密度超过每公顷 22.5 万株以后，中下部结铃受到严重抑制，烂铃和脱落严重，更多地靠上部成铃形成产量，反而不早熟，且结铃空间变小。加之密度越大，需要株高越低，群体密闭还影响脱叶催熟效果，加重机采含杂率，不利于机械采收。在此生产技术下，抑制了产量和品质提升，甚至徘徊下降。

针对上述问题，2005 年以来，中国农业科学院棉花研究所开展了种植模式的研究和创新，形成了"宽早优"植棉模式。该模式实行"三改"：改（66＋10）cm 等宽窄行为 76cm（依据土壤肥力可适当调增）宽等行、改每亩 15 000 株以上为 8 000～11 000 株、改株高 60～65cm 为 85～100cm。通过"三改"及其相应的配套技术，实现了由"矮密早"向"温"要棉转变为向"光"、"温"、现代化装备技术、优势品种等环境资源和现代化技术挖潜的转变。通过宽等行、降密度、壮个体、拓株高，减少地膜种孔，提高增温效果，拓展棉株结铃空间，优化通风透光条件，充分发挥膜下滴灌水肥一体化功效，使单产显著增产；节省种子、减少人工打顶等用工，更便于全程机械化作业，实现管理的便捷高效，省工 50％以上；解决了高密度中、下部因光照条件恶化造成的铃期延长、脱落增加、棉铃晚熟、品质下降问题；提高脱叶催熟和机采效果，降低含杂率，保证棉花质量。"宽早优"模式的推广应用，为解决新疆棉区产量徘徊、品质下降，实现机采棉花优质高产高效提供了技术支撑。

生产实践证明，黄河流域和长江流域实行合理的等行距种植和适宜密度，对改善群体结构、提高光温利用率、向现代技术挖潜，进一步提高产量和品质同样具有借鉴意义。

### （二）技术示范推广情况

"宽早优"植棉模式是针对新疆生产现实问题、经试验研究逐步完善形成的，是对"矮密早"模式的继承、创新和发展。因此，自 2005 年试验、示范以来，从北疆兵团第七师开始，很快在新疆棉区得到推广应用，2013 年第七师推广"宽早优"模式 300 余万亩，平均亩产籽棉达到 400kg，产量和品质上升到兵团植棉大师的先进水平。2015 年，第一师推广面积15万亩，亩产籽棉400kg以上；近年来，示范推广面积不断扩大，截至2020年新疆累计推广2 300万亩以上，平均亩产皮棉在150kg以上，涌现了大批亩产皮棉200kg以上高产典型。进一步推广应用，经济、社会效益将更加显著。

### （三）提质增效情况

综合多年来试验示范情况，"宽早优"较"矮密早"模式具有明显优势。

**1. 株行距配置合理，有利于优质高产**

"宽早优"的宽等行种植，棉株根系在土壤中分布均匀，有利于对水肥的吸收，"矮密早"窄行间根系穿插严重、争水争肥矛盾突出，"宽早优"具有明显优势。

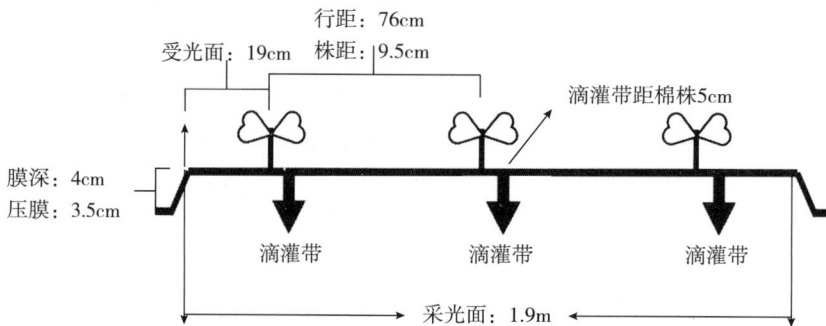

"宽早优"种植模式示意图

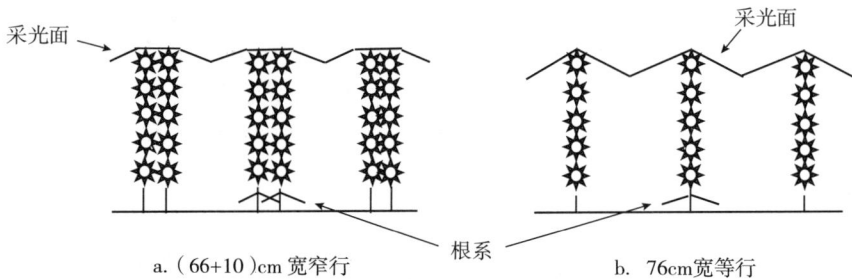

a.（66+10）cm宽窄行          b. 76cm宽等行

"宽早优"与"矮密早"上部采光及根系分布示意图

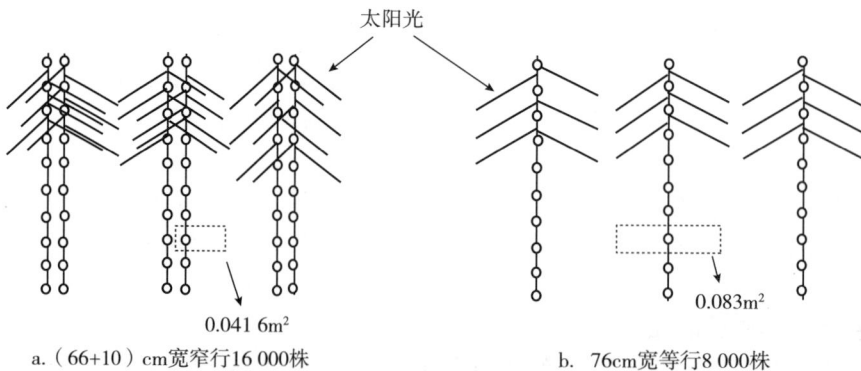

a.（66+10）cm宽窄行16 000株          b. 76cm宽等行8 000株

"宽早优"与"矮密早"棉株个体分布示意图

"宽早优"的宽等行种植，群体结构合理，上部呈"立体采光"结构，行间通风透光，有利于提高光能效率，实现"向光要棉"；株高调增至80～100cm，较"矮密早"株高60～

70cm 增加结铃、采光空间 30％以上；

"宽早优"种植，因拓展株高、降低密度，叶面积分布、群体结构、通风透光条件明显改善，使棉花最佳开花结铃期与温光高能同步期相协调，提高结铃效率。

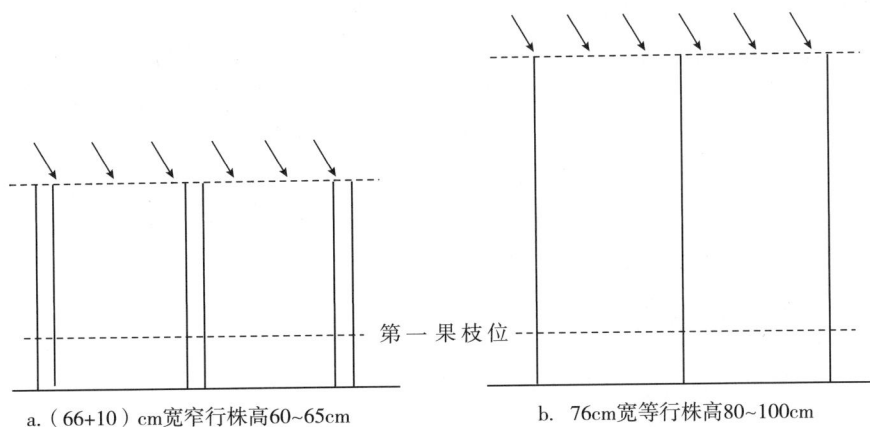

第一果枝位

a.（66+10）cm宽窄行株高60~65cm　　　b. 76cm宽等行株高80~100cm

"宽等行"与"宽窄行"采光空间对比示意图

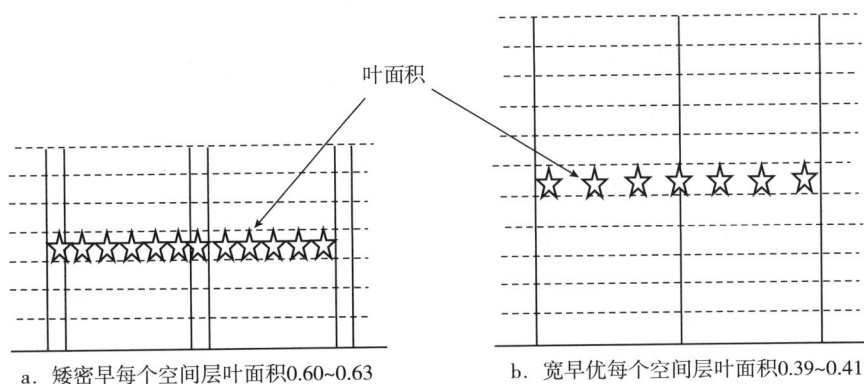

叶面积

a. 矮密早每个空间层叶面积0.60~0.63　　　b. 宽早优每个空间层叶面积0.39~0.41

两种模式群体空间叶面积分布对比示意图

"宽早优"种植，因结铃空间增加 30％以上，群体光能利用率提高 5.71％，成铃率和铃重提高 10％以上，在皮棉单产 2 000～3 000kg/hm² 水平下，一般增产皮棉 5％～15％，且具有随产量水平提高，增产作用增大的趋势；纤维长度、强度略有增加。

**2. 节本增效显著**

节省种子50％至1倍；减少间苗、定苗、打顶用工 50％以上；减少缩节胺化控药量和次数50％以上；减少病虫害防治次数 20％～30％；脱叶催熟效果提高 30％以上；机采含杂率相对含量降低 30％以上；机械作业效率显著提高。每公顷综合节本、提质、增效 3 000～4 500 元。

**3. 绿色环保**

因光照条件、群体环境改善，病虫害发生轻，减少农药用量和防治次数；肥效提高，减少化肥用量，可减轻环境污染。

2020 年 9 月，新疆昌吉州科学技术局邀请中国科学院朱玉贤院士等 9 名棉花专家，对中国农业科学院棉花研究所在昌吉国家农业园区建立的新疆"宽早优"机采棉绿色优质高效技术集成示范田进行了现场鉴定，一致认为：

"宽早优"植棉技术是对"矮密早"的创新和发展，通过扩株行、降密度、增株高，实现冠层结构分布合理，结铃分布均匀，结铃空间提高 30% 以上，成铃率和铃重提高 10% 以上，单产提高 10% 以上；增温、保墒、抗旱、促早效果明显；病虫草害发生轻；机采效果好，含杂率降低，原棉品质提升。该技术充分挖掘品种优势、现代化装备（膜下肥水滴灌、精量播种、精准覆膜等）和温光资源匹配的潜力，实现了"矮密早"单一向"温"要棉，到"宽早优"向"光""温""优势品种"和现代化挖潜的转变。

2013—2020 年新疆累计推广面积达到 2 300 万亩以上，产生了良好的经济、生态和社会效益，得到新疆棉区政府、棉农、加工厂和棉花消费者的高度评价，该综合技术达到国内领先水平，具有广阔的应用前景。

### （四）技术获奖情况

（1）2019 年 1 月 16 日，"中 641"与"宽早优"相结合的高品质棉生产技术模式被中国农业科学院发布为 2018 年十大科技进展。

（2）2020 年 6 月，"一种适用于西北内陆棉区宽早优的原棉生产方法"获国家发明专利（专利号：ZL 2017 1 1379454.4）；2020 年 12 月"一种年 20 万倍棉花制种的方法"获国家发明专利授权（2018 1 0856782.7）。

（3）以该技术为核心获 2 项实用新型专利：一种适用于生育期间棉花行间的地膜回收装置（专利号：ZL 2018 2 0154690×）；一种棉花行间覆膜播种装置（专利号：ZL 2017 2 1904662.7）。

（4）发布实施 2 项农业行业标准：西北内陆棉区中长绒棉栽培技术规程（NY/T 3251—2018）；西北内陆棉区棉花全程机械化生产技术规范（NY/T 3485—2019）。

（5）发布实施新疆的地方标准 9 项："宽早优"机采棉生产技术规程（DBN6523T 232—2018）；"宽早优"机采棉优质化生产技术规程（DBN6523T 231—2018）；"宽早优"植棉种子质量标准 DBN6523T 233—2018；"宽早优"植棉播种质量控制技术规程（DBN6523/T 274—2019）；"宽早优"机采棉脱叶催熟技术规程（DBN6523/T 275—2019）；"宽早优"机采棉全程机械化技术规范（DBN6523/T 276—2019）；"宽早优"机采棉品种标准（DBN6523/T 297—2020）；"宽早优"优质机采棉株型化控与脱叶催熟技术规程（DBN6523/T 298—2020）；"宽早优"机采棉有机肥替代部分化肥技术规范（DBN6523/T 300—2020）。

## 二、技术要点

（1）选择早熟、株型相对紧凑、抗倒伏、生长势强、生育进程快、结铃性强、吐絮集中、适宜机采的高产、优质、多抗性品种。种子脱绒精选，发芽率 95% 以上。

（2）一膜三行，76cm 等行距种植，地膜厚度 0.01mm 以上，铺膜铺管（滴灌带）精量（1 穴 1 粒）一体机播种；播种密度 1 万～1.2 万株/亩，收获株数 0.8 万～1 万株/亩。

（3）适时播种：当膜下 5cm 地温连续 3d 稳定通过 12℃ 以上，4 月 8 日～18 日为最适播期，实现四月苗。

（4）膜下滴灌水肥一体化管理，以早发、早熟为重点，使开花结铃期与温光高能期相吻合；以水调为主，减少化调（只在打顶后化控一次或两次），促进多结铃、结大铃，提高肥水效果。

水肥管理标准：

第 1 水：（6 月 15—25 日），每亩水方量 18m³；

第 2～5 水：（6 月 25 日—8 月 5 日），每亩水方量 25～30m³，尿素 3～8kg，磷酸二氢钾 1～2kg；

第 6～8 水：（8 月 5—25 日）每亩水方量 20～30m³，尿素 5～6kg，磷酸二氢钾 2kg。8 月 15—20 日停肥，8 月 20—25 日停水。

（5）绿色防控病虫草害。在棉花生育期综合运用农业防治、生物防治、物理防治和化学防治，采用统防统治方法，以绿色高效技术，将病虫草害控制在经济允许水平。

（6）适时脱叶催熟、机械化采收。采收期为 9 月 20 日—10 月 15 日；采收前 15～20 天、当连续 8～10 天平均气温大于 18℃时喷施脱叶催熟剂，喷药后脱叶率≥90％、吐絮率≥95％时即可机采。

（7）6 月上、中旬滴头水前机械回收地膜，播前和棉花采收后清理残膜。

## 三、适宜区域

西北内陆棉区为主，特别是新疆棉区。其它棉区参考。

## 四、注意事项

土壤瘠薄的低产棉田和盐碱重田块不宜应用。西北内陆棉区以外的棉区，在应用时可依据当地生态、生产条件适当调整。

**技术依托单位**

1. 中国农业科学院棉花研究所

联系地址：河南省安阳市开发区黄河大道 38 号

邮政编码：455000

联 系 人：张西岭　宋美珍

联系电话：13503725338、13903729694

电子邮箱：hainan1571@163.com；songmzccri@163.com

2. 新疆建设建设兵团第七师农业农村局

邮政编码：8332000

联 系 人：双　文

联系电话：13279805665

电子邮箱：52420162@qq.com

# 黄河流域棉花生产全程机械化增产技术

## 一、技术概述

### （一）技术基本情况

我国棉花生产主要分布在西北内陆（主要是新疆）、黄河流域和长江流域。从三大区域发展来看，棉花生产无论从地域上还是从生产环节上，机械化水平发展很不平衡。就播种与收获两个关键生产环节来看，黄河流域和新疆地区基本实现了播种机械化，长江流域机播水平还很低，部分地区还采用人工移栽；新疆生产建设兵团棉花机采率突破90%，新疆自治区为46%，黄河流域机采面积约6万亩，机采率1.2%，长江流域基本上空白。造成不平衡的主要原因是黄河与长江流域种植管理技术落后，棉花大小行种植模式不适合机采，用工多、产量低、效益差，导致农民植棉积极性差。基于76cm等行距种植的棉花生产全程机械化技术节省了人工、减轻了劳动强度、提高了作业效率和单产，提升了棉花生产效益，确保了机采棉的品质，具有明显的节本和增产增收效益。

### （二）技术示范推广情况

针对黄河流域棉花生产现状，自2012年，山东省开始机采棉种植模式机械化生产试验示范，山东省农机技术推广站承担了国家行业科技"棉花全程机械化生产技术及装备集成与示范"项目、山东省创新示范"机采棉种植模式试验示范"项目、山东省研发创新"机采棉种植模式关键技术与机具验证"项目和"农业部棉花生产全程机械化示范"等项目，与山东省棉花研究中心联合开展了机械化生产的试验研究和推广示范，在品种选择、种植管理模式和机采等方面已研究形成了技术模式和生产技术规范，取得了明显成效。2020年，山东省机采棉种植模式推广面积约20万亩，主要分布在滨州、东营、德州、聊城等地。目前该技术正在新疆棉区和黄河流域的山东、河北植棉区推广应用。

### （三）提质增效情况

与常规技术相比，机采棉种植模式可节省人工70%，实现增产10%左右，每亩节本增效300元。2020年，由农业农村部主要农作物生产全程机械化推进行动专家组棉花专业组在山东无棣县建立试验示范田，取得了亩产414.9kg和409.3kg的高产，比对照田增产30%～40%，比常规机械化方式种植增加产出效益约500元。在河北南宫以及曲周建立的示范田，分别亩产籽棉424.8kg，比上一年度提高了11个百分点，亩增效益近300元。

### （四）技术获奖情况

该技术连续3年列入农业农村部十大引领性技术。未申报科技奖项。

## 二、技术要点

黄河流域棉花生产全程机械化增产技术路线如下。

（1）品种选择：选择果枝短、株型紧凑、抗病抗倒伏、吐絮集中、含絮力适中、纤维强

```
┌──────────┐   ┌──────────┐   ┌──────────┐   ┌──────────┐
│ 品种选择 │──▶│ 耕前处理 │──▶│ 耕整地   │──▶│ 播种     │───┐
└──────────┘   └──────────┘   └──────────┘   └──────────┘   │
                                                             │
┌──────────┐   ┌──────────────┐   ┌──────────────┐          │
│ 植保化控 │◀──│ 水肥一体化管理│◀──│ 培土及中耕除草│◀────────┘
└──────────┘   └──────────────┘   └──────────────┘
     │
     │   ┌──────────┐   ┌──────────┐   ┌──────────┐
     └──▶│ 脱叶催熟 │──▶│ 采收     │──▶│ 残膜回收 │
         └──────────┘   └──────────┘   └──────────┘
```

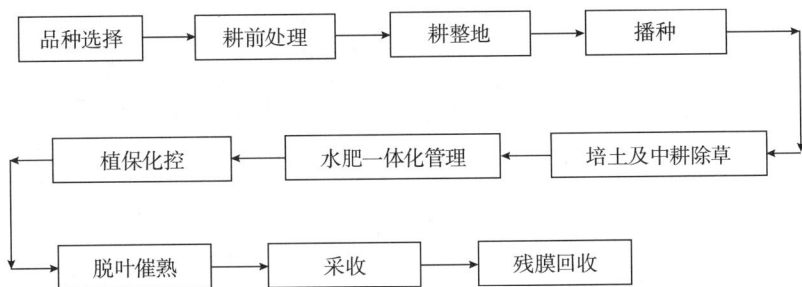

度高、对脱叶剂比较敏感等适合机械化作业的棉花品种，包括 K836、鲁棉研 37、冀棉 646 等品种。

（2）耕前处理：在秋季棉花收获后，使用秸秆粉碎还田机将棉花秸秆粉碎还田；或将棉秆机械拨除、打捆收集运输离田。使用残膜回收机回收地表残膜。

（3）耕整地：秸秆还田地块，冬前采用翻转犁深耕深翻，深耕 25～30cm；秸秆离田地块可以用深松机进行深松，深松深度为 30cm。3 月中旬用驱动耙碎土整地，必要时用激光平地机对土地进行整平。

（4）播种：4 月下旬，采用卫星导航拖拉机配套棉花覆膜播种机按照 76cm 等行距进行播种覆膜铺设滴灌带作业，采取膜上打孔播种，膜宽 2.05cm、厚 0.01mm，每亩播量 1.5kg，每亩播种密度 6 000 穴左右，膜下喷仲丁灵灭草剂 150mL。

棉花 76cm 等行距种植

（5）培土及中耕除草：棉花出苗后进行机械培土，根据情况进行机械中耕除草作业。

（6）水肥一体化管理：根据田间持水量，择机进行滴灌，并根据需要随水追肥。

（7）植保化控：根据病虫害情况采用大型高效植保机械进行植保作业，按照少量多次的原则进行化控作业，应在幼苗期进行第一次化控，控制棉花株高在 90cm 左右。

（8）脱叶催熟：喷药时机选择：9 月 25 日，田间棉花自然吐絮率达到 60％以上，棉花上部铃龄达 40d 以上，采收前 18～25d，连续 7～10d 平均气温在 20℃以上，最低气温不得低于 12℃，保证棉株上中下层叶片都能均匀喷有落叶剂。脱叶催熟应选择大型高效吊杆喷

棉花化控作业

雾机，不应选择无人机。脱叶催熟剂用量选择：喷雾机每亩每次使用脱叶剂欣噻利100mL＋30kg水，间隔7d两次喷施。

（9）采收：10月中旬，采用自走式大型摘锭式采棉机进行收获。

（10）残膜回收：棉花收获后采用残膜回收机回收残膜。

棉花机械化采收作业

## 三、适宜区域

主要适宜黄河流域、新疆棉区，长江流域可参照执行。

## 四、注意事项

重点是采用适宜当地的机采棉花品种，选择大的成方连片地块采用 76 厘米的等行距种植模式，通过化控塑造适宜机采的棉花株形，采用脱叶催熟剂促进棉花集中落叶和成熟，适期进行机采作业。

### 技术依托单位

1. 农业农村部农业机械试验鉴定总站、农业机械化技术开发推广总站

联系地址：北京市朝阳区东三环南路 96 号农丰大厦

邮政编码：100021

联 系 人：吴传云

联系电话：13693015974

电子邮箱：amted@126.com

2. 山东省农业机械技术推广站

联系地址：山东省济南市历下区工业南路 67 号

邮政编码：250001

联 系 人：陈传强

电　　话：13655311760

邮　　箱：ccqsdnj@163.com

3. 石河子大学

联系地址：新疆石河子市北四路

邮政编码：832003

联 系 人：温浩军

电　　话：13709932276

邮　　箱：13709932276@139.com

# 设施茄果类蔬菜优质绿色简约化栽培技术

## 一、技术概述

### (一) 技术基本情况

针对我国设施茄果类蔬菜生产过程中高品质抗病耐逆新品种更新推广滞后、绿色生产和简约化生产不到位等致使综合机械化率低、用工多、生产成本高、农药残留重等严重制约番茄产业发展的技术问题,研究形成了设施茄果类蔬菜优质绿色轻简化栽培技术。通过该技术解决了栽培过程中用工多、综合机械化率低致使成本增加和利润空间压缩等难题。通过集约化穴盘育苗技术,提高了壮苗率,保证了苗齐苗壮;通过水肥一体化,提高了水分和肥料利用效率;通过雄蜂授粉,减少了人工成本;通过农药减施保证了番茄品质。实现了农业增效和农民增收,有利于推进我国设施茄果类蔬菜产业轻简化、标准化发展。

### (二) 技术示范推广情况

该项技术 2018 年被列为江苏省农业重大技术推广计划。2018 年以来在江苏、山东等多地进行示范推广,获得良好效果。2019 年,在江苏省连云港市赣榆区试验基地,采用该技术实现了减少种子用种量 35% 以上,人工成本减少 930 元左右,病虫害发生率减少 30% 以上,用药减少 30% 以上,产量提高 8.5% 以上。有效地提高了产量,减少了劳动力人工成本、病虫害的发生等。适合在我国设施茄果类蔬菜生产区域进行推广。

### (三) 提质增效情况

和常规技术相比,应用该技术化学农药使用量减少 15%~20%,肥料使用量减少 10% 以上,节水 10% 以上,省工节本 10% 以上,提高番茄果实品质,产值增加 8% 以上。全面提高番茄产品品质,改善生态环境。

### (四) 技术获奖情况

获得第九届江苏省农业技术推广奖三等奖。

## 二、技术要点

### (一) 核心技术

#### 1. 集约化穴盘育苗技术

采用疏松通透、保水保肥、化学特性稳定的育苗基质,基质拌水至饱和状态,均匀装入穴盘。春季选用 50 孔,秋冬季选用 72 孔穴盘,播种穴孔深度在 1cm 左右,每穴播种 1 粒。播种后喷水直至穴盘底部有水渗出,随后用无纺布或薄膜覆盖,出苗约为 30% 时揭除。温度白天控制在 20~25℃,夜间 13~18℃。夏季晴热天气早晚浇水,冬季则中午浇水。保持基质水分的同时,降低空气相对湿度。精量化穴盘育苗播种、集约化基质育苗、精细化水肥调控苗龄,保证苗齐苗壮。

集约化穴盘育苗技术

## 2. 水肥一体化滴灌追肥技术

针对土壤养分含量及茄果类蔬菜不同生长期的水、肥需求特点，应用水肥比例泵、水溶性肥料及膜下滴灌的水肥一体化技术。选择滴头流量 2L/h 的滴灌带，坚持"少量多次"的原则，在茄果类蔬菜第一穗果膨大期、第二穗果膨大期、第一穗果采收后随水追施水溶肥。每次施肥前，按每种水溶肥要求称取所用肥料，将肥料溶解、过滤，倒入施肥罐。施肥时先用清水灌溉 10min，然后将控制阀门调整到适宜的水肥比例，通过各级管道和滴头，以水滴形式湿润土壤，施肥时间控制在 40~60min，保证肥料全部施于土壤。施肥结束后，对管道用灌溉水冲洗，将残留在管道中的肥液排出。通过调控肥水供给，实现定时、定量、自动化精准施肥，促进根系生长，提高设施茄果类蔬菜的产量和品质，降低棚内部空气湿度和土壤盐分积累。

水肥一体化滴灌追肥技术

## 3. 雄蜂授粉替代激素点花技术

利用雄蜂进行授粉，挑选性情温顺、群势大、采集力强、抗病力强的蜂群，如沃丰雄蜂或科伯特雄蜂等。通风口处安装 50~60 目防虫网，防止雄蜂外逃。设施内温度控制在 15~30℃，湿度控制在 50%~85%。蜂箱放置于设施内距地面垂直距离 10~30cm 高度、通风凉爽位置，并做好防潮、防蚁措施。一般每亩放置1箱雄蜂，当有5‰～10‰的第一穗花开时释放雄蜂。利用黏虫板、天敌昆虫等物理、生物防治技术和对雄蜂无害的农药防治病虫害。如必须使用有害的杀菌剂，施药前需将蜂箱移出，待安全间隔期结束，再放回原位置。蜂箱移动中避免强烈振动或敲击蜂箱。雄蜂授粉的果实不易畸形、品质高，可以增加单位面积的产出效益。

雄蜂授粉技术

### 4. 病虫害绿色防治技术

按照"预防为主，综合防控"的植保方针，根据茄果类蔬菜病虫害的发生规律，通过农业防治、物理防治及生物防治的综合应用，尽量减少化学农药的使用量，确保产品的安全性。选用抗病茄果类蔬菜品种，采用温汤浸种对种子消毒，培育无病虫壮苗。定植前清理设施，并对设施进行消毒灭菌，减少病虫害发生源头。在设施通风口和出入口设置防虫网阻断蚜虫、粉虱等害虫进入，利用黄板诱杀或引入天敌丽蚜小蜂防治烟粉虱。丽蚜小蜂分为4～5次释放，每隔7～10d释放一次，每次释放2 000～3 500只。采用水肥一体化滴灌技术，降低空气湿度；合理密植、及时整枝打杈，增加设施内的通风透光性；应用生物农药，科学使用高效、低毒、低残留等环境友好型农药，做好病虫源头控制，降低病虫害的发生。

### 5. 连作障碍防除技术

在上茬作物清茬后，于7—8月高温季节，每亩均匀撒放粉碎成3～5cm小段的稻草或麦秸600kg，

应用烟粉虱天敌丽蚜小蜂.

氰胺化钙30kg，土壤深翻40cm以上，与土壤充分混匀。做畦灌水，灌水量以土壤处于饱和状态为宜。用棚膜或地膜覆盖地面，将设施密闭，利用太阳能迅速提温杀菌，持续闷棚10～

15d，有效杀灭土壤中多种真菌、细菌及根结线虫等病虫害。

### （二）配套技术

#### 1. 选用优质抗病抗逆品种

选用适合我省设施环境条件、商品性好、抗病、抗逆性强的茄果类蔬菜专用品种，如苏粉 11、苏粉 14、金棚 8 号等大果番茄品种，金陵黛玉、千禧、多丽等樱桃番茄品种；苏椒 16、苏椒 1614、太空 9 号等辣椒品种；苏崎 3 号、苏崎 4 号、布利塔等茄子品种。

#### 2. 测土配方施肥技术

根据设施茄果类蔬菜不同生育期、不同生长季节的水肥需求特点，土壤中营养元素丰缺情况，田间采集土样，经晾晒后对样品进行化学分析，化验土壤中有关的营养元素，全面了解土壤供肥情况。按照养分平衡的原则，根据气候、土壤、生长时期情况确定不同的施肥配方。

#### 3. 产地商品化处理技术

通过应用压差预冷技术，在产地将茄果类蔬菜温度由常温（24～25℃）降至终温 10～12℃，预冷耗时 3～4h，提高预冷效率约 5 倍，然后通过应用自发气调保鲜袋，调控袋内气体微环境，有效降低其采后代谢速度，延缓茄果类蔬菜品质劣变进程，达到蔬菜的有效减损。进行流通和运输，可将其保鲜期延长 2～3 倍。

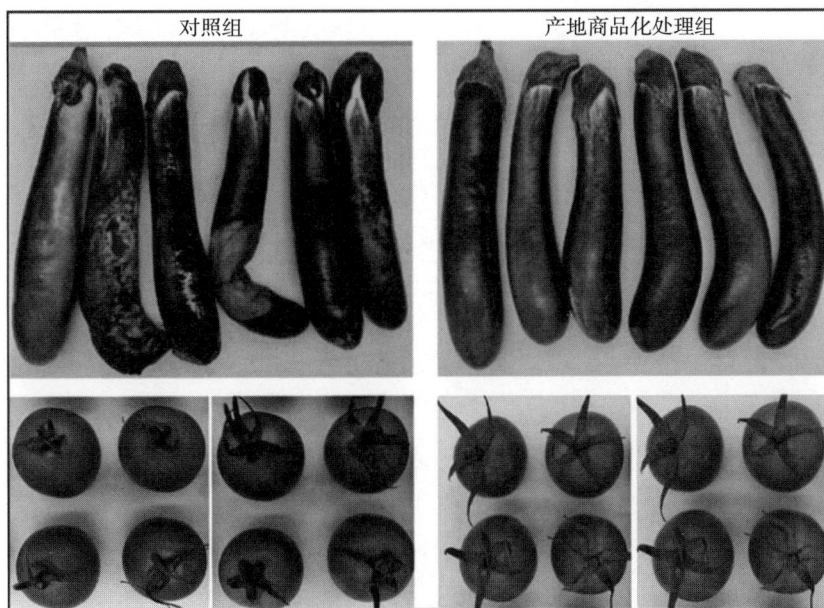

产地商品化处理技术应用效果

### 三、适宜区域

江苏、山东、河北等设施茄果类蔬菜种植区域。

### 四、注意事项

在推广过程中，基地应尽量集中连片，注重核心技术和配套技术的融合使用，以利于规模化效应的发挥。因地制宜地集成与推广适合当地的技术，力争形成优质绿色简约化的设施茄果类蔬菜生产集成化技术模式，避免单一、零散技术的机械拼凑。

**技术依托单位**

江苏省农业科学院蔬菜研究所、江苏省农业科学院农业设施与装备研究所、江苏太湖地区农业科学研究所

联系地址1：江苏省南京市玄武区钟灵街50号

邮政编码：210014

联系地址2：江苏省苏州市吴中区临湖镇东山大道2351号

邮政编码：215000

联系人及联系方式：赵统敏：13851610971；tmzhaomail@163.com；李鹏霞：13913012715；lpx213@jaas.ac.cn；王毓宁：18912626116；wyn705@163.com。

# 非耕地日光温室蔬菜有机生态型无土栽培技术

## 一、技术概述

非耕地有机生态无土栽培技术是指在戈壁滩、砂石地、盐碱地、沙化地等不适宜耕作的闲置土地上，以农作物秸秆、玉米芯、菇渣、炉渣等有机、无机物按一定比例混合发酵作为栽培基质，代替土壤生产，同时添加矿物质及微量元素或使用有机固态肥，并直接用清水灌溉作物的一种非营养液无土栽培技术。戈壁有机生态无土栽培技术是适合我省戈壁农业发展，有效解决戈壁耕地和水资源缺乏的一项技术，集经济、社会、生态等各项功能协调发展的统一体，因而对经济、社会、生态具有显著的效益。此项技术最大的特点是可利用荒漠、沙滩、盐碱、砂石等非耕地资源，具有技术操作简单，易于推广；病虫害轻，农药化肥用量明显减少；可以利用农业废弃物，发展循环农业；降低劳动强度，节水节肥；增产效果显著等特点。

## 二、技术效果

非耕地蔬菜有机生态型无土栽培技术，使蔬菜年均每 $666.7m^2$ 单产达到 9 001kg，收入达到了 27 520 元，与耕地上建造的温室相比较，效益无明显差异。

## 三、技术路线

根据盐碱、砂石地等类型非耕地日光温室的实际，主推有机生态无土栽培技术，包括基质槽建造、供水系统建造、栽培基质的发酵与配制，配套节水滴灌、穴盘基质育苗等实用技术，配套设施消毒、品种选择、环境调控等一系列绿色高效防控栽培技术。

### （一）栽培设施系统的要求及建造

**1. 温室条件**

（1）盐碱地温室条件。采光好、升温快、蓄热和保温性好的"两位一体"新结构日光温室。主要指标是地平面下挖 0.5m，打建土墙体，无后屋面，阳棚主墙体高 3.6m，厚 1.5m，主要应用有机生态型无土栽培技术进行蔬菜生产；后部搭建跨度 6 米的阴棚，进行食用菌生产。

（2）砂石地温室条件。采光好、升温快、蓄热和保温性好的非耕地砂石墙下挖型日光温室。主要指标是主墙体为底宽 1.0m、顶宽 0.5m、高 2.2m 的石头浆砌墙体，一级后墙体堆砌保温层靠主墙体，底部总宽度达到 4.0m，顶部总宽度达到 2.5m；二级后墙体堆砌保温层靠后背墙，底部总宽度达到 2.0m、顶部总宽度达到 0.6m，保温层全部用砂石堆砌。

**2. 栽培槽**

栽培槽分为地上式砖体栽培槽、下挖式砂石栽培槽两种形式。

（1）地上式砖体栽培槽。以温室地平面为准，在地面上采用红砖建造，框架选用

24cm×12cm×5cm 的标准红砖，在地面以上码四层，砌成内径为宽 60cm、深 30cm、长 7m 的栽培槽，槽间距 80cm。南北方向延长，槽底中间开一条宽 15cm，深 5～10cm 的 U 形槽，槽底及四壁铺 0.1mm 厚的一层旧棚膜与土壤隔离，膜边压在第四层砖下，槽建好后，要求槽面保持平展。在槽间走道铺一层膜或麦草，控制水分蒸发，降低棚内湿度。主要适宜于盐碱地日光温室蔬菜种植。

（2）下挖式砂石栽培槽。先将温室整平，然后在砂石地面下挖栽培槽。槽内径 60cm，槽深 30cm，槽长 7.0m，呈 U 形，槽两边码 1 层块石，槽间走道为 80cm，走道内径 50cm，槽内壁铺一层棚膜，底部再填 5cm 厚的瓜子石，上铺一层编织袋，后填充 25cm 深的栽培料，即发酵腐熟的玉米秸秆、牛粪、鸡粪、菇渣等有机物和过筛的炉渣、河沙等无机物的混合料。主要适宜于砂石地日光温室蔬菜种植。

**3. 供水系统建造**

供水系统的科学建造，将对基质无土栽培起到至关重要的作用，科学的供水系统为在温室内一侧建造一个半地下式蓄水池，上面盖上木板和棚膜，保持水温与室内温度一致，然后安装滴灌设施，把准备好的滴管软管放在基质槽中间，注意滴灌孔朝上，每个栽培槽铺设 2 根滴灌带，滴灌带距两边砖各 10～15cm，靠近作物根部。番茄定植后，用高出槽面约 10cm、弧度约 60℃的弧形铁丝将覆盖在栽培槽上的地膜支撑起来，铁丝间距离 1m 以下，灌溉效果将得以增强。每次浇水时用功率不小于 0.75kW 的水泵加压，不仅能够达到浇水均匀，而且缩短了浇水时间。

**4. 栽培基质的发酵与配制**

栽培基质分为有机基质和无机基质两大类。有机基质包括生产平菇后的废料、玉米秆、葵花秆、牛粪、鸡粪等。无机基质可选用炉渣、河沙等。有机基质必须经充分高温发酵后方可使用。

（1）高温发料。菇渣：选择用种植过平菇的废菌棒，将菌棒锤细后，每平方米加入过磷酸钙 3kg，再用水充分浸湿，底层铺塑料膜与土壤隔离，将料堆成 1.5m 高的垛，上盖棚膜进行发酵，每 5～7d 翻料一次，并根据料的干湿程度适当补充水分，当料充分变细成为褐色时，表示料已发好。玉米秆、葵花秆：用粉碎机粉碎或铡成 2cm 长的短截，用水浸湿，堆成垛，采用和菇渣同样的方法进行发料，当秸秆堆发出清香味时，表示料已发好。

（2）配料。有机基质与无机基质的配料比例为 7V：3V。每座 50m 长的温室需发酵好的玉米秆 15m³，菇渣 6m³，鸡粪 2m³、牛粪 5m³，炉渣 12m³。有机基质中，玉米秆、菇渣、牛粪、鸡粪比例为 5V：2V：2V：1V。无机基质中，炉渣、河沙的比例为 7V：3V（炉渣必须过筛，筛孔直径 3～5mm）。装料前 5d，将处理好的栽培料按比例充分混匀，每平方米加入硫酸钾复合肥 0.5kg。配料时，每平方米基质中加入敌百虫原料 20g，50%的多菌灵可湿性粉剂 20g，各种基料充分混匀后用棚膜覆盖杀菌灭虫。

（3）装料。先在设置好的 U 形槽内铺直径 1～2cm 的粗炉渣或瓜子石 3～5cm，再在其上铺双层编织袋，用于保水，然后将发酵好的料装满栽培槽，并浇透水，趁势压实、压平。

**5. 品种与茬口**

（1）品种。经多点试验、示范，适宜有机生态型无土栽培各茬次的番茄品种有中杂 9 号、秦皇 908、宝冠、朝研 219、金盾 1 号、金盾 2 号、春秀、格瑞斯等；茄子品种有紫阳长茄；辣椒品种有陇椒 2 号、陇椒 3 号、陇椒 5 号等。

（2）茬口。适宜的茬口主要有越冬一大茬、秋冬茬和早春茬三种。

越冬一大茬：一般在 8 月上旬播种育苗，9 月中旬移栽定植，11 月中旬开始上市，到第二年 7 月中旬拉秧。主要适宜于茄果类蔬菜生产。

秋冬茬：茄果类蔬菜 6 月上旬育苗，7 月中、下旬定植，10 月中旬上市，12 月底拉秧。瓜类蔬菜根据不同种植品种确定育苗时间。

早春茬：茄果类蔬菜 11 月中旬育苗，次年元月上、中旬定植，3 月中、下旬上市，7 月底拉秧。瓜类蔬菜根据不同种植品种确定育苗时间。

**6. 栽培管理技术**

（1）育苗。

【种子处理】经晒种处理后，把相当于种子体积 5 倍的 55℃温水倒入盛种子的容器内，边倒边搅拌，待水温降止 30℃时停止搅拌，换清水淘洗干净，浸泡 4～6h，沥去水，准备播种。

【育苗基质】选用由炉渣、菇渣、河沙、蛭石等原料配置而成的育苗专用基质。先用清水浸湿基质，再用 50% 的多菌灵可湿性粉剂 500 倍液均匀喷洒在基质上，堆闷 12 小时后即可使用。

【装盘】选用 50 孔或 72 孔穴盘，将准备好的基质装入穴盘内，用刮板刮平，使装盘后每个格室清晰可见。然后用另一穴盘底部压播种穴，两手平放在盘上均匀下压 0.5cm 左右。

（2）播种。

【育苗】即将种子先撒入平底穴盘或基质中，待种子出苗，两片子叶展开时，再分入 72 孔穴盘中。夏季育苗需覆盖 40 目防虫网，防止白粉虱等昆虫进入，并覆盖遮阳网适量遮光降温，以利出苗；冬季育苗需增加保温措施。

【育苗期管理】播种后保持温度 25～28℃，当 60% 种子出苗后，白天温度控制在 20～28℃，夜间不低于 15℃，子叶展开后，及时查苗，补满空穴。半月后视苗情适当补充喷施宝、磷酸二氢钾或绿风 95 等叶面肥。

（3）定植。

【定植前的准备】提前半月准备栽培系统，定植前一周用水浇透基质，用 1% 的高锰酸钾喷施架材、墙壁和栽培料。风口设置 40 目防虫网，然后密闭温室，使温度达到 60℃以上，闷棚 3～5d 消毒。或按照温室面积每 100m² 用 250g 硫磺粉＋22% 的敌敌畏烟剂 75 g＋500g 锯末制成烟剂，夜间点燃，熏蒸一昼夜。经消毒处理后，温室内干净整洁、无有害昆虫及绿色植物。

【定植】将蔬菜苗子按大小分级进行定植，通常小苗移栽在温室中间，大苗移栽在温室两侧，移栽前对苗子进行消毒，一般用 50% 的多菌灵 800 倍液对苗子进行喷雾，定植时苗坨适度深栽萌生不定根，定植后穴内浇灌移栽灵或 NEB 溶液。双行错位定植，同行株距茄果类蔬菜 40～45cm（辣椒为双株定植），黄瓜 35～40cm，葫芦 50～60cm。保持植株基部距栽培槽 10cm，定植深浅程度与原栽培面持平。边定植边浇定植水，定植一周后在槽面铺幅宽 70cm 地膜或旧棚膜。

（4）定植后管理。

【温度管理】缓苗期：加强温、湿度管理，白天温度保持在 23～28℃，夜温 17～18℃；

空气湿度保持在 75% 左右，栽培料湿度保持在 80% 以上。开花座果期：白天温度控制在 23～30℃，夜温 15℃以上。空气湿度保持在 75%～80%，栽培料湿度保持在 80%～85%。夏秋高温季节在棚膜外层覆盖遮阳网或在膜上撒泥水形成遮荫物，冬春寒冷季节除晚上覆盖草帘等防寒物外，在气温较低或阴雪天气的晚上，在草帘外层覆盖一层塑料棚膜，可提高室温 2～3℃。

【水分管理】水分管理是有机生态型无土栽培蔬菜能否获得高产的关键技术之一。要根据气候变化和植株长势灵活掌握浇水量，定植后栽培料相对湿度保持 70%。一般定植后到开花前以控秧为主，3～5d 浇水 1 次，在晴天上午灌溉，阴天不浇水。开花坐果后，植株生长旺盛，以促秧为主，只要是晴天，每天灌溉 1～2 次，每 3 天检查 1 次基质水分状况。总的原则是：生长前期气温高，一般每天浇水 1 次，每次浇水 15 分钟，每次每 667 米² 灌水 6m³，后期气温偏低，可 2 天浇小水 1 次，每次每 667 米² 灌水 4 米³；开花坐果前少浇水，结果盛期多浇，高温天气多浇，冷凉天气少浇，阴雨雪天气停浇。

【施肥】定植后 20 天追施有机生态专用肥加三元复合肥的混合肥料，一般每隔 15～20 天追施一次，结果初期每亩用量以 20kg 为基础，逐次增加，盛果期达到 25kg，将肥料均匀撒在离根茎 5cm 外的周围或穴施，全生育期共追肥 5～7 次。结果盛期：除加强温度、湿度、追肥和浇水之外，叶面上及时补充钙肥和磷酸二氢钾等肥。

【植株调整】植株长至 20～25cm 时及时吊蔓；番茄采用单蔓换头整枝，留 4～5 穗果后，掐头换枝，在第 4～5 穗花蘸花后，留两片叶子掐头换枝，每株一般可坐 7～9 穗果，结合整枝及时疏花疏果，每穗留 3～5 个果实。番茄分枝能力强，要及早摘除侧枝，一般在不影响吸收营养与水分的前提下，5cm 以上的侧枝要及早去除，并及时摘除黄叶、老叶和病叶；茄子和辣椒采用双杆整枝技术，并适期摘心换头，保持植株正常长势；瓜类采取单蔓整枝，坐果后及时摘除基部老叶、黄叶，改善通风透光条件。

【保花保果】茄果类蔬菜开花时进行人工辅助授粉，在上午 9～10 时用 20～30mg/L 的防落素或番茄灵溶液蘸花，也可用 0.015%～0.02% 的 2,4-D 溶液涂抹花柄。蘸花时要严格掌握用药浓度，温度高时浓度偏向下线，温度低时应用上线。

## 四、效益分析

### （一）生产成本

蔬菜有机生态型无土栽培需一次性增加设施投入约 5 360 元，年均增加新增设施成本 536 元。但和土壤栽培相比较，有机生态型栽培条件下减少了农药、肥料和水电开支，节约经常性生产成本 631 元，故有机无土栽培年总成本比土壤栽培降低 95 元。

### （二）生产效益

采用有机无土栽培技术，日光温室蔬菜亩产量比土壤栽培平均增加 1 175 千克，增幅达 15%，销售价格平均每千克提高 0.2 元，年均每亩产值增加 5 221 元，平均增收幅度达 23.4%。

## 五、适宜区域

西北戈壁、荒漠区，尤其是甘肃、宁夏、内蒙古等地的非耕地区域。

## 六、技术模式图

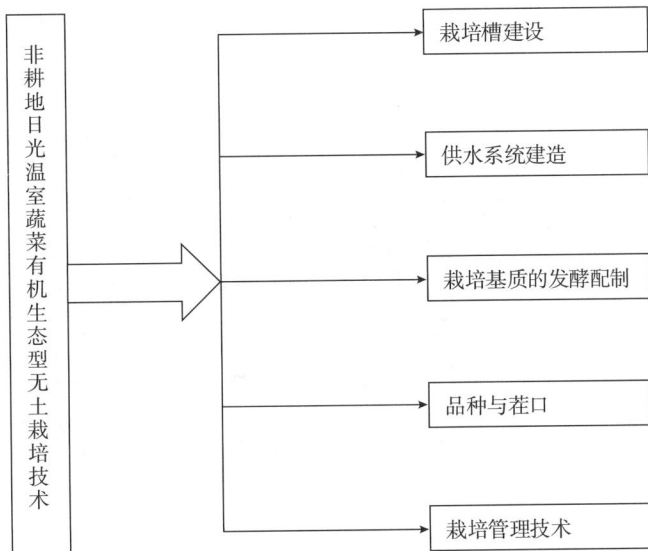

```
                              ┌──────────────┐
                          ┌──→│  栽培槽建设   │
                          │   └──────────────┘
                          │   ┌──────────────┐
                          ├──→│  供水系统建造  │
┌────────────┐           │   └──────────────┘
│非           │           │   ┌──────────────┐
│耕           │           ├──→│栽培基质的发酵配制│
│地           │           │   └──────────────┘
│日光温室蔬菜  │ ══════▷   │   ┌──────────────┐
│有机生态型    │           ├──→│  品种与茬口    │
│无土栽培技术   │           │   └──────────────┘
│            │           │   ┌──────────────┐
└────────────┘           └──→│  栽培管理技术  │
                              └──────────────┘
```

## 七、技术应用照片

有机无土栽培基质复配

节本型栽培槽建造

戈壁农业营养枕栽培

椰糠基质栽培

戈壁日光温室及基质槽建造

有机无土栽培黄瓜长势良好

节水灌溉技术应用

集约化育苗技术应用

# 高光效日光温室蔬菜绿色生产技术

## 一、技术概述

### （一）技术基本情况

日光温室是我国独创的蔬菜生产设施，是解决我国北方冬春蔬菜供应的主要途径，已成为解决"三农"问题的支柱产业之一。然而，我国日光温室结构不够优化、光热资源利用不足、环境调控能力差；蔬菜生产技术不规范、水肥药过量施用、蔬菜生育障碍频发，导致日光温室蔬菜产量、质量和效益不稳定。针对以上问题研究形成技术体系。通过日光温室结构优化设计，研制出单栋和双连栋系列高光效日光温室，实现了光热和土地等资源的高效利用；通过日光温室蔬菜绿色高效栽培技术创新，研制出综合环境调控、土壤健康施肥、节水节肥灌溉和病虫害绿色综合防控等关键技术，解决了生产上缺乏量化管理指标和水肥药施用过量问题，实现了绿色高效生产；集成构建了东北寒冷区、华北水资源匮乏区、西北干旱区日光温室果菜绿色高效生产技术模式，实现了－28℃地区冬季不加温番茄、黄瓜等果菜年亩产2.5万千克，形成了高光效日光温室蔬菜绿色高效生产技术体系，引领日光温室蔬菜产业发展。

### （二）技术示范推广情况

核心技术"《日光温室发展的适宜地区及优型结构参数》《日光温室蔬菜高产优质高效栽培技术模式》，2014年8月29日由原农业部种植业司以"农农（经作）（2014）176号"文件形式向全国印发和推广应用。2010年以来在辽宁、内蒙古、吉林、黑龙江、河北、山西、甘肃、宁夏等省区市进行了大面积示范推广应用，取得良好效果。此外，日光温室蔬菜产业已成为解决我国北方农村精准脱贫的重要产业之一。近三年，成果团队在三北地区21个贫困县指导建立了日光温室蔬菜生产基地58个，实现1800余户5300多人脱贫致富，为脱贫攻坚和乡村振兴做出了积极贡献。

### （三）提质增效情况

与传统日光温室比较，高光效日光温室的进光量增加8%，夜温提高5～7℃，节能27%～30%；较连栋温室节能89%～92%；将喜温蔬菜冬季不加温生产区向北推移150公里；南北双连栋日光温室土地利用率提高43个百分点，提高产量22%，亩增收农户收入3700元以上。同时，降低水肥药用量20%以上，减少了环境污染，提高了产品质量安全，实现了绿色高效生产和提质增效。

### （四）技术获奖情况

先后获得辽宁省、甘肃省和宁夏回族自治区等科技进步奖一等奖5项。

## 二、技术要点

### （一）高光效日光温室及其配套装备

采用"三维度六要素"高光效日光温室设计理论和方法，优化了34～46°N地区日光温室结构参数，研制出单栋和双连栋系列高光效日光温室，夜间温室内外最大温差 35～37℃、透光率 88%、较原有节能日光温室进光量提高 8%、夜间增温 5～7℃、节能 27%～30%、较连栋温室节能 89%～92%；将日光温室喜温蔬菜冬季不加温生产区推移至 43.5°N；南北双连栋高光效日光温室土地利用率提高 43 个百分点；实现了日光温室光热和土地高效利用。

研制出基于物联网的日光温室外保温覆盖、通风、内保温幕开闭等温室群环境远程控制系统；研制开发出日光温室智能通风系统，实现了根据设定温度自动控制通风口开闭，减轻了用工 70% 以上；研制出日光温室增温、保温和临时加温装备与调控系统，其中，浅层地中热交换供暖装置提高地温 2～3℃；新型专用热风炉及单排非等距散热风筒，热效率达 85% 以上，较普通热风炉节能 21%；无纺布保温幕及手动/电动式调控系统，提高气温 2.1℃，降湿 6.9%。

### （二）日光温室蔬菜绿色高效栽培关键技术

研究确定了日光温室番茄、黄瓜和甜瓜光合最佳节能环境管理指标，建立了不同光照下日光温室主要果菜适宜温度与 $CO_2$ 浓度管理方案，产量提高 23% 以上。明确了 35℃ 昼温 15 天以上、9℃ 夜温 9d 以上、弱光 9d 以上所导致的番茄光合障碍难以恢复，研制出防止果菜亚逆境生育障碍的钙素配方制剂，提高产量 16% 以上。

研究明确了适应不同光温条件的果菜适宜灌水点和一次灌水量，研制出日光温室蔬菜压差式滴灌装置、滴灌营养液自控灌溉水肥系统，建立了水肥一体化的膜下控湿节水滴灌技术体系，制定的节水灌溉制度较传统灌溉节水 50% 以上，实现了水资源高效利用。

通过长期定位施肥试验所建立的设施黄瓜产量与土壤氮磷钾等营养元素含量模型，研制出"增碳加钾补钙"有机基肥为主的土壤健康施肥技术，土壤 pH 稳定在 6.3～6.8，节肥 32.7%～41.0%；实现了蔬菜高产、环境安全与土壤健康统一。

研究提出相对湿度＞90% 时降低气温到 15℃ 以下、或气温＞15℃ 时降低相对湿度到 85% 以下的控温湿防病技术、钙钾和水杨酸复合剂诱导抗病技术、"石灰氮＋阳光＋熏蒸"消毒防病技术，主要真菌病害控防效果达 66% 以上，减药 38% 以上，解决了农药施用过量问题，实现了绿色高效生产。

### （三）日光温室果菜绿色高效生产技术模式

针对东北等冬季低温弱光地区，研究建立了寒区日光温室主要果菜绿色高效生产技术模式 8 套，获颁省级技术标准 6 部，在 −28℃ 地区冬季不加温生产番茄和黄瓜年亩产 25 吨以上，较第二代节能日光温室番茄和黄瓜增产 25% 以上，节水 30% 以上，节药 35% 以上。

针对华北等水资源匮乏的老设施蔬菜产区，构建了土壤微生态修复日光温室主要果菜绿色高效生产技术模式 7 套，获颁省级技术标准 4 部。技术示范土壤有机质提高至 33 克/千克以上，土壤微生物多样性指数增加 50% 以上，C/N 比由 6.9 提升至 14.3，节水 25%～45%，节氮 30.5%～33.2%。

针对西北荒漠区、矿山复垦区、重度土壤障碍区等区域，研制出 16 个作物秸秆、菇渣、畜禽粪便、果树枝条等农林废弃物为主要原料的低成本营养基质和营养液配方，较草炭或椰糠基质降低成本 40% 以上；创建了日光温室蔬菜低成本营养基质槽培和袋培及粗沙槽培绿色高效生产技术模式 12 套，获颁省级技术标准 12 部，创造了非耕地番茄和黄瓜年亩产 22.5t 以上高产纪录，化肥农药减施 26.8% 以上。

## 三、适宜区域

东北、西北、华北、华东等地区日光温室蔬菜生产区。

## 四、注意事项

对于冬季的连续雾霾天气与阴雨天气、极端寒流天气和暴雪天气要进行积极防范。

**技术依托单位**

沈阳农业大学、甘肃农业大学、宁夏大学

联系地址：沈阳市沈河区东陵路 120 号

邮政编码：110866

联 系 人：孙周平

联系电话：024-88487231

电子邮箱：sunzp@syau.edu.cn

# 旱作区苹果高品质栽培技术

## 一、技术概述

### （一）技术基本情况

针对黄土高原旱作区降雨量少，果园管理中施肥、花果管理和病虫害防控方面技术手段层次不齐，果实商品性及口感特征差别较大等问题，研究形成该技术体系。通过该技术，实现了集雨节水保墒，解决了降雨量少或者降雨量不及时对果树及果实生长发育造成的影响，保证全生育期果园水分充足；果园枝条堆肥腐熟实现清洁化生产，通过枝叶发酵产生有机肥料代替化肥作为基肥施入，减施化肥用量；结合果园生草改善土壤团粒结构、微生物数量、减少水分散失、提高水分利用率和土壤有机质含量；以有机肥为主的平衡施肥模式，避免了化肥过量施用，果园病虫害以绿色防控为主，实现生产生态协调。

### （二）技术示范推广情况

"旱作区苹果高品质栽培技术"自 2013 年以来在甘肃平凉和庆阳多地进行示范推广，获得良好效果。该技术在甘肃省庆阳市庆城县和平凉市静宁县应用苹果园面积 12 万亩，产值 2.46 亿元。

### （三）提质增效情况

和常规技术相比，应用该技术可增产苹果 8% 以上，提高了水分利用效率，较对照节水 30% 以上，果园循环利用、配方施肥减施化肥 14% 以上，果园生草较清耕提高土壤有机质 70% 以上，绿色防控技术减少化学农药量 40% 以上。从果实品质改善角度来看，该技术能够增加苹果单果质量，果实着色均匀、亮度大，增加果实糖含量，可溶性固形物提高 1.3% 以上，品质改善显著。

### （四）技术获奖情况

未申报科技奖励。

## 二、技术要点

### 1. 果园节水保墒技术

旱作区苹果园年平均降雨量 550mm 左右，尽管能勉强维持果树正常生长，但降雨量不均匀，雨水利用率不高。采取果园行间起垄覆膜措施，能够集雨保墒、提高地温、抑制杂草、节约养分、熟化土壤、培肥地力等良好作用，有效解决了旱作区干旱少雨给苹果生产带来的难题。

技术要点：覆膜前，先沿行向树盘下通行起垄。垄面以树干为中线，中间高，两边低，呈"⌒"形，垄面内外高差 10~15cm 为宜。先在树行正中间挖 1 条集雨沟，外沿距树干距离小于地膜宽度 5cm，将沟内土壤翻向两侧，形成树盘高行间低的斜坡面。树干周围3~5cm 处不埋土。覆膜时，树盘两侧同时进行为好，要求把地膜拉紧，不折叠不打皱，紧贴垄面；垄中央（即树干）两侧地膜边缘以衔接为好，用细土压实；垄两侧地膜边缘埋入土中约 5cm。

## 2. 果园清洁生产技术

针对果园修剪产生的大量枝条进行开发利用，通过堆肥腐熟方式进行资源化利用，作为果园基肥施入，减少化肥使用的同时，获得良好的经济效益。

技术要点：在冬剪后收集苹果枝条并粉碎，3月份土壤解冻后，在田间地头，挖深40~50cm、宽2~3m、长6~8m，按照每100kg木屑加100kg畜禽粪便、5~10kg尿素、5kg复合菌肥的比例进行配料。将料配好后进行充分搅拌，加水至原料手握紧后出水不滴为宜，然后填入坑内，高出地面1m左右。堆沤过程中在堆中间插玉米秸秆以提高堆内原料的通气性，料堆好后用细土覆盖2~3cm，上盖塑料薄膜进行发酵。堆内温度超过60℃时，第一次高温发酵完成，开始翻堆，再次将木屑和畜禽粪便充分混匀，翻后注意补水，翻好后再次堆成堆，用细土再次覆盖，盖厚2~3cm。大约15d左右，堆温再次上升至60℃左右时，第二次高温发酵完成，再倒堆一次，以后料堆温度会逐渐降低，当料温降到30℃左右时发酵结束，低温发酵过程大约50~60d，然后保持料堆不变，大约再过40d左右，料堆内物料颜色变成黑褐或黑色，有机肥即制成。

## 3. 果园平衡施肥技术

平衡施肥促使作物平衡吸收养料，抗逆性明显增强，病虫害减少，并能提高产量、改善果实品质，可增产7.5%~24.5%，平均为16.4%。可提高苹果一级果率，减少二、三级果率，改善果实着色，增加单果重，减少病虫害果率。

技术要点：基肥每亩施羊粪、牛粪等完全腐熟的农家肥3~5m³、苹果枝条腐熟肥3m³、复合肥（20-5-15）120kg＋水溶有机钾肥120kg；花前肥每亩施入高氮型复合肥（25-6-9）40kg＋水溶有机钾肥（22-12-45）40kg混合埋入果树根际；坐果期每亩施入复合肥（20-5-15）40kg＋水溶有机钾肥（22-12-45）40kg混合埋入果树根际；膨果肥每亩施入复合肥（20-5-15）40kg＋水溶有机钾肥（22-12-45）40kg混合埋入果树根际。

根外追肥：萌芽前使用100倍液硫酸锌溶液，喷洒树干和枝条，花前期使用300倍液硼砂或800倍液氨基酸钙喷雾，花期使用3 000倍液花精、授粉精等产品，幼果期使用800倍液氨基酸钙或硝酸钙，果实膨大期使用300倍液磷酸二氢钾溶液喷雾，摘袋后使用600倍钛素果丰宝或1 000倍稀土精加300倍磷酸二氢钾喷施。

## 4. 果园生草技术

苹果园经2年生草后，土壤容重减少10%，孔隙度和团粒结构都增加7%~11%；连续覆盖4年的果园有机质含量比不覆草果园高3.1倍，碱解氮高4倍，速效磷高3.3倍，速效钾高8.4倍，生草法有机质含量比清耕法高71.01%，速效磷含量比清耕法高229.07%，比覆草法高29.4%。

技术要点：3—4月播种，播种前进行细致整地，然后灌水，墒情适宜时播种；生草种类以豆科中的长柔毛野豌豆、红豆草和毛苕子等为主；播种方法采用条播方式，开20cm左右条状沟，播种后覆土1~2cm，播种出苗后，根据墒情及时灌水，可施入少量氮肥，每亩7~10kg，特别是在生长季前期；一般草长到30cm以上时刈割，一个生长季刈割2~4次，割下的草直接覆盖在树盘周围地面上，刈割时要保留的1~2节枝茎，进入秋季不再刈割，冬季留茬覆盖。

## 5. 果园花果管理技术

苹果树花果管理的主要内容有促花、保花、保果、疏花、疏果、定果、果实套袋、增色和适期采收。

技术要点：促花及保花保果主要结合配方施肥、拉枝、环剥和环割等技术措施开展，同时主要防止春季低温和病虫害的影响。在花序分离期根据花量多少进行疏花，一般富士间隔20~25cm，在花后10~20d幼果子房膨大期，疏去过密果和过弱果，进行定果。选择外黄色、内红色的双层袋对果实套袋，套袋前为防止病菌侵染，喷50%甲基托布津800倍液1次，或50%多菌灵800倍液，在采收前30天，先去除外袋，同时，在树盘下铺设反光膜，增加果实着色；外袋去除20d后，再去除内袋。采用碘染色法，果实横截面上70%~90%没有染色，果实成熟可采收。

### 6. 果园病虫害绿色防控

间作部分具有刺激性气味的豆科、菊科、茄科植物可防控害虫。通过释放瓢虫防治蚜虫、释放长须螨防治红蜘蛛、释放东方钝绥螨防治叶螨，施用白僵菌及绿僵菌等防治鳞翅目及螨类害虫，施用春雷霉素防治苹果黑星病，施用井冈霉素防治苹果轮纹病。在果园布设植保黑光灯、悬挂彩色粘虫板及粘虫胶、放置糖醋液（糖：醋：酒：水＝2：3：1：11）及洗衣粉液（洗衣粉：水＝1：200）、放置性诱剂等捕杀害虫。

果园覆膜保墒＋果园生草

果园绿色病虫害防控

枝条粉碎发酵

果园铺设反光膜增色

## 三、适宜区域

年降雨量在 450～600mm 的旱作农业区苹果园。

## 四、注意事项

该技术施肥均以成龄盛果期果树为准，幼树施肥应适当调整。

**技术依托单位**

甘肃农业大学园艺学院

联系地址：甘肃省兰州市安宁区营门村 1 号

邮政编码：730070

联 系 人：陈佰鸿

联系电话：0931-7632466，13893210816

电子邮箱：bhch@gsau.edu.cn

# 梨树液体授粉节本增效技术

## 一、技术概述

### （一）技术基本情况

梨是自花授粉不结实性果树，在生产中必须配植授粉树或人工辅助授粉才能获得相应的产量和品质。配植授粉树主要利用昆虫的传粉能力进行自然授粉，虽然省工省力，但很容易受天气的影响而造成授粉受精不良。近年来越来越多的梨园采用人工辅助授粉。人工辅助授粉方法中人工点授的方式虽然选择性强，准确率高，花粉用量小，但可操作时间短，且用工多，生产成本偏高。此外，人工辅助固体喷粉的方法也存在着花粉用量大，成本较高的问题。液体授粉是一种新型授粉技术，具有授粉速度快，节省人工的特点，且能增加柱头的水分和养分，延长柱头授粉受精时间。但液体授粉技术尚不成熟，仍然存在着营养液悬浮能力差，花粉分散不均匀，在营养液中溶胀死亡等急需解决的问题。

同时，由于梨果实自身特性原因，部分梨品种如"库尔勒香梨""砀山酥梨"和"莱阳茌梨"等果实的萼片宿存于果实顶端，生产上把这种萼片宿存的果实俗称为"公梨"。"公梨"果实萼片宿存，萼端突出、果实形状不整齐，并且伴随着果实内石细胞含量增多、含糖量降低、风味淡化等品质下降的问题，最终导致经济效益低下。常采用人工剪萼的方法来解决梨果萼片宿存的问题，但是田间操作费工耗时，劳动力成本升高，不适合大规模集约化生产，而且剪萼后的果实顶部仍然常会留下一小块疤迹，一定程度上影响果实外观品质。因此，梨农们迫切需要解决梨果实萼片宿存的简便技术。

本技术旨在对梨树液体授粉关键技术环节进行较为全面的研究，筛选出适合梨树授粉的花粉营养液，并在此基础上确定梨树液体授粉的最经济花粉用量，开发一种新的高效液体授粉技术，以达到节省成本、提高授粉效率的目的；同时，旨在通过简单的试剂、适当浓度的组合及关键时期的施用，达到脱除梨果顶萼片的目的，明显改善梨果实外观和内在品质，提高经济效益。

### （二）技术示范推广情况

核心技术"梨优质安全高效生产关键技术"自 2010 年以来作为梨栽培管理技术的核心内容，集成了"一种节本增效的梨树液体授粉方法"（专利号：ZL201110234023.5）和"一种提高梨果实脱萼率的方法"（专利号：ZL20100522173.1）两项专利，连续 10 年在全国进行大范围推广。2012 年以来在河北、河南、湖北、辽宁、山东、山西、陕西、四川等省市多地进行示范、推广，获得良好效果。2010 年以来，通过河北省技术推广总站推广应用 15 万亩，河南省经济作物推广站推广应用 10 万亩，湖北省果品办公室推广应用 5 万亩，辽宁省果蚕管理总站推广应用 16 万亩，山东省果茶技术指导站推广应用 15 万亩，山西省临汾隰县果业局应用推广 3 万亩，陕西省蒲城县果业管理局推广应用 3 万亩，四川省园艺推广技术总站推广应用 10 万亩，新疆库尔勒市香梨研究中心推广应用 5 万亩，江苏省园艺技术推广总站推广应用 16 万亩，甘肃省经济作物技术推广总站推广应用 2 万亩，浙江省梨业协会推广应用 5 万亩，目前该技术正在全国梨种植主产区推广应用。

### （三）提质增效情况

和常规梨栽培管理技术相比，通过推广梨树液体授粉和梨果实脱萼技术，梨园每亩新增利润 600～900 余元，减少修剪、人工授粉、农药投入等，每亩节省支出约 160～200 元。同时，种养结合生态模式和大棚栽培等高效益栽培技术，梨园亩增效益 2 300～2 600 元。该技术的实施推动了全国梨生产技术水平的提高，梨园增收节支和经济效益显著提高，有效提升了果农生产积极性，为全国梨果产业稳定健康发展提供了技术保障，社会和经济效益显著，具有广阔的应用前景。

### （四）技术获奖情况

以该技术为主要内容，获得国家科技进步奖二等奖（2018-J-201-2-01-R09）、神农中华农业科技奖一等奖（KJ2017-R1-013-04）、江苏省农业技术推广奖一等奖（JSTGJ2014-1-08-R02）等。

## 二、技术要点

### （一）一种节本增效的梨树液体授粉方法

**1. 材料工具准备**

材料：授粉品种活性高的纯花粉 40～80g，50g 果蔬钙，10g 硼酸（分析纯），20g 黄原胶（化学纯即可），13kg 白糖，100kg 水。

工具（要求清洁无毒）：天平、电子秤，炉灶、锅、漏勺、纸杯、筷子、纱布、120L 塑料桶，500mL 矿泉水瓶，15L 电动喷雾器。

**2. 配制步骤及用法**

营养液配制步骤：

（1）120 升塑料桶中倒入半桶水，约 50kg。称取 5kg 自来水放在铝锅内，在燃气灶上烧开；称 20g 黄原胶缓慢撒入到沸腾水中，边撒黄原胶，边用漏勺不断搅拌至溶解，溶解后用纱布过滤，倒入 120L 大桶中，冷却至室温。

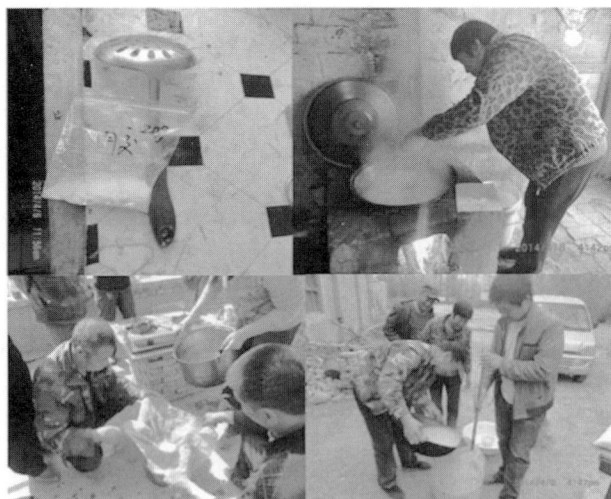

黄原胶的溶解与过滤

（2）再称 25kg 水在灶上加热，然后称取 13kg 白糖，加入水中，用漏勺搅拌，充分溶解，冷却至室温；称取 50g 果蔬钙倒入纸杯中，加少量水，用筷子搅拌溶解；称取 10g 硼酸倒入纸杯，加少量水，用筷子搅拌溶解。

白糖、果蔬钙和硼酸的配置

（3）将步骤（2）配制好的白糖水溶液、果蔬钙溶液、硼酸溶液依次加入到步骤（1）溶解好的冷却黄原胶溶液大桶中，然后加水至 100kg，用漏勺充分搅拌配制成营养液（冷却至室温备用）。

营养液的配置与冷却

（4）花粉液的配制：取适量配制好的营养液装入 500mL 的矿泉水瓶中，称 7～12g 花粉加入其中，用手快速摇匀使其均匀分散在营养液中，作为花粉母液。重复多次，分批将 80g 花粉全部制成花粉母液，并将母液全部倒回至上述（3）中的营养液桶中，充分搅匀，形成授粉液（配好后 2h 内要完成授粉操作）。

花粉溶液的配置

### 3. 授粉操作

一般于梨树初花60％时开始授粉工作。从塑料桶中舀取适量含花粉的授粉液，加入到电动喷雾器中，按常规操作，将授粉液均匀喷洒到梨树花朵上。

将授粉液加入到喷雾器中进行液体授粉操作

### （二）一种提高梨果实脱萼率的方法

该脱萼剂组合为福星乳油6 000倍液和PBO300倍液。其使用方法是于梨花露白期喷施福星乳油6 000倍液，并于盛花期再喷施一次PBO300倍液。

## 三、适宜区域

全国梨种植主产区。

## 四、注意事项

（1）授粉液配方浓度不可随意调整，特别是硼酸和果蔬钙含量应精确称量，充分溶解。

（2）黄原胶熬制时，必须缓慢加入，迅速搅拌均匀，避免结块。

（3）营养液必须冷却至室温后才可以加入花粉，通常20℃为宜，温度过高会影响花粉活力。

（4）精花粉使用前应检查花粉萌发率，达到 60％以上方可使用。

（5）营养液加入花粉后应在两小时内喷施完毕，随配随用，以免花粉失去活力。

（6）液体授粉用的喷雾器尽量专用，不可使用喷过除草剂等农药的喷雾器。

（7）因花期气候条件，品种差异以及花粉活力等因素差异较大，建议先进行小范围试验，以免造成生产损失。

（8）因用糖量大，人身上黏液很多，喷洒完毕后需及时清洗。

**技术依托单位**

*南京农业大学*

*联系地址：江苏省南京市玄武区卫岗 1 号*

*邮政编码：210095*

*联 系 人：陶书田　张绍铃*

*联系电话：025-84399961，13813947403*

*电子邮箱：taost@njau.edu.cn*

# "一改二精三高"鲜食葡萄高效栽培技术

## 一、技术概述

### 1. 技术基本情况

针对我国葡萄栽培模式落后、管理费工，土壤酸化、盐渍化加重，水肥利用率低，果品质量差、优质果品缺乏等问题，研究形成了"一改二精三高"葡萄高效栽培技术体系。通过该技术，实现了葡萄轻简、优质、高效生产，生产出"好看、好吃、好运、好卖、好想"的"五好"优质果品，引领了消费潮流，提升了市场竞争力，为我国葡萄产业健康可持续发展提供了技术支撑，带动了技术变革和进步，对脱贫攻坚和乡村振兴起到了积极作用，社会效益和经济效益显著。通过该技术，实现了葡萄绿色高质量发展模式的可复制、可推广，显著减少了化肥和化学农药施用，有效节约了水资源，进而保护了生态环境，生态效益显著。

### 2. 技术示范推广情况

2010年以来，在辽宁、河北、山东、江苏、浙江、云南、广西、新疆、山西等省区市多地进行示范推广，获得良好效果。2016—2020年，在中国农业科学院果树研究所碰山试验基地采用该技术，在保持果品优质的前提下，葡萄连年稳产，每年亩产均在1 500～2 000kg。2016—2020年，在辽宁、山东、河北、江苏等省进行大面积生产示范，在保持果品优质的前提下，葡萄连年稳产，每年亩产均在1 500～2 000kg。目前该技术正在我国葡萄主产区较大范围内推广应用。

### 3. 提质增效情况

和常规技术相比，应用该技术管理用工节省40%以上，化肥减施40%以上，节水50%以上，果实品质指数增加40%以上，亩增收节支1 000元以上，实现了葡萄轻简、绿色、优质和高效生产，经济、社会和生态效益显著。

### 4. 技术获奖情况

未申报科技奖励。

## 二、技术要点

### 1. 改良土壤

全园或行内生草显著减轻了土壤的酸化、盐渍化和滴灌引起的葡萄根系上浮问题，是解决葡萄园有机肥来源，减少化肥使用，改良土壤质量，建设生态果园最重要的技术措施之一。草种以黑麦草等为宜，适于年降雨量大于600mm或有灌溉条件的葡萄园。一般情况下待草长至30～40cm时利用碎草机留5～10cm根茬粉碎；如气候过于干旱，于草高20cm左右，留5～10cm根茬粉碎；如降雨过多，则待草高50cm左右时，留5～10cm根茬粉碎。草种播种时期分为春播和秋播。在温暖地区一般秋播较好，过早易受杂草危害，过迟则易受冻不能越冬而死亡；东北、西北等寒冷地区多为春播，解冻后及时播种，避开杂草出苗期。

改良土壤-葡萄园全园（行内＋行间）生草

**2. 精准肥水管理**

（1）精准施肥：基肥（底肥）以有机肥为主，同时配施适量化肥，一般在葡萄根系第二次生长高峰前施入，施用量以果肥重量比 1：（1～2）为宜，多采用沟施或穴施，每年 1 次，施肥沟距主干 30～50cm。追肥在生长期进行，以化肥为主，以节省水肥及劳动力的水肥一体化技术为主，其次是采取沟施、穴施等。萌芽至初花，各肥料施用量占全年施用量比例约为氮 19％、磷 11％、钾 16％、钙 13％、镁 12％；初花至末花为氮 17％、磷 15％、钾 12％、钙 14％、镁 13％，落花至种子发育阶段为氮 21％、磷 20％、钾 23％、钙 25％、镁 24％，种子发育至果实转色/软化阶段为氮 20％、磷 28％、钾 22％、钙 21％、镁 20％，果实转色/软化至成熟阶段为氮 9％、磷 17％、钾 22％、钙 16％、镁 17％，果实采收后至落叶阶段为氮 13％、磷 9％、钾 5％、钙 11％、镁 12％。施肥量受土壤肥力、产量、品种、砧木、气候、灌溉、树龄等诸多因素影响。一般情况下，参考每生产 1 000kg 果实，葡萄树全年约需吸收 5～10kg 的氮（N）、2～5kg 的磷（$P_2O_5$）、5～12kg 的钾（$K_2O$）、5～12kg 的钙（CaO）和 1.0～2.5kg 的镁（MgO）的标准确定施肥量。

（2）精准灌溉：根据葡萄水分需求规律和土壤相对含水量等关键参数按需灌溉，分为催芽（葡萄上架至萌芽前 10 天左右）、促花（萌芽至花前 1 周）、膨果（幼果发育期）、转色成熟（果实转色至成熟前 15 天左右）、采后和封冻前等关键阶段。根据当时的土壤水分状况决定是否灌水和灌水量多少。适宜的灌水量，应在一次灌水中使根系集中分布范围内的土壤湿度达到最有利于葡萄生长发育的程度，一般以湿润 0～40cm 土层即可。为提高灌溉效率和水分利用率，以滴灌、微灌、小管束流、根系分区灌溉等节水灌溉方式为宜。

**3. 精细化花果管理**

（1）花穗整形：①常规栽培：巨峰系品种（例如巨峰、夏黑等）：花前 1～2 周（小穗分离，小穗间可以放入手指）到花初开阶段内整穗，整个花穗的副穗及以下 8～10 个小穗和 0.5～1.0cm 穗尖去除，保留花穗下部 15～20 个小穗，开花前保留整个花穗长度 5～6.5cm。二倍体品种（例如魏可、87-1 等）：整个花穗上部小穗和副穗花蕾开始开花时到花盛开时结束阶段内整形，花期 GA₃ 处理增大果个的，保留整个花穗下部 16～18 个小穗，开花时整个花穗长度为 6～7cm；花期不用 GA₃ 处理增大果个的，保留整个花穗下部 18～20 个小穗，开花时整个花穗长度为 8～10cm，去除穗尖 1.0cm。②无核化栽培：巨峰系品种（例如巨峰、夏黑等）：开花前 1 周到花初开阶段内整穗，留穗尖 3～3.5cm，8～10 个小穗，50～55 个花蕾（南方产区）或留穗尖 4.5～6.0cm，12～18 个小穗，60～100 个花蕾（北方产区）。二倍体品种（例如魏可、87-1 等）：开花前 1 周到花初开阶段内整穗，留穗尖 4～5cm，10～12 个小穗，60～70 个花蕾（南方产区）或留穗尖 5.5～7.0cm，14～20 个小穗，70～120 个花蕾（北方产区）。

（2）疏穗：疏穗时间越早越好。生长势较强的品种花后可适当重一些，生长势较弱的品种花前可适当重一些。在单穗重 500g 左右、新梢长度 1.2～1.5m 的条件下，梢果比以（1～1.5）：1 为宜，除去着粒过稀/密果穗，选留着粒适中果穗，使产量每亩保持在 1 500kg 左右。

（3）果穗整形-疏粒：一般在花后两周生理落果后进行，要求坐果稳定后越早越好。对于树势过强且落花落果或大小粒严重的品种，疏粒可适当推后。主要分为去除小穗和果粒两种，过密果穗要先疏除部分小穗然后再疏除过密果粒，疏粒后，单穗重保持在 450～600g。

**4. 高光效省力化树形和叶幕形**

（1）需下架越冬防寒园区：斜干水平龙干（厂）形＋水平或"V"形叶幕，关键参数如下：株行距(2.0～2.5)m×(4.0～5.0)m 或(1.0～1.25)m×(8～10)m；主干基部具"鸭脖弯"结构，主干垂直高度 100～120cm（"V"形叶幕）或 160～180cm（水平叶幕）；主蔓顺行（"V"形叶幕）或垂直行（水平叶幕）水平延伸；主蔓与主干夹角大于 120°；新梢在主蔓两侧以15～20cm 间距水平或倾斜绑缚，呈水平或"V"形叶幕，新梢长度 120～150cm。

（2）不需下架越冬防寒园区："H"或"一"字形＋水平或"V"形叶幕，关键参数如下："H"形株行距(4.0～8.0)m×(4.0～5.0)m，"一"字形株行距(2.0～2.5)m×(4.0～8.0)m（水平叶幕）或(4.0～8.0)m×(2.0～2.5)m（"V"形叶幕）；主干直立，高 100～120cm（"V"形叶幕）或 160～180cm（水平叶幕）；主蔓顺行（"V"形叶幕）或垂直行（水平叶幕）水平延伸；新梢在主蔓两侧以 15～20cm 间距水平或倾斜绑缚，呈水平或"V"形叶幕，新梢长度 120～150cm。

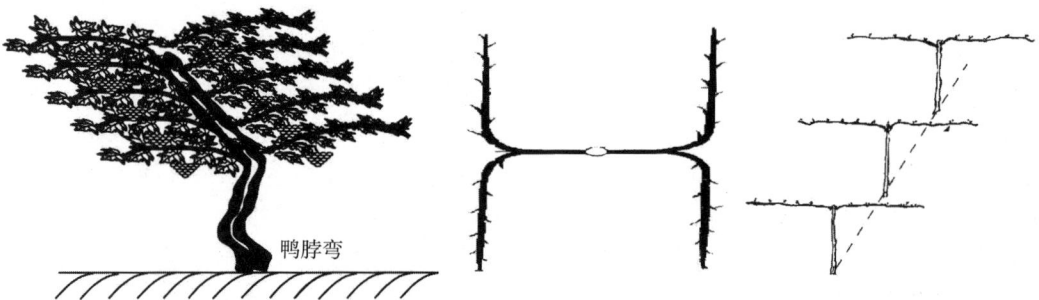

斜干水平龙干形（左）、"H"形（中）和"一"字形（右）

**5. 高标准建园**

（1）深沟栽培：北方产区冬季寒冷是关键制约因素，一般采取深沟栽培，定植沟的开沟深度和宽度分别为 80～100cm，沟面比行间地面低 30cm 左右。开沟时将 0～30cm 表层土放在一边，底层土放在另一边。将准备好的作物秸秆施入沟内底层，压实后约5cm厚；将准备好的腐熟有机肥（10～20m³）部分与生土混匀，混匀后填回沟内；剩下的有机肥与熟土混匀，填回沟内。对回填后的定植沟灌水沉实，定植沟灌水沉实后，沟面需比行间地面深30cm左右。

（2）高垄栽培：南方产区关键制约因素是地下水位高，土壤黏重，容易积涝，因此搞好排水是基础，需采取高垄栽培。起垄前，首先将腐熟有机肥和生物有机肥均匀撒施到园地表面，然后用旋耕机松土将肥土混匀，最后将表层肥土按适宜行向和株行距就地起垄，一般定植垄高40～50cm高、宽80～120cm。对于漏肥漏水严重或地下水位过浅的地块，在起垄栽培的基础上，可配合采取薄膜限根模式。起垄前，首先按照适宜行向和株行距将塑料薄膜按照宽150cm、长与定植行行长相同的规格裁剪并铺设在地表，然后将行间表土与腐熟有机肥按照4～（6：1）的比例混匀在塑料薄膜上起垄，一般定植垄高40～50cm高、宽80～120cm。

**6. 高效病虫害防控**

（1）防治策略：遵循"预防为主、综合防治"的植保方针。优先选用农业防治、物理防治、生物防治等绿色防控措施。按照病虫害的发生规律，科学使用化学农药。

（2）防治措施：选用抗病虫品种及一切有利于减轻病虫害发生的栽培模式和技术措施。①物理和生物防治：采用色板、杀虫灯或性信息素诱杀害虫，机械捕捉害虫，保护和利用天敌，增加葡萄园种群多样性等措施。根据田间虫害发生情况投入有益天敌（如捕食螨、赤眼蜂），或选用针对性的微生物农药、植物源农药和矿物源农药等。②化学农药防治：按照"生产必须、防治有效、安全为先、风险最小"的原则，选择农药种类。优先选用葡萄上已登记，或在葡萄上有农药残留限量标准的农药品种（按GB 2763规定执行）；出口葡萄增加对比出口国标准要求，选用低风险农药。优先选用水剂、水乳剂、微乳剂和水分散粒剂等对葡萄商品性无影响，对环境友好的剂型。幼果期以后不建议使用可湿性粉剂和乳油。结合病虫发生情况适期防治，严格控制施药剂量（或浓度）、施药次数和安全间隔期，提倡交替轮换使用不同作用机理的农药。

采用"一改二精三高"高效栽培技术的鲜食葡萄结果状
（左为南方产区，右为北方产区）

## 三、适宜区域

我国各葡萄产区。

## 四、注意事项

不同产区因地制宜采取相对应的技术措施。

### 技术依托单位

中国农业科学院果树研究所；南京农业大学；全国农业技术推广服务中心

联系地址：辽宁省兴城市兴海南街 98 号；南京市玄武区卫岗 1 号；北京市朝阳区麦子店街 20 号

邮政编码：125100；210095；100026

联 系 人：王海波　陶建敏　李　莉

联系电话：0429-3598237，13591963796（王海波）；13905160976（陶建敏）；13911381668（李莉）

电子邮箱：haibo8316@163.com（王海波）

# 哈密瓜露地优质绿色高效轻简化栽培技术

## 一、技术概述

### 1. 技术基本情况

哈密瓜是最具新疆特色的经济作物，是新疆发展农村经济的六大支柱产业之一，对新疆农业增效、农民增收和农村经济繁荣具有重要意义。近年来，新疆哈密瓜生产比较效益不断下降，主要问题是种植管理农艺措施复杂，生产用工多、劳动强度大、机械化程度低等。此外，种植过程中水肥药过量施用或盲目施用现象严重，不仅影响瓜果品质和质量安全，而且导致资源浪费、环境污染与耕地生态系统功能退化。针对新疆哈密瓜生产存在的产业问题与技术瓶颈，通过筛选与选育优质高抗品种，研究一次性基施缓（控）释肥、不整枝（或简易整枝）的植株管理、水肥一体化、精准施药等轻简化栽培技术与水肥药减施技术，研发有机肥化肥混合深施、瓜苗坐水移栽、小拱棚架设、高效植保等机械化技术与装备，集成创新哈密瓜露地优质绿色高效轻简化技术体系，实现了新疆哈密瓜生产农机农艺融合、良种良法配套、生产生态协调。轻简化技术的示范推广，大幅提升了新疆哈密瓜规模化生产机械化水平，促进了哈密瓜产业提质增效与绿色发展。

### 2. 技术示范推广情况

2013—2020 年在新疆哈密瓜主产区吐鲁番市、喀什地区、阿克苏地区等地（市）建立了 3 个核心技术综合研究示范区以及 8 个生产示范区，开展了哈密瓜露地优质绿色高效轻简化栽培技术示范与推广：筛选出黄梦脆、黄皮 9818、喀甜 2 号、俊秀、金秀等适宜露地轻简化栽培优质高抗品种；通过一次性基施缓（控）释肥、有机肥化肥混合深施、水肥一体化等技术示范推广，提高化肥（氮肥）利用率近 15%，化肥减施 20%～30%；通过高抗品种、前期预防与健康栽培、精准施药及病虫害综合防治等技术集成应用，平均减施农药 35%，果实总糖和维 C 含量分别提高 10% 和 1%，果实芳香物质含量也显著提高；有机肥深施机、铺管铺膜坐水移栽复式作业机与小拱棚覆膜机等系列哈密瓜专用化机械的研发与示范推广，解决了化肥/有机肥在线混合深施与配比精准调控、瓜苗旱地坐水移栽与种植穴精准堆土、小拱棚机械化架设与仿形覆膜等技术难题，实现了施有机肥、耕整地、种植等环节的高效轻简机械化作业，2018 年、2019 年在吐鲁番等产区进行了试验示范，取得良好成效，获得哈密瓜育种、栽培、机械化等领域专家及哈密瓜产区农机、农技推广服务部门、示范县哈密瓜种植大户的充分肯定，《中国农机化导报》和《农民日报》对该技术成果的成功研发与应用进行了报道，为进一步大规模推广应用奠定了基础。

2013—2020 年该技术在新疆累计示范推广面积约 72 万亩，实现新增经济效益约 1.08 亿元，举办各种培训班及田间现场会 100 多场次，培训瓜农和农技人员 5 万余人次。

### 3. 提质增效情况

通过哈密瓜露地优质绿色高效轻简化栽培技术试验示范与推广，提高了哈密瓜生产综合机械化水平，大幅减少用工成本，同时提高了生产效率和规模化生产能力，实现了新疆哈密瓜绿色优质高效生产。以目前新疆在哈密瓜春季生产用工集中时，人工成本为每天200～300元/人左右，通过该技术的应用，每亩可降低人工成本100元以上，机械化作业效率较人工作业可以提高8倍以上，从而产生显著的经济效益；同时，通过有机肥机械化深施、一次性基施缓（控）释肥等技术的应用，促进有机肥替代部分比例化肥，通过高效植保、水肥精准管理等技术与装备的优化提升，提高水肥药的有效利用率，避免因化肥农药不合理施用导致的资源浪费、农业面源污染、耕地生态系统功能退化等问题，从而产生显著的环境生态效益。

**4. 技术获奖情况**

获得2020年度新疆维吾尔自治区科学技术进步奖二等奖。

## 二、技术要点

**1. 耕地选择**

以壤土或沙壤土为宜，排水良好，地势平坦，坡降小于0.3%，土层厚，土壤条件均匀，土壤含盐量0.5%以下，pH 7～8，土壤有机质含量1%以上，碱解氮0.006%～0.008%，速效钾0.015%以上，速效磷0.000 8%～0.001%；不能连作种植哈密瓜，轮作期不少于3年；不可与其他葫芦科作物及茄科作物连作或邻作，前茬以粮食、豆类或葱蒜类作物为宜。

**2. 土壤整理**

春季土壤合墒后，采用铧式犁、旋耕机、镇压器等土壤耕作机械对耕层土壤进行翻垡、松碎、平整、镇压等加工整理。翻耕深度20～30cm。土壤耕整作业后，要求土壤表面平坦，土块细碎，无残枝等各类杂物。

**3. 施基肥**

采用有机肥深施机侧深施缓（控）释肥，或将有机肥与化肥按一定比例混合深施，一个作业流程完成开沟、施肥和沟土回填的机械化复式作业。开施肥沟30cm深、30cm宽，沟心距180～210cm（根据不同栽培品种特性）。每亩混合深施优质腐熟有机肥3～4m$^3$，并施入氮、磷、钾复合肥30kg。

**4. 种子处理**

种子处理宜采用干热处理方法，先将种子在40℃干热恒温处理24h，然后用70℃干热处理24h。在日光温室或塑料大棚内适时育苗，同时需根据季节气候条件配备相应的保温设备。育苗质量应符合DBN6521/T 168—2016中哈密瓜壮苗标准，并且满足机械化移栽的要求：日历苗龄达到25～35d，胚轴长度6.5cm以下、茎粗0.3cm以上，根系发达，侧根数量多、呈白色，形成紧实根坨，叶片深绿、舒展，无病虫害。

**5. 优质高抗品种选择**

结合不同产区对品种的要求以及品种特点，选择适宜机械化移栽、结果性强，不易结根瓜，坐果节位合适，坐果时间集中，果个均匀，抗病性强的哈密瓜品种。

**6. 栽培模式**

滴灌平畦单行种植，于两根滴灌带之间移栽瓜苗，根据地力和种植品种合理控制株距60～80cm，每亩种植360～550株。

### 7. 移栽与小拱棚架设

春季移栽时，需 10cm 地温稳定在 13~15℃，东疆（吐鲁番市、哈密市）和南疆（喀什地区）甜瓜产区 3 月上中旬移栽、北疆（昌吉州、阿勒泰地区等）甜瓜产区 4 月中下旬—5 月上旬移栽。移栽可采用铺管铺膜坐水移栽复式作业机，一个作业流程完成旋耕、铺滴灌带（毛管）、铺地膜及膜边覆土、钵苗膜上移栽、根底注水（保苗水）、种植穴堆土及镇压的机械化复式作业。在种植带上铺设二根毛管（毛管滴头间距 30cm，滴水量 3.2L/h），二根毛管间距 25~30cm。移栽完毕，采用小拱棚覆膜机进行小拱棚弓架插接、覆棚膜和膜边覆土，形成简易保护设施。移栽和拱棚架设完成后，将毛管接入主管，用滴灌设备滴定根水一次，滴水量在每亩 10~15m³，以保证秧苗移栽成活率。

### 8. 田间管理

①中耕除草：在甜瓜伸蔓前用小型拖拉机牵引旋耕机翻耕瓜地，以去除瓜畦间杂草。②整枝：瓜苗 5~6 真叶时打顶，留 4~5 个侧蔓，以后不再整枝，后期侧蔓生长过旺，长出畦面，可进行数次切除侧蔓生长点。③疏果：摘除根瓜和畸形瓜，后期任意结瓜。④灌溉：采用水肥一体化设备，苗期在出苗后蹲苗 30~40d 浇第 1 次水，每亩滴水量 10~30m³，以水分浸润至膜外部边沿土壤为准；开花坐果期浇水 2~3 次，间隔 4~7d，每亩每次滴水量 8~15m³；果实膨大期浇水 2~4 次，间隔 3~5d，每亩每次滴水量 8~20m³；成熟期浇水 2~5 次，每隔 4~6d 滴水 1 次，每亩每次滴水量 4~20m³，采收前 10 天左右停止滴水。⑤追肥：按照 NY/T 496 的规定执行。伸蔓期追肥 1 次，果实膨大期追肥 1~2 次，每次每亩随水追施全溶性 N-P-K 15％-15％-15％复合肥 3~5kg。果实显露网纹后追施 2~3 次磷酸二氢钾，每亩每次 3kg。

### 9. 病虫害防治

主要病害为细菌性果斑病、白粉病、霜霉病、枯萎病、病毒病和蔓枯病和猝倒病。主要虫害有蚜虫、叶螨、潜叶蝇和烟粉虱。遵循 GB/T 23416.3 进行病虫害防治，化学农药使用按 GB 4285 和 GB/T 8321.1~8321.9 执行。哈密瓜生长前期可采用喷杆喷雾器进入田间喷施杀菌剂和杀虫剂。喷杆喷雾器应安装 ST110-01、ST110-015、ST110-02 等型号的低量扇形雾喷头，喷雾压力 0.2~0.4mPa，喷雾高度应距离地面 50 厘米。中后期封行后，可采用植保无人机进行喷雾作业，应安装 ST110-01、ST110-015 型号的低量扇形雾喷头或低量离心雾化喷头，无人机飞行高度 3.0~4.0m，飞行速度 2~3m/s，杀虫剂喷施药液量为每亩 0.8~1.0L，杀菌剂喷施药液量为每亩 2.0L 为宜。

## 三、适宜区域

新疆东疆（吐鲁番市、哈密市等）、南疆（喀什地区等）及北疆（昌吉州、阿勒泰地区等）哈密瓜产区。

## 四、注意事项

田间管理与病虫害防治应根据当季气候条件、土壤墒情、病虫害发生情况等进行适度调整。

**技术依托单位**

1. 新疆农业科学院哈密瓜研究中心

联系地址：新疆乌鲁木齐市沙依巴克区南昌路403号

邮政编码：830091

联 系 人：翟文强　胡国智

联系电话：15999300193、13009611511

电子邮箱：hgz0901@126.com

2. 农业农村部南京农业机械化研究所

联系地址：江苏省南京市玄武区中山门外柳营100号

邮政编码：210014

联 系 人：龚　艳　陈　晓

联系电话：15366093017、15366092854

电子邮箱：nnnGongyan@qq.cn

3. 新疆维吾尔自治区葡萄瓜果研究所

联系地址：新疆维吾尔自治区吐鲁番地区鄯善县苗园路

邮政编码：838201

联 系 人：杨　军

联系电话：13309951090

电子邮箱：yangjunthy@sina.com

# 设施高品质生食果蔬生态基质无土栽培稳产技术

## 一、技术概述

### （一）技术基本情况

随着国际国内形势发展，尤其是我国农业和农村经济高质量发展，设施蔬菜总量在结构性、区域性和季节性方面明显过剩，社会各界对高品质安全蔬菜的需求日趋迫切，设施瓜菜如何由数量向质量转型也逐步成为各地方农业管理部门和农业企业的首要关注点。目前能满足高品质生食蔬果的品种往往存在各种各样问题（抗病性差、生长势弱、忌连作等）。同时，高品质品种在不同茬口、不同栽培方式、不同设施等条件下品质不稳定，很难形成有效的市场供给和品牌。本技术以高品质蔬菜为抓手，高效益为驱动，基质栽培和水肥精准智能高效管理技术为载体，真正意义上做到蔬菜无土栽培高效益，从根本上推动基质栽培和水肥精准智能高效管理技术在设施蔬菜生产中的应用，进而达到提高水肥利用率、减少农药用量的目的，推动农业产业转型升级。

### （二）技术示范推广情况

目前该技术已在北京（昌平、大兴）、河北（廊坊、藁城、涿州）、宁夏（银川、吴忠）、甘肃（酒泉）、内蒙古（乌海）等地进行小范围示范展示，取得良好的经济效益、社会效益和生态效益。

### （三）提质增效情况

无土栽培基质原料采用价廉易得并可就地取材的农作物秸秆等农产废弃物作为无土栽培基质，使基质成本较传统草炭基质降低35%；基于有机肥的高品质品种专用简易营养液配方较传统全量化学营养液配方相比，大中量元素化肥用量减少20%～47%，微量元素化肥用量更是减少90%以上，成本较传统营养液降低40%以上，且大幅提升蔬菜产品品质且稳定；设施主要蔬菜基质无土栽培技术与土壤滴灌相比节水超过25%、节肥超过35%，省工50%以上。

在内蒙古乌海乌达区采用自然沙培无隔离模式，应用该技术进行示范。示范棚除一次性多使用 4.48m³ 有机基质用于局部改良作物根区沙子的理化性质外，有机肥用量仅为 2.24t，较对照棚 6.45t 节省 65.27%，用水量仅为 487.5t，较对照棚 1 078.0t 节省 54.78%，灌水用工较对照棚节省 50%，而示范棚与对照棚的产量差异不显著，番茄可溶性固型物提升20%以上。在保产提质的基础上做到了节肥、节水、省人工，从而大幅度提高了水肥利用率。

### （四）技术获奖情况

以该技术为核心的科技成果获 2018—2019 年度神农中华农业科技奖二等奖。

## 二、技术要点

### （一）无土栽培模式，根据产地情况选用以下 4 种模式之一

自然沙培模式无需隔离，改良基质和基肥施入宽 40cm、深 30cm 的种植区域内，改良

基质（如发酵好的菇渣、秸秆等）按改良区体积15％的量加入。

袋培模式选用圆形无纺布袋，直径26cm，高30cm。栽培基质选用透气性好的栽培基质，每畦放置一行栽培袋，行距140cm，袋距40cm。滴灌带出水孔距20cm，每畦铺设1～2条滴灌带，每袋种植2株或单株双蔓整枝方式。

地下槽培模式采用栽培槽下挖方式，槽宽30cm，深15cm，用园艺地布与土壤隔离，形成相对完整封闭的种植空间，无排水口。

地上槽培模式采用砖或其他材料制成，槽内径宽30cm，深15cm，用塑料膜与土壤隔离，形成相对完整封闭的种植空间，无排水口。

### （二）栽培基质选择

有机基质：可因地制宜，就地取材，充分利用本地资源丰富、价格低廉的原材料如各种作物秸秆、菇渣、中药渣等，有机物基质使用前必须经过充分发酵。无机基质：为了调整基质的物理性能，可加入一定量的蛭石、炉渣、砂等。一般有机基质占总体积的50％～70％，无机基质占30％～50％。

### （三）水肥一体精准控制系统

自控设备：北京紫藤连线ZWSN-C-A设备，包括水分传感器、光照传感器、控制箱等。

控水设备：电磁阀或水泵。

施肥装置：并列式压差施肥罐或水肥一体机。

水分传感器：水分传感器位置选择滴灌供水口远端，植株生长和滴头出水正常处，离滴头3cm，插深10～15cm。

自控策略：基质水分和光照复因子控制，水分传感器灌水下限阈值根据基质类型不同设为≤28％～40％，光照传感器灌水下限阈值根据茬口不同设为≥15 000～20 000lx；单次灌水时长根据无土栽培模式设为3～5min，数据采集间隔15～30min；工作时段：春茬9：00—17：00，秋茬10：00—15：00。

### （四）基于有机肥的高品质品种专用简易营养液配方

定植前基质中施入基肥量牛粪55kg/m³（或鸡粪40kg/m³），二铵1.5kg/m³。根据种植生食果蔬（鲜食番茄、樱桃番茄、草莓、西甜瓜）等主要蔬果茬口差异及不同生育阶段对养分的需求规律，施用对应的茬口及不同阶段的高品质品种专用简易营养液配方灌溉。简易营养液只需考虑有机肥缺乏的N、K、Ca、Mg和B等5种元素，大大简化了营养液配制，同时在简易营养中添加了腐植酸、海藻肥等成分，可显著提高蔬菜的抗性、品质及根系活力。简易营养液配方所用的肥料（硝酸钙、硝酸钾、硫酸钾、硫酸镁、硼酸、腐植酸等）通过并列式压差施肥罐装置或水肥一体机施入。

## 三、适宜区域

该技术适应于我国设施土壤连作障碍严重的老菜区，有利于蔬菜品质、产量提高，促进农民增收，以及各种荒地、盐碱地、废矿区和中低产田改造，提高我国土地资源和水肥资源利用率。同时该技术也可以拓展到传统土壤滴灌栽培进行水肥精准化高效管理。

## 四、注意事项

（1）一定要严格按照操作规范进行，不能认为自动控制就是甩手不管。

（2）要求输水管道、控水器件（如电磁阀）等选用质量可靠产品。

（3）要求示范园区水、电、手机信号正常。

**技术依托单位**

中国农业科学院蔬菜花卉研究所

联系地址：北京市海淀区中关村南大街 12 号

邮政编码：100081

联 系 人：蒋卫杰　余宏军　李　强　路　涛

联系电话：010-82108797，13910659758

电子信箱：jiangweijie@caas.cn　yuhongjun@caas.cn

# 茶园化肥减施增效生产技术

## 一、技术概述

### (一) 技术基本情况

茶叶属多年生叶用作物，每年的采摘环节以及不合理的施肥等均易造成土壤的板结。茶园每年在施肥时期进行土壤翻耕，传统人工翻耕不仅成本高、劳动强度大，且影响肥料利用率。随着劳动力短缺问题的加重，近年茶园机械化施肥成为茶园的一项重要减施增效技术。本项技术是结合近几年的研究成果提出的机械化减施增效施肥技术，包括针式仿生耕作施肥技术和螺旋施肥技术。应用本套茶园机械化减施增效施肥技术模式，能够在实现改善茶园土壤 pH、增加土壤有机质和提高土壤供肥能力的基础上，减少茶园肥料施用量 20％以上。

针式仿生耕作施肥技术，提出了茶园"针式"仿生耕作施肥方式，充分利用挖掘反力，攻克了茶园板结土壤机械化深耕施肥难题。该技术装备较国外同类机具，功耗降低了 10％，耕深由 5～8cm 增加至 8～30cm 可调；螺旋施肥技术攻克了茶园机械化施肥存在的施肥量不均匀、位置不准、深度不够的难题，该技术装备施肥深度 20～35cm 可调，施肥均匀性达 95％以上，可使茶叶增产 10％～20％。上述技术模式可广泛应用于茶园机械化施肥，尤其针对商品化有机肥，节本增效显著。

### (二) 示范推广情况

核心技术"茶园机械化减施增效施肥技术"写入 2017 年茶园机械化生产技术指导意见，自 2017 年以来单独或作为其他技术的核心内容并连续 3 年被遴选为农业农村部主推技术。2015 年以来在云南、贵州、安徽、江苏、浙江等全国 18 个茶叶主产省份累计应用超过 221 万亩次，累计节本增效 11.97 亿元，经济、社会和生态效益显著。

### (三) 提质增效情况

该技术同人工作业相比，施肥效率提高 5～10 倍，肥料均匀度达到 90％以上，肥料利用率提高 50％，茶园肥料稳产减施 25％左右，降低人工成本 40％。单位新增纯收益高达每亩 800 元，推广投资年均纯收益率达 3.3％。通过茶园生产过程中减肥增效，提高茶叶品质。

### (四) 获得奖励情况

(1) "茶园生产机械化关键技术及应用"荣获 2019 年全国农牧渔丰收奖一等奖；

(2) "茶园生产机械化作业技术集成应用"荣获 2017 年江苏省农业推广奖二等奖。

## 二、技术要点

### (一) 茶园肥料减施增效技术

**1. 肥料选取**

茶园用肥料需选用正规厂家生产的商品肥料，不能含有重金属等有害物质，以保证茶园安全生产。

**2. 肥料施用时间**

基肥（10—12月，依据当地气候条件），催芽肥（春茶开采前30d），春茶后追肥，夏茶后追肥。

**3. 肥料组成及用量**

（1）大宗绿茶：基肥150~200kg菜籽饼（或者200~300kg畜禽粪肥）、30~50kg茶树专用肥（N-$P_2O_5$-$K_2O$=18-8-12或相近配方）；缺镁茶园补施镁肥2~3kg（硫酸镁肥或硫酸钾镁肥）；催芽肥尿素8~10kg；春茶后追肥尿素8~10kg；夏茶后追肥尿素8~10kg。

（2）名优绿茶：基肥100~200kg菜籽饼（或者150~200千克畜禽粪肥）、20~30kg茶树专用肥（N-$P_2O_5$-$K_2O$=18-8-12或相近配方）；缺镁茶园补施镁肥2~3kg（硫酸镁肥或硫酸钾镁肥）；催芽肥尿素8~10kg；春茶后追肥尿素8~10kg。

（3）红茶：基肥100~150kg菜籽饼（或者150~200千克畜禽粪肥）、20~30kg茶树专用肥（N-$P_2O_5$-$K_2O$=18-8-12或相近配方）；催芽肥尿素6~8kg；春茶后追肥尿素6~7kg；夏茶后追肥尿素6~8kg。

（4）乌龙茶：基肥100~200kg菜籽饼（或者150~200kg畜禽粪肥）、20~40kg茶树专用肥（N-$P_2O_5$-$K_2O$=18-8-12或相近配方）；缺镁茶园补施镁肥2~3kg（硫酸镁肥或硫酸钾镁肥）；催芽肥尿素8~10kg；春茶后追肥尿素8~10kg；夏茶后追肥尿素8~10kg。

（5）白（黄）化品种：基肥150~200kg菜籽饼、30~40kg茶树专用肥（N-$P_2O_5$-$K_2O$=18-8-12或相近配方）；催芽肥尿素4~6kg；春茶后追肥尿素4~6kg。

茶园肥料减施增效技术效果

**（二）机械化施肥**

根据茶园机械化减施增效施肥技术模式，对茶园进行配方施肥。

**1. 施基肥**

将有机肥和专用肥拌匀后，装入茶园专用施肥机械，机具前进速度调至0.15~0.5m/s，施肥量按照生产需要调至0.4~1.0m/s，肥料箱容量为200L，将肥料施在茶行中间，用茶园机械化施肥技术进行耕作、施肥、填土一体化作业，深度15~20cm左右，土肥充分混合，均匀分布在垂直土层上，可提高肥效50%。茶园仿生耕作施肥装备针对长期免耕、土壤板结严重的茶园，提质增效效果尤为明显。

茶园仿生耕作施肥装备

茶园螺旋施肥装备

**2. 追肥**

包括催芽肥、春茶后追肥、夏茶后追肥。由于追肥深度较浅，主要采用人工或自走式撒肥机进行地表撒肥，肥料箱容量为62L。撒肥后使用茶园翻耕机进行肥料与土壤的耕翻，机具前进速度调至0.14～0.35m/s，耕深5～10cm，可满足追肥技术需求。

适用机械：茶园仿生耕作施肥装备、茶园螺旋施肥装备、自走式撒肥机和茶园耕作装备等。

**（三）配套技术**

茶园机械化减施增效施肥技术需与修剪技术联合开展，解决成龄茶树因封行导致机械无法进入作业问题，在进行茶蓬和双侧边修剪同时需开展以下配套修剪技术。

自走式撒肥机

茶园翻耕装备

**1. 侧边修剪技术**

1.5 米行间距种植的封行茶树底部空间为 40～80cm，最大角度为 60°，随着高度增加至 40cm 处时角度陡然增加封行，茶树距离地面 0～10cm 处基本呈竖直状态，作业空间基本仍为 80cm。因此，茶树侧边修剪作业宽度 20～35cm，修剪高度 100cm，修剪刀与地面角度 60°。

**2. 茶蓬修剪技术**

（1）大宗绿茶、红茶、乌龙茶每年机采后选择性剪去采摘面上突出枝叶；每 2 年留养一次，夏茶不采；连续机采 4～5 年后进行重修剪（离地 40～50cm 处剪去），更新树冠。

（2）名优绿茶无冻害地区 10 月中下旬至 11 月上旬进行轻修剪，剪去 3～5cm 枝叶；必要时在春茶后进行重修剪，离地 40～50cm 处剪去。

（3）白（黄）化突变体茶树品种无冻害地区 10 月底至 11 月上旬进行打顶，去除嫩梢第一片叶子。

## 三、适宜区域

适用于横向坡度小于 8°，规划机耕道、机械掉头区域等机械化作业条件的茶园。

## 四、注意事项

（1）作业机手应认真阅读农机具说明书，掌握安全操作、维修与保养规程。

（2）按标准、适期施肥。

（3）施肥机作业不得后退，必须后退时，应将施肥机排肥器暂时关闭。

（4）茶园机械化减施增效施肥技术在实施过程中需加强农机与农艺技术相互结合，在施肥机械、施肥技术、肥料选取等方面，相互统一，高度融合。

（5）施肥量与施用茶树品种、施用季节、生长阶段、旱涝程度等情况相关，应酌情调整。

**技术依托单位**

中国农业科学院茶叶研究所

联系地址：浙江省杭州市西湖区梅灵南路 9 号

邮政编码：310008

农业农村部南京农业机械化研究所

联系地址：江苏省南京市玄武区中山门外柳营 100 号

邮政编码：210014

联 系 人：阮建云　宋志禹

联系电话：13634119930、15366093037

电子邮箱：jruan@tricaas.com、songzy1984@163.com

# 茶园农药减量增效生产技术

## 一、技术概述

在常规茶园管理技术的基础上，选择 pH 4.5～6 的中小叶种无性系投产茶园，检测土壤重金属、农药残留，选择达标茶园作为专属基地，从源头上把好质量安全关；通过推广"茶园化肥农药减施增效技术模式"，确保茶园生态实现自然平衡，专属基地生产的茶叶产品符合欧盟茶叶质量安全限量标准（简称欧标），提高茶青下树率、茶叶质量安全水平和市场竞争力，促进茶农增收，茶企增效。

通过技术模式的试验示范与推广，产量提高 3％以上，化学肥料施用量减少 25％以上，化学农药施用量减少 30％，茶叶产品 100％达到欧盟标准，增效 5％以上。该技术处于边示范边推广阶段，还未申报相关奖项。

## 二、技术要点

### 1. 茶园化肥减施增效周年集成技术模式

根据"绿色发展"理念，研发选用茶叶专用复合肥、有机肥和"有机—无机"复混肥，结合茶树周年需肥规律，于茶树根系活跃期开沟施肥。

（1）应用新型安全的茶树专用肥。根据省农科院茶叶所获得授权的国家发明专利，研制了农药残留达欧盟标准的茶树专用"有机—无机"复混肥，为欧标茶园提供了新型安全的肥料，避免了相关化学农药随含有机质的肥料施入茶园而导致茶叶农药残留问题。

（2）推广高效低污染的施肥方式。推广轻便化机械开沟施肥，改变了湄潭茶农往年茶园撒施肥料的施肥方式，提高了肥效，降低了茶园化肥面源污染。

### 2. 茶园化学农药减施增效周年集成技术模式

开展欧标茶园茶树病虫害识别与诊断，集成适时错峰以用代防生产技术、生态防控技术、生物防控技术、物理防控技术、适用农药商品及其科学减量化使用技术。

（1）茶树病虫害精准诊断技术体系。通过远程快速诊断或实地精准诊断，开展茶树病虫害识别与诊断，使茶树病虫害不再被"误诊"（如茶棍蓟马不再误诊为"螨病"），保证精准"开方"，避免因误诊导致错用药和多用药的问题。

（2）茶园病害零化学杀菌剂防控技术。在测报基础上，抓住关键节点实施"生物诱抗＋强采与修剪＋生物杀菌剂"的组合技术模式，实现了不用化学杀菌剂而有效控制茶园茶饼病、茶褐芽病等茶树重要病害的发生危害，茶叶不再出现化学杀菌剂残留。

（3）粉虱类害虫零化学杀虫剂防控技术。根据省农科院茶叶所获得授权的国家发明专利，研制了防治茶树粉虱的纯植物源农药，在成虫盛发期施用后 30 分钟内，对黑刺粉虱和山香圆平背粉虱的防效达 86％以上，为茶园重要粉虱害虫（黑刺粉虱、山香圆平背粉虱）的防控提供了零化学杀虫剂防治措施。

（4）"一蝉一马"周年绿色防控技术。在测报基础上，抓住小绿叶蝉和蓟马关键节点，

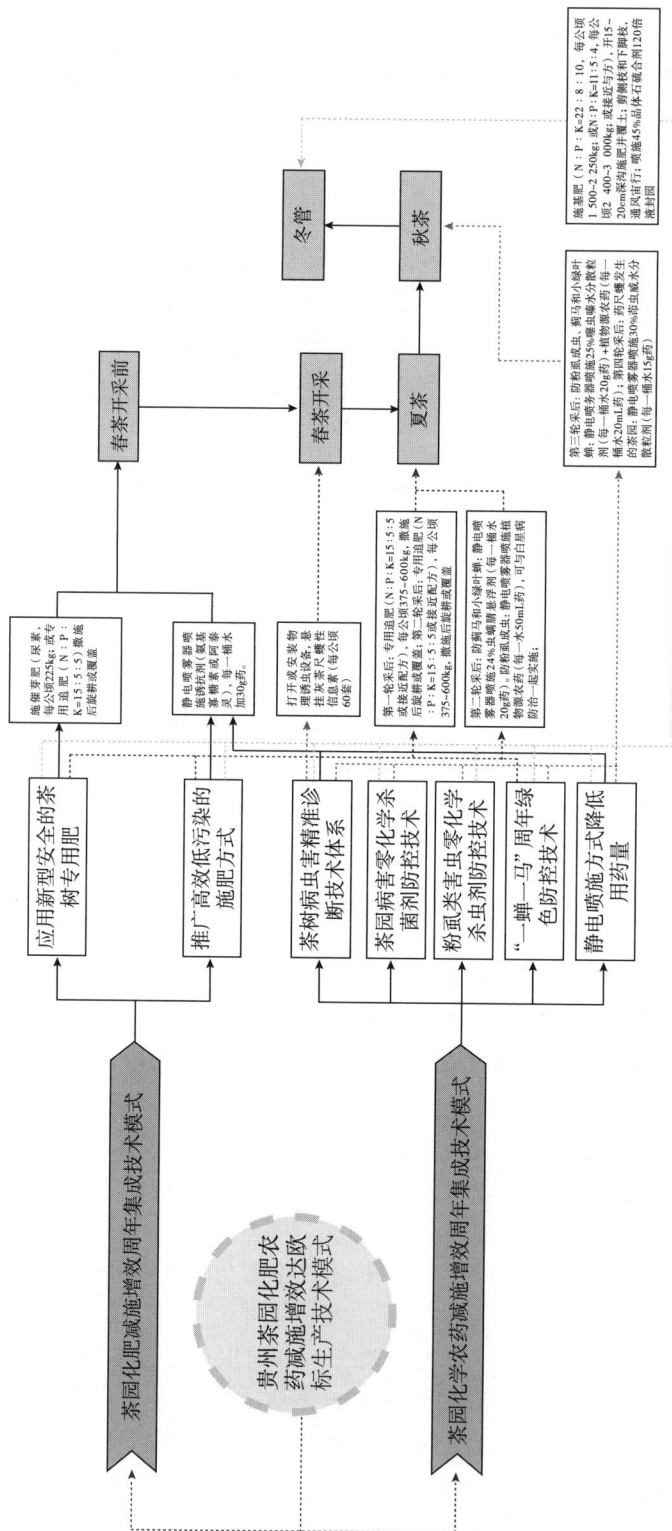

贵州茶园化肥农药减施增效达欧标生产技术模式

**贵州茶园化肥农药减施增效达欧标生产技术模式**

- 茶园化肥减施增效周年集成技术模式
- 茶园化学农药减施增效周年集成技术模式

**技术环节：**
- 应用新型安全的茶树型专用肥
- 推广高效低污染的施肥方式
- 茶树病虫害精准诊断技术体系
- 茶园病害零化学杀菌剂防控技术
- 粉虱类害虫零化学杀虫剂绿色防控技术
- "蚱一马"周年绿色防控技术
- 静电喷施方式降低用药量

**生产时序：** 春茶开采前 → 春茶开采 → 夏茶 → 秋茶 → 冬管

**说明框：**

- 施催芽肥（尿素，每公顷225kg）或专用温施肥（N：P：K=15：5：5）微施后旋耕或覆盖

- 静电喷雾器喷施诱抗剂（氨基寡糖素或阿泰灵），每一桶水加30g药。

- 打开或安装物理理开或安装诱虫覆置，挂茶树尺蠖性信息素（每公顷60套）

- 第一轮采后：专用温施肥（N：P：K=15：5：5 或接近配方），微施后旋耕覆盖；第二批采成虫：静电喷雾器喷施（N：P：K=15：5：5 375~600kg，微施后旋耕覆置

- 第二轮采后：防剪马和小绿叶蝉：静电喷雾器喷施24%虫螨腈悬浮剂（每一桶水20g药）；防粉虱成虫：静电喷雾器喷施植物源农药（每一水50mL药），可与白星病防治一起实施；

- 第三茶采后：防粉虱成虫，剪马和小绿叶蝉：静电喷雾器施25%噻虫嗪农药颗粒剂（每一桶水20g药）+植物源农药（每一桶水20g药）；第四轮采后：尺蠖发生的茶园：静电喷雾器喷施30%苏虫威或分散粒剂（每一桶水15g药）

- 施基肥（N：P：K=22：8：10，每公顷1 500~2 250kg 或N：P：K=11：5：4，每公顷2 400~3 000kg；或接近与与）；开15~20cm深沟施肥并覆土；剪侧枝和下脚枝、通风亩行：喷施45%晶体石硫合剂120倍液封园

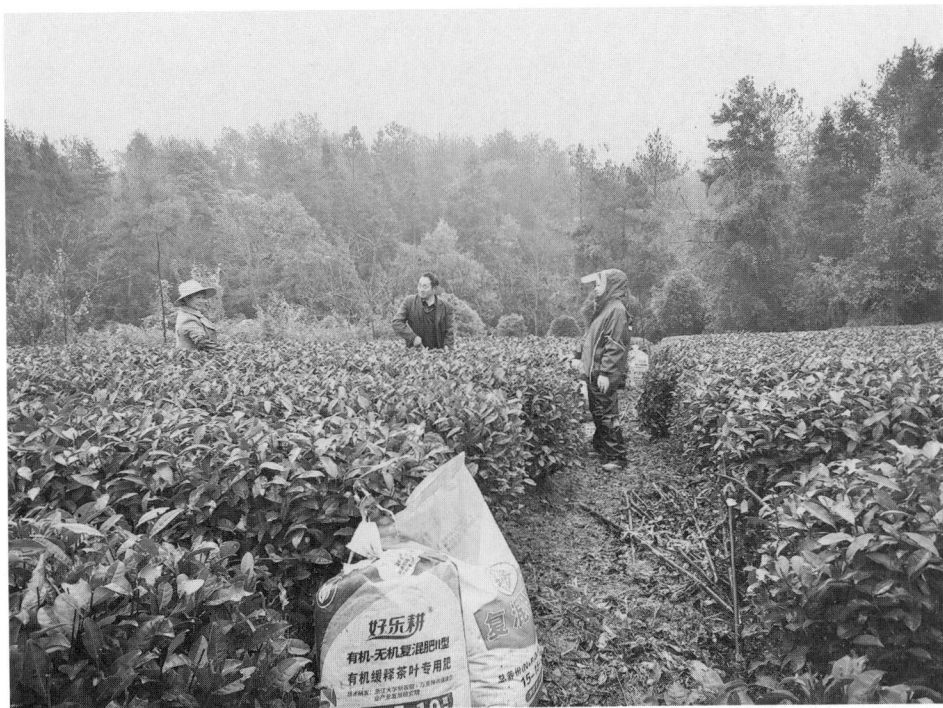

茶叶专用肥施用

实施"矿物封园＋物理诱控＋采摘修剪＋适用农药"的周年绿色防控技术模式，实现了茶园小绿叶蝉和蓟马的有效防治。与当地茶农传统防治相比，平均减少化学杀虫剂 3 次使用，茶叶化学杀虫剂残留达欧盟标准。

（5）静电喷施方式降低用药量。通过推广新型静电喷雾器，相对传统喷雾器 30～45L 药液量喷施 1 亩相比，静电喷雾器 15L 药液量可喷施 1.5～2 亩，降低用药量 66.67％以上。降低了茶园农药面源污染，用药成本和用工成本大幅度降低。

冬季封园绿色病虫害防控

茶园病虫害诊断

## 三、适宜区域

贵州茶区及西南和江南其它相似条件茶区。

## 四、注意事项

### （一）物理诱控技术中使用杀虫灯

推荐应用天敌友好型 LED 灯，每 20 亩茶园安装 1 盏，安放于茶园内部空地处，高于茶蓬 40～60cm，每年 3 月中旬（低海拔或早茶区）至 4 月上旬（高海拔）安装或打开天敌友好型 LED 灯，5 月下旬至 6 月上旬关灯。茶园周边有森林，则不宜安装 LED 杀虫灯。

### （二）安全用药

尽量于非采茶期喷施农药，注意农药轮换使用，注意安全间隔期。

**技术依托单位**

技术依托单位：贵州省农业科学院茶叶研究所

联系地址：贵州省贵阳市花溪区金竹镇省农业科学院内

邮政编码：550006

联 系 人：陈 娟

联系电话：0851-83761972，18786668360

电子邮箱：chenjuan309@163.com

# 蚕豆全程机械化生产技术

## 一、技术概述

### 1. 技术基本情况

蚕豆全程机械化技术的核心技术是机械化播种（DB63DB63/T 1519—2016）、机械化联合收割技术（DB63/T 1766—2019）、化学除草技术。蚕豆具有健康土壤、健康人类和健康畜禽的重要作用和功能，在种植业结构调整、保障区域优质饲草供应、减肥增效、农牧民增收中具有重要的积极作用。蚕豆生产从播种、田间管理、收割和脱粒以及种子或商品加工均需大量的劳动力投入，属劳动密集型产业，生产效率低，生产成本高，是新时期蚕豆生产最大的限制因素，难以适应现代农业发展适度规模经营的需求。转变生产方式是推动蚕豆生产持续高效发展的重要途径，其中：蚕豆机械化生产是转变生产方式的重要举措。蚕豆的无限生长习性和籽粒大且不匀是阻碍蚕豆机械化进程的客观原因，农机农艺深度融合是全面推进蚕豆机械化生产的关键。为了贯彻青海省委省政府"一优两高"战略和全力推进"绿色有机农畜产品示范省"建设，构建科学合理轮作体系是重要的途径之一，构建有效的"蚕豆＋"的轮作模式，加快蚕豆机械化生产进程，非常迫切和必要。蚕豆全程机械化技术重点解决蚕豆生产劳动强度大、生产效率低和生产成本高的供给侧结构性问题。

该技术通过适于蚕豆生产机械设备与适于机械化生产的蚕豆品种综合配套，实现蚕豆生产机械化播种和机械化联合收割，促进农机农艺结合，突破蚕豆生产机械化难而生产效率低，成本高的"卡脖子"问题，显著提高蚕豆生产率，降低蚕豆生产成本，有效地将蚕豆整合到农业生产系统，促进土地用养结合，为新型农业经营主体规模化生产提供了技术保障。

### 2. 技术示范推广情况

"蚕豆全程机械化生产技术"是蚕豆育种岗位专家围绕蚕豆产业"卡脖子"关键核心问题，经重点攻关集成的关键技术，经历技术研制、试验示范、大面积推广，连续8年作为青海省蚕豆产业主推技术。2014年和2015年重点对蚕豆机械化播种技术进行试验与示范，机械化播种速度为每小时2.5～3.0亩，较传统人工点播快5～10倍；播种量精确，播种密度合理，每亩节省种子10～15kg，节约生产投入成本100～150元；人工投入少，3人搭配可完成播种工作，一天节省人工投入250元左右。2015年蚕豆联合收割技术在青海省大通县示范100亩，通过该技术进一步改进和推广，2016—2019年在青海省蚕豆生产中累计推广3.2万亩，其中2019年推广1.23万亩。2020年引导全省全面推进蚕豆全程机械化生产技术应用，全省推广蚕豆联合收割技术2万亩以上，实现了蚕豆全程机械化生产，显著提高了生产效率、降低了生产成本，推进蚕豆产业的节本增效可持续发展。2020年在都兰县香日德镇乐盛村开展早熟品种青海13号全程机械化生产技术集成与示范500亩，湟中省级转化基地开展大粒蚕豆品种青蚕14号全程机械化生产技术集成与示范115亩。播种前每亩采用33％施田补EC230mL进行土壤处理，机械化播种，苗期用48％排草丹AS200mL进行蚕豆田间杂草防除，收获时使用草铵膦对其进行杀青，在植株水分含量 20％～30％应用联合收割机进行收获，收割机一天平均收割速度 60 亩，破碎率＜1％，净度＞85％。青海 13 平均产量为每亩 298.4kg，青蚕 14 平均产量为每亩 326.5kg。

**3. 提质增效情况**

"蚕豆全程机械化生产技术模式"推广应用，可以有效地提高蚕豆生产效率，降低劳动力使用成本，蚕豆机械化收获每亩可以节约劳动力成本 5～10 名人工，生产效率提高 20 倍以上，亩节约生产成本投入 240～360 元。

有利于实现蚕豆规模化种植，有利于构建合理的轮作模式，对培肥地力有明显效果，还可以降低后茬作物化肥使用量，增加后茬作物产量。

**4. 技术获奖情况**

未申报科技奖励。

## 二、技术要点

蚕豆全程机械化生产技术模式核心技术适于蚕豆品种、蚕豆专用生产机械以及化学除草等化学调控措施。

**1. 适于机械化种植的专用蚕豆品种选择**

小粒耐旱蚕豆品种青海 13、大粒蚕豆品种青蚕 14、结荚集中适合于机械化收获的青蚕 19 等。

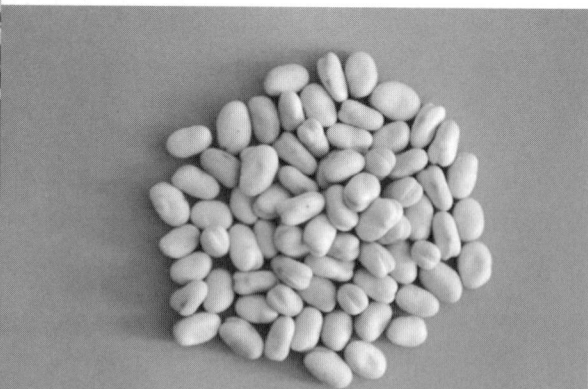

适合于机械化播种小粒蚕豆品种"青海 13"

**2. 播前土壤处理**

播种前每亩采用二甲戊灵 200～300mL 土壤处理控制杂草，于天晴无风、田间墒情较好

适合于机械化播种大粒蚕豆品种"青蚕14"

适合于机械化收获蚕豆品种"青蚕19"

时均匀喷施，药剂施用后，随即用旋耕耙翻8～10cm，耱平。防除对象：田间野燕麦、藜、扁蓄、猪殃殃、酸模叶蓼等一年生杂草。

**3. 机械化播种**

（1）蚕豆机械化精量播种技术：调整开沟铲相对于机架的高度和水平位置得到适宜的

播种深度，大粒蚕豆播深要求 8.0～10.0cm，小粒蚕豆 6.0～8.0cm；调节排种轮间距得到适宜粒距，大粒蚕豆品种粒距 10.0cm，小粒蚕豆品种粒距 8.0cm，行距均为 35.0cm。播种时行进速度控制在 4.0～6.0km/h。播种后必须及时进行不同方向耙磨镇压。

蚕豆机械化播种技术

（2）蚕豆机械式精量施肥铺膜播种一次性技术：该技术同时完成种床整形、分层施肥、铺膜、膜上穴播、机械覆土和镇压等作业工序。品种选择：适合于机械化播种的蚕豆品种有青海 13、青蚕 14。机械选择：天成 2MBJ-1/4 型机械式精量铺膜种机；地膜选择：地膜厚度不小于 0.01mm，幅宽 1.2m，膜卷紧实，两端紧实。机械分层施肥，每亩施有机肥 600～800kg、蚕豆配方肥 40kg。播种方式：在肥料箱加入蚕豆配方肥 40kg、种箱加入蚕豆种子，小粒蚕豆 15kg，大粒蚕豆 20kg。播种行数，4 行。行距，270mm。株距，1 800～2 200mm 可调。播种深度，50～80mm。穴粒数，1～2 粒。

蚕豆施肥覆膜播种一次性技术

#### 4. 田间杂草处理

出苗后 20d 左右，用"48％排草丹＋精喹禾灵"控制苗期杂草。48％排草丹（灭草松）水剂 200mL 加植物源助 SDP2g，每亩兑水 15～20kg，于天晴无风、田间墒情较好时均匀喷施。防除对象：田间野芥菜、自生油菜、密花香薷等杂草。田间有野燕麦的田块每亩可添加 5％精喹禾灵 EC 60～80mL，田间野燕麦的密度小，使用 60mL，田间野燕麦密度中等，使用 70mL，田间野燕麦密度大，使用 80mL 防除。

#### 5. 收获前植株杀青

为了保证蚕豆的商品品质，采用杀青处理使蚕豆群体 98％以上的植株完成干熟后进行收割。收获前杀青处理：在蚕豆成熟期植株和豆荚 70％～80％变黄时喷施催熟剂草胺膦，每亩用草胺膦水剂 200mL，加入用水量 0.2％的洗衣粉作表面活性剂，兑水 15kg，进行无人机全田喷雾。遇到雨天，田间杀青不完整时，再次进行杀青。

蚕豆联合收割技术

#### 6. 蚕豆联合收割技术

喷施催熟剂后，根据天气情况选择收获日期。保证田间豆荚、茎秆和杂草含水率在 10％～20％以下。气温较高、天气晴朗喷药后 7d 进行收获；气温较低、连续下雨，收获时期相应推迟。适于蚕豆联合收割的收割机，脱粒筛在 2.5～4.0cm，脱粒辊速度在每分钟 500 转。

### 三、适宜区域

适宜我国以粒用型蚕豆生产为主的蚕豆种植区域。

### 四、注意事项

（1）要提高蚕豆播种和收割专业化水平和社会化组织程度，由专业人员操作较好。

（2）注意杀青时间和效果，直接影响收割质量和效率。

**技术依托单位**

1. 国家食用豆产业技术体系蚕豆育种岗位/青海省农林科学院

联系地址：青海省西宁市宁大路 253 号

邮政编码：810016

联 系 人：刘玉皎

联系电话：13997058356

电子邮箱：13997058356@163.com

2. 国家食用豆产业技术研发中心/中国农业科学院作物科学研究所

联系地址：北京市海淀区中关村南大街 12 号

邮政编码：100081

联 系 人：程须珍　王丽侠

联系电话：010-62180535，13681376868

电子邮箱：wanglixia03@caas.cn

# 燕麦宽幅匀播栽培技术

## 一、技术名称

"燕麦宽幅匀播栽培技术"，曾用名称"燕麦宽幅条播栽培技术"。

## 二、技术概述

### （一）技术基本情况

燕麦是我国古老而重要的粮、饲兼用作物，是宝贵的健康食物源和优质饲料源，在农牧业生产中占有极其重要的地位。但由于栽培技术落后，劳动力成本增加，生产效益低下，产业发展较落后。

目前我国的燕麦栽培技术主要是沿用传统的小垄距条播栽培方式，一方面栽培技术落后，另一方面机械化程度低。由于没有专用的技术和机械，大部分农民一直应用小麦栽培方法或小麦播种机进行燕麦种植。燕麦栽培管理技术也较为杂乱，种植习惯滞后，导致产量低且不稳定，严重影响了燕麦增产和机械化发展。

为加速燕麦绿色增产技术更新，促进燕麦专用机械化进程，通过大量基础性试验和机械研制，创新性地改变燕麦传统种植模式，增加垄距，加宽燕麦播幅，并研制专用播种机械使燕麦种子均匀撒落在宽幅带内，达到宽幅匀播的目的，使燕麦株合理占有土地及空间，株距合理、通风透光、抑制杂草生长，从而增加燕麦产量和品质，同时配套整套机械化技术，达到燕麦的播种、管理、收获全程轻简化、机械化，提高燕麦种植水平，减少燕麦种植成本，增加农民收入。

该项技术将农艺、农机相结合，形成了一套完整的技术体系，并在广大燕麦产区应用推广，技术成果成熟先进，是燕麦生产领域具有突破性的原始创新技术，属全国首创，并填补燕麦全程机械化研究的空白。

### （二）技术示范推广情况

该项技术成熟先进、增产效果突出、机械化程度高，首先在内蒙古赤峰市开展推广应用，目前在内蒙古的赤峰市、兴安盟和乌兰察布、呼和浩特，河北坝上地区及吉林白城等燕麦主产区应用，普遍增产率在15％以上，经济和社会效益显著，应用较果良好。

"宽幅条播燕麦播种机"首次研制了燕麦专用机械，利用机械推广模式，结合农机、农技推广，推广模式更科学合理。

### （三）提质增效情况

2017年，在赤峰市农牧科学研究院应用，实收测产，亩产184.5kg，较常规条播对照田亩产158.8kg，亩增产25.7kg，增幅16.18％.

2017—2018年，在赤峰市翁牛特旗、克什克腾旗应用推广"燕麦宽幅匀播"栽培技术，建立技术示范区。2019年平均产量达168.97kg，较当地传统对照146.74kg，亩增产22.23kg，增产率达15.15％。

2019年，在乌兰察布市武川县燕麦主产区应用，亩增产20％以上。

在燕麦荞麦产业技术体系兴安盟综合试验站、呼和浩特市及河北坝上地区应用，均增产15％以上。这项技术的应用是燕麦栽培技术的一项重大改进和燕麦生产绿色节本省工增产增效的重要创新，为燕麦栽培技术的发展起到巨大的科技进步作用。

**（四）技术获奖情况**

1. 研制的播种机获国家实用新型专利 1 项，专利号：ZL 201620689042.5。

2. 发布内蒙古自治区地方标准 1 项，标准号：DB15/T 1535—2018。

## 三、技术要点

燕麦宽幅匀播种栽培技术与现有技术相比其优点在于：一是改善传统的单行模式，加宽播幅，保证燕麦群体密度的同时，合理分配土地及空间资源，充分发挥燕麦个体均匀和群体充足合理的协调机制；二是通过加大垄距实现燕麦机械化；三是为实现宽幅播种研制了燕麦宽幅条播机，实现农机、农艺配套。

### （一）核心技术

**1. 创新燕麦"宽幅匀播"栽培技术新模式**

利用栽培模式增加播种幅宽，宽带幅内均匀撒播燕麦种子。技术模式采用：燕麦播种幅宽 12～15cm，宽幅间距 15cm，宽幅内燕麦均匀播种，合理分布。

**2. 研制配套宽幅匀播机，研发解决关键技术组件**

研制了专用播种机，实现机械化。创新研制了播种器，播种器包括由前部三角板的下面连接与 V 形土板和 L 形压土板构成后侧敞口的排种腔，在施肥开沟铲先将土壤开出较深的垄沟并施入肥料后，由侧面板和 L 形压土板在垄沟里趟出宽幅平底的垄沟槽，从播种管漏下的燕麦种子先掉落到上层导种板上，然后从倾斜的上层导种板滚落到一层导种板，再从倾斜的下层导种板均匀分散地滚落到宽幅平底的垄沟槽，燕麦种子以过两层导种板的分散作用，能够使种子分散得更均匀，解决了燕麦均匀落子的问题。

**3. 种子分布均匀，群体合理，绿色增产**

宽幅匀播种植燕麦，燕麦苗分布均匀，避免了传统条播时行内植株拥挤密度过大的问题，土壤资源和空间资源分配更加均匀合理，苗期促进出苗，利于生长；中后期增加燕麦的通风透光率，改善单株生长条件；整体生长期利用燕麦种子提前占据宽带幅抑制杂草生长，抗倒伏，节水抗旱，实现燕麦绿色增产。

**4. 宽幅匀播模式控草防病**

燕麦宽幅匀播技术燕麦单株分布均匀，创造了单株营养均衡的条件，苗期个体营养竞争小，单株发育健壮；减少传统条播种植行垄之间的裸地面积，避免缺苗断垄，同时使燕麦苗充分占用相对均衡有效土地面积和空间，增加了苗期的地表覆盖度，相应减少土壤水分蒸发的同时减少杂草生长，实现控草防病。

**5. 全程机械化，节本增效**

该项技术实现燕麦播种、中耕、收获等多生产环节的全程机械化作业，减少劳动力投入，降低生产成本，增产增收。整套技术省时、省工、节本、增效。

### （二）栽培技术要点

**1. 播前准备**

（1）选地：选择生态条件良好、远离污染源、较为凉爽湿润地势平坦的地区。土壤宜选择耕层深厚、土质疏松、肥沃的壤土或砂壤土。选用豆类、马铃薯、玉米、甜菜和瓜类等前茬作物进行轮作。

（2）整地：前茬作物收获后深耕 20cm 以上，播种前及时耙耱整地，做到上虚下实，深浅一致，地平土碎无坷垃。

（3）种子准备：

①选种。选用适宜的优良抗病品种，种子质量达到国家二级标准［GB 4404.4］以上。②种子处理。播前要进行种子清选，充分晾晒，杀死种子表面的病菌，播前用 2％戊唑醇拌剂按种子量 0.2％拌种。

**2. 播种**

选用播种机符合农业机械运行安全技术条件［GB 16151.1］要求。

（1）播种时间。土壤解冻 10cm 时即可播种。适宜播期在 4 月下旬至 6 月初，根据不同地区具体情况适时播种。

（2）播种方式。实施机械化作业，使用宽幅条播燕麦播种机（专利号：ZL2016 2 0689042.5）播种，播幅宽 12～15cm，播幅间距 15cm，播种深度 5～6cm。

（3）播种量。旱作播种量 120～150kg/hm²，每公顷保苗 450 万株；水浇地播种量 150～170kg/hm²，每公顷保苗 600 万株。

（4）播种深度。播种深度 5～6cm 为宜，下种深浅一致，播种均匀，播后耱地使土壤和种子密切贴合，防止漏风闪芽。

**3. 施肥**

施肥符合肥料合理使用准则［NY/T 496］要求。

（1）基肥。以农家肥为主，根据土壤肥力和肥料的特性确定施肥量。一般要求施优质农家肥 30～45t/hm²。

（2）种肥。与农家肥配合施用，施用 N 30kg/hm²、$P_2O_5$ 22.5kg/hm²；单施化肥，施用 N 60kg/hm²、$P_2O_5$ 22.5～45kg/hm²、$K_2O$ 75kg/hm² 作为种肥。化肥随播种分层施用。

（3）追肥。根据土地肥力水平及基肥种肥施用量，分蘖或拔节期结合灌溉或降雨追肥，追施 N 60kg/hm²、$K_2O$ 75kg/hm²。

（4）中耕管理。幼苗 3～4 叶时，进行第一次中耕，深度 3 厘米左右；分蘖期进行第二次中耕，深度 3～5cm。

（5）病虫害防控。选用农药符合农药合理使用准则［GB/T 8321］要求。

①病害防治：用 2％戊唑醇拌剂按种子量 0.2％拌种防治黑穗病。②虫害防治：蚜虫发生高峰前期，用 1 500 倍液 10％吡虫啉可湿性粉剂进行页面喷雾。

**4. 适时收获**

进入黄熟期及时收获。收获后晾晒、清选、打包，入库保存。

## 四、适宜区域

该项技术目前在我国的内蒙古、山西、河北等燕麦主产区应用推广，增产效果明显。该项技术适用于种植条件相似的燕麦种植区域。

## 五、注意事项

（1）机械播种时注意种子需均匀播撒在幅宽内。

（2）播种机的镇压器是播种后镇压种子，起到固定种子达到宽幅匀播的作用，所以注意播种后首先是镇压辊镇压，后进行覆土。

**技术依托单位**

赤峰市农牧科学研究院

联系地址：内蒙古赤峰市松山区科研路 1 号

邮政编码：024031

联 系 人：王欣欣

联系电话：15149134101

电子信箱：wxx986@163.com

# 旱作谷子全程机械化栽培技术

## 一、技术概述

### 1. 技术基本情况

该技术针对山西省谷子生产过程中，春季干旱机械化播种质量差、效率低，间苗劳动强度大，田间管理机械缺乏，机械收获损失率大、含杂率高等问题，研究形成的技术体系。通过该技术，实现了机械化整地施基肥，机械化精量播种免少间苗，机械化中耕、除草、培土、防倒伏，病虫草害绿色农药喷施，机械割晒＋脱粒机脱粒、机械割晒＋联合收割机配备捡拾割台的分段收获和联合收割机配备链齿式割台的联合收获，秸秆打捆回收等6个关键环节机械化作业；不仅显著降低了谷子种植劳动强度，且大幅提高了旱作谷子种植机械化水平，实现了旱地谷子生产农机农艺融合、良种良法配套，加快谷子产业转型升级。

### 2. 技术示范推广情况

核心技术"旱作谷子机械化精量播种、机械中耕培土、机械农药喷施、机械收获技术"等自2011年以来单独或集成，在山西省谷子主产区累计示范推广80万亩左右。目前，已在广灵、繁峙、怀仁、定襄、榆次、寿阳、汾阳、孝义、沁县等地建成9个千亩连片的有机旱作谷子全程机械化示范基地，其中繁峙郝家湾基地连续6年实现谷子全程生产机械化，千亩连片，亩产过千斤。在寿阳县，助力金穗种植专业合作社跨区土地流转千亩谷子实现全程机械化生产。

### 3. 提质增效情况

和常规技术相比，"旋耕＋覆膜穴播""旋耕＋膜侧沟播"联合作业技术可保证春旱时节省农时、抢墒播种、提高谷子出苗质量，配套施肥装置可实现精准施肥；自走式带镇压精量沟播等精量播种技术，播种量、株行距和播深均可根据需要灵活调整，适合丘陵山区的小田块作业，实现免少间苗；中耕培土机械通过中耕除草、追肥培土，实现控草、防倒、促根、抗旱；机械化联合收获、割晒＋捡拾分段收获，损失率约为5%～8%；机械化谷子秸秆打捆回收，实现秸秆饲料化应用，有利于循环农业实现。应用该技术可大大减少劳力投入，提高生产效率，每亩节省用工4～6个，每亩增产谷子40～70kg，扣除生产过程中农机租赁费160元，增收节支480～860元，缓解农村因老龄化严重而造成的劳动力缺乏问题。

### 4. 技术获奖情况

部分研究成果"谷子机械化高产高效栽培技术集成与应用"2016年获山西省科技进步奖三等奖。

## 二、技术要点

因地制宜示范推广旱作谷子全程机械化栽培技术，包括精细整地、平衡施肥、精量播种、机械化中耕除草、病虫害绿色防控、机械化联合收割与分段收割、秸秆打捆回收利用等7项技术。

**1. 整地保墒技术**

前茬作物收获后，机械深耕或深翻 25～30cm，把前茬作物根茬和部分秸秆翻入下层土壤中腐解，然后立刻旋耕打破土坷垃，平整土地，接纳雨水，蓄水保墒。春季在昼消夜冻时进行顶凌耙糖一次，塌墒保墒。播种前如果干旱严重则需要镇压提墒或等雨播种。播种时的土壤达到地面平整、上虚下实的要求。

**2. 平衡施肥技术**

秋季结合深耕，每亩增施 1～2 方有机肥作为底肥，提高土壤有机质含量，改善土壤结构；在春季整地旋耕时每亩施用复合肥（N：P：K＝22：15：5）40～50kg。

在谷子孕穗期每亩追施尿素 10kg，也可以喷施含有钾或磷等微量元素的叶面肥或功能肥料，提高抗倒抗逆性，促进谷子生长，增加产量，改善品质。

**3. 精量播种技术**

（1）"旋耕＋覆膜穴播"联合作业技术。"旋耕＋覆膜穴播"联合作业，集施肥、旋耕、镇压平地、覆膜、打孔播种、覆土、再镇压于一体，播深 3～3.5cm，穴距为 22cm，膜上行距为 40～45cm，膜间行距为 55～60cm，下籽量可调为 5～20 粒。较大地块采用 80 马力*以上拖拉机牵引，一次作业两膜四行，作业效率每小时为 8～10 亩；中小地块可采用 30 马力以上拖拉机牵引一膜两行播种机，作业效率为每小时 3～4 亩。

"旋耕＋覆膜穴播"联合作业技术

（2）"旋耕＋膜侧沟播"联合作业技术。"旋耕＋膜侧沟播"联合作业，集施肥、旋耕、镇压平地、覆膜、膜侧沟播、覆土、再镇压于一体，播深 3～4cm，株距 2～15cm，膜两侧行距为 45cm，膜间行距为 60cm，下籽量可调为 5～20 粒，张杂谷每亩留苗 0.8 万～1.2 万

---

* 马力为非法定计量单位，1 马力＝745.7 瓦特。

株，常规谷子每亩留苗 2.0 万～2.5 万株。较大地块采用 80 马力以上拖拉机牵引，一次作业两膜四行，作业效率为每小时 8～10 亩；中小地块可采用 30 马力以上拖拉机牵引一膜两行播种机，作业效率为每小时 3～4 亩。

"旋耕＋膜侧沟播"联合作业技术

（3）自走式带镇压精量沟播技术。自带 9 马力发动机，一次作业 2～3 行，行距可调范围为 10～70cm，株距可调范围为 1～15cm，下籽量可调范围为 1～20 粒，作业效率为每小时 2～3 亩。适宜在坡度较小的山坡小地块作业。

（4）手扶拖拉机式精量沟播技术。手扶拖拉机配带一行、两行或三行精量播种机，深播种浅覆土，播深 4～5cm，使种子落在湿土层，便于出苗。下籽量可调为 4～30 粒，作业效率为每小时 2～3 亩。适宜在坡度较大的山坡小地块作业。

机械中耕培土除草技术

以上多种方式的精量播种技术，均可实现免少间苗，常规谷子旱地亩留苗数 2 万～2.5 万株，杂交谷子旱地亩留苗数 0.8 万～1.2 万株。

**4. 机械中耕培土除草技术**

当谷子长到 30cm 左右，行距≥40cm 时，可选择 20～30 马力拖拉机牵引的中耕机在膜侧进行中耕培土除草作业，作业效率为每小时 3～5 亩。较窄的行距可选择单行手推式微耕机（自带动力）作业，作业效率为每小时 2～3 亩。

**5. 病虫害绿色防控技术**

病害：多采用药剂拌种处理，预防多种病害。苗期发生病害时，要在发病初期喷施不同类型的杀菌剂开展防控。

虫害：运用太阳能杀虫灯、黄色粘虫板、性诱捕装置等绿色防控产品防治虫害。

利用新型自走式喷药机、无人机、拖拉机挂载式植保喷雾器械等开展病虫害绿色防控。

**6. 机械化收获技术**

（1）分段收获技术。在谷子蜡熟末期或完熟初期，采用割晒机将谷子割倒晾晒，待谷子含水量约 13％时，可选用配有捡拾割台的联合收割机进行捡拾、脱离、清选等一次性作业，适宜无晾晒场地的种植大户。割晒后也可采用脱粒机脱粒清选一次性作业，适宜地块较小或山坡地坡度较大，联合收割机无法安全作业的丘陵山坡区域。

谷子割晒机

配有捡拾割台的联合收割机

谷子联合收割技术

（2）联合收割技术。选用配有链齿式割台、改进后的约翰迪尔 W80、久保田 PRO1108、雷沃 GM80、沃得皓龙等轮式全喂入谷物联合收割机，可实现割倒、脱粒、清选和秸秆粉碎等工序一次性完成，适宜平坦较大地块作业，作业效率为每小时 8～10 亩。也可选用改进后的久保田 PROQ688、沃得锐龙、星光 4LZ 系列、中联重科 PL 系列等履带自走式全喂入谷物联合收割机收获，适宜平坦较小地块作业，作业效率为每小时 4～6 亩。

**7. 秸秆打捆回收利用技术**

选用星光玉龙、雷沃、顺邦等农机公司生产的秸秆打捆机械，利用 100 马力以上拖拉机牵引，将谷子秸秆打捆回收，作为饲草用于牛、羊、马、驴等养殖业。

谷子秸秆打捆技术

## 三、适宜区域

该技术适合在北方谷子主产区推广应用。

## 四、注意事项

根据当地积温和无霜期等气候条件选择合适的高产优质品种。

**技术依托单位**

山西农业大学农学院

联 系 人：原向阳

联系电话：13593100936

电子信箱：yuanxiangyang200@163.com

# 甘薯机械化栽插与碎蔓收获技术

## 一、技术概述

### （一）技术基本情况

甘薯是我国重要的粮食、饲料、工业原料及新型能源用原料，亦是优质抗癌保健食品，现种植面积约 6 000 万亩。针对甘薯栽插、去蔓、挖掘收获三大主要生产环节中适用机具短缺、用工多、作业成本高（雇工栽、收达 800 元以上）以及移栽下田次数多、秸秆茬地难栽插成活率低、收获时藤蔓缠绕严重和薯块易破损影响商品性等突出问题，农机农艺融合，研发出甘薯旋耕起垄复式移栽、步行型薯蔓粉碎还田、悬挂式薯蔓粉碎还田、自走式甘薯联合收获等技术及装备，有效降低生产劳动强度、保障薯块外观品质、实现节本增效，为甘薯产业发展提供适用技术支撑。

**1. 甘薯旋耕起垄复式移栽技术**

该技术突破了传统甘薯机械移栽先旋耕整地起好垄，然后再由拖拉机牵引移栽机进垄地栽插作业，可一次完成旋耕、起垄、破压茬、浇水、施肥、放苗栽插、修垄等多个环节作业，能满足斜插、直插等农艺要求。解决了传统栽插作业机具下地次数多、压垄伤垄以及残茬、秸秆、残膜影响栽插立苗等难题，提高了秸秆茬地薯苗栽插成活率，大幅提升了机具适应性、经济性，满足了市场多元化消费需求。

甘薯旋耕起垄复式移栽机

**2. 步行型甘薯藤蔓粉碎还田技术**

该技术能一次完成挑秧、拢蔓、割蔓、粉碎、还田作业，将薯蔓粉碎后直接还田，经济实用，且适应性强，适合多种田块作业，尤其适合丘陵小地块，具有整机小巧、操作便利、转弯半径小、田间转移方便等特点。

**3. 悬挂式甘薯藤蔓粉碎还田技术**

该技术装备在四轮拖拉机后端悬挂配置，采用长短不同的自由态粉碎刀仿垄形布置，高速旋转切蔓碎秧，能一次完成挑秧、割蔓、粉碎、还田作业，将薯蔓粉碎后直接还田，具有全垄面藤蔓粉碎较彻底的优点，解决了市场上部分机具垄顶藤蔓粉碎效果差、垄沟藤蔓去除不尽而缠绕后端挖掘收获机难题。

步行型甘薯藤蔓粉碎还田机

悬挂式甘薯藤蔓粉碎还田机

### 4. 自走式甘薯联合收获技术

该技术能一次完成甘薯挖掘、输送、脱薯拐、去土、清选、集薯等作业，能够将薯拐残藤去除干净，有效破解了分段收获工艺流程多、人工捡拾劳动强度大、效率低等问题，作业集成度高。该技术以甘薯收获为主，适当调整前进速度和输送分离速度，亦可兼收马铃薯、洋葱，能实现一机多用，大幅提高了机具的利用率和经济性。

自走式甘薯联合收获机

自走式甘薯联合收获机田间作业

### （二）示范推广情况

甘薯旋耕起垄移栽复式技术已实现量产，形成单行、双行、三行等系列产品，销售至全国，并出口韩国、俄罗斯、越南、缅甸、泰国等国；"悬挂式甘薯藤蔓粉碎还田机"进入《2012—2014 年国家支持推广的农业机械产品目录》，销售至全国；步行型甘薯藤蔓粉碎还田技术在黄淮海、华北、长江流域甘薯种植区示范推广应用；自走式甘薯联合收获技术已在黄淮海、华北甘薯种植区示范推广应用。

### （三）提质增效情况

甘薯旋耕起垄复式移栽将多种作业组合在一起，集成度高，较人工起垄、移栽可提高工效 35 倍以上，节约生产成本 30% 左右，并可大幅减轻人工劳动强度。

甘薯碎蔓、收获技术作业效率每小时可达 2.5～3.5 亩，是人工作业的 50 倍左右，可节省生产成本 40％以上。

另外采用机械收获提高了明薯率、降低了损失率，可使每亩减少收获损失 5％～10％；同时，可缩短收获时间，如遇灾害天气，利于抢收，确保品质和丰产丰收。

### （四）技术获奖情况

获 2017 年江苏省科学技术二等奖 1 项、江苏省机械工业专利奖一等奖 2 项、中国国际高新技术成果交易会优秀产品奖 3 项；2017 年甘薯旋耕起垄移栽复式机被认定为江苏省高新技术产品。

## 二、技术要点

### （一）甘薯旋耕起垄复式移栽技术

**1. 田块要求**

田块地表相对平整，坡度≤15°；前茬为水稻或小麦地表留茬长度应≤250mm，并应初旋作业；土壤含水量适中，不超过 40％。

**2. 种苗准备**

薯苗可采用剪苗或拔苗形式，苗长 210～300mm，薯苗直立性较好，并剔除明显带病种苗。

**3. 栽期选择**

根据当地气候、茬口、土壤含水率选择适当的时期栽插，墒情不足时，栽后应及时浇水补墒。

**4. 修垄选择**

在沙壤土作业时，垄顶有压痕，可保留机具后端修垄机构；在黏土作业时，压痕浅，可卸下修垄机械，减轻整机重量。

**5. 作业质量**

甘薯旋耕起垄复式移栽作业质量要求：漏栽率≤5％、栽植频率≥35 株/（分钟·行）、栽植合格率≥90％。

**6. 栽后管理**

栽后应及时喷施除草剂，对土壤封闭处理时宜用甲草胺等，并应根据天气适时补水；生长中后期施除草剂时应选用对双子叶伤害小的精喹禾灵等。

### （二）步行型甘薯藤蔓粉碎还田技术

**1. 田块要求**

适合多种田块作业，尤其是丘陵小田块或育种小区。

**2. 种植要求**

种植垄距规格要统一，可选用常用的 800mm、900mm、1 000mm 垄距种植，最宜900mm 垄距。

**3. 碎蔓时机**

应在挖掘收获前 1～2d 开始藤蔓粉碎还田作业，作业后应晾晒数天，再进行薯块挖掘收获。

**4. 机具调整**

作业前需调整碎蔓机的限深高度，最高点切刀距离垄顶以 30～40mm 为宜，确保作业后藤蔓残留少、伤薯率低；根据实际垄宽同步调整左右限深轮间距，使之夹住垄体两侧为宜，确保作业行走时机具能沿垄体平稳行进，保障作业质量。

**5. 作业速度**

应根据薯蔓生长茂盛程度适当调整作业前行速度，以取得最佳作业效果，以 0.5～0.9m/s 为宜，薯蔓茂盛的可适当降低前行速度。

**6. 作业质量**

藤蔓粉碎还田机作业质量要求：垄面薯蔓粉碎长度合格率≥90%、垄顶留茬长度≤100mm，垄顶、垄侧藤蔓需粉碎干净，利于后续收获作业。

### （三）悬挂式甘薯藤蔓粉碎还田技术

**1. 田块要求**

适合 1 亩以上的中大田块作业。

**2. 种植要求**

种植垄距规格要统一，可选用常用的 900mm、1 000mm 垄距种植，最宜 900mm 垄距。

**3. 碎蔓时机**

应在挖掘收获前 1～2d 开始藤蔓粉碎还田作业，作业后应晾晒数天，再进行薯块挖掘收获。

**4. 机具调整**

作业前需调整碎蔓机的限深高度，最高点切刀距离垄顶以 30～40mm 为宜，确保作业后藤蔓残留少、伤薯率低；根据实际垄宽同步调整机具后端左右限深锥轮间距，使之夹住垄体两侧为宜，确保作业行走时机具能沿垄体平稳行进，保障作业质量。

**5. 作业速度**

应根据薯蔓生长茂盛程度适当调整作业前行速度，以取得最佳作业效果，以 1.0～2.7m/s 为宜，薯蔓茂盛的可适当降低前行速度。

**6. 作业质量**

藤蔓粉碎还田机作业质量要求：垄面薯蔓粉碎长度合格率≥90%、垄顶留茬长度≤100mm，垄顶、垄侧藤蔓需粉碎干净，利于后续收获作业。

### （四）自走式甘薯联合收获技术

**1. 田块要求**

适合平原坝区、丘陵缓坡地作业，以 1 亩以上的中大田块为宜，较适合中壤、沙土、沙壤土等挖掘收获作业。

**2. 种植要求**

种植垄距规格要统一，可选用常用的 900mm、1 000mm 垄距种植，最宜 900mm 垄距。

**3. 套种要求**

尽可能采用净作种植，如间作套种一定要留好机收道，套种的宽度不宜小于 2m。

**4. 收获时机**

根据当地气候、茬口、土壤含水率选择适宜时间收获，挖掘前应先将薯蔓去除，如土壤含水率超过 40%时，去藤应晾晒数天，再进行挖掘收获。

**5. 机具调整**

作业前需调整联合收获机的挖深，达到避免伤薯即可，确保伤薯率低，最大挖深不超过

300mm；调整前端两侧圆盘切刀高度，圆盘刀最低点可低于挖掘铲 10mm 左右，确保切断垄沟少量残秧，保障作业顺畅性。

**6. 作业质量**

甘薯联合收获作业速度以 0.6～1.0 米/秒为宜，确保薯块外观品质，甘薯联合收获作业质量要求：漏挖率≤2%、损失率≤4%、伤薯率≤5%，作业后无较大薯块散落。

**7. 收后处理**

鲜食用薯或种薯收获后应剔除部分病薯、残次品，分拣装框或装网袋，送至储藏设施贮藏；粉用型薯收集后送至加工厂统一加工处理。

## 三、适宜区域

该技术适应性较广，在全国甘薯分布最为集中的北方春夏薯区、长江中下游流域夏薯区、南方薯区等主要产区均适宜，其中自走式甘薯联合收获技术适合中壤、沙土、沙壤土作业；适宜作业的丘陵缓坡地坡度不大于 15°。

## 四、注意事项

（1）作业时，甘薯旋耕起垄移栽复式技术配套动力要足，一般单行作业选用 22.1kW 轮式拖拉机配套，双行作业选用 66.2 千瓦以上轮式拖拉机配套；

（2）甘薯移栽复式机配套拖拉机的后轮轮距宽应与栽插作业幅宽相适应，配套的拖拉机后轮轮距宽度应基本等于作业垄数×垄距，避免压垄伤垄。

（3）该技术适宜垄距为 800～1 000mm，最宜 900mm 垄距，注意调整垄距参数，达到种植要求。

（4）化学除草剂如在栽插完成后喷施，应选用对双子叶伤害小的除草剂处理。

（5）薯蔓粉碎还田机作业时，切刀高速旋转，机器后方严禁站人。

（6）需对驾驶员进行适当技术培训，要根据甘薯生长状况、土壤条件、动力拥有等，选定适宜的作业机型及参数。

**技术依托单位**

农业农村部南京农业机械化研究所

联系地址：江苏南京玄武区柳营 100 号

邮政编码：210014

联 系 人：胡良龙　张文毅

联系电话：025-84346269；025-58619523

电子邮箱：hurxbb@163.com；zwy-yxkj@163.com

# 食用菌菌棒自动化高效生产技术

## 一、技术概述

### 1. 技术基本情况

2019 年我国食用菌总产量达 3 933 万 t、总产值 3 126 亿元，占世界总产量的 80% 以上，已成为粮食、蔬菜、水果、糖料之后的第五大农作物。针对占食用菌总量 90% 以上的袋栽品种国内外一直应用着"拌料—装袋—灭菌—冷却—接种—培育"各自分步、分离操作的工艺技术，其中"装袋-灭菌-冷却-接种"四个环节主要依赖人工操作、分离操作和衔接，用工量大、能耗高、周期长、环境维护用药多、杂菌侵染几率高、成品率不稳定、生产效率低，严重制约着向规模化转变的产业升级等问题，研究形成了食用菌菌棒自动化高效生产技术体系。该技术成果"首次建立装袋灭菌接种一体化自动制棒工艺，首创多联罐食用菌液体菌种繁育技术，创新与集成食用菌制棒全封闭一体化自动控制装备系统"，通过机械、装备与工程、工艺创新，变国内外多年惯用的起点成型、节点分步制棒技术工艺为灭菌、冷却、接种、装袋一体化终点自动成型，实现了一套装备可规模化、工程化、自动化生产各种食用菌菌棒，将菌棒生产变成全程自动化、工厂化操作，使菌棒生产效率大幅度提高，满足了食用菌产业向集约化、标准化化、周年化转变的产业升级高质量发展的要求。

### 2. 技术示范推广情况

食用菌菌棒自动化高效生产技术研发成功后，首先在翔天公司自有占地面积 860 余亩、菇棚 350 个、年栽培 600 万袋的两处食用菌栽培示范基地推广应用。随之在河北涿州裕农食用菌合作社全面推广，带动当地农民群众发展食用菌产业，产生了良好的经济、社会效益，以香菇棚为例，暖棚栽培的可以四季出菇，一户一棚一年引进菌棒 2～3 批次，规范管理每棚每年可获收益 8 万元以上。采用冷棚栽培的农户一年出菇 1～2 批次，按照指导规范管理每棚每年可获收益 4 万元以上。农户单棚可增加产值和收入 30% 以上，显著提高了经济效益，综合节能 70%，减少化学药品 90% 以上，显著提升了产业生态效益；以年产 3 000 万菌棒食用菌产业示范基地项目为例，可直接解决农村剩余劳动力 2 000～3 000 人，可实现年产值 7.4 亿元，带动相关产业就业近万人，拓宽了农民增收渠道，该技术成果引起了社会业界的广泛关注。其中，石家庄平山县、邢台市巨鹿县通过签约引进该技术成果建设食用菌产业示范基地（今年 11 月份可建成投产），带动全县发展食用菌产业，分别规划编制了县域食用菌产业五年发展规划，力争五年后将食用菌产业发展成为当地主导产业。

### 3. 提质增效情况

与传统生产技术相比较，以香菇为例，菌棒制作周期由 4 天压缩至 3 小时，发菌期由 60 天缩短至 12 天，产菇期由 6 个月缩短至 5 个月，可减少生产用工 85%、降低菌袋制作成本 20%，并实现了菌棒制作几乎"零污染"，一户一棚一年引进 2～3 批次菌棒可获纯收益 8 万元以上，企业生产一个菌棒可节本增效 1 元左右，比现有技术增加产值和收入 30% 以上。

食用菌生产不占耕地，可用荒山地立体栽培，用水量不足粮食的 1/6、蔬菜的 1/10，生产过程不施肥、不用药、不需阳光，旱、雹、阴、霜等自然灾害对其生长影响不大，是天然的绿色食品。出菇后的每吨菌糠相当于 0.5t 标准煤燃料或 0.9t 饲料、0.8 吨肥料，是最好的资源循环型农业。我国食用菌年栽培各种食用菌约 450 亿棒，每年随消费需求增长 7% 左右，推广应用本成果，每年可节本增效 450 亿元，减少用煤约 300 万 t、减少化学药品万吨以上，极大地提高了生产效率，促进食用菌产业集约化、标准化、产业化发展，显著提升产业组织化水平。

**4. 技术获奖情况**

2020 年 5 月 17 日，中国农学会组织中国工程院赵春江、李玉、李天来三位院士，国内食用菌主产地、科研机构的六位权威专家共 9 人，给予该技术 93.5 分、国际领先、创新颠覆了传统食用菌生产技术的评价结论。

2020 年 8 月 25 日，河北省科学技术厅颁发了成果水平为国际领先的科学技术成果证书。

## 二、技术要点

**1. 食用菌液体菌种智速繁育技术**

研发出集三罐（50L、500L、5 000L）串联、三系统（空气过滤系统、蒸汽灭菌系统、现场控制系统）联动的液体菌种发酵系统，创新纯氧低速搅拌发酵、恒温培养传输、质量分步监测控制、一体化自动操作等核心技术，优化集成罐管道传送、压力接种、同步发酵三级菌种自动繁育技术体系，较传统液体菌种生产缩时 30% 以上，可应用于香菇、木耳、平菇、灵芝、猴头菇等食用菌液体菌种生产。

**2. 散基料高效低耗快速灭菌技术**

散基料的高效低耗快速灭菌技术与设备，主要是通过高温蒸汽对设备罐内的散基料进行高温高压灭菌。在灭菌过程中精准控制罐内通入的蒸汽压力、温度、流量和时间等要素，实现对罐内散基料全方位无死角的高温灭菌，确保在散基料中有害杂菌"零存活"；罐体结构与操作流程设计保证了在灭菌过程中能源的高效利用，大大缩短了灭菌时间，改善了人员劳动强度与作业环境，同时设备自动化控制机械化执行，更大大减少了对劳动力的需求。

**3. 散基料低耗高效快速冷却技术**

散基料在灭菌后，通过在全密封的无菌环境下，利用真空预冷等方法，对散基料进行快速冷却，从而达到菌种接种所需要的温度。在快速冷却过程中，通过从罐体结构与操作流程上，保证了散基料不被外界杂菌感染，保证了散基料所要求的温度与湿度，为菌种在基料上存活创造了最佳条件。设备全程自动化控制与机械化执行，在高效低耗运行的基础上，极大地减少了人工使用量与人员劳动强度。

**4. 液体菌种安全输送定量匀播技术**

此项技术与设备，是通过管道输送，将液体菌种从菌种罐无污染输送至散基料，并按照菌种设计的接种量、将菌种均匀接种到散基料中，并在菌种输送与接种过程中，保证菌种的活性不受影响、菌种不受杂菌感染的技术与设备。设备全程自动化控制与机械化执行，没有人工参与，确保了菌种活性、纯度及剂量。

## 5. 菌棒自动化装袋技术与设备

菌棒快速成型技术与设备，可针对不同品种，在无菌条件下将接种后的散基料用不同规格的菌袋进行包装并窝口或卡口密封，形成不同规格菌棒的技术与设备。可按要求制作各种袋栽食用菌菌棒，单机产量每小时 600～700 袋。设备所用的菌袋、卡口及其他配件均经过灭菌处理，确保菌棒成型后的无杂菌污染状态。设备全程自动化控制与机械化执行，没有人工参与，确保菌棒不被污染。

食用菌菌棒自动化高效生产技术系统创制了多联罐菌种繁育、散料灭菌罐、散料冷却罐、接种制棒等设备；发明了种源质量检测小型发酵装置、发酵罐自动清洗装置、纯氧输入培养装置、液体菌种输送设备、接种装置；制订了设备使用与保养、生产技术规程、精准技术参数、质量控制等系列技术标准；应用 PLC 模块化自动控制技术，实现了食用菌制棒规模化、工程化、自动化生产。

食用菌菌棒自动化高效生产灭菌冷却装备

多联罐食用菌液体菌种繁育装备

菌棒自动化装袋装备

菌棒自动化装袋装备生产菌棒图

食用菌菌棒自动化高效生产技术菌棒菌丝生长情况图

## 三、适宜区域

食用菌菌棒自动化高效生产技术实现了菌棒工厂化生产，生产不受地域气候条件限制，可在全国适宜食用菌产业发展的地区推广普及。

## 四、注意事项

食用菌菌棒自动化高效生产技术规模化效益更突出，宜配套建设产品深加工设施，提高产品附加值，促进产业健康发展，有效消化食用菌菌棒自动化高效生产装备产能。

**技术依托单位**

1. 河北省农业特色产业技术指导总站

联系地址：河北省石家庄市裕华区裕华东路88号

邮政编码：050011

联 系 人：赵　清

联系电话：0311-86256895，18931367945

电子邮箱：17667037@qq.com

2. 翔天菌业集团股份有限公司

联系地址：河北省涿州市亨通南街南口翔天产业园

邮政编码：072750

联 系 人：隋　杰

联系电话：0312-3698780，15028255155

电子邮箱：2809650340@qq.com

# 甘蓝类蔬菜全程机械化生产技术

## 一、技术概述

### 1. 技术基本情况

甘蓝类蔬菜，主要包括结球甘蓝、花椰菜、青花菜、羽衣甘蓝、抱子甘蓝、球茎甘蓝、芥蓝等，是我国主要大宗蔬菜种类之一。全国种植面积约 120 万～130 万 hm²（其中，甘蓝约 100 万 hm²，花椰菜约 15 万 hm²，其他甘蓝类蔬菜约 5 万～15 万 hm²）。针对我国甘蓝类蔬菜种植模式多、机械化推广难、用工量大、制约产业化发展等问题，聚焦结球甘蓝、花椰菜、青花菜三种主要甘蓝类蔬菜机械化生产，研究形成相关技术体系。

通过该技术，将现有常见甘蓝类蔬菜种植模式统一为三类，实现了适宜机械化生产的主要品种和种植模式选择，有助于轻简化栽培技术推广；通过机械化耕整、施肥、起垄，一次性完成垄型建立和精量基肥施用作业，实现垄型完整、镇压严实、垄面平直、精准施肥的规范化耕整地作业目标，提高耕整地环节生产效率；通过半自动、全自动机械化移栽，完成穴盘苗移栽作业，实现株行距稳定、漏栽率低、立直率高的精细化移栽作业目标，显著提高作业效率；通过机械化收获或人工辅助收获，完成甘蓝类蔬菜果实的采收作业，实现采收成功率高、机械化损伤率低的轻简化收获作业目标，显著降低人工作业劳动强度。实现了甘蓝类蔬菜生产农机农艺融合、良艺良机配套、节本增效生产。

### 2. 技术示范推广情况

核心技术"甘蓝类露地蔬菜轻简化生产技术"自 2014 年以来，在江苏响水、常熟、丰县，北京延庆，山东泰安，内蒙古乌兰察布，贵州毕节，宁夏银川等地进行示范推广，获得良好效果。

2018—2020 年，在江苏省响水县推广西兰花规范化轻简化作业技术，2018 年，采用该技术进行小面积试验示范，小面积实收亩产为 1 289.7kg 以上。人工移栽成本约为 70～100元，半自动移栽机作业成本约为 55 元，全自动移栽机作业成本约为 15 元/亩，移栽环节平均节本 15～75 元。2019—2020 年，采用该技术进行了大面积示范推广。大面积实收平均亩产分别为 1 190.4kg、1 279.5kg。采用半自动移栽机开展移栽作业，机手人工成本约为 50元，移栽环节平均节本 50 元；采用辅助收获作业平台开展收获作业，人工成本约为 80 元，收获环节平均节本 100 元。

2016—2020 年，在北京市延庆区进行了露地甘蓝机械化生产技术大面积示范推广，主要采用半自动移栽机和甘蓝收获机。其中，甘蓝机械化收获技术打通了蔬菜生产的"最后一公里"，显著减少了人工作业量和劳动强度，受到种植户的欢迎。半自动移栽机实际生产作业效率每小时约为 2.92 亩，需要机手 1 名、辅助工人 4 名，机械化移栽环节机手和工人作业成本平均成本 34 元，移栽环节平均节本 52 元。甘蓝收获机实际生产作业效率每小时约为 0.8～1 亩，需要机手 1 名、辅助工人 11 名，机械化收获环节机手和工人作业成本平均成本 240 元，收获环节平均节本 160 元。目前该技术正在我国甘蓝类蔬菜主产区推广应用。

**3. 提质增效情况**

和常规生产技术相比，应用该技术可减少人工用量 53.6% 以上，平均每亩节本 150 元以上，可减少化肥用量 25% 以上，作业效率是人工的 10 倍以上，实现了甘蓝类蔬菜节肥、省工、高效生产，生态环境协调可持续发展，促进了农民节本增收。

**4. 技术获奖情况**

未申报科技奖励。

## 二、技术要点

甘蓝类露地蔬菜轻简化生产技术路线如下。

```
┌──────────┐
│  育苗播种  │──┐
└──────────┘  │    ┌────────┐    ┌────────┐
              ├───→│  移栽   │───→│  收获   │
┌──────────┐  │    └────────┘    └────────┘
│  耕整地   │──┘
└──────────┘
```

**1. 甘蓝类蔬菜轻简化生产种植模式选择**

甘蓝类蔬菜轻简化生产种植模式以垄作为主，可分为单垄单行和单垄双行。根据侧枝状况、播期和成熟期持续时间等品种状况，以及田块状况明确适宜的种植模式。通常，在壤土或者沙壤土区域、大面积生产条件下，侧枝少、播期短的品种可进行密植起垄作业，部分区域也可进行平地作业；在黏土区域、中小面积生产条件下，侧枝较多、播期较宽的品种可适当降低移栽密度，宜进行起垄作业，部分区域应进行高垄作业以减少渍水。通常行距不小于35cm、株距为 30cm 左右。

（a）侧枝少　　　　　　　　　　　　　　　（b）侧枝多

甘蓝采收期状况

**2. 育苗播种**

播前应选种和浸种。根据种子形状大小、穴盘规格和农艺要求，选用半自动穴盘育苗播种机、全自动穴盘育苗播种机或全自动穴盘育苗播种流水线等设备进行播种作业，一穴一粒。全自动移栽机能实现机器自动取苗、投苗，一般配有专用钵苗育苗盘。半自动移栽机采用人工取苗、投苗，可采用通用钵苗育苗盘。

（a）平作模式

（b）单垄单行模式

（c）单垄双行模式

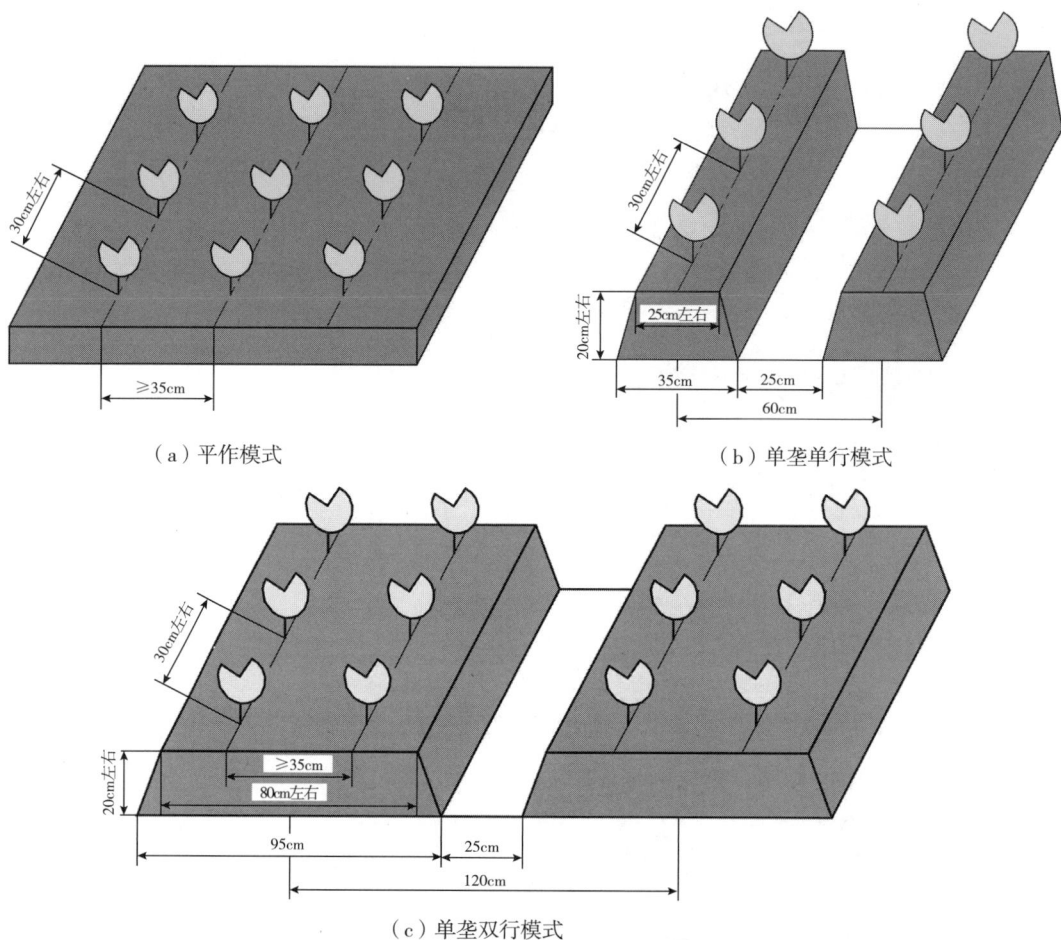

甘蓝类蔬菜主要种植模式图

全自动蔬菜移栽机钵苗育苗盘

### 3. 规范化耕整施肥复式作业

耕整地与施肥作业应在适宜土壤墒情时期进行，尤其是黏土条件下应注意土壤含水率15％～18％为宜。适宜旋耕深度为25～30cm，应均匀一致。适宜起垄高度应根据品种特点和土壤类型进行选择，黏土宜进行起垄栽培，且应采用精整地机，起垄高度宜大于15cm，以利于排水、减少渍水。土壤表面碎土率应≥85％，平整度应≤2cm。

甘蓝类蔬菜机械化耕整地和施肥作业

## 4. 机械化移栽作业

可根据土壤类型、种植密度和田块大小等因素选择适宜移栽机型。壤土或者沙壤土区域、大面积生产条件下，种植密度每亩约为 5 000 株时，宜使用全自动移栽机，单台移栽机作业需机手 1 名、辅助工 1 名；也可使用双垄四行半自动移栽机，需要机手 1 名，投苗工 2~4 名，辅助工 1 名。在黏土区域、中小面积生产条件下，种植密度约为 3 000 株，当土壤板结较轻、墒情适宜、垄沟平整度较好时，可使用全自动移栽机；当土壤黏性大时，宜选用单垄双行半自动移栽机，需要机手 1 名，投苗工 1~2 名，辅助工 1 名。

（a）牵引式2垄4行半自动移栽作业　　　　（b）自走式1垄2行全自动移栽作业

甘蓝类蔬菜全自动或半自动移栽作业

### 5. 低损省力化收获作业

进行一次性收获时，若垄面平整度较好，可采用甘蓝类蔬菜收获机，单行收获，作业效率每小时约 1～2 亩，最小作业行距 35cm，机手 1 名，辅助工约 4～7 人不等，有一定的采收机械损伤或切根损伤率。进行选择性收获，或者垄面平整度较差时，应使用辅助收获平台，即由人工完成选择切割，利用辅助收获平台完成球茎或花球果实的收集、转运工作，机手 1 人，收割工若干名，收集工 3～4 人。

（a）收获机作业

（b）收获辅助作业平台

甘蓝类蔬菜机械化收获作业

## 三、适宜区域

该甘蓝类蔬菜轻简化生产技术已连续 4 年在全国多地进行了示范推广，获得了良好效果，节本增效 10% 以上。根据主产区不同，我国露地甘蓝类蔬菜生产已逐渐形成了较为规范的农艺垄型参数系统，垄形参数规范化，株距 30cm，行距 40cm 左右，该技术适用于以河北、内蒙古为主的北方主产区，以湖北、江苏、浙江为主的华东产区，和以贵州、云南为主的西南产区。

## 四、注意事项

非黏土种植条件可取得更好的作业效果。耕整和移栽作业前，请注意土壤墒情，含水率不易过高。

**技术依托单位**

1. 农业农村部农业机械试验鉴定总站、农业机械化技术开发推广总站

联系地址：北京市朝阳区东三环南路 96 号农丰大厦

邮政编码：100021

联系人：吴传云

联系电话：13693015974

电子邮箱：amted@126.com

2. 农业农村部南京农业机械化研究所

联系地址：江苏省南京市玄武区柳营 100 号

邮政编码：210014

联系人：陈永生

联系电话：15366092928

电子邮箱：cys003@sina.com

3. 中国农业科学院蔬菜花卉研究所

联系地址：北京市海淀区中关村南大街 12 号

邮政编码：100081

联系人：尚庆茂

联系电话：13910306276

电子邮箱：shangqingmao@caas.cn

# 露地蔬菜无人化作业生产技术

## 一、技术概述

### 1. 技术基本情况

针对露地蔬菜生产平整地、移栽、采收等环节耗工量大（占总成本 70％以上），菜农老龄化日趋严重（2020 年平均用工缺口 30％），特别是规模化生产劳动强度大、连续作业质量下降明显等问题，研究形成露地蔬菜生产全程立体化监测感知、大数据驱动决策和智能装备集群无人化作业技术体系。通过该技术，实现了覆盖平整地、起垄、移栽、水肥、植保和收获等环节蔬菜生产全程无人作业，解决了露地蔬菜生产中路径精准规划、机具协同控制、苗垄精准对行、作业质量监测等难题；通过农机自动驾驶与机具控制实现了农机自主作业，摆脱了对熟练农机手的需求，保证了作业质量，降低了人力成本；北斗定位导航和苗垄识别实现了起垄、移栽、采收的精准对行作业；通过水肥一体智能化决策管控，提高了水肥利用效率，保证了蔬菜品质。实现了露地蔬菜生产智能化决策管控、农机农艺融合，推动蔬菜生产全面现代化转型升级。

### 2. 技术示范推广情况

核心技术"露地蔬菜全程无人化作业技术"自 2017 年以来单独或作为其他技术的核心内容，连续 3 年被遴选为农业农村部主推技术，2020 年"蔬菜规模化生产人机智能协作技术"入选农业农村部十大引领性技术。2018 年以来在河北、甘肃、北京、山东等省市多地进行示范、推广，获得良好效果。2018—2020 年，在北京市农林科学院昌平小汤山国家精准农业研究示范基地，采用该技术种植的甘蓝亩产均在 4 291kg 以上，最高达到 4 573kg。2019—2020 年，在石家庄市农林科学研究院赵县实验基地进行大面积甘蓝生产示范，平均亩产分别为 4 235kg、4 386kg。目前该技术正在甘肃、山东等蔬菜主产区推广应用。

### 3. 提质增效情况

和常规技术相比，应用该技术可根据地块情况灵活选择耕作和掉头方式，机耕道宽度减少 7％；通过苗垄识别保证行齐垄直，农机作业精度控制在 2 厘米以内；通过耕地/起垄/移栽/收获一致性规划提高作业效率质量，成品率提高 10％，亩产提高 8％，较人工作业效率提高 8～12 倍，总体人工投入减少 55％，亩增收节支 1 200 元以上，实现人力投入和农资投入"双减"，蔬菜品质和产量"双升"。该技术具有跨时域生产服务响应、全天候农作物看护、多类型智能装备协同作业等优势，提升蔬菜规模化生产竞争力，缓解劳动力紧张问题，同时有效降低农业资源消耗，较大程度节约水肥药投入，提高了资源利用率，避免资源浪费，从源头减少生产过程中水肥过量施用和废弃物排放，有效改善土壤板结、地下水体污染等面源污染问题，保持和改善了农业生态环境，推动了农业生态化健康发展。

### 4. 技术获奖情况

2017 年 5 月 5 日，农业多源信息整合与精准服务技术，被山东省人民政府评为科技进步奖一等奖。

2020 年 5 月 20 日，智慧无人农场关键技术与装备，被中国人工智能学会评为 2020 年度优秀科技成果奖。

## 二、技术要点

### 1. 天空地一体化高通量网络监测

构建以卫星、雷达、无人机、传感器等为载体的天空地立体化监测传感网络，实现蔬菜生产水土气环境、长势、作业过程、作业质量等数据敏捷感知传输，实现各类感知设备、作业设备、农田设施的精准定位、主动关联感知、作业设备工作质量与运行状态等信息跟踪，为农机实时调度、水肥远程管控等提供网络基础。

露地蔬菜生产天空地一体化高通量网络

### 2. 大数据驱动的蔬菜生产智能决策

利用环境调优控制、病虫害智能诊断、营养状况分析、作业路径规划、采收量规划等模型融合，实现种植排产、作业路径规划、农机适配调度、水肥药决策、病害识别、农机状态实时监控、作业质量核查追溯、农机作业时间/面积/成本管理与自动核算等服务，根据不同地块条件、农艺要求及农机具参数，自动生成无人作业方案。以露地甘蓝为例，建议采用起

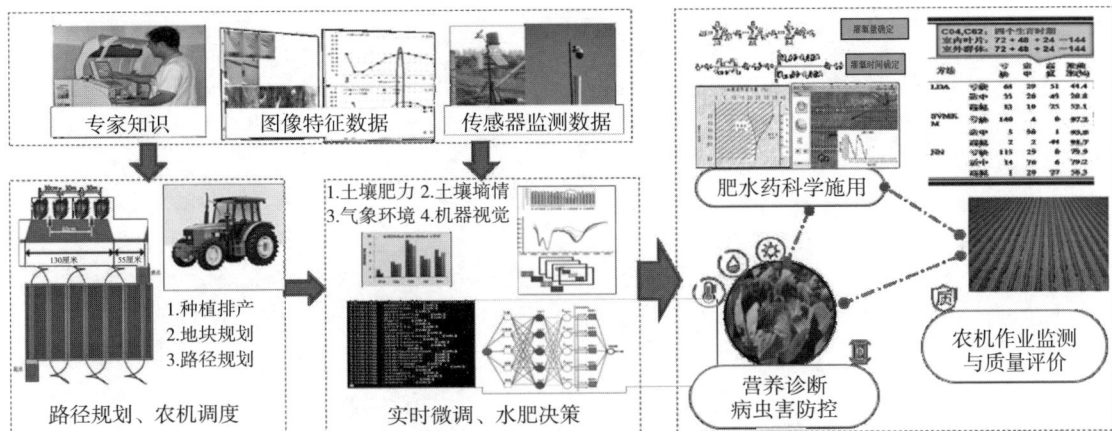

大数据驱动的蔬菜生产智能决策

垄方式种植，垄间距 185cm，垄底宽 130cm、垄面宽 120cm，垄沟宽 55cm；一垄三行种植，行距 50cm、株距 25cm，每垄铺设 2 条滴灌带，滴灌带间距约为 60cm。

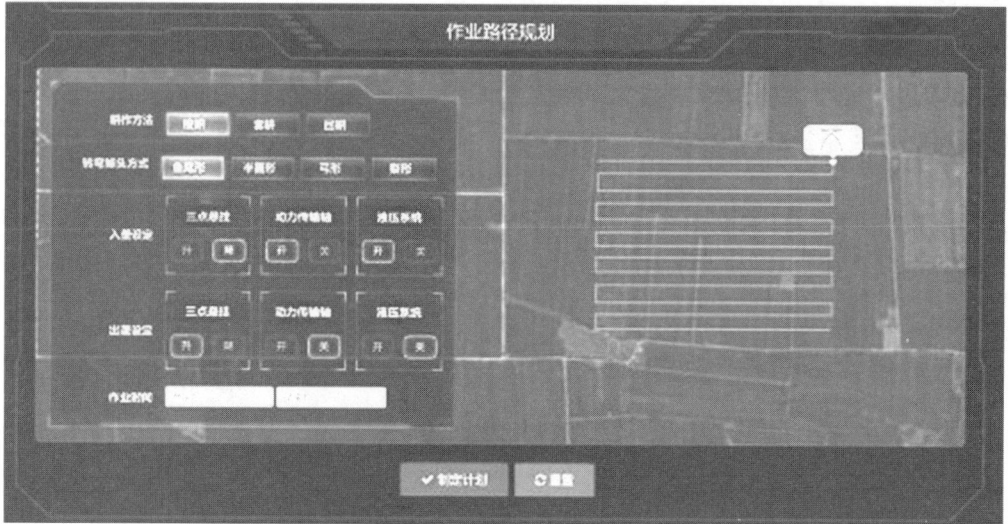

种植作业路径规划

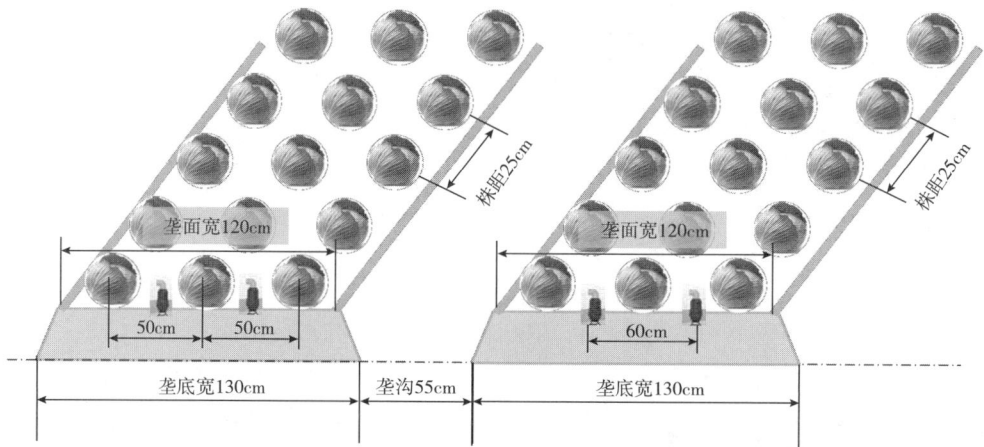

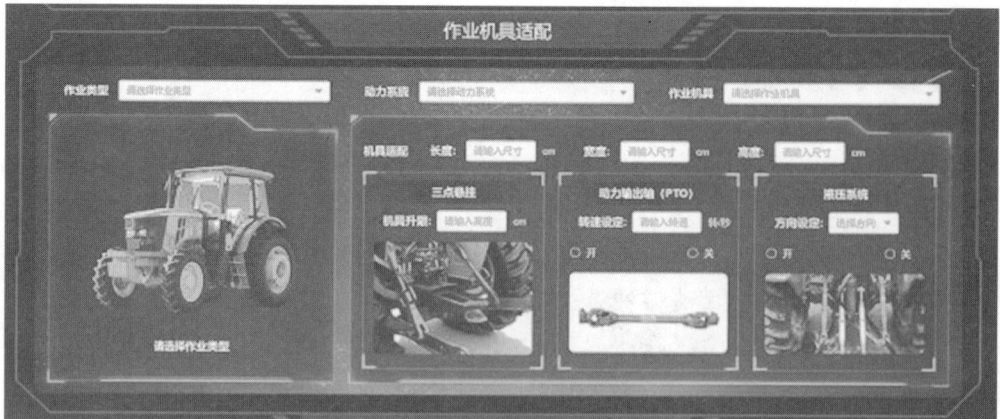

作业规划与农机具适配调度

### 3. 智能化无人平整地

综合考虑宜机化作业与土壤灌溉、排涝性能等，建议将种植地块平整为一个斜平面，每亩地高程落差在 5cm 以内；建议在深松前撒施底肥，深松深度为 40cm、旋耕深度为 15cm。

### 4. 智能化无人起垄、移栽

通过北斗导航、无人驾驶技术实现起垄直线度精确控制，根据压力、角度、惯性等多传感器融合和姿态监测纠偏算法实现农机具参数设定和动态调优，大面积地块作业幅间拼接误差小于 2cm，起垄质量高；移栽时精准对行起垄轨迹，建议移栽时的农机作业行进速度为每小时 0.7～0.8km，同时通过漏苗监测与机速自适调优，提高作业配合度，漏苗率低于 5.1%。

移栽漏苗监测识别

### 5. 水肥一体智能化管控

通过田间部署的气象、墒情传感器实时监测地块土壤水分信息，根据田间持水量比例智能决策灌溉时机、灌溉量等，集成灌溉控制器、无线电磁阀等设备，实现远程实时灌溉控制。集成施肥机等设备实现肥液自动配比与水肥一体化施用，现时集成远程流量计实现水肥灌溉量的精准计量，通过 Web 或 App 端配置决策参数、灌溉计划，也可以查看灌溉设备状态与历史灌溉信息，实现人机智能协作的蔬菜水肥按需灌溉。形成了"土壤含水量＋蒸散量＋蔬菜长势"综合决策方式，通过彭曼公式计算参考蔬菜需水量，结合蔬菜长势参数，计算蔬菜不同生长阶段需水量。以华北地区甘蓝种植为例，推荐土壤墒情控制区间和计划湿润层深度分别为苗期（75%～100% FC、0～20cm）、莲座期（80%～100% FC、0～30cm）和结球期（80%～100% FC、0～40cm），其中 FC 为田间持水量。

### 6. 双机编组协作低损无人采收

以起垄、移栽轨迹数据为作业底数，通过机器视觉、柔性感应等先进技术，利用自主导航和轨迹实时监测实现蔬菜采收精准对行，通过柔性感应技术实现蔬菜植株自动识别和采收履带宽度动态调整，防止由于蔬菜植株大小不一造成的采收障碍，利用机器视觉技术实现漏采植株的快速识别，极大提高作业效率，降低收获破损率。通过采用全自动收获机，可实现起获切秧工序一次性完成，采收和装车运输双机编组无人作业，实现了双机编组协作全无人低损采收作业，甘蓝无人采收效率是人工采收的 12 倍，破损率小于 5.5%。

双机编组协作低损无人采收

## 三、适宜区域

该技术适合全国露地蔬菜产区。

## 四、注意事项

建议作业垄行规划、行株距等如与当地蔬菜农艺规程不一致，应根据机具适配范围结合当地农艺进行调整。

**技术依托单位**

北京农业信息技术研究中心

联系地址：北京市海淀区曙光花园中路11号

邮政编码：100097

联 系 人：吴华瑞

联系电话：010-51503921，13910293903

电子邮箱：wuhr@nercita.org.cn

# 木薯宽窄双行起垄种植及配套全程机械化技术

## 一、技术概述

### 1. 技术基本情况

传统木薯的种植方式一般采用平种或垄作（1行1垄，小垄），按种茎方向有平放、斜插和直插三种扦插形式。无论何种方式，一般都采取70～90cm的等行距种植，种植的标准化和规范性差，行距宽窄偏差大、行向直线度差，垄形低，对其实施机械化作业存在以下问题。

（1）种植行距与拖拉机轮距及种植机械、管理机械、收获机械的轮距不匹配，造成机械化作业时拖拉机和农机具的轮胎不是压在垄沟里而是压在木薯垄上，压伤木薯植株或压碎木薯块根。

（2）木薯挖掘收获机作业幅宽与木薯种植行距不匹配，无法对行挖掘、不易控制挖掘方向和深度，造成木薯块根易被收获机铲断，木薯机械化收获损失率大。

（3）垄形低容易受涝，影响木薯产量且造成土壤板结，木薯挖掘收获机具工作阻力大，能耗高，机具磨损加快。

上述问题是制约木薯规模化和机械化生产的最主要原因，依赖人工作业，木薯种植已经没有经济效益可言。木薯宽窄双行起垄种植及配套全程机械化技术，解决了木薯生产机械化中农机农艺有效结合、农机高效高质量作业的问题。

### 2. 示范推广情况

2016—2019年，木薯宽窄双行起垄种植及配套全程机械化技术已在广东湛江、海南白沙、广西合浦、云南保山进行了示范性推广，实施效果良好。

### 3. 提质增效情况

实施木薯生产全程机械化，综合作业成本仅为人工作业成本的2/5。按照2019年价格测算：

（1）人工种植木薯，种植效率约1天1人1亩，成本约为每亩120元。机械起垄种植，种植效率约3人1天80亩（含拖拉机手，以下同），"机械＋人工"成本约为每亩40元。机械种植效率是人工种植的26倍，单位面积机械种植作业成本为人工种植的1/3。

（2）人工砍运木薯秆，效率约1人1天2亩，成本约每亩80元。机械粉碎木薯秆，作业效率为1人1天80亩，"机械＋人工"成本约每亩20元，机械作业效率是人工的40倍，单位面积机械作业成本仅为人工的1/4。

（3）人工收获木薯，收获效率一般为1人1天0.6亩，成本约为每亩150元。采用机械收获，效率约1人1天6亩，"机械＋人工"成本为每亩60元。机械收获效率是人工的10倍，单位面积机械收获成本仅为人工的2/5。

### 4. 获得奖励情况

该技术尚未申报过科技奖励。

## 二、技术要点

### 1. 农艺要求

起梯形大垄，垄面宽度 90～110cm，垄底宽度 180cm，垄形高度 25～30cm；种植密度：每个大垄种植 2 行木薯，垄内窄行距 50～60cm，邻垄宽行距 120～130cm，株距 50～60cm，每公顷种植木薯株数约 16 000 株。

### 2. 配套机械

与农艺对应、农机农艺结合的全程机械化设备，均以 90 马力拖拉机为动力，主要包括：旋耕起垄机、实时切种式双行木薯种植机、薯地喷药机、苗期中耕施肥培土机、木薯秸秆粉碎还田机、木薯块根挖掘收获机等 6 种。

## 三、适宜区域

该技术实施要求耕地坡度在 8°以下、地块面积规模在 3 亩以上的种植区域均可实施，连片种植效果更具优势。

## 四、注意事项

### 1. 耕地准备

利用 90 马力拖拉机后悬挂旋耕起垄机，对耕地进行旋耕碎土、平整，并起梯形垄，垄体的两侧开有倒梯形垄沟供拖拉机轮胎行走。

使用旋耕机，旋耕起垄处理的旋耕深度为 25～30cm，起垄垄体的垄面宽度为 110cm，垄体的垄底宽度为 120cm，垄体的垄高约为 30cm，垄沟的宽度为 50cm。视耕地土质情况，起垄高度和垄面宽度有一定的差异，较松软或耕层较深的土质起垄 30cm 高度有保证；较湿软的泥土，垄面宽度保持较好，但干燥泥土流动性较大，垄面边沿泥土有下滑情况，宽度将缩小；板结土质或耕层较浅的土壤，起垄高度约在 25cm。总之，在一定范围内的垄形变化，对机械化实施和作物生长影响不大。

### 2. 木薯种植

耕整好的木薯地，在大垄上沿纵向方向，利用实时切种式双行木薯种植机种出两行木薯。该木薯种植机，由 90 马力拖拉机后悬挂于拖拉机，作业时种植机在垄上一次完成开种植沟、木薯切种、施肥和覆土。木薯种植机的切种机构、施肥机构依靠一对驱动地轮获得动力，驱动地轮的内间距与垄底宽度相配合，驱动地轮完全行走在垄沟内。为防止种植过程中垄形被破坏，木薯种植机设有 1 对保持垄形的侧面护垄板和 1 片后垄面刮板，使种植前后垄形基本保持不变。

为防止杂草先于木薯出苗而影响木薯生长，木薯种植完成后，应及时采取苗前土壤封闭除草剂来防控杂草。喷洒封闭除草剂，亦通过使用 90 马力拖拉机后悬挂的喷药机来完成，以保证喷药过程作业机具不破坏垄形。

### 3. 苗期田间管理

木薯出苗之后，利用 90 马力拖拉机后悬挂中耕施肥培土机进行培土、护垄和除草；必要时利用喷药机进行除虫、防病。

### 4. 木薯秸秆粉碎

木薯块根成熟后，利用木薯秆粉碎还田机高效处理木薯秸秆。木薯秆粉碎还田机设计成仿垄形，粉碎机工作幅宽与垄面宽度相配合，仿垄的地轮完全行走在垄沟内，以 90 马力拖拉机为动力，作业时拖拉机的轮胎及粉碎机的地轮不压垄、不压土下的木薯块根。

**5. 木薯块根挖掘收获机械化**

木薯秸秆处理后，留置一周左右，以降低未充分粉碎的木薯秆萌芽的可能性，再利用木薯挖掘收获机进行木薯块根收获。振动链式木薯收获机工作幅宽与垄面宽度相配合，同样由 90 马力拖拉机牵引作业，拖拉机的轮胎及收获机的限深地轮均行走在垄沟内，不压垄、不压已经翻出的木薯块根。

**技术依托单位**

1. 中国热带农业科学院农业机械研究所

联系地址：广东省湛江市湖秀路 3 号

邮政编码：524091

联 系 人：邓干然

联系电话：13509936250

电子信箱：dengganran@163.com

2. 中国热带农业科学院热带作物品种资源研究所

联系地址：海南省海口市学院路 4 号

邮政编码：571101

联 系 人：黄　洁

联系电话：13907657582

电子信箱：hnhjcn@163.com

3. 合浦县农业科学研究所

联系地址：广西北海市合浦县廉州镇龙门江

邮政编码：536100

联 系 人：廖　琦

联系电话：0779-7205178

电子信箱：nks7205178@163.com

# 水稻病害"一浸两喷"精准防控技术

## 一、技术概述

### 1. 技术基本情况

水稻病害的发生贯穿于水稻整个生育期,是影响水稻生产安全和稻谷(米)品质的重要因素。水稻病害种类多,在我国各稻区广泛发生,常年可造成稻谷损失 20%～30%,稻瘟病、病毒病大流行时,可导致严重减产甚至绝收。穗颈瘟、稻曲病、穗腐病、恶苗病等可防不可治,一旦染病即造成绝收,预防措施至关重要;稻曲病、穗腐病病原菌还可产生毒素,影响稻米品质,威胁人畜健康。

该模式经多年研发和大田验证及大面积应用,针对水稻主要病害,包括苗期至分蘖初期:恶苗病、立枯病、病毒病、稻瘟病(苗瘟);分蘖期至拔节期:纹枯病、稻瘟病(叶瘟)、白叶枯病、细菌性条斑病、细菌性基腐病;孕穗末期至穗期:稻瘟病(穗瘟)、稻曲病、穗腐病、穗枯病、稻粒黑粉病、叶鞘腐败病,抓住播前种子处理、营养生长期叶面处理、穗期保护三个防病的关键环节,采用"一浸两喷"防控技术,实现水稻全生育期多病害的全程控制。该模式具有精准、高效、轻简、减药的优点,稻农易掌握,可大幅度提高防效,避免粗放盲目施药、见病被动施药、防效差、过量用药、抗药性和防治成本上升等问题。

### 2. 技术示范推广情况

该技术依托国家重点研发计划等项目,在我国长江中下游、华南、西南、东北等稻区开展了多年示范推广,年应用面积 2 000 万亩以上。2015 年以来,其核心技术"一浸两喷"精准防控技术模式列为农业农村部全国水稻重大病虫害防控技术方案主推技术,2018 年以来列入浙江省水稻病虫害防治主推技术。

### 3. 提质增效情况

多年多地试验示范及大面积应用结果表明,水稻病害"一浸两喷"精准防控技术模式对主要病害具有理想的防效。种子药剂处理,对恶苗病防效为 95.8%～99.7%,对稻瘟病(苗瘟)防效为 93.4%～98.1%;营养生长期叶面喷雾,对稻瘟病(叶瘟)防效为 87.2%～92.6%,对纹枯病防效为 87.8%～94.4%,对白叶枯病和细菌性条斑病防效为 67.9%～88.6%;孕穗末期至穗期药剂保护,对稻瘟病(穗颈瘟)防效为 88.2%～94.7%、对稻曲病防效为 86.5%～95.3%，对穗腐病防效为 78.5%～86.2%，对细菌性穗枯病防效为 66.8%～79.1%。与农户常规防治相比，平均每季减少用药 1.5～2.6 次，降低农药使用量 18% 以上，每亩节省防治成本 80 元左右，多挽回稻谷损失 8%～10%。采用该项技术模式还可减少病原菌毒素的污染，提高稻谷（米）品质，降低农药残留，改善稻田土壤和水体质量，减少面源污染，保护生态环境。

**4. 技术获奖情况**

该模式的核心技术获授权国家发明专利"一种新型水稻稻曲病高效防控方法"（ZL 201610022925.5）。

## 二、技术要点

### 1. 种子处理（一浸）

针对水稻种子带菌和苗期侵染的病害，如恶苗病、干尖线虫、稻瘟病（苗瘟和叶瘟）、立枯病（烂秧）、白叶枯病、细菌性条斑病、细菌性穗枯病、病毒病等，根据当地常发主要病害种类，明确主要防治对象，选用对路药剂品种，进行浸种或拌种处理。

（1）选用药剂品种。预防恶苗病：肟菌·异噻胺、氰烯菌酯、咪鲜胺；预防稻瘟病（苗瘟、叶瘟）：肟菌·异噻胺、咪鲜胺；预防细菌性病害：三氯异氰尿酸（强氯精）、噻唑锌；预防干尖线虫病：0.5% 盐酸溶液、杀螟丹；预防立枯病等烂秧：乙蒜素；预防南方水稻黑条矮缩病、齿叶矮缩病、条纹叶枯病、黑条矮缩病、橙叶病、普通矮缩病、条纹花叶病等稻飞虱、叶蝉传播的病毒病：吡虫啉、噻虫嗪。

（2）方法。①浸种前晒种，强日照 1d，弱日照 2d。②用 10kg 清水与 3～4kg 黄泥或 2kg 工业盐配制成溶液选种。③药剂浸种或拌种，采用有针对性的药剂，按照农药推荐剂量加少量水稀释，与干种子拌匀，阴凉处晾干 1d，浸种催芽。采用三氯异氰尿酸（强氯精）浸种后，应反复冲洗种子，彻底去掉药味。采用石灰水浸种后，清水洗 3～4 次。④催芽播种。

### 2. 营养生长期叶面喷雾（第一喷）

针对水稻苗期至拔节孕穗期叶部和茎部的主要病害，包括：立枯病（烂秧）、稻瘟病（叶瘟）、纹枯病、细菌性病害（白叶枯病、细菌性条斑病、细菌性基腐病、细菌性褐条病），以及病毒病常发区分蘖初期的病毒病等，根据田间监测调查结果，明确主要防治对象，选用对路药剂品种，进行叶面喷雾预防和治疗。

（1）选用药剂品种。防治立枯病：寡雄腐霉菌、蛇床子素、恶霉灵。防治稻瘟病（叶瘟）：三环唑、春雷霉素、枯草芽孢杆菌、井·蜡芽菌、多抗霉素、咪鲜胺、稻瘟灵。防治细菌性病害：噻唑锌、噻霉酮、噻菌铜、中生菌素。防治纹枯病：井冈霉素 A、井·蜡芽菌、氟环唑、噻呋酰胺。预防病毒病：吡蚜酮、烯啶虫胺、醚菊酯，与毒氟磷混用。

（2）防治适期。立枯病为秧田出现发病中心时；稻瘟病（叶瘟）为田间出现急性病斑或发病中心时；纹枯病为病丛率 20% 时；细菌性病害为田间出现发病中心时，或台风、暴雨之前和之后；病毒病于三叶一心至分蘖初期当介体昆虫（稻飞虱或叶蝉）有效虫量（带毒虫）较高时。

（3）方法。当病害发生达到防治指标时，采用所选药剂品种，按推荐剂量，兑水配制成药液，进行叶面或茎部均匀喷雾。

### 3. 穗期保护（第二喷）

针对孕穗末期至乳熟期的主要病害，包括：稻曲病、穗腐病、穗枯病、稻瘟病（穗瘟）、稻粒黑粉病、叶鞘腐败病、纹枯病，选择适宜药剂品种，植株冠层均匀喷雾。

（1）选用药剂品种。预防稻曲病、穗腐病、叶鞘腐败病、稻粒黑粉病：申嗪霉素、井·蜡芽菌、肟菌·戊唑醇、氟环唑、苯甲·丙环唑；预防稻瘟病（穗瘟）：春雷霉素、枯草芽孢杆菌、多抗霉素、三环唑、稻瘟灵、嘧菌酯；防治纹枯病：井冈霉素A、井·蜡芽菌、氟环唑、噻呋酰胺；防治白叶枯病、细菌性条斑病等细菌性病害：噻唑锌、噻霉酮、噻菌铜、中生菌素。

（2）方法。当田间30％～50％的植株剑叶叶枕与倒二叶叶枕平齐时定时施药，预防稻曲病、穗腐病、叶鞘腐败病、稻粒黑粉病，兼治纹枯病。当水稻破口抽穗期，或第一次施药后7～10d，定时第二次施药，以预防稻瘟病（穗颈瘟）为主。如遇连续阴雨天气，应同时预防稻曲病、穗腐病等，并于水稻齐穗期第三次定时施药，预防稻瘟病（枝梗瘟和谷粒瘟）。防治细菌性病害，当田间出现发病中心或植株初现病斑时，或台风、暴雨之前和之后，立即施药。

## 三、适宜区域

适宜我国华南、西南、长江中下游、黄淮、北方稻区。

## 四、注意事项

（1）根据本地每个阶段的主要病害确定药剂品种。药剂品种应轮换、交替使用。

（2）两种以上药剂混配时，避免出现拮抗减效和药害，应"随混随用"。

（3）水稻扬花期慎用三唑类杀菌剂，避免产生药害。

（4）根据害虫监测调查结果，当田间害虫种群量达到防治指标时，可在防病时混配杀虫剂，兼治害虫。

**技术依托单位**

1. 中国水稻研究所

联系地址：浙江省杭州市富阳区水稻所路28号

邮政编码：311401

联 系 人：黄世文

联系电话：0571-63370312

电子邮箱：huangshiwen@caas.cn

2. 全国农业技术推广服务中心

联系地址：北京市朝阳区麦子店街20号

邮政编码：100125

联 系 人：卓富彦 郭 荣

联系电话：010-59194542

电子信箱：zhuofuyan@agri.gov.cn

# 稻田抗药性杂草"早控—促发"治理技术

## 一、技术概述

### 1. 技术基本情况

化学控草是现代农业的必要措施和重要标志，杂草在除草剂选择压力下进化出抗药性是必然规律和现实危害，全球已有 1 581 例杂草生物型对 167 种除草剂产生抗药性且呈愈演愈烈之势，任其发展将面临"无药可用"、草害猖獗的困境。本技术体系针对我国水稻田抗药性杂草种类多、分布广、危害重、损失大等生产问题，发明了基于靶标位点抗性突变和甄别剂量的抗药性早期快速检测技术；筛选出高效的化感植物和稗草致病菌，建立了有机控草肥制备工艺和大田应用技术；针对敏感或低抗类型田块，采用"多靶标除草剂协同延抗"技术模式；针对中/高抗田块，采用"靶向差异除草剂轮换控抗"技术模式；构建"早控-促发"的杂草-作物管理模式，集成除草剂减量控害的技术体系并在生产中大面积应用，有效延缓了我国杂草抗药性发展，保证了杂草抗药性长期居于世界低水平（仅 44 例），为我国 20 年来从未发生抗药性草害猖獗做出重要贡献，除草剂减量30%以上。

### 2. 技术示范推广情况

该技术在湖南、安徽、黑龙江、贵州、河南和江苏等省累计推广 68 720 万亩次。在敏感/低抗性地区，湖南攸县、醴陵、湘潭、湘乡、双峰、平江、临湘、长沙、浏阳、桃江、常宁、衡阳、衡东、安仁等 14 县，江西吉安、临川、万年、进贤、丰城、安义、奉兴、高安、樟树、新干等 10 县，安徽长丰、和县、含山、怀远、明光、凤阳、完远、无为等 8 县，江苏如东、通州、东台、大丰、滨海、建湖、阜宁、射阳、东海、涟水等 8 县，采用"ALS-ACCase 抑制剂、ALS-HPPD 抑制剂、ALS-ACCase-HPPD 抑制剂"等不同作用靶标除草剂联合施用，草防效均 96% 以上无明显抗药性产生相比常规手段农产品增产 10% ～12%。在中/高度抗性地区，湖南南县、鼎城、汉寿、沅江、赫山、资阳、安乡、桃源、华容、汨罗、湘阴、岳阳、君山、望城区、宁乡等 15 县，江西余干、南昌、鄱阳、九江、都昌、新建、乐平、永修、德安、湖口、景德、共青城、恒湖等 13 县，安徽南陵、芜湖、宣州、庐江、巢湖、舒城、枞阳、寿县等 8 县，江苏姜堰、兴化、泰兴、江都、仪征、宝应、高邮、金坛、武进、泗洪、宜兴、溧阳、洪泽、滨海、建湖等 15 县，采用 ALS 抑制剂、ACCase 抑制剂、HPPD 抑制剂等轮换使用、生物控草有机肥施用协同治理抗性杂草，杂草防效均 93% 以上相比常规手段水稻增产 65% ～90%。

### 3. 提质增效情况

大面积示范调研结果表明，针对代谢抗性田块，采用"多靶标除草剂协同延抗"技术模式，减少用药 1 次，每亩人工成本及除草剂成本累计节约 20 元，应用面积 42 950 万亩；针对靶标抗性田块，采用"靶向差异除草剂轮换控抗"技术模式，减少用药 1 次，每亩人工成本节约 20 元，除草剂成本节约 40 元，累计节约成本 60 元，应用面积 25 770 万亩；近 3 年累计实现农民节本增效240.5亿元。该项目大面积采用以早期治理为基础的抗药性杂草管理体系，极大地减少了化学除草剂施用，是一项资源节约型、环境保护型绿色作物生产技术，有利于解决现代作物生产过程中抗药性杂草及大量化学除草剂施用引起的一系列生态问题。该技术推广不仅减少除草剂对环境的污染，也可改善农产品品质，实现生态农业可持续发展。

### 4. 技术获奖情况

获2020年度国家科技进步二等奖和2018年度湖南省科技进步奖一等奖。

## 二、技术要点

### 1. 当季诊断杂草抗药性技术

基于甄别剂量的高通量、早期快速检测方法，诊断时间由30～40d缩至7～10d，简便易用，无需专业生测人员，基层农技人员即可完成。

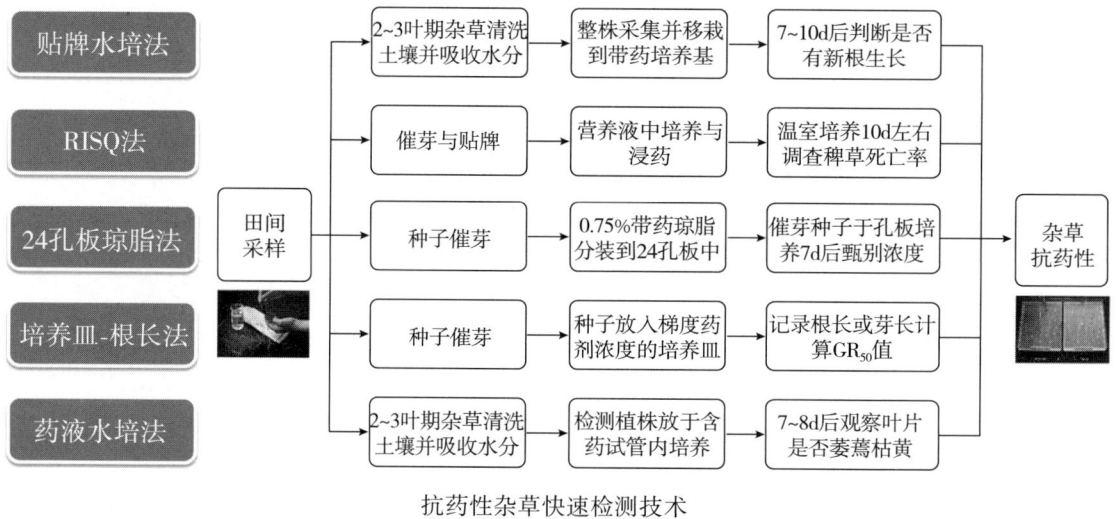

抗药性杂草快速检测技术

### 2. 早期控草技术

化学除草：播后苗前施用封闭除草剂或在苗后早期施用封杀结合除草剂。农业措施：通过土地深翻平整、清洁田园、水层管理、诱导出草、肥水壮苗、施用腐熟粪肥、水旱轮作、轮作换茬等农业措施，形成不利于杂草萌芽的环境，保持有利于水稻良好生长的生态条件，促进水稻生长，提高水稻对杂草的竞争力。生物有机肥早期控草技术：以化感植物为材料，富含黑褐色腐殖质等有机辅料为载体，合理复配成符合农业农村部标准的有机控草肥。在水稻移栽后3～5d及保水7～10d，每亩施用量100kg情况下，对稻田杂草防效在85%以上，具有控草活性强、杀草谱广、作用时间长、绿色安全等优点。

### 3. 精准对靶施药技术

针对敏感或低抗类型田块，采用"多靶标除草剂协同延抗"技术模式，以"ALS-ACCase抑制剂、ALS-HPPD抑制剂、ALS-ACCase-HPPD抑制剂"等不同作用靶标除草剂联合施用，减轻单一除草剂使用的选择压力，减缓杂草抗药性。针对中/高抗田块，采用"靶向差异除草剂轮换控抗"技术模式，根据杂草抗药性特征，以不同靶向除草剂如ALS抑制剂、ACCase抑制剂、HPPD抑制剂等轮换使用，高效防除抗药性杂草。

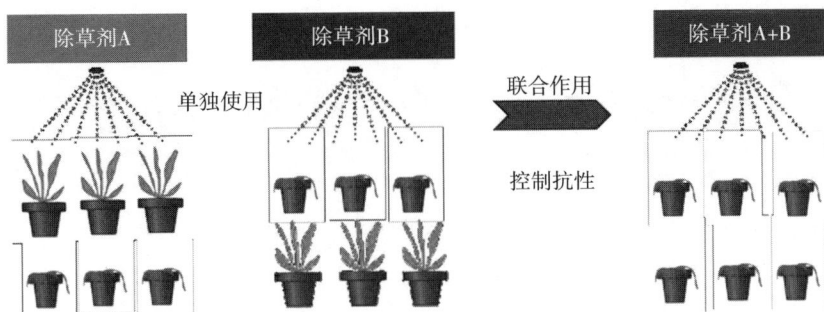

应对代谢抗性的"协同控抗"抗药性杂草防控技术

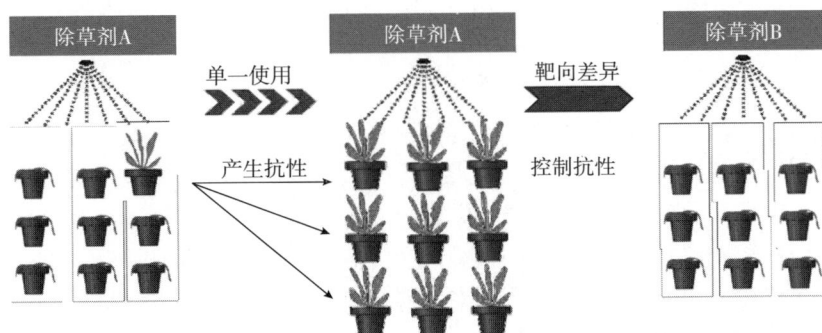

应对靶标抗性的"轮换控抗"抗药性杂草防控技术

## 三、适宜区域

东北三省、长江中下游等水稻主产区。

## 四、注意事项

（1）不同栽培方式、种植季节等制订不同的用药方案；
（2）按照农药标签要求施用除草剂；
（3）推荐扇形喷嘴喷施除草剂。

**技术依托单位**

湖南省农业科学院

联系地址：长沙市芙蓉区远大二路 892 号

邮政编码：410125

联 系 人：李祖任

联系电话：0731-84696075，18273153504

电子邮箱：lizuren88214@sina.com

# 基于农田杂草群落消减的稻田精确生态控草技术

## 一、技术概述

### 1. 技术基本情况

防治农田杂草危害一直是农业生产面临的主要问题，我国是受杂草危害最严重的国家之一，全国有田园杂草 1 430 种（变种），分布广、发生量大。每年由于杂草危害造成作物产量损失约 10%，粮食减产达 6 000 万 t，经济损失达 2 200 亿元。现代农业杂草防除主要依赖化学除草剂，其用量已占农药使用量的 40% 以上，随着我国农业生产集约化和规模化发展，还将加重这种依赖性。长期大量施用化学除草剂引起杂草产生抗性，迄今我国已发现农田 41 种抗性杂草，导致局部杂草失控。抗性产生又加重除草剂使用量，加之除草剂残留及药害等的影响，导致作物绝收的情况时有发生；由于采取一年两熟高土地利用耕作制度，我国也成为单位面积使用除草剂量最大的国家，给食品及环境安全带来严重威胁。我国大豆产业过度依赖国际市场，也是我国传统品种对除草剂的依赖导致成本高昂不敌转基因大豆所致。过度依赖除草剂也导致除草成本不断增加，近 10 年除草剂的亩成本从 15 元已经升高达 100 余元，致使农业生产效益降低甚至亏本，是导致土地大量撂荒的主要推手，直接威胁我国粮食安全和"藏粮于地"的战略。我国杂草防治已经到了历史发展的"十字路口"。大力发展绿色控草技术，彻底改变过度依赖化学除草剂的农业生产状况，是保障我国农业可持续发展的关键技术抓手，发展的必由之路。

杂草之所以一直灭除不尽的根本原因是由于土壤中存在的杂草种子库。因此，基于"断源""截流""竭库"生态学理念，针对杂草群落综合体，通过减少种子库的输入量，降低直至耗竭种子库，洁净土壤，就可以减轻或免除草害。主要技术抓手是针对杂草种子适应长期的水稻种植灌水管理环境而随水流传播的特点，应用灌溉期进水口拦网截流及蓄水期漂浮草籽捞除技术，阻断外源杂草种子的传入及减少种子的回馈，加快种子库的耗竭，配合化学除草剂减量应用，达到标本兼治。该技术已经经过在江苏省稻麦（油）连作田 20 年的试验、示范和推广，年降低杂草发生量 20%，持续 3 年后可使种子库规模下降到 50% 以下、杂草发生量减少 60% 以上；每季作物仅需依靠一次常规土壤处理，免除 2～4 次茎叶除草剂处理，就可以解决草害问题，可减少化学除草剂用量 60% 持续进行，土壤种子库的潜杂草群落降低到每平方米 5 万粒以下，可免除网捞，一劳永逸。因此，该技术是基于农田杂草群落消减的精确生态控草技术。

### 2. 技术示范推广情况

拦截网捞草籽的稻-麦（油菜）田精准生态控草技术，被农业农村部农技推广中心作为近 3 年来杂草防治的基础性技术。

2015 年以来在江苏、安徽、江西、湖北、浙江、上海等省市进行示范、推广，获得良好效果，建立示范基地 17 个，累计推广应用面积 7 137.8 万亩，节约除草成本 24.06 亿元，减损增产收益（包含综合种养）53.49 亿元，经济效益达 77.11 亿元。

2016 年至 2020 年在综合生态控草措施持续实施的情况下，江苏淮安试验点的夏季杂草种子库、冬季杂草种子库分别降低 45.89％、48.08％，杂草发生总量稻季、麦季分别降低 57.24％、58.75％，水稻、小麦产量分别增产 11.76％、9.38％，稻季化学除草次数从 3 次降至 1 次、麦季化学除草次数从 2 次降至 1 次。昆山试验点的夏季杂草种子库、冬季杂草种子库分别降低 43.51％、47.51％，杂草发生总量稻季、油菜季分别降低 67.79％、56.74％，水稻产量增加 14.51％，稻季化学除草次数从 3 次降至 2 次、油菜季化学除草次数从 2 次降至 1 次。江苏金坛市经过 7 年控草技术应用，夏季杂草种子库、冬季杂草种子库分别降低 67.79％、63.41％，稻季杂草发生量减少了 72.87％，麦季杂草发生量减少了 78.63％，与传统化除比较，水稻增产 9.28％，小麦增产 15.89％，每公顷节本增收 5 000 元。

**3. 提质增效情况**

基于农田杂草群落消减的精确生态控草技术实施后，年可降低杂草发生基数 20％以上，持续 2～3 年后，稻-麦季的杂草均可减少 50％，土壤种子库规模降低 40％以上，当潜杂草群落规模降至每平方米 5 万粒临界点以下，水面就无漂浮草籽可捞，一劳永逸。作物增产 9％以上，稻-麦两季从"两封两杀一补"5～6 次用药降到稻田一封、麦田一封（或杀）2 次用药，减少除草剂用量 60％以上，降低除草成本 40％以上。每公顷节本增收 5 000 元。

针对全国不同作物连作组合形成控草技术体系和规范，得到广泛应用推广，可确保控草效果在 85％以上。如果能够在全国稻田生态系统广泛推广应用，年可挽回粮食产量损失 2 000 万 t，节本增收年直接经济效益 500 亿元。同时，该技术还降低了药害产生的风险、环境污染的压力以及延缓杂草抗药性的产生，真正实现杂草可持续防治，且方法简便易行，一次实施可兼顾控制稻-麦（油菜）两季草害，省工节本，还可显著降低氮素营养，减少面源污染，具有显著的综合经济、社会及生态效益。此外，还可以有效调动农民种粮的积极性，由于夏粮种植亏本而致越来越多的冬闲田得到恢复种植，此外，降低或免除了除草剂在粮食中的总残留，有利于保障粮食安全，有效促进优质高产、低耗高效的绿色环保型农业发展，促进农民增收。

**4. 技术获奖情况**

尚未申报。

## 二、技术要点

通过"截流""网捞"杂草种子等生态措施，减少回馈土壤的种子量，降低土壤种子库规模甚至耗竭种子库，降低农田杂草发生基数、监控苗期杂草发生密度，减少化学除草剂使用频次。

（1）"截流"随水流传播杂草种子：水稻种植准备期间，第一次灌水前，在沟渠、田块的进水口设置过滤网，拦截过滤随灌溉水流传播的杂草种子。过滤网使用 50 目的尼龙纱网。

（2）"网捞"稻田漂浮的杂草种子：在麦收后秸秆还田，须先翻耕，灌水，旋耕耙地，维持 10～15cm 水层，静置 2h 以上，待漂浮于水面的杂草种子被风吹拂集中到田边或田块角落后，使用尼龙网兜（50 目纱网）捞除集聚的杂草种子及秸秆。

（3）采用四级目测法，远看一片绿、近看见绿、弯腰看见草和蹲下找草，判断高、中、低、极低杂草苗期密度，相应指导本季和下季杂草防除方案。

杂草监控和除草措施选择

| 调查值 | | | 措施选择 |
|---|---|---|---|
| 幼苗 | 发生状态 | 观察姿势 | |
| 高密度 | 一片绿 | 远看 | 常规化除＋截流＋网捞 |
| 中密度 | 见绿色杂草幼苗 | 近距离直腰 | 减次化除＋截流＋网捞 |
| 低密度 | 见杂草幼苗 | 弯腰 | 一次化除＋截流＋网捞 |
| 极低密度 | 偶见杂草幼苗 | 蹲下 | 截流＋（可不用网捞） |

基于农田杂草群落消减的稻—麦连作田精确生态控草技术

## 三、适宜区域

主推长江中下游稻—麦、稻—油、稻田综合种养等多种种植制度。还可以在华南、东北、华北和西北稻作区进行推广应用。

## 四、注意事项

（1）实施田块应平整，田埂完好，进水口、排水口规整。

（2）滤网保持到水稻封行后可撤除。灌水期间如发现堵塞，及时清理。

（3）实施当年即可降低稻田杂草发生密度20%，视草情如在中密度可减少使用一次除草剂，但是如草情属于高密度，仍不能减次化除；技术实施的累积效应明显，实施2～3年后田间杂草种子库规模可降低40%～50%，当田间杂草密度在低密度以下时，仅拦网截流，可不需网捞杂草。因此，一旦实施需持续进行。

**技术依托单位**

南京农业大学

联系地址：南京市玄武区卫岗 1 号

邮政编码：210095

联 系 人：强　胜

联系电话：025-84395117，18651607477

电子邮箱：wrl@njau.edu.cn

# 二点委夜蛾绿色防控技术

## 一、技术概述

### 1. 技术基本情况

二点委夜蛾（Athetis lepigone）是2005年河北省在国内首先发现的夏玉米苗期新害虫，以幼虫钻蛀或咬断玉米茎基部，造成缺苗断垄，严重的甚至毁种。2011年在黄淮海地区暴发成灾，发生3 290万亩，占夏玉米播种面积的20%，单株最高虫量达30多只，被害株率高达90%，不少地块毁种。

二点委夜蛾成虫、幼虫均具有惧光性和聚集性，喜欢遮荫避光的环境，而小麦秸秆还田、玉米贴茬播种，即小麦机械化收割后留有的高麦茬（25cm以上）上覆盖长麦秸（20~30cm），"麦茬为梁，麦秸为顶"，正好形成了适宜二点委夜蛾栖息，繁殖的阴暗潮湿环境，1代成虫聚集麦秸下空隙内产卵，卵孵化的幼虫也是隐蔽在麦秸下危害玉米幼苗。因为有麦秸覆盖，虫体很难着药，防治难度加大。为灭虫保苗，生产上使用围棵灌药、甚至随水灌药的防治措施，用药量大，用药次数多、防治效果差，污染重。

为开发绿色防控技术，确保农药减量增效，改变见虫治虫的化学药剂防治被动局面，我们从2013年开始系统研究生态调控技术，破坏二点委夜蛾田间适生的微生态环境，如秸秆粉碎、灭茬、清理播种行麦秸等，并进行了示范推广，取得了良好效果，经济社会生态效益明显。

玉米是我国第一大粮食作物，目前黄淮海地区种植面积2亿亩，都采用单粒播种，保苗是增产的重要保障。而二点委夜蛾基本上是危害一株死亡一株，被害率即损失率。田间危害率一般在20%左右，严重的可达30%~70%。黄淮海夏玉米区二点委夜蛾常年发生600万~1000万亩，目前依然是夏玉米生产的重要威胁，主要有以下几方面原因：一是根据监测，成虫数量大，每年都有满足大发生的虫源基数，并且成虫数量呈逐年递增趋势，以正定为例，2019年全代累计蛾量是2011年的11倍；二是幼虫范围不断扩大，唐山市近年来部分地区开始实行贴茬播种，2015年发现幼虫危害，2017年有6个县区贴茬夏玉米普遍受到危害，最高被害株率42%，2019年进一步加重，被害株率20%以上的地块有2 000亩，最高死苗率80%（滦南），补种面积2 000亩；三是各地生态调控应用不平衡，部分老发地区，生态调控应用不到位，危害严重，如永年区每年都有死苗率30%~70%的地块，2019年死苗率最高地块达到60%，补种面积300亩，复改种面积800亩。此外还存在秸秆粉碎细度不够，麦秸长度大于5cm，清垄宽度不够，宽度达不到10cm以上等措施应用不到位情况，影响防治效果。

为此，尽快推广生态调控为主的绿色防控技术，是遏制该虫扩散和危害、确保农药减量控害，保障夏玉米生产安全的当务之急。

### 2. 技术示范推广情况

自2013年以来秸秆粉碎等生态调控技术逐渐开始试验示范推广，通过多年实践，构建了以生态调控为主的防治技术体系，2017年形成了河北省地方标准，2018年形成了农业行业标准，并发布实施。其中的生态调控技术通过技术培训、现场观摩，以及报纸、杂志、网站等多媒体形式进行了广泛宣传，推动了生态调控技术成果大面积推广，目前该技术已经在河北省乃至黄淮海夏玉米区二点委夜蛾发生区域得到大范围应用。据不完全统计，2013年以来在河北省累计推广3 000多万亩，产生了显著的经济、社会、生态效益，黄淮海夏玉米区应用5 000多万亩，目前该技术正在黄淮海地区大面积应用。

### 3. 提质增效情况

示范区综合防治效果在85％以上，生态调控技术实施到位，基本不用化学农药就控制了二点委夜蛾暴发危害，比以往的见虫治虫化学防治，节药70％以上，增产率11.3％。保证我国农业丰收的同时，也保证了农药减量控害目标的实现，有利于减轻环境污染，保护田间生态环境，为我国农业可持续发展做出贡献。

### 4. 技术获奖情况

"玉米重大新害虫二点委夜蛾暴发机制及治理技术研究与应用"项目，成果整体达到国际先进水平。2015年获农业部中华农业科技奖一等奖。

## 二、技术要点

### 1. 小麦收获玉米播种期机械化生态调控技术

因地制宜选用下列其中一种或几种方法。

（1）粉碎秸秆：小麦收获时，在小麦收割机上增加秸秆粉碎机，使麦茬不高于15cm，麦秸长度控制在5cm以下，并抛撒均匀，使麦秸自然降落在麦茬之间，不形成麦茬上覆盖麦秸。若麦秸长度大于5cm，田间形成麦茬上覆盖麦秸，需要进行以下技术之一进行防治。

小麦秸秆粉碎

（2）小麦灭茬：小麦收获后随即利用灭茬机将麦秸和麦茬残体粉碎并压实，然后再播种夏玉米。

（3）机械清理玉米播种行麦秸（清垄）：使用清垄机、玉米清垄播种机、播种行旋耕播种机、播种行深松播种机等清除播种行15cm内麦秸。也可将玉米播种机开沟器与施肥器之间的水平距离调整到10cm左右，进行清理。

灭　茬

清　垄

（4）清除田间麦秸：利用机械打捆机将小麦收获后的田间麦秸打捆，运出田块。

小麦秸秆打捆清除田外

（5）旋耕灭茬：小麦收获后利用耕翻机或旋耕机，将田间遗留的麦秸翻入耕作层，然后再播种夏玉米。

旋耕灭茬

**2. 灯光诱杀**

从3月下旬至10月底，每30～50亩安装一台二点委夜蛾高效杀虫灯（佳多4♯灯管），该杀虫灯比常规灯管诱杀二点委夜蛾可提高70％，同时诱杀玉米螟、棉铃虫、黏虫等蛾类害虫和金龟子效果也有所提高。

## 三、适宜区域

河北省中南部，山东省、河南省、安徽省、江苏省北部，山西东南部，湖北北部，北京和天津等黄淮海冬小麦/夏玉米连作区的夏玉米种植区。

## 四、注意事项

将推行秸秆还田的地区作为重点区域，同时注意将生态调控技术落实与统防统治工作相结合，加速技术转化，使生态调控面积大幅度提高，并逐步实现常态化。

**技术依托单位**

1. 河北省植保植检总站
邮政编码：050051
联系人：张秋生
联系电话：0311-86685220
电子信箱：hbcbk@sina.vip.com

2. 河北省农林科学院谷子研究所
邮政编码：050035
联系人：董志平
联系电话：0311-87670721
电子信箱：zhibaoshi001@163.com

# 葡萄果实病害绿色防控技术

## 一、技术概述

### 1. 技术基本情况

葡萄是我国重要的果树作物，也是助力乡村振兴的优良树种。近年来，消费者对葡萄的需求和对葡萄品质的要求逐步提升，但与不合理的化学农药使用等带来的葡萄品质参差不齐相矛盾。尤其是葡萄果实病害，主要发生在葡萄生长中后期，与葡萄采收期间隔较短，因此，建立科学合理的葡萄果实病害绿色防控技术，既能够减轻葡萄果实病害危害，又能够保证葡萄产量与品质。构建以植物微生态为核心技术的葡萄果实病害绿色防控技术规程，不仅能有效控制病害发生危害造成的损失，而且减少化学药剂的使用，具有明显的经济、社会和生态效益。

该技术主要通过有益菌在葡萄树体内和体表定植、繁殖和转移，调控葡萄植株微生态平衡，创建合理的微生物群落结构，促进葡萄植株生长、提高抗病抗逆能力和提升营养物质的吸收转化能力，从而达到防病、增产和改善果实品质的目的，同时与常规化学药剂在葡萄展叶期、五叶期、开花前后和套袋前后交替或混合喷施，对葡萄灰霉病、炭疽病、白腐病、酸腐病等果实病害均有明显的防控效果，实现了生物与化学的优势互补，达到了减药及减肥效果，葡萄产量和果实品质明显提升。

### 2. 示范推广情况

2016—2020 年，在北京延庆、陕西渭南、河北怀来、河南郑州和驻马店及兰考、山东济南和蓬莱、江苏南京、广西武鸣和平果县、湖北利川、湖南岳阳等地建立了葡萄果实病害绿色防控技术示范基地共 33 个，累计示范推广面积 27 239 亩。

### 3. 提质增效情况

根据 2016—2020 年张家口、渭南等多地示范推广结果，在葡萄展叶期、五叶期、开花前后和套袋前后交替或混合喷施植物微生态制剂和化学药剂，葡萄果实病害防治效果高达 85%，叶绿素含量增加，果实糖度提高，可减少化学杀菌剂 40%～50% 用量，每亩节约药剂成本 250～300 元；将挽回产量损失带来的经济效益计入核算，果农每亩可增收 1 000～1 500 元。

### 4. 技术获奖情况

2015 年获农业部中华农业科技奖二等奖：葡萄重要病害发生机理和控制技术的研究与应用。

2015 年获农业部全国农业科研杰出人才及葡萄病虫害绿色防控创新团队。

2020 年获辽宁省科学进步奖一等奖：葡萄霜霉病防控关键技术创新与应用。

## 二、技术要点

（1）在葡萄绒球期，以清理病残枝及干瘪浆果，减少越冬病原菌为主。通过喷洒 3°～5° 石硫合剂（或 45% 晶体石硫合剂 50 倍），进行清园。

（2）在葡萄展叶期，主要控制灰霉病、白粉病、黑痘病等病原菌分生孢子的形成、传播和萌发，施用微生态制剂 600 倍＋80% 代森锰锌 800 倍。

（3）在葡萄花序显露期到开花前,施用微生态制剂600倍＋40％嘧霉胺1 500倍＋70％甲基托布津1 000倍＋液体硼1 500倍＋糖醇锌1 500倍防控灰霉病、炭疽病、白腐病和穗轴褐枯病。

（4）在落花后,施用微生态制剂600倍＋50％腐霉利1 000倍防控灰霉病、炭疽病和白腐病。

（5）在幼果期,施用微生态制剂600倍＋80％代森锰锌800倍＋糖醇钙1 500倍防控白粉病和炭疽病。

（6）在套袋前,施用微生态制剂600倍＋25％苯醚甲环唑1 500倍＋糖醇钙1 500倍防控黑痘病、白腐病和白粉病。

（7）在转色期,施用30％苯甲·锰锌悬浮剂2 000倍＋磷酸二氢钾800倍＋0.5％苦参碱500倍防控炭疽病、白腐病和酸腐病。

以上为葡萄果实病害绿色防控技术规程,在实际应用中可根据葡萄园的具体情况进行调整。

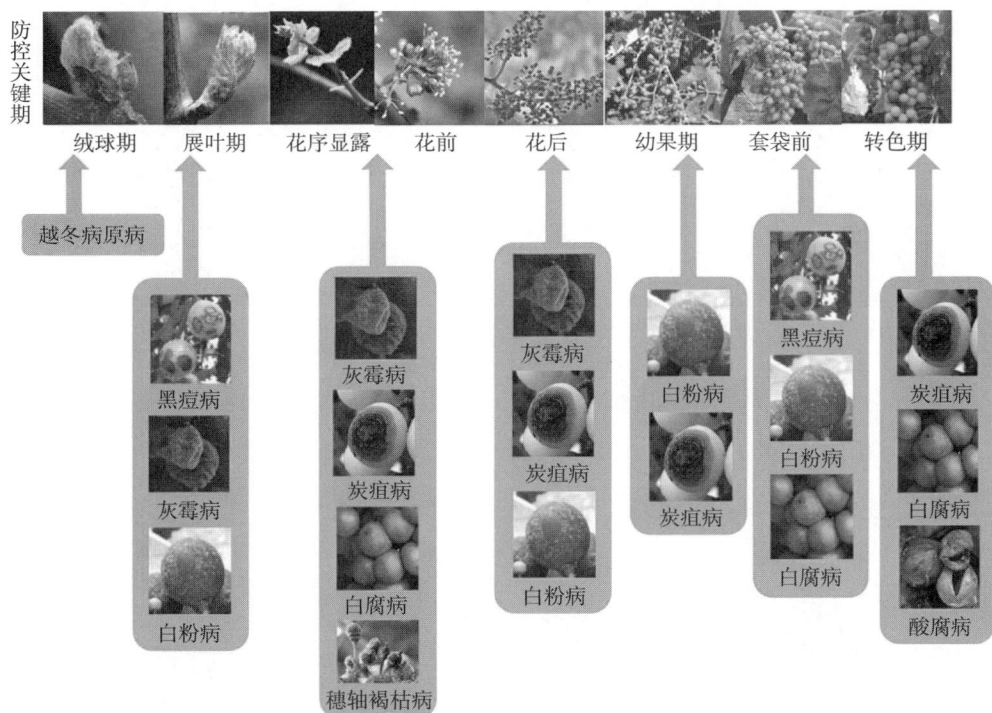

葡萄果实病害绿色防控技术示意图

葡萄果实病害绿色防控技术示范效果

绿地康3号微生态制剂

### 三、适宜区域

通过在葡萄主产区示范试验，葡萄果实病害绿色防控技术基本不受地理区域限制，适用于各葡萄种植区。

### 四、注意事项

植物微生态制剂与化学杀菌剂混合使用时，要现用现配。

技术依托单位

中国农业大学

联系地址：北京市海淀区圆明园西路2号

邮政编码：100193

联 系 人：王 琦

联系电话：13301290286

电子邮箱：wangqi@cau.edu.cn

# 猕猴桃细菌性溃疡病"三位一体"
# 精准防控技术

## 一、技术概述

### 1. 技术基本情况

　　中国不但是世界上猕猴桃野生资源最丰富、分布最广的国家,也是目前种植面积和产量最大的国家。全国 21 个省、自治区、直辖市均有种植,2019 年栽培面积约 400 万亩,总产量约 300 万吨,其中陕西、四川、贵州占比最大,成为区域农业经济发展和贫困山区脱贫攻坚的重要支柱产业。然而,细菌性溃疡病因危害部位多、影响周期长、流行频次高、防控难度大而成为产业发展的限制性因素。仅春季枝干溃疡发病株率平均达 65%,高感品种死树率达 30% 以上,年平均经济损失超过鲜果总产值的 30%。自上世纪 90 年代开始的国内外防治实践表明,摘病花、剪病枝、刮病皮、树干注射或涂药等方法,投入大、防效差、效率低,导致病害防控陷入"砍病死树-根蘖再生-再育再病"的恶性循环,成为久治不愈的顽疾。

猕猴桃细菌性溃疡病危害导致大量死树

（蓝牌:病株率 95%,红色箭头:死树率 70%）
细菌性溃疡病菌在猕猴桃树干内外危害情况

细菌性溃疡病菌在花、叶片的危害情况

为此，西北农林科技大学和全国农业技术推广服务中心等单位在系统揭示病菌及其入侵致害及传导时空规律、田间流行规律的基础上，研发出时效性强、靶向性准的"三位一体"防病关键技术，并以此为核心创建了"地上地下统抓、树表树内精防、病前病后细管"的新防控策略和"保健诱抗、监测预警、精准预防"的绿色安全高效防控技术体系，攻克了生产上的溃疡病防控难题，示范应用效果和效益显著。

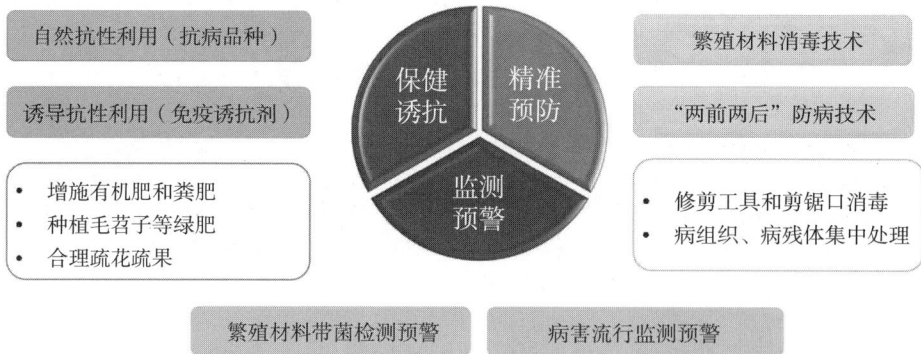

狝猴桃细菌性溃疡病"三位一体"精准防控技术体系

### 2. 技术示范推广情况

基于农技推广系统、科研院所及试验站、农资企业服务网点等在全国不同种植区分别建立示范点进行技术示范，并依托学会、协会、联盟、产业技术体系等社会团体进行关键技术解读和培训，点上试验示范与面上技术推广相结合、线上与线下相结合、理论培训与实践指导相结合。2012年以来，以陕西狝猴桃主产区为中心，在全国主产区进行了应用推广，累计应用面积251万亩，其中2017—2019年累计应用185万亩/次。"狝猴桃细菌性溃疡病高效防控技术"入选陕西省农业农村厅 2020 年十大农业主推技术。

### 3. 提质增效情况

猕猴桃溃疡病精准防控技术示范区平均防病效果 85% 以上，是常规防控效果的 2～3 倍。同时，每亩平均减少 3 个用工，肥药投入平均每亩每年降低约 600 元，效果、效率、效益显著提高。仅 2017—2019 年累计挽回产量（保产）共计 36.88 万 t，增收和节支合计 15.21 亿元。技术体系的大面积推广应用，有效遏制了细菌性溃疡病的流行蔓延，增强了种植户的信心，保障了猕猴桃产业健康持续发展，特别是对于"老少边"三区的产业脱贫攻坚做出了突出贡献，取得了显著的经济、社会和生态效益。

### 4. 技术获奖情况

《猕猴桃溃疡病绿色防控技术创新与应用》获 2020 年度陕西省科学技术进步奖一等奖（2021 年 4 月颁发证书）。以溃疡病高效防控技术为核心的《猕猴桃重大病害高效防控技术研发与应用》获 2020 年度中国植物保护学会科学技术奖一等奖（因疫情推迟颁发证书）。

## 二、技术要点

### 1. 免疫诱抗固根本

（1）选用抗病品种和无病繁殖材料。建园时选用抗病性较强、适合当地栽培的猕猴桃品种。应当从无病园采集无病无菌接穗和花粉用于建园、嫁接和授粉。

（2）加强栽培管理提高免疫力。依据品种特性、树龄、气候和果园肥力条件，合理整形、修剪和负载，保持健壮树势和园内良好的通风透光。秋季施用腐熟家畜粪肥、生物有机肥、油渣等，生长季节行间种植毛苕子等绿肥植物，增加土壤有机质含量；同时叶面喷施微生物菌剂 3 次左右，地下根每亩施微生物菌肥等 60～100kg，增强树体抗病力。

（3）诱导抗性：猕猴桃开花前、幼果期和果实膨大期，全园喷施免疫诱抗剂 5% 氨基寡糖素（如海岛素 800～1 000 倍液）各 1 次，提升树体抗性。

（4）设施栽培：品种抗病性差的果园，可以通过各类不同的设施栽培技术如塑料大棚等措施，阻断风雨传播途径，减少病菌越冬、传播、侵染机会，达到减轻病害的目的。

### 2. 监测预警强预防

（1）繁殖材料带菌预警及消毒处理技术：如果从有病的地区、果园或带菌果树采集繁殖材料，必须进行消毒处理。可选用生物源农药如中生菌素、春雷霉素、梧宁霉素等任一种，按说明书推荐用量浸泡消毒，苗木、接穗一般处理 15～20min，花粉 5min 左右，然后清水冲洗、晾干，降低病菌远距离传播的风险。或者先进行带菌情况检测，当分子检测带菌率大于 15% 或活菌检测带菌率大于 5% 时为预警值，必须按照上述方法进行消毒处理。

（2）田间猕猴桃枝干溃疡监测预警技术：对于溃疡病常发区，可以利用枝干发病率预测模型 $Y = -17.36 + 1.56X_1 + 0.60 X_2$（$X_1$ 为上年 11 月～本年 2 月日均气温 0℃ 以下总天数，$X_2$ 为本年 2 月日均温 4～20℃ 天数），对当地翌年春季溃疡病流行风险进行准确测报。当 $Y < 5$ 时为零星发病，不用全园处理；当 $5 \leq Y < 20$ 时为轻-中度发生，必须按照"两前两后"精准预防技术进行全园处理；当 $Y \geq 20$ 时为中-重度流行，建议上报当地行政主管部门开展统一防治。

### 3. 精准施药控流行

（1）减少越冬菌源量：采果后及时清除园内病虫伤枝并及时带出园外集中销毁。休眠期树干涂抹1次波美3～5℃石硫合剂减少越冬病虫。生长期做好其他病虫害防治工作。

（2）消毒除菌：对果园使用的农具、剪锯口、嫁接口等，用70%酒精或氢氧化铜500～600倍进行表面消毒。

（3）"两前两后"防病技术：一是猕猴桃开花前（花蕾初现期）和落花后（落花70%）分别喷施1次药剂控制当年春季溃疡病菌引起的花腐和叶斑，药剂可选用中生菌素、春雷霉素、梧宁霉素、枯草芽孢杆菌菌剂等。二是采果后至落叶前对全园主干大枝涂刷或喷淋药剂各1次，可选用以上生物药剂或氢氧化铜等，施药间隔期10～15d。

采果后至落叶前主干、大枝喷淋/涂刷药剂

### 三、适宜区域

该技术适宜在全国猕猴桃产区推广应用。已经在陕西、贵州、湖南、四川、安徽、河南等地应用。

### 四、注意事项

因各产区发病程度差异大，加之气候、品种不同，猕猴桃生育期有所差异，应根据区域实际，注意流行病预测模型的应用情况。

**技术依托单位**

1. 西北农林科技大学

联系地址：陕西省杨凌区邰城路三号

邮政编码：712100

联系人：黄丽丽　刘巍

联系电话：029-87091312，13319277939

电子邮箱：huanglili@nwsuaf.edu.cn

2. 陕西省植物保护工作总站

联系地址：西安市莲湖区习武园27号

邮政编码：710003

联系人：王亚红　范东晟

联系电话：029-87338789

电子邮箱：wyahong2002@163.com

3. 全国农业技术推广服务中心

联系地址：北京市朝阳区麦子店街 20 号楼 704 室

邮政编码：100125

联 系 人：刘万才　李　萍

联系电话：010-59194542

电子邮箱：liping@agri.gov.cn

# 利用寄生蜂防治椰心叶甲技术

## 一、技术概述

### 1. 技术基本情况

椰心叶甲是一种重要外来有害生物，2002年先后在海南省海口市凤翔路和三亚市凤凰机场附近发现，后逐渐扩散到全岛。寄主植物有22种以上，其中以椰子、假槟榔、槟榔、加那利海枣、老人葵为甚。椰心叶甲以成虫和幼虫危害寄主植物心部未展开的叶片，导致寄主长势衰弱，甚至死亡。由于椰心叶甲危害部位隐蔽，且寄主植物高大，分布面广，分布环境复杂多样，化学防治难度大，防治成本高。根据国外及我国台湾对其的成功防治经验，利用寄生蜂防治椰心叶甲是最为经济有效的手段。为此，项目团队引进椰心叶甲啮小蜂和甲截脉姬小蜂，并熟化其规模化繁育技术，研制了两种寄生蜂野外释放技术。椰心叶甲啮小蜂寄生椰心叶甲预蛹及1～2日龄蛹，椰甲截脉姬小蜂主要寄生椰心叶甲3～5龄幼虫。两种寄生蜂经过安全性评估后在海南野外进行释放，很快使海南椰树长势得以恢复，对椰心叶甲表现出良好的控制能力。释放寄生蜂已成为海南控制椰子和槟榔上椰心叶甲的首选手段。该技术成果达到国际先进，部分领先的水平。

### 2. 技术示范推广情况

利用寄生蜂防治椰心叶甲核心技术分别在国内海南、广东、云南、福建、香港、澳门等省区及马尔代夫、柬埔寨、泰国等"一带一路"沿线国家和地区转化应用，推广面积达200万亩以上，挽回经济损失50亿元以上，保障了我国南海岛礁及其他热带地区和"一带一路"沿线国家和地区的生物和生态安全，经济、社会、生态效益显著，成为国内外大面积生物防治的成功典范。

### 3. 提质增效情况

目前，对于高大的椰子等棕榈植物，化学防治手段主要是悬挂椰甲清药包，加上爬树人工费，每次每株树需要8元，每年至少需要2～3次才有明显效果。而释放椰心叶甲寄生蜂，每株树寄生蜂成本2元左右，每年需要3次左右，仅为化学防治成本的1/3。且寄生蜂在野外可以自我繁殖，可对椰心叶甲持续控制，放蜂区释放后仅少量补充即可，防治成本逐渐降低，而化学防治成本则变化不大。此外，化学防治还会对环境造成一定影响，而寄生蜂防治则绿色环保无公害，对环境友好。

### 4. 技术获奖情况

利用寄生蜂防治椰心叶甲技术获得了海南省科技进步特等奖；以寄生蜂防治为主的椰心叶甲生物防治技术获植物保护科学技术奖一等奖。

## 二、技术防治要点

释放寄生蜂时要椰心叶甲啮小蜂和椰甲截脉姬小蜂同时释放，这样可以同时寄生椰心叶甲的幼虫和蛹，切断椰心叶甲发育成虫的机会，从而提高防控效果。具体释放要求如下：选

放蜂前

放蜂一年后

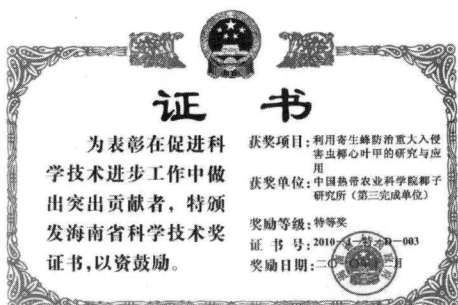

择在晴天早晨或傍晚释放，每亩地挂 1 个放蜂器，该放蜂器具有防雨能力。在每个放蜂器中放被寄生的椰心叶甲幼虫和蛹，被寄生的幼虫和蛹内的寄生蜂将在 2 日内羽化，不可使用发育不成熟的寄生蜂，减少外界环境对寄生蜂的影响。释放数量为：寄生截脉姬小蜂的椰心叶甲幼虫 50 只，寄生啮小蜂的椰心叶甲蛹 20 只。每月 1 次，连续 3 次。挂放蜂器时，放蜂器悬挂线基部涂抹矾士啉，以免蚂蚁侵入。也可以将装有成蜂的指形管插在棕榈植物叶腋处，45℃角斜向上，每管装有椰心叶甲寄生蜂 2 000 只左右，放蜂间距 30～50m，连续 2～4 次即可有效控制椰心叶甲。

## 三、适宜区域

本技术方法适用于海南、广东、广西、福建和云南椰心叶甲分布区。

## 四、注意事项

放蜂前不可在释放区内使用化学杀虫剂，如使用，需要 2 个月后才可以使用寄生蜂。释放寄生蜂不可以在棕榈植物上喷施杀虫剂，否则会影响寄生蜂的控制效果。因寄生蜂对环境要求较高，在外界温度低于 17℃时停止释放寄生蜂，以免影响防效。

**技术依托单位**

1. 中国热带农业科学院椰子研究所
联系地址：海南省文昌市文清大道 496 号
邮政编码：571339
联 系 人：李朝绪
联系电话：0898-63330885
电子信箱：lhaou@126.com

2. 中国热带农业科学院环境与植物保护研究所
联系地址：海南省海口市学院路 4 号
邮政编码：571339
联 系 人：彭正强
联系电话：13976692569
电子信箱：lypzhq@163.com

# 水果内部病害的田间减控与
# 采后精准无损筛查技术

## 一、技术概述

### 1. 技术基本情况

我国是水果生产大国，每年产量约 2.7 亿 t，但受制于田间植保养分管理技术和采后检测技术水平的落后，一般果园因内部病害造成的损失达 30% 以上。一方面，在水果种植中，化学肥料的长期过量不合理施用，破坏了果园生态环境和树体营养状况，造成水果内部腐烂，导致果实失去食用和市场价值，给果农带来极大的经济损失，同时危害消费者健康。另一方面，在水果采后分选，传统的人工检测手段，依靠主观经验判别水果是否存在内部病害，存在人为误差大、耗费人力且不能做到实时检测等弊端。

本研究团队针对水果内部病害的降低和剔除的实际需求，研发出水果产中和产后内部病害田间减控与采后精准检测技术，主要包括：①在明确芒果、苹果果实内部发病机理的基础上，研发出增施有机肥、多元素均衡施肥的果实内部病害田间综合减控技术；②开发出田间便携式无损监测装备，可实时获取果园土壤营养和树体生长状态，指导农户、种植企业精准、定量施肥；③开发了用于水果采后的在线无损检测装备，用于水果内部病害的精准检测和剔除。通过单项技术组装集成，建立了水果内部生理性病害"双减"技术体系，即产中减少发病率、采后减少病果上市，同时为水果从田间到市场设下三道防线，使生产者和经营者取得更大的经济效益和社会效益。

### 2. 技术示范推广情况

2013—2020 年，在金沙江干热河谷晚熟芒果集中种植区，针对果实内部病害严重的典型果园，开展技术试验示范推广。示范结果表明，该技术能有效防控、监测和检测芒果内部病害。2014—2020 年，在四川省攀枝花市锐华农业开发公司芒果种植基地进行小范围试验，通过田间便携式装备监测指导，确立"氮肥用量前移、合理补施中微量元素（重点补施钙和硼元素）、地力提升"的精确施肥手段，结合采后在线检测装备，使得芒果内部病害发生概率降低了约 15%，采后内部病害检测正确率大于 95%。2015—2020 年，在云南省丽江市华坪县果子山芒果种植区进行小范围试验示范，果实内部病害试验前为 17%，2020 年发病率降低到 3% 以下，同时经过在线装备集中检测，检测后的芒果未出现内部病害情况。2019—2020 年，在山东省临沂市富士苹果种植区进行无损检测装备应用示范，苹果内部病害检测正确率达 97%。

### 3. 提质增效情况

利用研发系列田间减控与采后精准检测技术，对水果土壤环境和生长需求进行监测及调控、对采后果实进行分级筛选，具有明显的提质增效和节本降耗作用。①经过连续多年的应用示范验证，果园果实内部病害发病率均由原来的 15% 以上降低到目前的 3% 以下；②通过田间动态监测树体生长及土壤水肥变化规律，制定合理的定额、精准施肥方案，使化学肥料投入降低 10% 以上；③经过采后无损检测装备的检测，上市果实内在和外观品质得到了显著提升，优质果率提高了 10%～15%；④与常规检测技术相比，基于本技术所研制的无损检测装备检测成本大幅降低，仅为同类检测装备的 10%，正确率提高了约 30%，检测后的病果集中处理，减小了对环境的破坏；⑤与示范前相比，示范果园每亩平均增收约 3 750 元，经济效益显著。

**4. 技术获奖情况**

（1）获 2018—2019 年度神农中华农业科技奖一等奖。本技术中苹果果实内部黑心病害无损检出及筛选关键技术为神农中华农业科技奖的核心成果。

（2）获美国农业与生物工程学会（ASABE）国际学术年会优秀论文奖。以该技术作为核心，所撰写的国际会议论文获得优秀论文奖励，论文提出了一种新的离散光谱处理算法，实现了基于低成本光学传感器无损、实时检测水果内部病害的问题。

（3）制定并发布团体标准。标准名称：农产品质量互联网掌上式检测仪，标准编号：T/CMES 26003—2020，标准制定牵头单位：中国农业大学，制定人：彭彦昆等，开始实施时间：2020 年 12 月 4 日。

（4）获批立项中华人民共和国机械行业标准。标准名称：水果品质便携式检测装置，标准编号：JBCPZT 0744—2020，2020-0476T-JB，标准制定牵头单位：中国农业大学，制定人：彭彦昆等。

## 二、技术要点

**1. 水果便携式田间无损监测装备（发明专利：一种便携式果蔬内部腐烂变质检测装置及其检测方法，ZL201810252607.7）**

采用新型离散光谱感知芯片，价格低、精度高。整机体积小，便于携带，正确率大于 95%，检测装备具备一键式操作功能，不需要外加校准。使用时，将水果放置在检测果托上，点击"开始检测"按钮，2 秒左右即可显示检测结果，可实时掌握果园内部病害发病情况，合理做出定量施肥的智能决策，做到少则补施，多则不施。

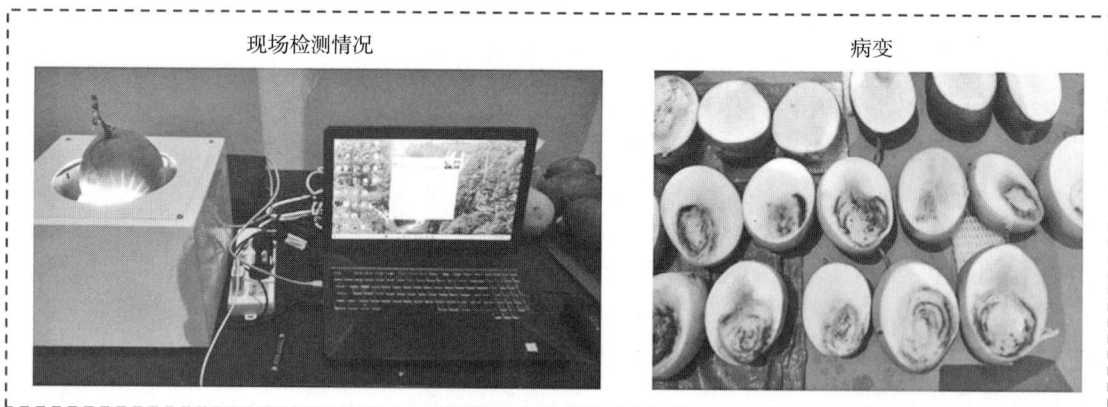

水果便携式田间无损监测装备
（型号：WSBXJC-NCPPZ-60）

**2. 果园地力提升**

根据便携式装备的检测结果，进行有机肥和土壤调理剂合理配施，改良土壤理化性状，提高根系活力和肥料利用效率。

### 3. 合理补施微量元素

针对部分果树所缺乏的土壤元素种类，重点补施钙肥和硼肥。其中，钙肥、硼肥以土施为主，叶面喷施为辅。

### 4. 全年施肥技术方案决策

（1）采果后扩穴沟施基肥，在离主干 1 米左右挖深 30～40cm、宽 30cm、长 80cm 左右的施肥沟，株施复合肥（氮：磷：钾＝15：15：15）1.0～1.2kg、生物有机肥 5kg、矿物源土壤调理剂 1～2kg 和残体回填改土，配施爱果利丰大颗粒缓释中微肥（每株 50g）和持力硼（每株 25g）；

（2）盛花期及谢花后两周内各喷施一次硼肥和钙肥（推荐糖醇钙或其它螯合钙），两次喷施时间至少间隔 10d，果实发育到第二次生理落果期后不再叶面补施钙、硼肥；

（3）第二次生理落果后追施水溶性膨果肥，高钾型大量元素水溶性肥料每株（氮：磷：钾＝11：4：17）1kg，配施中微肥每株 0.5kg，如海藻钙镁硼锌硅。

扩穴施肥（补施钙肥和硼肥）

### 5. 水果在线式内部病害检测及剔除装备（发明专利：果蔬检测装置及果蔬检测方法，ZL201810322548.6）

水果在采后入库前和上市前，应进行内部病害的检测。水果内部病害易造成水果乙烯过量分泌，导致同一个贮藏空间的水果易过熟腐烂，故入库前的水果应集中检测分选。为守住水果上市最后一道防线，故在此之前也应进行一次检测，保证水果的优质果率。水果在线式内部病害检测剔除装备针对不同的水果类型应进行以下调整：

（1）对于厚皮水果，应保证卤钨灯光源的功率足够，不小于 300W，对于薄皮水果，应保证卤钨灯光源的功率应在 80～200W 之间；

（2）水果在输送带上移动时，应尽量保证与样本果托紧密接触，光纤接收探头与果托应有 3 毫米间隙；

（3）在线式装备应定时校准，校准一个月一次，所使用的部件为聚四氟乙烯材料的白球，直径为 80cm；

（4）剔除后的内部病害样本应集中处理，避免对环境造成破坏；

（5）剔除接口的动作速度应尽量加快，料斗部件除锐角、倒钝。

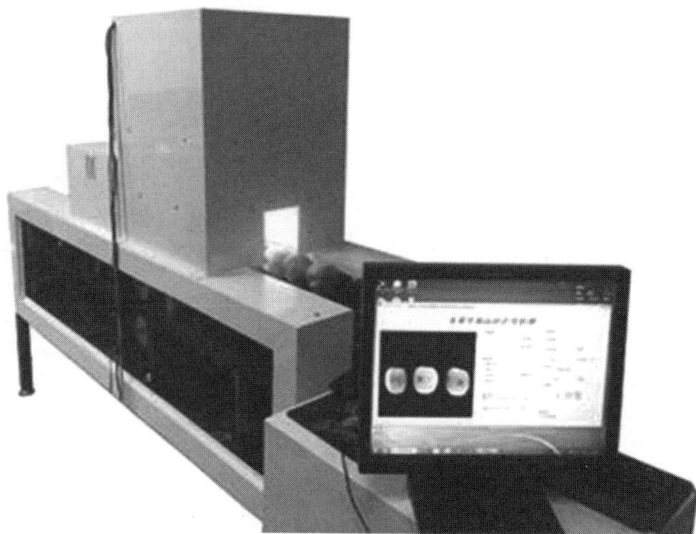

水果在线式内部病害检测剔除装备
（型号：WS-GSNWJC-180）

## 三、适宜区域

该技术适宜于我国所有类球形或类椭球形水果的主产区域，例如四川省攀枝花市，云南省丽江市芒果主产区，以及山东省烟台市苹果主产区。

## 四、注意事项

便携式和在线式装备在开机后、使用前需将光源预热 10～15min，待系统软件提示预热完成后，方能达到最佳使用效果。另一方面，果园在注重合理施肥的基础上，需要加强水分管理，达到以水促肥、肥水融合的目的。

**技术依托单位**

1. 中国农业大学

联系地址：北京市海淀区清华东路 17 号

邮政编码：100083

联 系 人：彭彦昆

联系电话：010-62737703

电子邮箱：ypeng@cau.edu.cn

2. 中国热带农业科学院南亚热带作物研究所

联系地址：广东省湛江市麻章区湖秀路 1 号

邮政编码：524091

联 系 人：马小卫

联系电话：18820829916

电子信箱：maxiaowei428@126.com

申请人：彭彦昆　马小卫　李永玉　李　龙

# 梨蜜蜂授粉与病虫害绿色防控技术

## 一、技术概述

### 1. 技术基本情况

梨是典型的异花虫媒植物，绝大多数品种需借助昆虫的传粉来完成授粉受精过程。随着梨树产业集约化、规模化发展，梨树种植面积逐年增加，而授粉昆虫却因生态条件恶化，虫口数量已严重不足。为了保证产量，部分梨树产区借助人工对梨树进行授粉，而梨树花期短，授粉期间雇工难、成本高问题严重制约着梨树产业发展。针对上述问题，我省连续多年开展梨树蜜蜂授粉增产技术、蜜蜂采集梨花诱导技术和授粉蜂群管理技术研究，同时强化梨树蜜蜂授粉与病虫害绿色防控集成应用，形成了一套完整的梨树蜜蜂授粉与病虫害绿色防控集成应用技术模式和推广工作机制。梨蜜蜂授粉技术可以节约劳动力，降低授粉成本，而且蜜蜂授粉作为绿色环保的传粉方式，不仅避免激素、农药等化学污染，还有增加作物产量、改善作物品质的作用，推广蜜蜂授粉是梨树产业可持续发展的必要措施。

### 2. 技术示范推广情况

本项技术从 2011 年以来先后在山西、河南、辽宁、新疆、吉林、甘肃等省、自治区的酥梨、香梨、苹果梨、白梨主产区示范应用，累计示范面积 47.17 万亩次，辐射带动 335 万亩。

### 3. 提质增效情况

采取蜜蜂授粉，可有效解决梨树授粉期间"用工荒"的问题，与人工授粉相比，每亩可降低梨树授粉费用 80% 以上，亩产增加 15% 以上，畸形果率降低 3% 以上，优质果率提高 5% 以上；通过配合推广以生态调控、理化诱控、免疫诱抗、生物、科学用药为主要内容的病虫害绿色防控技术，可在保护蜜蜂和果品安全的同时，改善梨园生态环境，使害虫天敌种类和数量增加 20%～30%。梨蜜蜂授粉与病虫害绿色防控技术的应用可在生产安全放心果品的同时，促进种植业和养蜂业协调、持续、健康发展。

### 4. 技术获奖情况

"果树蜜蜂授粉与病虫绿色防控集成应用项目" 2016 年获山西省农村技术承包奖一等奖；"梨树蜜蜂授粉配套技术研究与应用" 2017 年获得山西省科技进步奖三等奖；《梨树蜜蜂授粉与病虫绿色防控集成应用技术规程》 2015 年作为山西省地方标准颁布实施。

## 二、技术要点

### 1. 梨蜜蜂授粉技术

以"提高蜂授粉效率"为目标，包括梨园授粉树（枝）配置、蜂群合理摆放、科学诱导饲喂、蜂群携粉、访花促进技术。具体技术：

（1）授粉树（枝）配置技术。利用蜜蜂常年授粉的梨园，按主栽品种与授粉品种（4：1）～（8：1）比例配置授粉树。授粉树应与主栽品种花期一致、花粉量大、亲和力强，以满足授粉要求。在授粉树配置不足或者没有授粉树的梨园，应进行授粉枝或芽的嫁接。为保证授粉效果，在上年梨树开花前后，一棵树上嫁接 2 个品种，4 个授粉枝条，保证来年授粉花数量达到要求。

（2）授粉蜂群选择与合理摆放技术。选择蜂群势 8 脾以上的西方蜜蜂或东方蜜蜂为梨树授粉。一般 1 箱蜜蜂授粉覆盖 3～5 亩，如果蜂群群势达不到要求，应适当增加蜂箱数量。在梨树开花 10% 之前傍晚蜜蜂入场；落花 70% 左右，蜜蜂出场，结束授粉。蜂群最好放在授粉树旁，可单箱分散均匀摆放，也可 10～20 群为一组集中摆放。集中摆放可采用多箱成行摆放或 U 形排列。蜂群搬动要平稳，巢门朝南。

（3）蜂群管理与诱导饲喂技术。早春气温低，蜂群群势弱，放蜂场地应选在向阳处，采取蜂多于脾的方法来保持蜂巢恒定的育虫温度，同时要在蜂箱加覆盖物，以免太阳直晒。在梨树行间设喂水池。从梨树开花初期始，每天用浸泡过梨花花瓣的糖浆饲喂蜂群，提高蜜蜂采集梨树花粉的积极性。花香糖浆的制法：先在沸水中溶入相等重量的白糖，待糖浆冷却到 20～25℃时，倒入预先放有梨树花瓣的容器里，密封浸渍 4h，然后进行饲喂，每群每次喂 100～150g。第一次饲喂宜在晚上进行，第二天早晨蜜蜂出巢前，再补喂一次，以后每天早晨喂一次。也可在糖浆中加入梨树香精喂蜂，以刺激蜜蜂采集。

（4）蜜蜂访花携粉促进技术。授粉树不足梨园，花期剪插授粉树枝条于塑料瓶中，再将塑料瓶中加水悬挂于梨树中部枝条，以提高蜂授粉效率。有条件的蜜蜂授粉梨园，在每棵梨树中部枝条绑一根蜜蜂引诱剂，以提高蜜蜂寻访梨花的积极性。或在蜂箱巢门口放置脱粉盒，使蜜蜂携带花粉进入蜂箱时，脱掉携粉足上的花粉，以增强蜜蜂再次采集梨树花粉的积极性。

**2. 病虫害绿色防控技术**

以"保护蜜蜂和果品安全"为目标，包括健康栽培、果园生草、生物防控、理化诱控和农药科学使用等绿色防控技术。具体技术：

（1）健身栽培技术。通过科学施肥、及时清园、合理负载，促进梨树健康生长，增强梨树植株抗病虫害能力。

（2）果园生草技术。根据不同果园肥水状况，于肥水水平高的果园种植白三叶、紫花苜蓿、繁缕等，肥水水平一般或较差的果园采用自然生草，改善果园生态，涵养天敌。为保证蜜蜂对梨树授粉效果，避免种植油菜等花期与梨树一致且花朵鲜艳、花香浓郁的草种或作物种类。

（3）天敌释放技术。授粉蜂群出场后，在梨园释放胡瓜钝绥螨、瓢虫等天敌控制害螨、蚜虫。

（4）理化诱控技术。秋冬季在梨树主干第一侧枝下部捆绑瓦楞纸，以诱杀越冬害虫；早春在树干基部捆绑粘虫胶带，诱杀出蛰危害的红蜘蛛、盲蝽蟓等害虫。授粉蜂群出场后，利用杀虫灯诱杀金龟子、卷叶蛾等，利用性信息素诱杀或迷向防治梨小食心虫、苹小卷叶蛾、桃小食心虫、金纹细蛾等，利用黄板防治蚜虫、梨木虱等。

（5）免疫诱抗技术。在梨树花露白期、落花后、果实膨大期各喷一次氨基寡糖素等免疫诱抗剂，增强树体抗逆性，提高产量和品质。

（6）科学用药技术。选用生物制剂和高效低毒化学药剂防治病虫害，如利用多抗霉素防治黑斑病，农抗 120 防治白粉病、轮纹病，中生菌素防治果实病害，甲维盐、苦参碱、藜芦碱、灭幼脲防治虫害等。梨树开花 10 天前，选用对蜜蜂低毒、持效期短的药剂组合，如治疗杀菌剂＋触杀性、渗透性的杀虫剂＋免疫诱导剂，严禁使用吡虫啉、啶虫脒、毒死蜱等蜜蜂敏感的农药。整个花期梨园禁止用药。

## 三、适宜区域

本技术适用于我国所有授粉树配置合理的梨树主产区。

## 四、注意事项

为保证授粉效果，避免不同品种花期不育，酥梨一棵树上要求嫁接 2 个品种，4 个枝条。梨树授粉期间，保证蜂群具有干净充足的水源；蜜蜂授粉时，蜂场半径 3km 内禁止施药。

**技术依托单位**

1. 山西省植保植检总站

联系地址：山西省太原市双塔西街 98 号

邮政编码：030001

联 系 人：张东霞

联系电话：18635134558

电子信箱：446951910@qq.com

2. 山西省农业科学院园艺研究所

联系地址：山西省太原市许坦东街 21 号

邮政编码：030031

联 系 人：郭　媛

联系电话：13663618208

电子信箱：yysgy3@163.com

# 甘薯病毒病综合防控技术

## 一、技术概述

### 1. 技术基本情况

针对各大薯区甘薯复合病毒病发生严重、防控困难、产量损失大，脱毒种薯繁育不规范、成本高、应用量少，种薯病毒预警技术缺乏，病苗种植对品质影响大的现状，研究形成了增产增效甘薯病毒病综合防控技术。建立了以"种薯早期预警"为基础、"种植健康种苗"为核心的病毒病防控策略，制定以"留种田空间隔离、种薯早期检测、苗床控制传播媒介、早期剔除病苗"为主要内容的甘薯病毒病综合防控体系。通过该技术体系，实现了甘薯脱毒种薯在生产上大面积应用和病毒病的早期防控，解决了脱毒种薯繁育系数小、早期预警技术缺失、症状识别效率低等技术难题；通过病毒药剂使用，提高脱毒效率；高成活率移栽技术，使试管苗移出效率更高；形成的脱毒种薯病毒检测、生产技术规程及种薯早期预警技术，保证脱毒种薯繁育质量；"三位一体"脱毒种薯种苗繁育模式建立，可有效控制甘薯复合病毒病的蔓延和危害，保证甘薯产业健康发展。

### 2. 技术示范推广情况

核心技术"脱毒甘薯种薯（苗）病毒检测技术规程 NY/T 402—2016"和"甘薯脱毒种薯（苗）生产技术规程 NY/T 3537—2020"已作为农业行业标准颁布实施，"高成活率甘薯试管苗移栽方法"、"甘薯种薯预警方法"已申报国家发明专利，"三位一体"脱毒种薯种苗繁育技术，已成为甘薯体系推荐的健康种苗繁育模式。2012 年以来在河北、河南、山东、山西、陕西、江苏、湖北、江西、湖南、四川、重庆、广东、广西等甘薯主产区进行了示范推广，收到良好效果。2016—2018 年在河北雄县、石家庄、卢龙等薯区推广 166.1 万亩，增效 12.4 亿元；在江苏徐州、灌云、宿迁等薯区推广 149.4 万亩，增效 7.18 亿元，在江西修水、安义、永修、广丰等薯区推广 237.8 万亩，增效 4.73 亿元。目前，该技术已在全国三大薯区推广应用。

### 3. 提质增效情况

甘薯复合病毒病 SPVD、甘薯卷叶病毒等引起的甘薯产量损失可达 55.1%～97.8%，根据多年田间对比试验结果表明，不同品种脱毒甘薯增产幅度为 14.95%～91.61%，病毒病综合防控技术示范区比对照平均增产 25.96%，亩增产 415.4 千克，亩增效益 332.3 元。种薯田的隔离、病毒检测和早期预警技术应用，保证了种薯质量，育苗期病毒识别和防控有效控制了大田病毒病发生和扩散，脱毒种薯种苗的应用，提高了甘薯品质，保证了产业健康发展。

### 4. 技术获奖情况

"中国甘薯病毒种类鉴定、检测和综合防控技术研究与应用"2015 年获河南省科技进步奖一等奖。

"甘薯病毒病综合防控关键技术的集成与推广应用"2019 年获全国农牧渔业丰收奖一

等奖。

## 二、技术要点

围绕"耐病毒品种选择、健康种苗快速繁育、种薯早期预警、苗床 SPVD 识别和病苗早期剔除、苗床病毒传播媒介控制、留种田空间隔离"5 个核心环节，开展病毒种类识别、病毒检测方法创新、种薯主要病毒早期预警技术研发，脱毒种薯种苗的核心种质培养、脱毒种薯种苗检测，示范推广，宣传培训，技术研发等工作。

**1. 选择抗（耐）病毒甘薯品种**

根据需求选择不同特性的耐甘薯 SPVD 和卷叶病毒的品种，宜种植耐病性达中抗以上的品种。

**2. 应用脱毒技术获得脱毒种苗**

脱毒技术应用是保证种薯种苗健康的关键。选择体现本品种特性的薯块，放在容器中催芽，待芽长 1.5cm 时取茎尖进行脱毒组织培养；或直接在田间取苗栽于盆中，返苗后，每 2 天喷施抗病毒药剂，14d 后取茎尖进行脱毒组织培养。经茎尖剥离、愈伤促根、分生成苗等步骤，获得植株。

茎尖脱毒组培苗　　　　　　　　　　　　嫁接病毒检测

第一次切繁时每株系取样分子检测 CSV（甘薯褪绿矮化病毒）、LCV（甘薯卷叶病毒），将无病毒的试管苗进行扩繁。经两次扩繁后，期间进行血清检测，淘汰有毒株系，待组培苗长到 10cm 时，利用发明的"高成活率组培苗移栽技术"进行移栽，移栽后 20d 开始扩繁，并进行嫁接检测，检测方法按《脱毒甘薯种薯（苗）病毒检测技术规程 NY/T 402—2016》进行。扩繁苗在防虫网室内起垄进行栽种，每品种栽种 20 株，2 次重复，确定品种的原种性。

**3. 脱毒种薯繁育**

使用脱毒原原种苗，在 1 千米范围内无非同源甘薯的条件下进行脱毒种薯的隔离繁殖，脱毒种薯繁育田在 7—8 月每 15d 喷施药剂（注意轮换用药）进行烟粉虱的防治，收获后按种薯病毒预警技术进行脱毒种薯抽检。脱毒种薯生产可参照农业行业标准《甘薯脱毒种薯（苗）生产技术规程 NY/T 3537—2020》进行。

**4. 育苗期防控**

排种时将吡虫啉喷施在薯块上以趋避烟粉虱；齐苗后待苗长 5～10cm 时进行苗床期显

症病毒苗排查，根据病毒症状识别清除病毒显症苗（连薯块一起拔除），苗床期注意防控烟粉虱。

甘薯 SPVD 症状

甘薯卷叶病毒症状

### 5. 大田早期防控

栽种时剔除病毒显症的，栽种后封垄前（45d）再次进行田间病毒显症苗拔除。

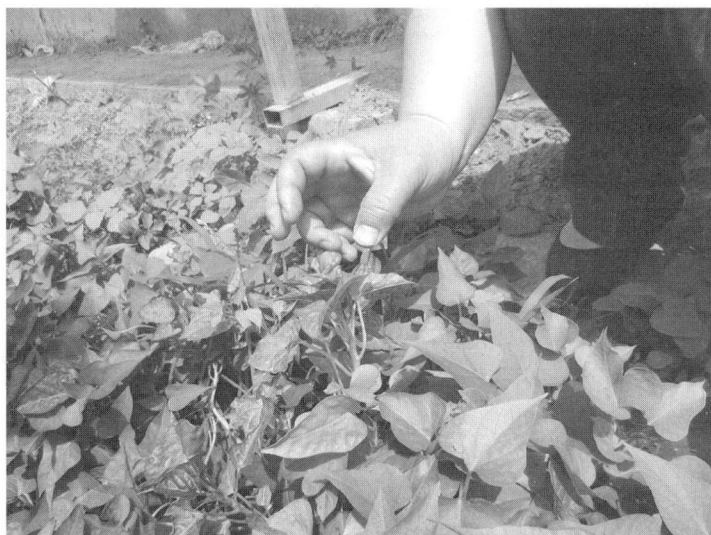

病毒苗拔除

### 6. 病毒防控指导

依托国家甘薯产业技术体系综合试验站以及农业技术推广部门，通过建立脱毒甘薯原原种、原种、良种繁育和供种体系，加大脱毒种薯（苗）在生产上的推广应用力度；向种薯种苗龙头企业、专业合作社等提供合格的脱毒核心种质，在薯区开展全面技术培训，示范观摩，利用媒体宣传和现场技术指导的方式，指导薯农进行甘薯病毒病绿色防控。

## 三、适宜区域

该技术在全国甘薯种植区域均适宜推广应用。

## 四、注意事项

**1. 繁种用苗选择正规公司或科研单位**

繁种用苗是健康种薯生产的关键，如发现繁种田有病毒苗，应直接转商。

**2. 注意苗床期病毒症状识别**

苗床期病毒苗的拔除是大田病毒发生多少的关键，需要仔细识别。

### 技术依托单位

1. 江苏徐州甘薯研究中心

联系地址：江苏省徐州市徐海路高铁站北徐州农科院

邮政编码：221131

联 系 人：谢逸萍

联系电话：0516-82028006，13952164815

电子邮箱：xieyiping6216@163.com；

2. 河南省农业科学院植物保护研究所

联系地址：河南郑州农业路 1 号

联 系 人：张振臣

联系电话：0371-65711547，13608696672

电子邮箱：zhangzhenchen@126.com

# 耕地质量提升类

# 玉米秸秆覆盖保护性耕作技术

## 一、技术概述

### (一) 技术基本情况

玉米秸秆覆盖保护性耕作技术包括秸秆覆盖、免耕播种、配方施肥、化学除草、病虫害综合防治等技术环节。该技术率先解决了东北地区玉米长期翻耕起垄、秸秆焚烧和缺乏有机肥投入导致的土壤退化和环境问题，是操作最简便、收效最显著、农民最欢迎的耕地保护和秸秆综合利用技术模式。

**1. 研究背景**

从 2007 年起，梨树县农业技术推广总站和中国科学院、中国农业大学等科研单位、高等院校以梨树县为核心，通过"产-学-研-推"相结合的模式，在东北地区开展了长期技术研发和应用推广工作，建立包括秸秆覆盖、免耕播种、配方施肥、化学除草、病虫害综合防治的全程机械化保护性耕作技术体系。研究和示范结果证明，通过尽可能减少土壤扰动，周年秸秆地表覆盖，该技术显著降低了土壤风蚀、水蚀，可以有效地保护土壤，增加土壤有机碳固持、提高土壤肥力和生产力，促进节本增收，是东北黑土地可持续高效利用的必然选择。

**2. 作用与效果**

一是培肥地力，减少化肥使用量。在中国科学院长期定位试验田，从 2007—2018 年，耕层（0～20cm）土壤有机质由每千克 22.5g 增至 24.0g，年均增幅为 0.5%～0.7%；土壤有机碳增加 10% 以上，年增加量在 0.1% 左右；全氮含量由每千克 1.21g 增至 1.37g，年平均增幅为 1.1%；全磷含量从每千克 0.38g 增至 0.46g，年平均增幅为 1.8%；全钾含量由每千克 20.9g 增至 23.8g，年平均增幅为 1.2%（张旭东等，2019）。在中国农业大学长期定位试验田，2011 年耕层有机质含量每千克为 18.47g，到 2018 年，秸秆覆盖免耕处理的有机质含量提高到 20.13g，比 2011 年增加了 9%；与旋耕土壤相比，免耕土壤的全 N、全 P 和全 K 含量分别增加了 8.6%、6.1% 和 2.1%；速效 N、P、K 含量分别增加了 13.1%、2.6% 和 26.6%，以速效 N 和速效 K 含量变化最明显（任图生等，2019）。因此，秸秆覆盖免耕管理可以增加土壤各养分库容量和养分供应潜力，适当降低氮肥和钾肥用量，为实现化肥减施的目标提供了重要的保障。

二是保护耕地。传统耕作，地表没有覆盖物，裸露严重，风蚀和水蚀带走大量肥沃的表土，是土地退化的主要原因。秸秆覆盖在地表，等于给大地盖上一层被子，刮风时减少了风对土壤的侵蚀，降雨时防止了水对土壤的侵蚀。实施该技术平均可减少径流量60%、减少土壤流失80%以上。

三是改善土壤生物性状。秸秆覆盖还田，为土壤生物供应了充足的养分；耕作次数的减少，保护了土壤生物环境。据测定，在连续实施秸秆全部还田6年的地块测定，每平方米蚯蚓的数量达到60～100条，是常规耕作的17倍多。大量蚯蚓等生物活动，对疏松土壤、加快秸秆转化、促进土壤熟化都起到了有益的作用。

四是蓄水保墒。秸秆覆盖保护了土壤入渗能力，同时也能阻止径流，可以把更多的雨水蓄留在耕层；秸秆覆盖在地表阻挡阳光的照射，减少土壤水分蒸发；干旱时，保存在耕层中的水分及时补充给作物。在年降雨量450～550mm的梨树试验田，每年由于蓄水保墒相当于土壤增加50～60mm的降雨，可延缓旱情7～10d（张旭东等，2019）。

五是保护环境。大面积实施玉米秸秆覆盖保护性耕作技术，既有效地抑制沙尘暴，也有效地避免焚烧秸秆造成的大气污染。

六是节能减排。首先，随着作业次数减少、作业强度降低，机器进地次数减少3～5次，燃油消耗降低1/3左右。其次，秸秆还田5年以上的地块，腐烂的秸秆逐年释放养分，每年少施用20%左右的化肥。最后，随着秸秆焚烧问题得到彻底解决，烟尘污染和碳排放极大降低。

七是稳产高产高效。随着土壤有机质含量提高，土壤结构得到改善，有益生物增多，肥料利用率提高，从而保持持续稳产高产，在干旱年份基本不受旱灾影响，具有明显的增产作用。平均产量比对照高出10%～20%，每亩节省成本100元，每亩节本增效可达170元左右（张旭东等，2019）。

## （二）技术示范推广情况

### 1. 建成了试验示范基地和技术推广网络

截至2019年，已经在东北四省区建立了试验示范基地80个，推广面积1 500余万亩，收到了良好的生产、生态和经济效益。试验示范基地主要分布在吉林省的梨树、伊通、双辽、榆树、农安、九台、德惠、长岭、东丰、乾安、梅河口、公主岭、洮南、前郭和东辽等市县区；辽宁省的昌图、铁岭和调兵山等市县；黑龙江省的佳木斯、双城、大同、肇州、泰来、大庆、龙江和肇东等市县区；内蒙古自治区的兴安盟、阿荣旗和通辽等地区。每个基地都设立了1～2块保护性耕作对照示范田，共建立100多块样板田，为大面积推广保护性耕作技术提供了数据、积累了经验，起到了技术示范引领作用。

### 2. 建立了农民研讨会制度

自2015年起，在每年一届的梨树黑土地论坛的基础上，年终召开一次农民研讨会，邀请中国科学院、中国农业大学、吉林农业大学等院校和科研单位的专家教授与广大农民进行座谈交流，总结生产经验，解决玉米秸秆覆盖技术推广中遇到的难题，为下一年技术示范推广做好前期准备。

### 3. 建立了微信交流群，开设了网上科技大讲堂

2017年创办了"黑土地保护与利用"微信交流群，为基地成员和广大农民提供政策、法律、科技、生产、市场信息等方面信息。2019年以来，开设了网上科技大讲堂，每月逢"8"日邀请科研专家、科技人员、乡土专家等准时开讲，已经举办保护性耕作相关技术交流

网上科技大讲堂讲座 32 期，总点击率突破 7 万人次。通过科技大讲堂了解信息，各抒己见，答疑解惑，建言献策，交流讨论，实现了专家、科技人员和农民"零距离"互动交流。

### （三）提质增效情况

由于田间作业环节大大减少，作业费用降低，劳动强度减轻，玉米秸秆覆盖保护性耕作技术每公顷可节约成本 1 000～1 500 元。同时，连续多年实施该技术，平均增产 10％以上，干旱年份增产效果达到增产 20％左右，保护和提高了土地生产能力，为持续稳产高产创造了好的条件。

### （四）技术获奖情况

2018 年，由梨树县农业技术推广总站、中国科学院沈阳生态所、中国农业大学吉林梨树实验站等单位起草的《玉米秸秆条带覆盖免耕生产技术规程》被列为吉林省地方标准。

## 二、技术要点

玉米秸秆覆盖保护性耕作技术的主要流程包括：机械收获，秸秆覆盖地表→必要时土壤疏松→秸秆处理→免播种施肥→病虫草害防治等关键环节。

### （一）秸秆覆盖地表

在机械收获作业时将抛出的秸秆均匀覆盖在土壤表面，留茬 20 厘米左右。

### （二）秸秆处理

在播种前，根据不同耕作模式，对秸秆进行不同方式处理。清理出的种植带宽度约 50 厘米，秸秆清理净度大于 90％。

### （三）必要的土壤疏松

视土壤容重情况而定，如果土壤容重高或存在犁底层，影响到播种质量，就使用专用深松机进行深松，作业后达到待播种状态。

### （四）免耕播种施肥

使用免耕播种机进行播种、施肥，一次完成侧深施化肥、切断秸秆与清理、种床整理、播种开沟、单粒播种、施口肥、覆土、镇压等工序。

### （五）化学除草

使用高性能喷药机作业，采取播种后出苗前封闭灭草或苗后除草方式除草，也可以同时采用两种方法除草。

### （六）防治病虫害

一是种子药剂包衣防治。

二是使用喷雾机药剂喷洒防治。

## 三、适宜区域

该技术适宜推广的区域包括吉林省、辽宁省、黑龙江省、内蒙古自治区东部地区。

## 四、注意事项

一是低洼易涝地块、有效积温偏低区域慎重推广。

二是必要的秸秆处理，能更有效地保证播种质量。

三是注重口肥的施用，防止口肥烧种，选择专用口肥，每公顷不超过 50kg。

四是三级以上风速时，禁止喷洒除草剂。

五是土壤容重过大时要进行疏松。

机械收获

秸秆覆盖还田

播种前秸秆整理

免耕播种施肥

宽窄行种植

防病防虫

**技术依托单位**

1. 梨树县农业技术推广总站

联系地址：吉林省梨树县树文街 25 号

邮政编码：136500

联 系 人：王贵满

联系电话：0434-5227263

电子邮箱：jllswgm@126.com

2. 中国科学院沈阳应用生态研究所

联系地址：辽宁省沈阳市沈河区文化路 72 号

邮政编码：110016

联 系 人：张旭东

联系电话：024-83978667

电子邮箱：xdzhang@iae.ac.cn

3. 中国农业大学土地科学与技术学院

联系地址：北京市海淀区圆明园西路 2 号

邮政编码：110016

联 系 人：任图生

联系电话：010-62733594

电子邮箱：tsren@cau.edu.cn

# 东北地区玉米秸秆集中深还田
# 快速改土培肥技术

## 一、技术概述

### （一）技术基本情况

当前东北地区农田土壤普遍存在"耕层变浅且有机质含量下降、结构劣化、犁底层上移且硬度增大、水肥资源利用率低"问题，其主要原因是有机质归还数量不足、耕作深度浅；另一方面，每年秋收后有大量秸秆产生，但还田难，不得不采取焚烧措施加以处理。有机质还田数量少和秸秆还田难，这两大问题既严重影响着各地土壤培肥和地力提升，又造成资源浪费和严重的环境污染。

针对土壤质量退化和秸秆还田难两大问题，通过对现有旱作农业技术进行提炼、创新和集成并经多年田间试验，形成了本"东北地区玉米秸秆集中深还田快速改土培肥技术"。本技术的主要内容是秸秆错位交替、集中掩埋深还田；秸秆掩埋深开沟打破犁底层，粉碎集中深还田可提高耕层土壤有机质含量，与之相适应实行大垄双行种植可较好地解决秸秆还田后耕层土壤失墒严重、第二年春播困难问题，从而保证作物增产；研发出配套农机具可与农机农艺有机结合，操作简单、省工、省力，改土培肥、增产增收效果显著，农户易于接受。因此，本技术可为东北地区"藏粮于地、藏粮于技、化肥零增长、农业绿色发展、黑土地保护与利用"政策的落地实施提供有力支撑。

### （二）技术示范推广情况

"东北地区玉米秸秆集中深还田快速改土培肥技术"，自 2017 年以来先后在阜蒙县阜新镇和建设镇、昌图县老城镇和通江口镇、铁岭县蔡牛镇、建平县黑水镇、海城市耿庄镇示范推广，累计面积超过 1 000 万亩。采用该技术的地块玉米平均增产 15% 以上，增产粮食 100～170kg/亩，新增每亩纯收益 100～195 元，累计增产粮食 5 423 余万千克，累计新增效益 4 247 余万元。阜新蒙古族自治县应用该技术地块连续 2 年花生每亩产量突破 500kg，玉米亩产超过 1 000kg，成为当地高产典型。目前，该技术正在东北黑土地保护与利用项目中推广应用。

### （三）提质增效情况

和秸秆覆盖还田相比，应用本技术后耕层土壤硬度由原来每平方厘米的 40kg 降低到每平方厘米 10kg，通透性能和储水保水能力明显提高；耕层厚度增加 5～10cm，土体构型趋于合理，土壤结构明显改善；土壤有机质含量年平均提高 0.05% 左右；水分利用效率提高 15%～20%，减少了水土流失，有效解决了当地因春旱而造成的播种难问题；肥料利用率提高 10% 左右，每亩节本增效 200 元以上。土壤条件改善使玉米根系发达，抗病、抗逆性增强，减少了化肥和农药的投入，经济、生态效益明显。本技术的应用有力地推动了当地秸秆还田任务的落实，有效解决了北方地区秸秆还田难、焚烧污染环境的难题，各镇秸秆还田率都达到 90% 以上。

### （四）技术获奖情况

未申报科技奖励。

## 二、技术要点

本技术应用以三年为一个周期。

### （一）第一年

**1. 秋季　秸秆深埋**

（1）深翻打破犁底层，形成秸秆掩埋沟。在玉米收获后采用常规深翻机具深翻，形成一条深30～35cm、宽 35cm 的秸秆掩埋沟；开沟可打破犁底层，增厚耕作层，改善土壤的孔隙状况。

（2）秸秆粉碎后集中注入掩埋沟。采用秸秆粉碎还田机具将 4 条垄的玉米秸秆就地收集、粉碎，直接填充到掩埋沟内，深翻覆土；可将秸秆埋入亚表层，提高土壤有机质含量和改善土壤松紧状况。

**2. 秋季　整地保墒**

在干旱半干旱区，可使用犁耙、滚式镇压机具进行整地和耙压保墒。

### （二）第二年

**1. 春季　正常播种**

种植方式为大垄双行。播种时根据土壤养分情况，每亩基施玉米专用复合肥 40～45kg 和尿素 10～15kg，施肥深度 10cm 左右。

**2. 秋季　秸秆覆盖**

秋收后秸秆留在田间、覆盖地表，为来年春天免耕播种做准备。

### （三）第三年

**1. 春季　免耕播种**

使用免耕播种机播种，同时深施化肥。根据当地土壤养分情况，每亩基施玉米专用复合肥 40～45kg 和尿素 10～15kg。播种后，秸秆覆盖于田面。

**2. 秋季　换位开沟深还秸秆**

作物收获后，在上次深还秸秆的行间开沟，沟深 30～35cm、沟宽 35cm，将秸秆粉碎后集中填充在沟内，深翻覆土。其他操作同第一年秋，只是开沟掩埋秸秆位置不同。

第四年操作同第二年。技术要点如下图所示。

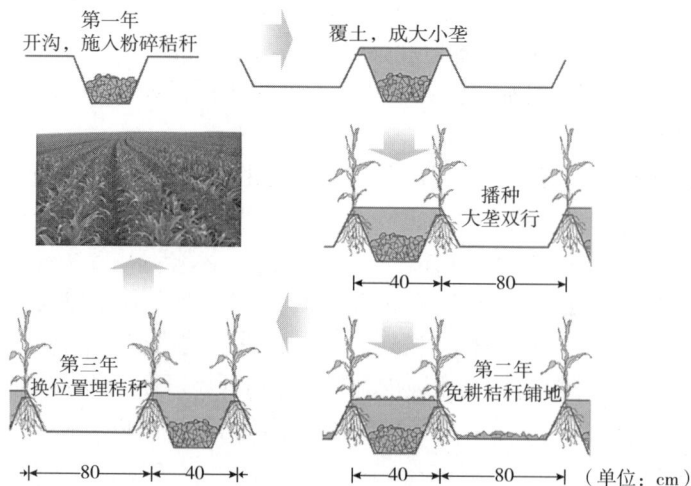

技术要点示意图

## 三、适宜区域

东北辽河平原南部玉米产区。辽宁中部、西部、北部和南部。

## 四、注意事项

每年秸秆还田深埋要在上冻前完成。

打破犁底层形成秸秆掩埋沟

秸秆集中粉碎深还田

秸秆集中深还田苗期玉米长势

秸秆集中深还田秸秆腐解情况

**技术依托单位**

沈阳农业大学  辽宁省农业发展服务中心
联系地址：沈阳市沈河区东陵路120号
邮政编码：110161
联 系 人：邹洪涛  陶姝宇
联系电话：13889181497、13897956976
电子邮箱：zht@syau.edu.cn shuyutt19@163.com

# 旱作土壤秸秆错位轮还全耕层培肥技术

## 一、技术概述

### 1. 技术基本情况

肥沃深厚的耕层是高产土壤的重要标志。但对黄淮海和东北旱作土壤大量调查表明，88%的耕层厚度在12.5～17.5cm，耕层以下土壤板结、通气透水差、肥力瘠薄，严重阻碍作物根系生长和从更大范围吸收水分养分。另外，浅薄耕层接纳秸秆的容量小，导致播种质量下降。针对上述问题，统筹培肥、耕作和秸秆还田农作措施，研发出秸秆错位轮还全耕层培肥技术，使肥沃耕层厚度深达30cm，秸秆容量大幅增加。

本技术以不同耕作措施将不同季节的秸秆错位轮还至不同耕层深度（35cm、20cm、13cm、0cm），并通过各种错位轮还组合，辅以少量有机肥或激发剂激发分解，从而达到全耕层培肥效果。其原理是秸秆深还将使0～35cm土层翻转，上层沃土移至深层，同时深层秸秆分解因降低C/N比需要，截获、固持淋溶氮，减少氮损失；后续的季节性秸秆错位还田（20cm、13cm、0cm）耦合施肥将培肥翻转到上层的贫瘠土壤。以4年8季（黄淮海地区）和3年3季（东北地区）为一个错位轮还周期轮回培肥，土壤肥力大幅提升。为加速秸秆转化为土壤有机质培肥地力，在秸秆轮还到35cm、20cm、13cm耕层的季节时，可添加少量有机肥或激发剂，可快速提高微生物丰度，促进秸秆分解。

本技术（1）可解决肥沃耕层浅薄、养分水分容量小问题，扩大根系适宜生长空间；（2）增加耕层土壤对秸秆的容纳量，减少秸秆还田对播种和出苗等负效应；（3）降低化肥氮淋溶损失，提高养分利用效率；（4）克服深松或深翻不能全耕层培肥弊病；（5）不同深度错位轮还可平衡深还高耗能，并全程机械化。实现土壤可持续高效生产，具有广泛的推广应用前景。

### 2. 技术示范推广情况

本技术于2007—2017年在沿淮易涝渍农田增渗降渍、培肥地力以及东北退化黑土肥沃耕层构建中得到验证和大面积应用推广。自2016年又分别在河南封丘潮土区与河北栾城潮褐土区（小麦—玉米轮作）进行验证示范和大范围推广。

### 3. 提质增效情况

潮土和潮褐土土壤质地轻、结构差、有机质含量低。本技术使用一个周期后（4年8季），肥沃耕层厚度扩增到30cm，土壤有机质、全氮、全磷分别增加为11%、11%～18.4%、13%～16.3%，氮磷养分利用率分别增加18.4%和16.3%，并显著增加土壤微团聚体（0.25～0.053mm）数量，小麦和玉米分别增产4%～15.4%和5.6%～20%。

黑土犁底层厚、质地黏重，本技术打破犁底层，改善了下层土壤结构，土壤储水量和供水量分别增加15.98%和11.72%，可接纳143.5mm降雨量，有效减少径流发生。土壤有机质每千克增加1.37g，碱解氮、速效磷和速效钾分别提高了20.63%、38.18%和43.17%。氮肥每公顷增加13.9kg，水分利用效率分别增加12.2%，玉米产量提高12.8%以上。

**4. 技术获奖情况**

(1) "沿淮主要粮食作物涝渍灾害综合防控关键技术及应用-含秸秆错位轮还全耕层培肥增渗技术"获 2018 年国家科技进步奖二等奖。

(2) "黑土地肥沃耕层构建关键技术创新及技术集成与应用"获 2017 年黑龙江省科技进步奖一等奖。

(3) 2017 年颁布了"耕地肥沃耕层构建技术"黑龙江省地方标准 1 项。

## 二、技术要点

**1. 黄淮海小麦—玉米轮作区：以 4 年 8 季为一个错位轮还周期**

(1) 模式：第 1 年（麦季：前茬秸秆＋激发剂还至 35cm，玉米季：前茬秸秆留在地表），第 2 年（麦季：前茬秸秆＋激发剂还至 13～15cm，玉米季：前茬秸秆留在地表），第 3 年（麦季：前茬秸秆＋激发剂还至 20cm，玉米季：前茬秸秆留在地表）；第 4 年（麦季：前茬秸秆还至 13～15cm，玉米季：前茬秸秆留在地表）。以上述 4 年模式为一个周期进行轮回，但无需再加激发剂。

(2) 激发剂类型与用量：商用有机肥每公顷 1.5t，农家肥用量加倍，或商用黄腐酸每公顷 75kg。

(3) 秸秆处理：前茬作物收获后，立即用秸秆还田粉碎机将秸秆粉碎至 10～20cm 长，覆盖地表保墒。

(4) 查墒：在耕作、秸秆还田、播种前查墒，如果土壤含水量低于田间持水量的 70%，要进行补墒（不超过农田持水量的 80%），防止水分不足影响出苗和/或激发剂激发效果，以及播种后灌溉导致扑苗。

(5) 激发剂和化肥施用：确定足墒后，麦季：将激发剂均匀撒施在秸秆上（激发剂施用季），同时根据当地最佳 NPK 基肥用量，将化肥均匀撒施在秸秆上。为防止秸秆深还季将化肥翻入深层，需采用播种施肥一体机施肥。玉米季：根据当地最佳 NPK 基肥用量，采用免耕播种施肥一体机施肥。

(6) 秸秆还田与整地：施肥后按 4 年 8 季一个周期秸秆错位轮还模式将秸秆还至设定深度，其中 4 季玉米前茬秸秆均为免耕覆盖，4 季小麦前茬秸秆错位轮还，并按下列方式作业：①第 1 季深还：以大马力拖拉机和深翻犁还至 35cm；②第 2 季浅还：以旋耕机还至 13～15cm；③第 3 季中还：以常规铧犁还至 20cm；④第 4 季浅还：以旋耕机至 15cm，每季秸秆还田后进行整地，为播种做好准备。

(7) 播种：小麦浅还和中还季采用带有镇压轮的精播机进行浅垄沟均匀条播，深还季采用种肥一体机进行浅垄沟均匀条播。玉米采用免耕播种施肥一体机进行宽窄行匀播。

**2. 东北玉米连作或玉米-大豆轮作区：以 3 年 3 季为一个错位轮还周期**

(1) 模式：第 1 年，玉米季，前茬秸秆＋激发剂还至 35cm；第 2 年，连作玉米或轮作大豆，前茬秸秆粉碎地表覆盖；第 3 年，连作玉米或轮作大豆，前茬秸秆粉碎还至 15cm。以上述 3 年模式为一个周期进行轮回。

(2) 激发剂类型与用量：商用有机肥或鸡粪或猪粪每公顷 1.5t。

(3) 秸秆处理：采用机械收获，将前茬玉米秸秆自然抛撒在田块上，留茬 15cm 以下。利用秸秆粉碎机对前茬秸秆进行二次破碎至＜20cm 长，均匀抛撒在地表。

（4）激发剂和化肥施用：将激发剂均匀撒施在秸秆上（激发剂施用年），同时根据当地最佳 NPK 基肥用量，将化肥均匀撒施在秸秆上，而免耕秸秆覆盖年份，以种肥一体机施肥。

（5）秸秆还田与整地：①第 1 年秸秆深还：利用螺旋式犁壁犁使土层翻转 180℃，深度为 35cm，使秸秆和激发剂翻入 0～35cm 土层，然后晒垡 3～5 天。再以圆盘耙耙地碎土，混匀土壤、秸秆和激发剂，以联合整地机旋耕起垄待播。②第 2 年免耕秸秆覆盖，以当地常规方式作业进行。③第 3 年秸秆浅还：以旋耕机秸秆还至 15cm，耙平待播。

（6）播种：采用当地常规播种技术进行播种。

## 三、适宜区域

黄淮海小麦-玉米轮作区和东北玉米连作或玉米-大豆轮作区。

## 四、注意事项

（1）黄淮海地区前茬秸秆粉碎需要在收获后含水量较高时立即进行，否则脱水变干后难以粉碎；东北玉米连作或玉米-大豆轮作区需在秋季作物收获后立即秸秆错位轮还操作，以免春季作业失墒，影响下一季作物播种、出苗及生长发育。

（2）秸秆深还一定要到位，以保持深层有足够秸秆量，否则没有足够碳截获后续 3 年耕层淋溶的养分，影响深层培肥效果。

（3）研究表明，多次干旱胁迫会降低微生物活性、影响激发培肥效果，小麦生长季要做好水分管理。

（4）第一次秸秆深还，上下土层翻转，产量有所下降，需通过增加 10％施肥量弥补。

**技术依托单位**

1. 中国科学院南京土壤研究所

联系地址：江苏省南京市北京东路 71 号

邮政编码：210008

联 系 人：张佳宝　赵炳梓

联系电话：025-86881230

电子邮箱：bzhao@issas.ac.cn

2. 中国科学院东北地理与农业生态研究所

联系地址：黑龙江省哈尔滨市哈平路 138 号

邮政编码：150081

联 系 人：邹文秀

联系电话：15004625506

电子邮箱：zouwenxiu@iga.ac.cn

# 农产地土壤重金属关键障碍降控技术

## 一、技术概述

### 1. 技术基本情况

针对江西部分地区农产地土壤重金属中轻度超标现象突出、特殊地区土壤重金属重度超标明显、受污染耕发安全利用压力日渐显现等问题，围绕农业生产、粮食安全及人体健康等国家战略需求，通过"摸清土壤条件、结合种植习惯、筛选技术模式"等手段，在农产地土壤重金属中轻度污染为主的区域内，以阻控重金属进入食物链为核心，研发形成了以土壤原位钝化、低积累水稻品种筛选、土壤调酸、水肥调控等技术为主的关键障碍降控技术体系，并通过有效集成，构建了适合于重金属 Cd 中轻度污染农田"边生产边修复"的农业综合修复模式，较好地解决了 Cd 污染区域农田土壤退化、农产品 Cd 超标的难题。同时，在重度 Cd 污染的农产地，采用种植结构调整等一系列技术措施、种植非食用农产品，在确保土壤产出的同时，有效地阻断了 Cd 进入食物链，实现了不同程度 Cd 污染农田的持续安全利用，取得了显著的社会、生态效益，显现出极大的社会公益性，从而为我省农产地土壤关键障碍降控提供了技术样板。

### 2. 技术示范推广情况

以轻中度 Cd 污染农产地采取种植低积累水稻品种、土壤调酸、水肥调控、土壤钝化、深翻耕，重度污染农产地采取种植结构调整、休耕、退耕还林还草为主的农产地重金属关键障碍降控技术，2015 年以来在全省范围进行示范、推广，获得良好效果。2015—2018 年在萍乡市湘东区和鹰潭市贵溪市开展第一期中轻度农产地重金属关键障碍降控试验示范，筛选镉低积累水稻品种、土壤重金属钝化剂以及农艺调控技术，总结成果编制稻田农产地重金属关键障碍降控技术方案。2018—2019 年，开展第二期试点示范，具体包括在赣州市定南县开展重度污染农产地严格管控示范，采取种植结构调整进行花卉、能源牧草、脐橙等种植试点；在上饶市水稻良种场、鹰潭市贵溪市、新余市渝水区、赣州市崇义县选择典型地块低积累水稻品种和土壤重金属钝化剂筛选、稻田控酸降活技术示范。2020 年，总结提炼形成技术手册，在全省 95 个县（市、区）推广农产地重金属关键障碍降控技术，组织开展农产地重金属关键障碍降控技术培训和指导调研，建立工作台账，完成不少于 141 万亩受污染农产地的安全利用和不少于 11.1 万亩受污染农产地的严格管控重金属关键障碍降控技术推广。目前该技术正在全省范围推广应用。

### 3. 提质增效情况

与未开展农产地重金属关键障碍降控措施的农产地相比，针对中轻度镉污染为主的受污染农产地，集成创新形成了以优化施肥、改良剂应用、低积累作物筛选、农艺措施调控为核心的农产地重金属关键障碍降控技术体系，应用区内土壤 Cd 有效态降低 30% 以上，稻谷中 Cd 含量降幅达 30%～80%，实现了中轻度 Cd 污染农田的安全利用。针对重度镉污染为主的受污染农产地采取种植结构调整技术，将水稻调整为牧草、棉花、麻类等非食用农产品，通过与当地产业发展相结合，能产生较好的经济效益，降低江西稻谷镉超标风险，有效保障了江西省农产品质量安全。

**4. 技术获奖情况**

（1）"耕地重金属污染评价及其应用"获 2015—2016 年度江西省农牧渔业技术改进奖二等奖。

（2）"重金属超标农田和稀土尾矿地安全利用关键技术及应用"获 2018 年江西省科技进步奖一等奖。

## 二、技术要点

**1. 种植低积累水稻品种**

在轻、中度污染的水田种植重金属富集能力较弱的水稻品种，可以有效减少重金属进入稻谷，降低水稻的重金属污染风险。可结合水稻品种适宜种植区条件，选择前期筛选出的一些镉污染低积累水稻品种推进种植。

**2. 土壤调酸技术**

在酸性土壤中适量施用石灰等碱性材料，可以提高土壤 pH，降低土壤中重金属的活性（除砷外），还可以为作物提供钙素营养。施用碱性材料时可用人工或机械化的方式，在整地前将其均匀地撒施在水田土壤表面后再翻耕。石灰量建议：pH<5 的土壤，一次性施 300～500kg；pH 为 5～5.5 的土壤，一次性施 200～300kg；pH 为 5.5～6.5 的土壤，一次性施 100～200kg；pH>6.5 的不需要施用石灰。3 年后检测土壤 pH，根据检测结果按上述建议执行。

**3. 水肥调控技术**

酸性土壤在淹水条件下，镉活性降低，从而减少水稻对镉的吸收。硅、硒等微量元素能降低水稻对于重金属吸收和转移。因此，合理地调控水肥能有效降低稻谷对镉的吸收。

（1）在水稻的盛蘖期（水稻封行前一周开始至封行后一周）和水稻抽穗灌浆期（水稻开始抽穗至全部勾头成熟）淹水，淹水方法可采取在农田排水口垫土，将其高度固定在比田面高 3～5cm 水平上，缺水时及时补充。

（2）在水稻分蘖期每亩施用铁肥（$FeSO_4 \cdot H_2O$ 5～10kg）、硒肥（$Na_2SeO_3$ 50～100g）、锌肥（$ZnSO_4 \cdot 7H_2O$ 3～5kg）或硅肥（$Na_2SiO_3$ 4～5kg），可有效降低水稻对镉的吸收。

**4. 土壤重金属钝化技术**

通过向土壤中添加钝化材料，如由海泡石、蒙脱土、黏土矿物粉、铁锰氧化物、泥炭等制成的钝化剂，降低其在土壤中的活性。

**5. 深翻耕技术**

通过深翻耕，将污染物含量较高的表层土壤与污染物含量较低的下层土壤充分混合，降低土壤表层重金属含量。深翻耕的实施时间一般为冬闲或春耕翻地时。深翻耕实施的时间、周期和深度等需根据当地种植习惯、土壤类型和耕作层厚度等来确定。

**6. 重度污染种植结构调整技术**

（1）种植纤维类作物。针对地下水位较低，易于排水的稻田，水改旱，种植棉花、苎麻等纤维类作物。

（2）种植油类作物。针对地下水位较低，易于排水的稻田，水改旱，种植油菜（不做蔬菜食用）、油葵、油茶。

（3）种植观赏类或景观类植物。通过开挖排水沟等措施降低地下水位，水改旱，或利用机械起垄，种植花卉苗木、草皮、香料作物等非食用农作物，并结合生态休闲，发展旅游观光农业。

（4）种植富集系数低的果树作物。在具有特色果树作物种植优势的地区，通过水改旱，种植脐橙、蜜柚、蜜桔、柑橘和早熟梨等特色果树，并在果树行间种植蜈蚣草、伴矿景天、东南景天等超累积植物，进行重金属总量移除。

（5）种植能源植物。在一些受污染地区周边存在有生物质发电厂的，可以通过水改旱，种植象草（皇竹草）、巨菌草（能源草）、杂交狼尾草、芒草、高粱（非食用）等能源植物，逐步降低土壤重金属含量。

水稻移栽前，用机械撒施土壤调理剂

在水稻分蘖盛期和孕穗后期，用无人机喷施 2.5mmol/L 的叶面阻控剂

## 三、适宜区域

轻中度重金属污染安全利用类农产地；重度重金属污染严格管控类农产地。

## 四、注意事项

（1）开展受污染农产地重金属关键障碍降控时，应当阻断污染源进入农田，杜绝污水灌溉，禁止施用未经农业农村主管部门登记的商品肥料和其他不符合国家标准规定的农业投入品。

（2）在实施重金属关键障碍降控措施期间，应在当季作物收获期抽检农产品重金属含量，并根据农产品质量评价结果及时优化调整治理措施。

（3）定期开展灌溉水、农用化学投入品、土壤和农作物重金属跟踪监测，分析其潜在环境风险。

（4）对于移除的秸秆，必须进行无害化处理，避免重金属污染物再次返还农产地，达到逐步降低农产地土壤重金属含量目的。待土壤镉含量每千克低于 1.0mg 时，参考农产地关键障碍降控技术，进行针对性的修复。

**技术依托单位**

1. 中国科学院南京土壤研究所

联系地址：江苏南京市北京东路 71 号

邮政编码：210008

联 系 人：王兴祥　周　静

联系电话：13851800070、13870104316

电子邮箱：xxwang@issas.ac.cn

2. 江西省红壤研究所

联系地址：江西省进贤县张公镇省红壤研究所

邮政编码：331717

联 系 人：黄欠如

联系电话：13870826107

电子邮箱：qianruhuang@163.com

# 寒区黑土地保护性耕作技术

## 一、技术概述

### 1. 技术基本情况

连续多年秸秆焚烧和浅耕、旋耕等传统耕作方式，导致我省耕地长期透支退化，严重威胁到我省粮食安全"压舱石"作用。基于寒区土壤保护与恢复技术以及农业特点，通过筛选适宜寒区保护性耕作关键装备和配套机具，探索黑土地区秸秆覆盖免耕条件下秸秆腐解和耕地质量提升技术路径，提出秸秆全量原位覆盖、秸秆全量条带少耕覆盖、秸秆全量条带归行覆盖和秸秆少量覆盖等保护性耕作技术模式并集成应用，突破我省秸秆覆盖量大、春季低温干旱等制约因素，解决不同区域实施秸秆覆盖免耕播种质量差影响作物出苗和生长的技术难题，为寒区实施保护性耕作提供了科学的装备支撑和技术支持，保护和提升了黑土耕地质量，推进现代绿色农业发展。

### 2. 示范推广情况

2003—2014 年，我省先后在兰西、泰来、肇州等地经过布点试验，全省专门组建以机械化保护性耕作为核心的现代农机专业合作社近 20 个；2015—2016 年，建立 18 个旱田机械化保护性耕作示范县，每个县安排核心示范区面积 1 000 亩，且依托当地农机合作社建立 2 个示范基地进行典型示范；2015—2017 年，开展了玉米秸秆还田试验示范，形成了"秸秆还田耕种机械化技术模式"和"一翻两免轮耕轮作技术模式"，从农艺上验证了开展秸秆覆盖还田保护性耕作的可行性和必要性；2018—2019 年，结合"一翻两免"耕作模式，着手示范推广机械化保护性耕作农机标准化技术模式，落实 10 个示范县，每个县依托一个农机合作社安排 200 亩示范面积，探索我省主要农作物在秸秆覆盖还田情况下如何耕种提供科学实用的农机化技术解决方案。2020 年，全省共建立 58 个高标准保护性耕作技术应用基地，保护性耕作实施规模达到 1 330 万亩，其中 10 个整县推进应用基地面积均在 1 000 亩以上，示范引领效果十分显著。目前，全省已经具备了成熟的技术体系和装备体系，各类型免耕播种机保有量近 2.5 万台，并向智能化发展，技术创新能力不断加强。

### 3. 提质增效情况

同传统耕种方式相比，实施此项技术减少了春季清理秸秆、机械耕整地等作业环节，土壤水分充足肥力提升，可降低作业成本约 30%～40%，亩均节省作业成本 55 元，粮食增产幅度可达到 3%～8%，亩均增产 30kg，按玉米平均市场价格每千克 1.3 元计算，亩均增加产值 39 元，亩均节本增效 94 元。土壤有机质含量每年提升 0.01～0.03 个百分点，黑土耕地质量提升，土壤有机质含量每年提升 0.01～0.03 个百分点，蓄水保墒和抗旱能力增强，空气污染明显改善。

### 4. 技术获奖情况

(1) 2014 年"玉米保护性耕作技术试验示范"项目获黑龙江省农业科学技术奖一等奖。

(2) 2016 年"寒地垄作区玉米保护性耕作机械化技术推广"项目获全国农牧渔业丰收奖二等奖。

（3）2019 年"寒地玉米秸秆覆盖还田机械化免耕播种技术示范推广"项目获全国农牧渔业丰收奖三等奖。

## 二、技术要点

### 1. 技术模式

（1）秸秆全量原位覆盖保护性耕作技术。秋收时采用配带秸秆粉碎装置玉米联合收获机作业，玉米秸秆直接粉碎全量还田，留茬高度 10cm，粉碎长度以 10cm 秸秆撕裂状为宜，均匀抛撒覆盖地表越冬。收获机未安装粉碎装置或粉碎效果不达标准的需另用秸秆精细粉碎还田机进行二次粉碎作业，秸秆粉碎长度 5～10cm。收获、运输等车辆进地作业时不破坏原垄形，第二年春季使用免耕播种机原茬播种。

（2）秸秆全量条带少耕覆盖保护性耕作技术。对于秸秆覆盖量大或地表坚硬的田块，秋季或次年春季用带有深松、灭茬、碎土、条耕功能的条耕机，对垄体种床秸秆（根茬）进行条带耕作，深松深度 25～30cm，条耕带宽 20～30cm，地表土壤扰动率不超过 50%，条耕后及时镇压防止跑墒，达到待播状态，春播时用免耕播种机沿条耕带对行播种。

（3）秸秆全量条带归行覆盖保护性耕作技术。实施平播垄管地块，玉米收获时秸秆粉碎覆盖地表，秋季或下年播种前采用秸秆归行机把播种带秸秆清理到休闲带上，使用免耕播种机在清理后的播种带进行播种，形成宽行 90cm 或 70cm 与窄行 40cm 隔年交替种植模式。

（4）秸秆少量覆盖保护性耕作技术。秸秆需要离田利用地块，应保持剩余秸秆覆盖率不低于 30%，且均匀覆盖地表，第二年春季使用免耕播种机直接免耕播种。

### 2. 配套装备

（1）秸秆精细粉碎还田机。双轴式大功率设备，采用垂爪捡拾和刀片粉碎相结合的结构，作业幅宽以 2.8～3.5m 为宜，配套动力 160～210 马力，前轴装有捡拾垂爪，后轴为 U 形刀和直刀相结合的结构，由中间一个齿轮箱带动，秸秆粉碎长度 10cm 以内，均匀抛撒地表。

（2）条带耕作机。有深松灭茬、碎土镇压等功能，在苗带间进行深耕灭茬作业，深松深度 25～30cm，条耕带宽 20～30cm，土壤扰动率不超过 50%。主要采用大直径缺口圆盘刀有效切断种床秸秆杂草并松土，两侧对置设计的限深轮限制圆盘刀入土深度，八字形对置设计的渐开线式拨草轮。

秸秆精细粉碎还田

条带耕作

（3）秸秆归行机。悬挂式秸秆归行机或搂草机，将播种带秸秆清理归集到空闲带。也可采取前置式秸秆归行机同步进行归行与播种作业。

秸秆归行

（4）免耕播种机。强制拔草免耕播种机、扫茬播种一体免耕机、自动平衡免耕播种机等，一次性作业完成清茬开沟、施肥播种、覆土镇压等工序，作业速度控制在每小时 6～8km，播深为镇压后 3～5cm，施肥深度 8～10cm，肥带宽度在 3cm 以上，化肥与种子上下垂直间距和左右侧面间距均在 5cm 以上，肥、种分施在不同的垂直面内。温度大的地块选取轻体免耕播种机。

精量免耕播种

## 三、适宜区域

主要适用于积温高、风沙大、降水不足、土壤瘠薄的中西部干旱地区；从秸秆还田、保护黑土和发展绿色生态农业的角度，适用范围基本扩展到全省所有玉米产区。

## 四、注意事项

**1. 播种质量问题**

由于地表不平整、秸秆覆盖且分布不均等原因，会出现播种深浅不一，种子分布不均，甚至缺苗断垄等播种质量问题，应注意通过提升免耕播种机使用性能和平整地表两方面来解决。

**2. 杂草控制问题**

保护性耕作技术实施药剂灭草因受秸秆遮盖而影响灭草效果，应适时结合机械除草。

**3. 地温影响问题**

由于秸秆覆盖，耕层阳光直接辐射量少，播种初期全天 $0\sim10cm$ 土壤的平均地温要低于对比田 $2\sim3℃$，影响种子萌发，可适时采用机械中耕深松实现土壤放寒增温。

**技术依托单位**

黑龙江省农业机械化技术推广总站
联系地址：哈尔滨市南岗区文明街 17 号
邮政编码：150001
联 系 人：孙征权 佟思宇
联系电话：13936313137、13904645901
电子信箱：njtgyk@163.com

# 东北黑土区旱地肥沃耕层构建技术

## 一、技术概述

### 1. 技术基本情况

针对东北黑土地由于过度垦殖和用养失调导致土壤有机质下降，黑土层变薄，耕作层变浅、犁底层上移增厚限制土壤中水、热、气传导和作物根系生长，土壤水养库容降低影响作物的水分和养分吸收利用及产量等问题，经系统研究形成了技术体系。通过该技术实现了玉米秸秆全量还田，通过加深秸秆还田深度，解决了秸秆浅混还田土壤跑墒、影响下季作物播种质量导致缺苗和苗弱的问题；通过秸秆和有机肥深混还田，增加耕作层厚度，提高全耕作层土壤有机质及养分含量，构建肥沃耕层，增加土壤储水量能力及作物水分利用效率。在白浆土上，通过一次性增施秸秆、有机肥和化肥，改良白浆层，实现白浆土快速培肥；通过化肥农药减施保证了作物品质、提高肥料利用效率。实现了东北黑土地保护利用的农机农艺融合，提高了秸秆和畜禽粪污等综合利用，减少秸秆焚烧、畜禽粪随处堆放对环境造成的污染，实现了生态环境协调发展。

### 2. 技术示范推广情况

核心技术"肥沃耕层构建技术"作为其他技术的核心内容，2017 年被遴选为农业农村部主推技术。2015 年以来作为黑龙江省黑土地保护利用试点项目的主推技术被广泛应用；同时在辽宁、吉林和内蒙古东四盟等省区多地也进行示范、推广，获得良好效果。2015—2019 年，在黑龙江黑河的暗棕壤、海伦的中厚黑土、双城薄层黑土、富锦白浆土、龙江黑钙土，吉林公主岭草甸土，辽宁铁岭和大连的棕壤、阜蒙的褐土开展试验示范，采用该技术耕层土壤有机质、速效氮、速效磷和速效钾含量的增加量每千克平均增加了 1.85g、20.16mg、1.56mg 和 17.20mg，亚耕层较耕层进一步增加了 2.09g、12.06mg、2.18mg 和 3.84mg。在黑龙江省海伦市的试验研究表明，采用该项技术显著增加了土壤总孔隙度，特别是通气孔隙增加了 24.31％～43.43％，土壤饱和导水率提高了 13.35％～26.71％，饱和持水量增加了 9.84％～21.12％，促进了大气降水入渗，增加了黑土持水能力，减少了地表径流发生的风险。目前该技术正在东北黑土地保护利用试点县（市）推广应用。

### 3. 提质增效情况

和常规技术相比，应用该技术土壤有机质含量提高 5.6％以上，耕层厚度增加至 30 厘米以上，耕地地力等级提高 0.5～1 个等级，增产大豆和玉米 11.5％以上，水分利用效率提高 18.2％，节约化肥、农药用量 5.5％以上，肥料利用率提高 4.3 个百分点，亩增收节支 65 元以上；同时秸秆和有机肥还田在培肥土壤的同时，并可杜绝因秸秆焚烧和畜禽粪污随意堆放造成的环境污染。通过黑土肥沃耕层构建、提升耕地地力后减肥、减药，提高作物品质。

### 4. 技术获奖情况

（1）"黑土地肥沃耕层构建关键技术创新及技术集成与应用"2017 年获得黑龙江省科技

进步奖一等奖。

（2）"黑土区耕地土壤快速培肥关键技术创新与应用"2020年获得黑龙江省科技进步奖一等奖。

（3）行业标准：《东北黑土区旱地肥沃耕层构建技术规程》，NY/T 3694—2020，2020年8月26日。

（4）地方标准：《耕地肥沃耕层构建技术》，DB/T 1986—2017，2017年9月7日。

（5）地方标准：《白浆土厚沃耕层构建技术规程》，DB23/T 2671—2020，2020年9月11日。

## 二、技术要点

### 1. 玉米收获

玉米进入完熟期，适时采用带有秸秆粉碎装置的联合机械收获，将秸秆自然抛撒在田块上，玉米留茬15厘米以下。

### 2. 秸秆处理

利用秸秆粉碎机对秸秆进行二次破碎，使长度<10cm秸秆较为均匀地分布在田块上。

黑土地肥沃耕层构建技术—玉米秸秆粉碎

### 3. 有机肥抛撒

秋季收获后利用有机肥抛撒机，将有机肥均匀抛撒在田面上，有机肥施用量为22.5米$^3$/公顷以上。

### 4. 构建肥沃耕层

利用螺旋式犁壁犁在平铺秸秆或秸秆和有机肥的田块上进行土层翻转作业，土层翻转60°～120°，作业深度为32.5±2.5cm；然后利用圆盘耙对地块进行秸秆深混和碎土平整作业。

### 5. 整地

使用联合整地机械进行起垄或平作作业、镇压，使土壤达到待播种状态。

黑土地肥沃耕层构建技术—有机肥抛撒

黑土地肥沃耕层构建技术—秸秆深混还田

### 三、适宜区域

东北黑土区黑土、黑钙土、草甸土、暗棕壤、白浆土、棕壤及其他具有相似性质的土壤类型。

### 四、注意事项

（1）黑土层≥30cm 的旱地土壤，宜采用玉米秸秆全量一次性深混还田技术，以达到扩容耕层，构建肥沃耕层的目的。

（2）黑土层<30cm 的旱地土壤，肥力较低，物理性质较差的耕作土壤，宜采用秸秆配施有机肥深混还田构建肥沃耕层技术和有机肥深混还田构建肥沃耕层技术，以补充因熟土层和新土层混合后导致的土壤肥力下降。

（3）白浆土，在采用秸秆配施有机肥深混还田构建肥沃耕层技术的同时，应适当施用石灰调节土壤酸度，适当增施磷肥，以达到一次性改造白浆土白浆层的目的。

（4）位于缓坡区的旱地肥沃耕层构建应同时采取水土保持措施。

（5）肥沃耕层构建机械作业时间宜在秋季作物收获后，土壤封冻前，土壤含水量为20％左右实施。

**技术依托单位**

1. 中国科学院东北地理与农业生态研究所

联系地址：黑龙江省哈尔滨市哈平路 138 号

邮政编码：150081

联 系 人：韩晓增　邹文秀

联系电话：0451-86602940，13804533516

电子邮箱：xzhan@iga.cn

2. 农业农村部耕地质量监测保护中心

联系地址：北京市朝阳区麦子店 24 号楼

邮政编码：100125

联 系 人：杨　帆　杨　宁　贾　伟　胡　炎

联系电话：010-59196329，13910744953

电子邮箱：yangfan@agri.gov.cn

3. 黑龙江省农业环境与耕地保护站

联系地址：黑龙江省哈尔滨市珠江路 21 号

邮政编码：150090

联 系 人：马云桥　郭玉华　赵　雷　王云龙

联系电话：0451-82310527，13796679996

电子邮箱：82310527@163.com

# 健康耕层构建技术

耕地是粮食生产的命根子，健康的耕层是土壤可持续利用、作物优质高产和农业生态良性循环的基础保障。影响耕层健康的因素很多，其中土壤理化性状变差、土壤板结、耕层变浅是主要因素。近30年，因自然、人为、机械操作、耕作方式等不当及不科学的施肥造成了耕层变浅、土壤板结等。据统计，我国耕地耕层厚度小于15cm的有2.67亿亩，小于15~20cm的有11.75亿亩。

## 一、技术概述

### 1. 技术基本情况

健康耕层构建技术通过土壤调理技术和合理施肥，打破土壤黏粒表面张力，在土壤黏粒和有机质胶体表面形成束水性半胶束，通过氢键、范德华力等形成土壤团聚体，增加土壤的孔隙度，降低土壤容重，使土壤疏松，打破土壤板结，加深有效耕层，扩充土壤吸纳水分、养分的容量，协调土壤耕层的"水、肥、气、热"状况，提高作物抗逆性，为作物生长发育构建一个健康肥沃的耕层土壤环境，是解决当前耕层变浅、土壤板结的一项重要科学技术措施。

（1）先进性。健康耕层构建技术自2007年研发以来，经过专家们在科研领域深度挖掘和广度应用，建立了一套完整的技术体系及操作规程，技术非常成熟，是土壤改良技术的突破，契合现代农业高质高效建设的发展理念，为提升耕地质量、保障国家粮食安全和改善农业生态环境提供了先进技术途径。

该技术于2015年经河南省科技厅组织专家鉴定委员会鉴定，达到国际先进水平。在全国上下高度重视提高耕地质量端牢中国人饭碗的大背景下，更能凸显出其强大的科技支撑作用，引领土壤改良耕地质量提升行业的发展，具有先进性。

（2）适用性广。健康耕层构建技术研发推广以来，分别在河南、河北、安徽、山东、吉林、辽宁、内蒙古、新疆、湖南、湖北、云南、广西、贵州等22个省区的小麦、玉米、水稻、大豆、棉花、马铃薯、花生、油菜、大蒜、番茄等多种作物的潮土、褐土、红土、黑土等多种土壤类型进行广泛试验、示范和应用，均取得了显著效果。适合全国土层厚度大于20厘米的所有农业种植区，尤其对耕层浅薄区、保护地土壤板结区有良好改良效果，能够重新构建健康土壤耕层，适用性广泛。

（3）安全性强。通过多年应用健康耕层构建技术的实践证明，该技术对环境无污染、对土壤无污染，安全、绿色、环保、无公害。

（4）绿色高效。该技术以构建健康土壤耕层为核心，以提高作物产量和品质为目标，制定了整套的技术规程和操作标准，符合资源环境安全、耕地质量保护、优质绿色高效等高质量发展要求。

健康耕层构建技术知识产权归属明晰，并在农业农村部行政许可登记，符合国家政策法律有关要求。

（5）健康耕层构建技术先后纳入科技项目。

2014—2016 年列入国家农业科技成果转化项目。

2017—2019 年列入河南省科技重大专项。

**2. 示范推广情况**

健康耕层构建技术研发以来，利用农技推广渠道、农业科研渠道、市场渠道等以点带面，点面结合，做好田间试验示范应用，结合家庭农场、农民专业合作社和种植大户树立样板，利用现场观摩会、培训会和网络、多媒体等多种形式进行多层次宣传推向全国。分别在河南小麦、玉米、水稻等 6 种农作物和河北邯郸小麦、安徽阜阳甘薯、山东番茄、苹果和大蒜、吉林公主岭玉米、辽宁葫芦岛大棚蔬菜、内蒙古乌兰察布马铃薯、新疆库尔勒棉花、湖南常宁水稻、湖北荆门油菜、云南烟叶、广西钦州甘蔗、贵州烟叶等进行广泛示范，均取得了显著效果，累计推广应用面积达 900 万亩以上，为潮土、褐土、红土、黑土、棕壤土等构建健康的土壤耕层提供技术支撑。

**3. 提质增效情况**

经多年、多地、多点不同作物应用健康耕层构建技术示范田块调查结果表明：同等条件下应用该技术，可节肥增效，小麦亩增产 60.5～159.1kg，增幅 12.9%～25.8%；水稻亩增产 75.8～105.9kg，增幅 13.8%～17.8%；玉米亩增产 89.4～106.2kg，增幅 14.4%～18.3%；花生亩增产 50.5～100kg，增幅 16.9%～32.1%；大豆亩增产 55kg，增幅 25.2%；大蒜亩增产 570.3～998.3kg，增幅 18.9%～22.6%；葡萄亩增产 181.7～480.4kg，增幅 5.9%～36.8%。应用该技术可使葡萄含糖量增加 1.1 个百分点、西瓜含糖量增加 2.2 个百分点、草莓含糖量增加 0.7 个百分点、苹果含糖量增加 1.0 个百分点、甘蔗含糖量增加 0.9 个百分点。

其中，2016—2017 年全国农技推广中心在全国 8 省多个县市的粮、棉、油、糖、果、菜上推广应用，报告结果表明，效果显著。如湖南常宁水稻应用区亩产 626.5kg 较对照区 550.8kg 增产 75.7kg，增幅 13.76%；内蒙古乌兰察布马铃薯应用区亩产 2 652kg 较对照区 2 192kg 增产 460kg，增幅 21.0%；湖北荆门油菜应用区亩产 246.4kg 较对照区 209.1kg 增产 37.3kg，增幅 17.8%；广西钦州甘蔗平均亩增产 3.93t，新疆库尔勒棉花平均亩增收 452 元、山东寿光番茄平均亩增收 3 382 元、烟台苹果在化肥减量 20% 的情况下亩增收 6 755元。

健康耕层构建技术的应用，一方面破除了土壤板结，促进土壤团粒结构的形成，使土壤肥力不断提升；另一方面，提高了作物的产量和品质，同时降低化肥施用量，经济效益显著。该技术连续两年施用，第三年不施用，效果持续；以三年为一个周期，一般农作物（一年两熟区）平均每年亩投资 33.3～66.7 元，平均亩增收 260～520 元，投产比（1∶7.8）～15.6；经济作物（果树、蔬菜、甘蔗、中药材等）投产比更高。据不完全统计，该技术自研发以来，增加农民直接经济效益 15 亿元以上，并取得显著的社会效益和生态效益，得到各地农业部门肯定、专家认可和农民好评，为健康土壤耕层构建、耕地质量提升和农业可持续发展提供了一条科学、实用、有效的技术途径。

应用健康耕层构建技术效果案例：

2020 年 5 月，农业农村部耕地质量监测保护中心组织有关专家对河南省高标准农田应用健康耕层构建技术示范田进行现场测验：武陟县应用区小麦亩产 729.7kg 较对照区 622.6kg 增产 107.1kg，增幅 17.2%；修武县应用区小麦亩产 595.5kg 较对照区 515.2kg 增产 80.3kg，增幅 15.6％，同等压强下测量的耕层深度加深 5.3～6.4cm。

2020 年 6 月，河南省宁陵县农业农村局组织有关专家对宁陵县鲜食葡萄应用健康耕层构建技术示范田进行现场测验：应用区葡萄亩产 3 252.48kg 较对照区 3 070.76kg 增产 181.72kg，按当时市场价格计算，亩增收 1 453.76 元，果实提早成熟上市 7～10d，仅此一项，亩收益增加 6 504.96 元。土壤耕层影响：同等压力下，应用区土壤耕层深度 30cm 较对照区 23cm 加深 7cm。

2020 年 6 月 21 日，河南省商丘市宁陵县葡萄应用健康耕层构建技术效果对比

2020 年 9 月，南阳市农业农村局组织有关专家对南阳市宛城区高标准农田玉米应用健康耕层构建技术示范田进行现场测验：应用区玉米亩产 653.7kg 较对照区 552.7kg 增产 101.2kg，增幅 18.3％；土壤紧实度应用区 265N/cm$^2$ 较对照区 421N/cm$^2$ 降低 156N/cm$^2$，降幅 59.0％；应用区土壤耕层深 23cm 较对照区 15cm 加深 8cm；应用区玉米锈病发病率 11.7％较对照区 45.8％下降 34.1 个百分点。

2020 年 10 月，农业农村部耕地质量监测保护中心组织有关专家对河南省潢川县高标准农田水稻应用健康耕层构建技术示范田进行机收实打（10.0 亩）计产及耕层影响测验：应用区水稻亩产 653.81kg，较对照区的 555.01kg 增产 98.80kg，增幅 17.8％；应用区耕层 20cm 平均土壤紧实度 107N/cm$^2$，较对照区 197N/cm$^2$ 降低 90N/cm$^2$，降幅 45.7％；利用土壤紧实度仪测定同等压强（120N/cm$^2$）下的耕层深度，应用区耕层深度 21.2cm 较对照区 15.5cm 增加 5.7cm，增幅 36.8％。

**4. 技术获奖情况**

（1）2014 年获国家发明专利【专利号：ZL 2013 1 0067402.9】。

2020年10月10日，河南省信阳市潢川县高标准农田土壤改良
耕地质量提升水稻应用健康耕层构建技术现场

(2) 2015年获河南省科技进步奖二等奖。

(3) 2018年获河南省人民政府专利奖。

(4) 健康耕层构建技术获"2019年十大土壤改良科技创新技术"第一名。

## 二、技术要点

### 1. 健康耕层构建技术主要内容

(1) 构建疏松耕层。通过有机无机合理配比、土壤调理剂针对性选用等，构建良好的土壤结构，形成孔隙大小和分布合理的土壤微环境，因土壤的水、气、热是流体，要通过土壤的孔隙来交换流通。而土壤胶体很多带有很强的负电荷，吸引土壤和水中带正电荷的氢离子。该技术中含有很多带有阴离子的活性剂，利用土壤水激活它的有效成分，改善土壤团粒结构，降低土壤容重，增加土壤孔隙度，据多点测定土壤容重每平方厘米降低0.13～0.24g，相对降低10.3%～19.0%；土壤孔隙度平均值提高4.9%～9.0%；使土壤耕层达到疏松状态。

(2) 构建增加耕层深度。多年测定：加深土壤耕层到21.2～30.0cm，加深了5.0～8.0cm达到作物宜耕深度20cm以上，土壤紧实度减少36～128N/cm$^2$。如2020年焦作小麦应用田，用土壤紧实度仪测定同等压强下（401～447N/cm$^2$）测量耕层深度加深5.3～6.4cm；耕层紧实度下降25.3%～31.0%。

(3) 构建调理耕层理化性状。增加土壤阳离子的代换量，缓冲土壤酸碱度。经分析化验，土壤阳离子代换量每千克增加0.14～0.4厘摩正电荷。如湖南常宁酸性土壤水稻试验土

2016 年 5 月 23 日，中国科学院南京土壤研究所与河南省土肥站安排在
河南许昌禹州小麦应用健康耕层构建技术定位试验
（图中为中国科学院南京土壤研究所朱安宁研究员观测该技术应用效果）

2020 年 5 月 23 日，河南省焦作市武涉县高标准农田土壤改良耕地
质量提升应用健康耕层构建技术土壤剖面耕层深度对比
（应用区耕层深度为 20.0cm，对照区耕层深度为 13.0cm，应用较对照耕层加深 7.0cm）

2020 年 5 月 23 日，河南省焦作市修武县高标准农田
小麦应用健康耕层构建技术的土壤剖面对比
（右下：应用示范区耕层深度为 20.0cm，左下：对照区耕层深度为 12.8cm）

壤测定 pH 6.35 提高到 6.67，提高了 5.0%；新疆库尔勒棉花田碱性土壤上应用，土壤 pH 由 8.4 降到 7.6，下降了 9.6%，耕层达到健康状态。

（4）构建增加土壤库容。增强土壤的透气性和肥水渗透能力，据试验测定，河南梁园潮土 25min 内 0～20cm 耕层水分渗透量比对照每亩增加为 33 335kg，扩充土壤吸纳水分、养分的容量，增强土壤的蓄水和供水能力。该技术中含有很多带有阴离子的活性成分，通过离子交换，增加阳离子交换量，增加土壤的养分库容量；另外该技术能够增加土壤根系数量，增加根茬还田量，增加土壤碳库容。

（5）构建调理作物根系在耕层健康生长。健康耕层构建技术可促进根系生长，显著增加作物根系的数量、长度和表面积，提高根系活力，提高土壤养分、水分及肥料养分利用率。2014 年，安徽农大对应用该技术的小麦根系进行电子扫描分析，结果显示：根系总长度、根系数量、根尖数分别增加 130.5%、63.9%、221.7%，促根效果显著，作物根系增加，茎秆生长健壮，其显著增强植株抗旱性、耐涝性、抗病性、抗寒性。近年对应用该技术的小麦、黄瓜、葡萄及烟叶上的抗病性观测调查，显著增强植株的抗病性，如 2018 年全国农技推广中心安排的烟台苹果，应用该技术较对照单株平均病果率减少 5.3 个百分点，相对减少 28.0%。

**2. 技术应用要点**

（1）应用时期。该技术主要是针对土壤作用的，应用时期没有严格界定，原则上是应用时间越早越好。大田作物结合整地或施基肥时期应用较好。保护地栽培在整地时或移栽前应用较好，也可在作物的各个时期应用。

（2）应用方法。本技术直接应用于土壤中，也可与肥料配合施用作用于土壤。每亩用量1～2kg，高标准农田每亩用量2kg。

（3）应用次数。每年应用1次，连续应用2年，第三年仍然有效。

## 三、适宜区域

适用于我国潮土、褐土、红壤土、棕壤土、黑土、水稻土等多种土壤类型，不但适用于平原地区，也适用于丘陵坡地，特别适用于耕层浅、土壤板结等结构性障碍土壤的改良。

## 四、注意事项

健康耕层构建技术主要作用于土壤，应用时要与土壤密切结合，并保持土壤适宜的含水量。

**技术依托单位**

1. 农业农村部耕地质量监测保护中心

联系地址：北京市朝阳区麦子店24号楼（农业农村部北办公区）

邮政编码：100125

联系人：陈守伦

联系电话：13801329318

2. 河南省土壤调理与修复工程技术研究中心

联系地址：商丘市金桥路198号

邮政编码：476000

联系人：张传忠

联系电话：13700839687

电子信箱：zzzhang888@sina.com

# 土壤熏蒸消毒技术

## 一、技术概述

### 1. 技术基本情况

随着我国农业大规模集约化发展，高附加值作物轮作倒茬愈来愈困难，造成土壤中病原菌、虫卵积累，毁灭性土传病虫害如枯萎病、根腐病及根结线虫病等连年发生，病情越来越重，通常栽种 3～5 年后，作物产量和品质受到严重影响，由于发病具有隐蔽性，植株表现症状时都已是患病中后期，一般造成减产 20%～40%，严重的减产 60% 以上甚至绝收。

防治土传病害最有效的方法是采用熏蒸剂对土壤进行熏蒸消毒，溴甲烷是效果最为优异的熏蒸剂，但由于其破坏臭氧层，被《蒙特利尔议定书》列为受控物质，在 2015 年全球禁止使用（必要用途豁免除外）。由于缺乏有效的防治技术，农民常采用接触性农药灌根，效果甚微且及易造成农药残留超标和地下水污染，如 2012 年山东"毒生姜"事件，是使用违禁农药涕灭威灌根造成的。为了防治细菌性土传病害，大量使用铜制剂灌根，造成"铜积累"，土壤功能严重受到影响。

我站与中国农业科学院植物保护研究所在农业部财政专项及农业行业甲基溴淘汰项目支持下，针对高附加值作物重大土传病害，筛选出高活性且环境友好的熏蒸剂，并针对熏蒸剂特性研发高效安全施药技术及配套机械，建立了以病原物源头控制为重点、土壤熏蒸消毒技术为核心、田间规范管理及生长期应急防控为补充的土传病害防控体系，创新建立了专业化服务模式进行规模化应用，大幅度提升了耕地质量，实现了高附加值作物的持续高产稳产。

### 2. 技术示范推广情况

目前该技术已经在我国山东、北京、河北、辽宁、云南等地的生姜、三七、草莓及山药等高附加作物上开展示范试验和推广应用。

生姜上推广应用情况：由于姜瘟病的发生，农民不得不种植一茬生姜后与低价值作物轮种 5～6 年，严重影响农民收入。从 2008 年起，开始在山东、湖南、四川及重庆等地生姜上示范应用本技术。2015 年与山东安丘市人民政府签订了战略合作协议，在本技术支撑下，建设了 2 600m² 的实验楼及 500t 储量熏蒸剂储备库，配备专用车辆，会同公安、安监、农业部门设立 112 个加盟店，培训 470 余名持证上岗人员，目前通过社会化服务模式，在安丘生姜上的推广面积每年超过 10 万亩。

三七上推广应用情况：三七是我国最具特色的中药材大品种，但连作障碍已成为制约三七产业持续健康发展的一个重大技术难题，也是当前政府和七农最关心的生产问题。从 2014 年起，开始在云南文山三七上应用土壤熏蒸消毒技术，累计应用面积超过 1 万亩，仅 2020 年推广面积就达 4 000 亩。

草莓上推广应用情况：河北保定市是我国传统的草莓种植基地，在满城兴农公司及顺平县蒲上乡农综站的配合下，在满城、徐水、顺平及唐县累计推广应用面积超过 7 万亩。2003

年在本成果支持下，辽宁东港市开始示范本项目技术，目前应用面积每年约1万亩。在北京昌平、平谷等地累计推广应用面积达1万余亩。

山药应用情况：传统山药种植采用高毒高残留农药防治根结线虫，并且效果极为有限。通过熏蒸处理，很好地解决了山药重茬种植难题。该技术在河北省保定地区、沧州地区、河南省焦作地区得到大面积推广应用，累积推广面积2万余亩。

### 3. 提质增效情况

应用本技术后，生姜平均增产35%，产量达90吨/公顷，显著高于世界前五位国家，平均水平每公顷27.2t；安丘市出口大姜居全国第一，出口合格率100%。三七亩产量达1 589kg，显著高于新地种植三七的产量；三七轮作间隔年限也由原来15～20年缩短到3～5年，突破了三七连作障碍的生产难题；与新地种植相比，三七总皂苷含量与传统种植相比无显著差异，农药残留和重金属含量低于国家限量标准，有效保障了三七品质、实现三七产业的可持续发展。草莓产量可增加20%，每亩增效超过1万元。

本技术在源头上控制了土传病害的发生，可以减少作物生育期农药和化肥使用量。据安丘市植保站统计，在本技术应用地区平均减少其他农药用量23.75%，减少化肥用量16.50%。熏蒸剂分子量小、降解快，无地下水污染和农药残留问题，有利于环境保护和食品安全，显著提高了我国农产品在国际市场上的竞争力。在该技术支撑下，国内成立专业土壤消毒公司13家，促进了新兴产业的发展，实现了科技精准扶贫、农民增产增收、产业绿色发展的三赢局面。

### 4. 技术获奖情况

本技术获得2014—2016年全国农牧渔业丰收奖一等奖及2015年北京市科技进步奖二等奖。

## 二、技术要点

构建土壤熏蒸消毒社会化服务体系，采用"政府主导、部门联动、市场运作、专业服务"运作模式，实行"统一储存、统一管理、统一检测、统一配送、统一服务"的管理服务模式。在土壤熏蒸消毒关键时期，地方植保部门与土壤熏蒸消毒公司或者农资公司联合，以农资连锁服务组织为有效载体，在农资配送的同时进行技术指导或者由土壤熏蒸消毒公司进行统防统治，具体技术要点如下。

### 1. 土传病原生物及土壤理化性质检测

土壤熏蒸消毒前检测土壤中致病真菌、细菌及线虫数量，精准诊断病害发生种类和程度。测定土壤质地、含水量、pH等理化性质，据此选用熏蒸剂种类及用量。

### 2. 土壤熏蒸剂选择

土传病原菌量大的土壤选用氯化苦、棉隆或者威百亩；根结线虫发生严重地块选用棉隆、辣根素、硫酰氟或者二甲基二硫（登记中）；病原菌与根结线虫并发地块使用氯化苦＋威百亩＋二甲基二硫。碱性土壤，熏蒸剂用量需要加大，酸性土壤可适当降低用量。为了减少熏蒸剂的用量，可将熏蒸剂与生物熏蒸、厌氧消毒以及太阳能消毒轮用。

### 3. 施药条件选择

根据药剂气化、扩散分布、降解等特性调整土壤湿度，避免在极端气温（低于10℃或高于30℃）下施药；根据作物根系深度旋耕整地。

**4. 施药技术选择**

液体熏蒸剂采用注射或者化学灌溉施药技术，固体熏蒸剂采用专用混土施药技术，气体熏蒸剂采用分布带施药技术。

**5. 配套施药机械选择与维护**

根据作物及耕地面积选择适合的施药机械，手动式土壤消毒机，日作业量 5～10 亩；两条管理机用土壤消毒机，日作业量 30～40 亩；六条拖拉机用土壤消毒机以及起垄施药一体土壤消毒机，日作业量均达 90～120 亩；此外研发了电喷式广角土壤消毒机械，药剂注射量和施药深度可根据需要调整，可根据栽培地域条件有转向广角功能，日作业量可到 30～40 亩。棉隆混土施药可选用精细旋耕施药机，施药深度和效率优于进口机械，且可实现秸秆还田，混土施药一次完成，破除土壤板结，大幅度提升耕地质量。

**6. 覆膜及敞气时间**

采用厚度 0.03mm 以上的聚乙烯原生膜覆盖消毒后的土壤，根据药剂特性及气温确定覆膜及敞气时间。

**7. 安全性检测**

在消毒过的土壤中进行种子萌发试验测试其安全性，通过测试后方可移栽作物。

**8. 熏蒸后管理**

在处理后的土壤中使用机械和工具之前，要清洗机械和工具上黏附的未处理土壤，避免将土传病原物、地下害虫、杂草种籽带入已处理的田地中。

**9. 种子及种苗处理**

种子采用精甲霜灵·嘧菌酯等广谱性杀菌剂进行包衣处理。作物种苗采用精甲霜灵·嘧菌酯、阿维菌素、木霉、枯草芽孢杆菌等药剂浸种处理。

**10. 生育期管理**

发现病株及时拔除，并采用药剂进行局部处理，将病点的病菌完全杀灭，使用熏蒸类保护性药剂溴氯异氰尿酸钠预防病害的蔓延；作物生长期间，土壤中补充哈茨木霉、枯草芽孢杆菌等有益微生物，加快土壤微生物群落的恢复，保障土壤消毒的持续效果。

## 三、适宜区域

山东、北京、河北、河南、重庆、湖南、云南、江西、辽宁等地的设施蔬菜、草莓、生姜、山药、三七、人参、百合等作物耕地质量提升及土传病害防控。

## 四、注意事项

技术在推广应用过程中，要严格按照每个技术环节的标准和规范实施才能保证防治效果。

**技术依托单位**

1. 农业农村部农业生态与资源保护总站

联系地址：北京市朝阳区农展馆北路麦子店街 24 号

邮政编码：100125

联 系 人：王全辉　张艳萍
联系电话：010-59196365，18310060527
电子信箱：hui35cn@aliyun.com
2. 中国农业科学院植物保护研究所
联系地址：北京市海淀区圆明园西路2号
邮政编码：100193
联 系 人：曹坳程　王秋霞
联系电话：010-62815940
电子信箱：caoac@vip.sina.com

# 南方稻田豆科绿肥与稻草联合利用养地减肥技术

## 一、技术概况

### 1. 技术基本情况

绿肥在提升耕地质量、改善农田生态环境、保障农产品质量等方面具有明显的支撑作用。我国南方稻田冬闲面积约2亿亩,光、热、水、土等资源浪费巨大。利用冬闲田发展绿肥,不仅可以减少资源浪费,也能发挥绿肥的综合效应。如何处理水稻收割后的大量稻草也是普遍难题。晚稻及一季稻收割后的稻草多弃之不管、待第二年翻压还田,甚至采用焚烧等方式加以处理。

稻田冬绿肥生产时间是每年10月,与晚稻及一季稻收割时间相近;绿肥翻压时间也与稻草翻压时间一致。稻草碳氮比过大,冬绿肥鲜草碳氮比过小,单独还田利用难以协调土壤培肥和当季养分供应矛盾。针对中、晚稻草和冬绿肥在稻田能够共存的特点,南方稻区多家科研机构联合开展了豆科绿肥-稻草联合还田下的绿肥生产、土壤培肥和水稻养分管理等研究,研发出"南方稻田豆科绿肥与稻草联合利用养地减肥技术"。

本技术解决了中、晚稻草利用、冬绿肥生产两难以及稻草、冬绿肥单独还田时各自碳氮比不够合理等问题,并达到高效培肥地力、大幅度替代化肥等目的。

### 2. 技术示范推广情况

本技术已连续多年经田间小区试验,大田试验示范验证,技术已完全成熟,在安徽、江西、湖南、湖北、河南等水稻主产区示范应用效果良好,累计推广上亿亩,急需各级应用部门进一步配套支持和推广。

### 3. 提质增效情况

本技术实现了稻草还田、绿肥生产互济共赢,高效培肥、供肥、节肥,提升稻田生产能力,提质增效作用明显。

改善绿肥生长环境。稻草高留茬还田后,为绿肥生长提供更好微环境。前期保障绿肥出苗、成苗,后期保障绿肥越冬。以紫云英为例,绿肥出苗率提升25%以上,保苗率提高22%以上。

促进稻草快速腐解。绿肥生长后期,能很好将稻草覆盖,为稻草腐解创造更适宜的温湿度条件,稻草腐解率及还田效果明显改善。联合利用下的混合物完全腐解时间比绿肥、稻草单独还田减少50d以上。

提升耕地土壤质量。5年的定位试验结果表明,绿肥稻草联合还田,与稻草还田相比,土壤有机质、活性碳、全氮、无机氮、有效磷、有效钾和土壤微生物量碳氮均有显著增加,其中土壤有机质每千克增加3.68g。

减少化学肥料投入。多年多点联合监测试验证明,应用本技术,早、中稻可节省氮肥不低于30%,部分地区可达到60%;以绿肥为唯一肥源,可以基本满足水稻有机生产较高产量的养分需求。氮素利用效率(NUE)提高4%~12%,氮肥偏生产力提高了7%~10%。

降低温室气体排放。联合利用豆科绿肥后，在等量碳投入条件下，联合利用豆科绿肥后，相比单独稻草还田，温室气体甲烷的排放量两年平均减少11.6％。

实现水稻提质增产。本技术可使稻田生产更加清洁、产出更加持续稳定，可保障水稻产量、减少化肥投入、阻控养分流失，农田生产更加清洁、稻米更加健康。能够为社会提供差异化的优质稻米需求，可以发挥"绿肥＋"清洁产业机制效应，提升稻米产业价值，助力乡村振兴。通过培肥土壤，稻田生产更加持续稳定，藏粮于技、藏粮于地作用明显。

**4. 技术获奖情况**

以本技术为核心，获得了省部级二等奖及以上、高影响力企业科技奖励8项：冬闲稻田紫云英高效生产与"一减双升"关键技术（2019年度河南省科技进步奖二等奖）、稻田绿肥轻简高效生产利用技术创新与应用（2018年度湖南省科技进步奖二等奖）、稻田绿肥新品种选育及"高效与轻简化"双靶标生产利用技术（2017年度大北农科技奖植物营养奖）、稻田绿肥-秸秆协同还田技术集成应用（2016—2017年度中华农业科技奖二等奖）、主要绿肥作物生产技术体系构建及应用（2015年度湖北省科技进步奖二等奖）、浙江绿肥作物高效种植与利用技术创新及应用（2015年度浙江省科技进步奖二等奖）、稻田绿肥-水稻高产高效清洁生产体系集成及示范（2012—2013年度中华农业科技奖一等奖）、南方稻田绿肥-水稻高产高效清洁生产体系集成及示范（2012年度中国农业科学院科技成果奖一等奖）。

## 二、技术要点

**1. 中（晚）稻收割及稻草还田**

中、晚稻采用机械收割、收割留茬高度30cm左右、视水稻株高尽量更高。收割后的稻草尽量散开，堆积厚度不要超过2cm。

**2. 冬绿肥种植**

在水稻收割前15～20d撒播绿肥，亦可在水稻收割后择时撒播（河南等单季稻北缘区不迟于10月上旬为宜，其他地区自北向南可逐渐延后）。绿肥播种量，一般每亩用紫云英2kg，排水较好的稻田也可用毛叶苕子3～4kg或箭筈豌豆8～10kg。

**3. 绿肥管理**

绿肥播种后，要根据田块大小，及时开围沟或中沟排水，沟宽、深各15～20cm，沟间距5～8cm，做到沟沟相通、连通排水口，做到能灌能排。

**4. 稻草与绿肥共同翻压**

早（中）稻栽插前5～15d翻压，干耕湿沤，机械翻压稻草与绿肥，2～3d后灌水沤田，7～10d后施肥整田。翻压前最好每亩撒施石灰40～50kg。

**5. 水稻化肥减施措施**

翻压绿肥稻草田块，应减少化肥使用量，避免化肥过量导致水稻减产。绿肥长势较好的地块（鲜草量2 000kg左右），当季早（中）稻一般减氮30％～40％。也可根据紫云英翻压量，按每亩1 000kg的绿肥鲜草减施氮肥10％～15％。磷钾肥一次性基施，氮肥按照基：蘖：穗＝3：4：3或5：5：0方式施用。

## 三、适宜区域

适合在我国南方单、双季稻区广泛应用，包括河南、江苏、安徽、上海、浙江、江西、湖北、湖南、福建、广西等一季稻和双季稻生产区。

## 四、注意事项

水稻收割前7～10d落干田水，保持收割时田面干爽，利于机械收割和保持田面平整，减少碾轧绿肥幼苗。

绿肥翻压后至早稻晒田前尽可能不排田面水，防止养分流失。

---

**技术依托单位**

1. 中国农业科学院农业资源与农业区划研究所
联系地址：北京市海淀区中关村南大街12号
邮政编码：100081
联 系 人：曹卫东
联系电话：010-82109622，13521817397
电子信箱：caoweidong@caas.cn

2. 湖南省土壤肥料研究所
联系地址：湖南省长沙市芙蓉区马坡岭远大二路892号
邮政编码：410125
联 系 人：聂军
联系电话：0731-84693197，13170402325
电子信箱：niejun197@163.com

3. 江西省农业科学院土壤肥料与资源环境研究所
联系地址：江西省南昌市青云谱区南莲路602号
邮政编码：330200
联 系 人：徐昌旭
联系电话：0791-87090702，13907007141
电子信箱：changxux@sina.com

# 玉米豆粕减量替代技术

## 一、技术概述

### 1. 技术基本情况

畜牧业是产值超过 3 万亿元的大产业，而饲料行业是支撑现代养殖业发展的基础产业。我国饲料总产量从 1980 年的 110 万 t 增加到 2020 年的 25 276 万 t，40 年增长近 230 倍。随着肉蛋奶需求不断增加，据中国工程院预测，2025 年我国肉蛋奶和水产品需求量将比 2018 年增长 13.5%，按当前饲料转化水平计算，需增加配合饲料 4 890 万 t，如果粮食产量保持目前水平，玉米等能量饲料缺口 5 200 万 t 以上，大豆等蛋白饲料缺口超过 1.07 亿吨。当前，我国以玉米为代表的饲料粮进口正在大幅增加。2020 年我国粮食进口创历史新高，累计进口超 1.4 亿 t，其中将近 80% 用于发展养殖业的饲料，进口规模最大的三个品种分别是大豆 1 亿 t、玉米 1 130 万 t、小麦 838 万 t。饲料原料对外依存度大，且进口来源国集中，成为影响我国粮食安全的主要风险因素。

因此，在玉米供需趋紧、豆粕生产过于依赖进口大豆的形势下，亟待构建具有中国特色的多元化饲料配方技术体系，降低饲料中玉米、豆粕占比，为保障饲料粮供需平衡、稳定粮食安全大局提供有力技术支撑。

### 2. 技术示范推广情况

玉米豆粕减量替代技术以饲料原料营养价值精准评定、饲料原料营养价值数据库、营养需要量动态估测模型、低蛋白多元化配方技术等为核心。相关研究成果自 2009 年开始，在四川铁骑力士实业有限公司、温氏食品集团股份有限公司、新希望六和股份有限公司、广西扬翔股份有限公司、辽宁禾丰牧业股份有限公司、播恩生物技术股份有限公司、深圳市金新农科技股份有限公司等我国大型饲料及养殖企业进行示范、推广。应用该技术，使猪饲料中豆粕占比由 17%～21% 减少到 12%～16%，玉米占比由 65%～75% 减少到 40%～50%。

目前，玉米豆粕减量替代技术已推广应用至国内 30% 的市场。

### 3. 提质增效情况

与常规玉米豆粕型饲料配制技术相比，将猪饲料中的玉米豆粕减量替代技术应用到饲料生产和畜牧养殖中，可根据饲料原料供需形势和市场价格进行配方调整，甚至可做到无玉米无豆粕饲料配方。降低了饲料成本，在没有影响养猪生产的前提下节约了饲料资源，提高了生产效率，整体饲料利用效率提升约 5％以上，并且使养殖排泄物中氮、磷排放降低 15％以上，推进了养殖生产效率提升。肉鸡、蛋鸡也是类似情况。

### 4. 技术获奖情况

以该技术为核心的成果"新型饲用氨基酸与猪低蛋白质饲料创制技术"获 2019 年度国家技术发明奖二等奖；成果"猪精准营养配方技术体系的建立与应用"获 2018—2019 年度神农中华农业科技奖一等奖。

## 二、技术要点

### 1. 饲料原料营养价值精准评价

玉米豆粕减量替代技术的首要关键环节是获得稻谷、小麦、杂粮、薯类、杂粮和其他农副产品等玉米豆粕替代原料的营养特性。根据不同饲料原料特性，评价了稻谷、小麦、大麦、棉粕、菜籽粕、玉米酒精糟、木薯粉、辣椒粕、番茄皮粕、青稞、荞麦、黍子、糜子、玉米皮、发芽小麦等的营养价值，获得了包括常规养分、氨基酸、矿物质及微量元素、脂肪酸、维生素含量，以及有效能和氨基酸的表观及标准回肠消化率等主要营养特性在内的关键基础数据。同时，系统研究了饲料原料的品种、产地、加工工艺、储存条件等因素对饲料原料营养价值的影响，实现了饲料原料营养价值的精准评价。

### 2. 构建饲料原料营养价值数据库

基于上述饲料原料营养价值评价，创建了 112 种 1 000 余个覆盖全国的主要猪饲料原料样品近 10 万个综合参数的猪饲料营养价值数据库，并建立了基于化学分析值的有效能和标准回肠可消化氨基酸的动态预测模型体系，涵盖了小麦麸皮、大麦、高粱、棉籽粕、菜籽饼粕、全脂米糠等 33 种常用饲料原料。相关成果已发布国家标准《猪营养需要量》（GB/T 39235—2020），以棉籽粕为例，其营养价值成分表见图 1。肉鸡、蛋鸡的情况与猪相似。

### 3. 完善了营养需要量标准及构建动态估测模型

针对已建立的饲料原料营养价值体系，研究发布了不同生产目标和不同生理阶段猪的营养需要量标准《猪营养需要量》（GB/T 39235—2020），配套性地制订了其最佳饲料供给方案。同时，针对动物生长变异带来的需要量差异，基于新建立的猪饲料原料营养价值数据库，构建了我国商品猪的营养需要量动态估测模型。肉鸡、蛋鸡的情况与猪相似。发布了基于氨基酸平衡低蛋白日粮技术修订的国家标准《产蛋鸡和肉鸡配合饲料》（GB/T 5916—2020）。

### 4. 创建中国猪饲料大数据平台 Feedsaas

基于上述饲料原料营养价值成分表、营养价值数据库、动物营养需要量标准及营养需要量动态预测模型，创建了基于互联网的中国猪饲料大数据平台 Feedsaas。Feedsaas 的三大核心功能包括：①动物营养动态需要量；②饲料原料营养成分预测；③配方优化。例如，通过原料的几种化学指标，FeedSaaS 便可估算出原料的有效能和可利用氨基酸含量；通过猪的体重、品种、饲养环境可以确定其营养需要量，最终实现精准营养、精准配方、价值采购。

### 5. 低蛋白多元化配方集成应用

根据市场饲料原料供需情况及价格情况，应用上述理论体系及数据库平台，集成制定了基于净能体系、氨基酸平衡模式，以稻谷、小麦、杂粮、薯类、棉籽粕等杂粮、其他农副产品以及工业生产的氨基酸等原料替代玉米、豆粕的猪禽低蛋白多元化配方技术方案。推出了典型饲料配方及应用案例，在四川铁骑力士、温氏集团、新希望六和、广西扬翔、辽宁禾丰等我国大型饲料及养殖企业进行示范、推广。

GB/T 39235—2020

| 32. 棉籽粕（Cottonseed meal），CP<46%，中国饲料号：5-10-0005 | | | | | |
|---|---|---|---|---|---|
| 概略养分及碳水化合物（PC/CHO），% | | 氨基酸（AA），% | | | |
| | 含量 | 总氨基酸（Total AAs） | | 氨基酸消化率（AA digestibility） | |
| | | 必需氨基酸（Essential AAs） | | 表观回肠消化率（AID） | 标准回肠消化率（SID） |
| 干物质（DM） | 89.38 | 粗蛋白质（CP） | 41.81 | 70 | 77 |
| 粗蛋白质（CP） | 41.81 | 赖氨酸（Lys） | 1.70 | 61 | 66 |
| 粗脂肪（EE） | 0.42 | 蛋氨酸（Met） | 0.59 | 73 | 81 |
| 酸水解粗脂肪（AEE） | 0.62 | 苏氨酸（Thr） | 1.29 | 60 | 70 |
| 粗灰分（Ash） | 6.18 | 色氨酸（Trp） | 0.47 | 71 | 81 |
| 淀粉（Starch） | — | 异亮氨酸（Ile） | 1.19 | 69 | 75 |
| 粗纤维（CF） | 15.47 | 亮氨酸（Leu） | 2.32 | 73 | 78 |
| 中性洗涤纤维（NDF） | 35.95 | 缬氨酸（Val） | 1.73 | 67 | 74 |
| 酸性洗涤纤维（ADF） | 19.02 | 精氨酸（Arg） | 4.39 | 88 | 91 |
| 总膳食纤维（TDF） | 44.74 | 组氨酸（His） | 1.06 | 76 | 81 |
| 不溶性膳食纤维（IDF） | 37.04 | 苯丙氨酸（Phe） | 2.30 | 80 | 84 |
| 可溶性膳食纤维（SDF） | 7.70 | 非必需氨基酸（Nonessential AAs） | | | |
| 非淀粉多糖（NSP） | 21.88 | | | | |
| 矿物质（Minerals） | | 丙氨酸（Ala） | 1.51 | 61 | 71 |
| 常量元素（Macro），% | | 天冬氨酸（Asp） | 3.55 | 74 | 80 |
| 钙（Ca） | 0.26 | 半胱氨酸（Cys） | 0.69 | 67 | 73 |
| 总磷（P） | 0.77 | 谷氨酸（Glu） | 7.74 | 82 | 86 |
| 植酸磷（Phytate P） | 0.36 | 甘氨酸（Gly） | 1.60 | 58 | 71 |
| 钾（K） | 1.55 | 脯氨酸（Pro） | 1.42 | 57 | 69 |
| 钠（Na） | 0.02 | 丝氨酸（Ser） | 1.66 | 69 | 76 |
| 氯（Cl） | — | 酪氨酸（Tyr） | 0.99 | 79 | 85 |
| 镁（Mg） | 0.63 | 维生素（Vitamins），mg/kg | | 总氨基酸预测模型，粗蛋白质为变量 | |
| 硫（S） | — | β-胡萝卜素（β-Carotene） | — | 常数 | 系数 |
| 磷全消化道表观消化率，% | 37.81 | 维生素 E（Vitamin E） | 10.57 | 赖氨酸（Lys）　0.128 | 0.040 |
| 磷全消化道标准消化率，% | 45.71 | 硫胺素（Thiamin） | 1.43 | 蛋氨酸（Met）　0.089 | 0.012 |
| 微量元素（Micro），mg/kg | | 核黄素（Riboflavin） | 2.39 | 苏氨酸（Thr）　0.001 | 0.031 |
| 铁（Fe） | 154 | 烟酸（Niacin） | 10.15 | 色氨酸（Trp）　−0.038 | 0.043 |
| 铜（Cu） | 12.53 | 泛酸（Pantothenic acid） | 6.65 | 异亮氨酸（Ile）　−0.036 | 0.030 |
| 锰（Mn） | 79.02 | 吡哆醇（Pyridoxine） | 6.20 | 亮氨酸（Leu）　−0.053 | 0.060 |
| 锌（Zn） | 47 | 生物素（Biotin） | — | 缬氨酸（Val）　−0.028 | 0.038 |
| 碘（I） | 0.73 | 叶酸（Folic acid） | 1.34 | 精氨酸（Arg）　−0.557 | 0.123 |
| 硒（Se） | 0.69 | 维生素 B₁₂（Vitamin B₁₂） | — | 组氨酸（His）　−0.053 | 0.028 |
| | | 胆碱（Choline），% | 0.15 | 苯丙氨酸（Phe）　0.490 | 0.050 |
| | | 亚油酸（Linoleic acid），% | — | 其他成分含量 | |
| | | | | 游离棉酚，mg/kg　　672 | |

| 有效能值（n=15） | | | | | | |
|---|---|---|---|---|---|---|
| 生长阶段 | 生长猪 | | 母猪 | | 生长猪有效能值预测模型 | $R^2$ |
| 单位 | MJ/kg | kcal/kg | MJ/kg | kcal/kg | DE=1.268+0.204×CP | 0.87 |
| 总能（GE） | 17.18 | 4 106 | 17.18 | 4 106 | DE=15.115−0.258×CF | 0.88 |
| 消化能（DE） | 9.42 | 2 251 | 9.87 | 2 360 | ME=14.117−0.253×CF | 0.78 |
| 代谢能（ME） | 8.83 | 2 110 | 9.25 | 2 212 | ME=1.028+0.191×CP | 0.72 |
| 净能（NE） | 6.44 | 1 539 | 6.75 | 1 613 | | |

国家标准《猪营养需要量》中稻谷的营养价值成分表

**蛋鸡配合饲料主要营养成分指标**

| 项目 | | 育雏期* | | | 育成期 | | 产蛋期 | | |
|---|---|---|---|---|---|---|---|---|---|
| | | 0周龄~2周龄 | >2周龄~6周龄 | 0周龄~6周龄 | 育成前期>6周龄~12周龄 | 育成后期>12周龄~16周龄 | 开产前期 | 产蛋高峰期 | 产蛋后期 |
| 粗蛋白质/% | | 19.0~22.0 | 17.0~19.0 | 18.0~20.0 | 15.0~17.0 | 14.0~16.0 | 16.0~17.0 | 15.0~17.5 | 13.0~16.0 |
| 赖氨酸/% | ≥ | 1.00 | 0.80 | 0.85 | 0.66 | 0.45 | 0.60 | 0.65 | 0.60 |
| 蛋氨酸*/% | ≥ | 0.40 | 0.30 | 0.32 | 0.27 | 0.20 | 0.30 | 0.32 | 0.30 |
| 苏氨酸/% | ≥ | 0.65 | 0.50 | 0.55 | 0.45 | 0.30 | 0.40 | 0.45 | 0.40 |
| 粗纤维/% | ≤ | 5.0 | 6.0 | 6.0 | 8.0 | 8.0 | 7.0 | 7.0 | 7.0 |
| 粗灰分/% | ≤ | 8.0 | 8.0 | 8.0 | 9.0 | 10.0 | 13.0 | 15.0 | 15.0 |
| 钙/% | | 0.6~1.0 | 0.6~1.0 | 0.6~1.0 | 0.6~1.0 | 0.6~1.0 | 2.0~3.0 | 3.0~4.2 | 3.5~4.5 |
| 总磷/% | | 0.40~0.70 | 0.40~0.70 | 0.40~0.70 | 0.35~0.75 | 0.30~0.75 | 0.35~0.60 | 0.35~0.60 | 0.30~0.50 |
| 氯化钠(以可溶性氯化物计)/% | | 0.30~0.80 | 0.30~0.80 | 0.30~0.80 | 0.30~0.80 | 0.30~0.80 | 0.30~0.80 | 0.30~0.80 | 0.30~0.80 |

注：总磷含量已经考虑了植酸酶的使用。

* 育雏期分为两个阶段的,选用0周龄~2周龄或>2周龄~6周龄指标;育雏期只有一个阶段的,直接选用0周龄~6周龄指标。

* 表中蛋氨酸的含量为蛋氨酸或蛋氨酸＋蛋氨酸羟基类似物及其盐折算为蛋氨酸的含量;如使用蛋氨酸羟基类似物及其盐,应在产品标签中标注蛋氨酸折算系数。

**白羽肉鸡配合饲料主要营养成分指标**

| 项目 | | 前期(肉小鸡) | | 中期(肉中鸡) | 后期(肉大鸡) |
|---|---|---|---|---|---|
| | | 0日龄~10日龄 | >10日龄~21日龄 | >21日龄~35日龄 | >35日龄 |
| 粗蛋白质/% | | 21.0~23.0 | 19.0~22.0 | 18.0~21.0 | 16.0~19.0 |
| 赖氨酸/% | ≥ | 1.20 | 1.00 | 0.90 | 0.80 |
| 蛋氨酸*/% | ≥ | 0.50 | 0.40 | 0.35 | 0.30 |
| 苏氨酸/% | ≥ | 0.80 | 0.68 | 0.62 | 0.55 |
| 粗纤维/% | ≤ | 5.0 | 7.0 | 7.0 | 7.0 |
| 粗灰分/% | ≤ | 8.0 | 8.0 | 8.0 | 8.0 |
| 钙/% | | 0.7~1.1 | 0.7~1.1 | 0.7~1.0 | 0.6~1.0 |
| 总磷/% | | 0.50~0.75 | 0.45~0.75 | 0.40~0.70 | 0.35~0.65 |
| 氯化钠(以可溶性氯化物计)/% | | 0.30~0.80 | 0.30~0.80 | 0.30~0.80 | 0.30~0.80 |

注：总磷含量已经考虑了植酸酶的使用。

* 表中蛋氨酸的含量为蛋氨酸或蛋氨酸＋蛋氨酸羟基类似物及其盐折算为蛋氨酸的含量;如使用蛋氨酸羟基类似物及其盐,应在产品标签中标注蛋氨酸折算系数。

国家标准《产蛋鸡和肉鸡配合饲料》中配合饲料营养成分指标

中国猪饲料大数据平台 Feedsaas 及其原料预测模块操作界面

玉米豆粕减量替代技术集成示范现场图

## 三、适宜区域

全国范围内畜禽饲料生产企业和养殖企业都适用。

## 四、注意事项

根据稻谷、小麦、杂粮、薯类、杂粕和其他农副产品等玉米豆粕替代原料的营养特性、配套处理措施及市场价格，并根据动物的体重/饲养阶段、品种、饲养环境，进行玉米豆粕减量替代技术方案调整优化。

**技术依托单位**

1. 中国农业大学

联系地址：北京市海淀区圆明园西路2号

邮政编码：100193

联 系 人：谯仕彦

联系电话：010-62731456，13501200592

电子邮箱：qiaoshiyan@cau.edu.cn

2. 中国农业大学

联系地址：北京市海淀区圆明园西路2号

邮政编码：100193

联 系 人：吕于明

联系电话：010-62733900，13501200592

电子邮箱：guoyum@cau.edu.cn

3. 中国农业科学院饲料研究所

联系地址：北京市海淀区中关村南大街12号

邮政编码：100081

联 系 人：齐广海

联系电话：010-82107317，13801082551

电子邮箱：qiguanghai@caas.cn

# 畜禽抗生素减量替代技术

## 一、技术概述

### 1. 技术基本情况

抗生素耐药性对人类和动物健康产生严重威胁，随着我国农业农村部公告第194号于2020年7月1日正式生效，宣布饲料无抗时代的正式启幕，因此亟须研究开发饲用抗生素替代技术。本技术针对饲料和养殖行业抗生素减量替代问题，围绕饲料调制、营养调控、动物健康等重点环节，在生物发酵饲料加工、无抗饲料配制、精准营养、抗病营养、低蛋白日粮与净能体系等问题形成技术体系。该技术的实施，解决基于畜禽无饲用抗生素条件下，通过低蛋白质、能量和氨基酸等养分的精准营养需求，综合利用微生态制剂、植物提取物、酶制剂、酸化剂、生物发酵饲料等抗生素替代品，降解畜禽难于消化的纤维素、果胶、低质蛋白质等物质，而且能消除或降低饲料原料中的某些有毒有害物质与抗营养因子，从而提高饲料的适口性，改善饲料消化吸收率；另外发酵饲料中存在有大量活性有益微生物与微生物代谢产物，可提高动物免疫，预防肠道疾病的发生，从而减少动物饲养过程中抗生素的使用，促进畜禽健康生长，并为人们提供健康安全的动物产品。

### 2. 技术示范推广情况

抗生素减量替代技术中的"猪低蛋白日粮技术"已应用到全国31个省区市，广泛应用于我国主要的饲料龙头企业，如广东温氏食品集团，双胞胎（集团）股份有限公司，广西扬翔股份有限公司，四川铁骑力士实业有限公司等，企业累计生产销售2.51亿吨。

"促进断奶仔猪肠道健康的无抗饲养技术"已在全国60多家大中型企业（含6家全国饲料十强企业）进行推广应用，共计应用于776万吨猪饲料、3 044万头猪的生产中。

"菌酶协同发酵技术"已在全国23个省市成立示范基地，年产发酵饲料高达20万吨，获得良好的效果。

生猪无抗养殖关键技术"3F营养技术"，该技术在新希望六和股份有限公司、四川铁骑力士实业有限公司、四川驰阳农业开发有限公司、河南河顺自动化设备有限公司等企业中进行实践和完善，目前该技术正在各大企业推广应用。

### 3. 提质增效情况

"猪低蛋白日粮技术"近三年直接经济效益达73.91亿元，新增利润8.26亿元，间接经济效益达229.01亿元，新增利润28.58亿元，使氮排放和猪舍氨气浓度分别减少25%～35%和20%～30%。技术全面推广后每年可降低氮排放38万吨以上，可有效缓解养猪业排泄物的污染。

"促进断奶仔猪肠道健康的无抗饲养技术"产生的直接经济效益达3.3亿元，社会效益 8.2 亿元；应用该技术配制的教槽料饲喂早期断奶仔猪，仔猪生长性能和肠道健康状况得到改善，平均日增重达 312g，采食量 359g，料重比 1.15：1，腹泻率显著降低。

"菌酶协同发酵技术"产生的直接经济效益 6 亿元，利润 8 000 万元，社会效益 10 亿元。发酵饲料技术的推广有助于帮助企业成功转型、开发地源性非常规饲料资源，降低养殖成本、保障食品安全，提高畜产品贸易竞争力，保护环境，促进畜牧行业健康可持续发展。

"生猪无抗养殖关键技术"在仔猪断奶后 1 周日增重达到 200 克以上，仔猪腹泻率<3％，猪只成活率显著提高，发病率显著降低，用药量减少 40％～60％；显著改善猪只健康水平，增强抗病力，全程无抗饲养，猪肉安全优质。在无抗条件下猪只生产性能完全达到或超过有抗饲料，生产应用效果明显。

**4. 技术获奖情况**

"猪低蛋白日粮技术"荣获 2015 年中华农业科技成果奖一等奖、2015 年大北农科技成果奖一等奖、2019 年国家技术发明奖二等奖。

"促进断奶仔猪肠道健康的无抗饲养技术"荣获 2020 年度广东省农业科学院科学技术奖一等奖"仔猪无抗饲料关键技术研究与应用"。

"生猪无抗养殖关键核心技术"中的部分成果获国家科技进步奖二等奖。

## 二、技术要点

**1. 猪低蛋白日粮技术**

本技术创新了低蛋白质饲料中净能赖氨酸平衡模式和关键氨基酸的限制性顺序；以生长性能和胴体品质为指标，确定了饲料蛋白质水平较 NRC（1998）和《猪饲养标准》（2004）降低 2～4 个百分点，仔猪、生长育肥猪、妊娠母猪、哺乳母猪对标准回肠可消化赖氨酸、苏氨酸、色氨酸、含硫氨基酸、缬氨酸、异亮氨酸和亮氨酸的需要量及平衡模式，提出了猪养殖全程低蛋白质饲料的营养需要量推荐值，并与 NCG 应用技术相结合，创建了猪新型低蛋白质饲料配制技术体系。

**2. 促进断奶仔猪肠道健康的无抗饲养技术**

断奶后 2 周仔猪的肠道健康等级划分 4 个等级，针对商品仔猪的生长曲线，确定蛋白质、能量和氨基酸等养分的精准营养需求参数，建立仔猪动态生长模型；构建无抗条件下不同阶段仔猪精准营养技术体系，建立了益生菌（植物乳杆菌、罗伊氏乳杆菌、酵母等）替代抗生素的技术，建立无抗生素无氧化锌的低蛋白日粮配制技术，改善仔猪肠道健康，促进仔猪生长，为生产无抗产品提供关键技术支持；集成饲用抗生素替代单项技术，组合应用酸化剂、植物精油、益生菌、发酵饲料等替抗产品，优化饲料原料加工处理技术和配套的饲料加工工艺，结合示范场基本情况，有针对性地建立相适宜的无饲用抗生素技术。

**3. 菌酶协同发酵技术**

根据枯草芽孢杆菌、植物乳杆菌和酿酒酵母菌等复配适宜性菌种组方，前期按 1：50 比例溶解于纯净水中，在菌种活化罐中 30℃活化 24h，作为种子液备用；发酵饲料底物粉碎（大颗粒物料需粉碎过 40 目筛）；再添加同比例的微生物发酵增值促进剂预混合 2～5min；将洁净水、种子液按比例依次添加到配液罐中混合均匀 0.5min，作为菌液备用；将菌液喷入正在搅拌的原料中，菌液加完后继续搅拌 2～5min；转入带有单向呼吸阀包装袋中发酵 3～7d，酸香发酵气味稳定，发酵料制作完成，可以直接饲喂或干燥后入库保存。

**4. 生猪无抗养殖关键核心技术**

根据动物需求选择适宜的饲料原料，根据"营养结构"理论精准配制饲粮。部分原料采用菌酶协同发酵，在底物中加入水、酶制剂并接种微生物于发酵桶中搅拌均匀，密封发酵 24h，发酵温度 26～30℃。发酵工艺参照专利（专利号：201910736307.0）。发酵完成后，按基础饲粮配方加入除发酵底物以外的其他原料，混合均匀后用以饲喂。根据猪只阶段按料水比 1∶（2～4）进行液态饲喂。

## 三、适宜区域

全国各地，饲料、养殖还有地源性饲料丰富地区。

## 四、注意事项

饲料发酵过程中，根据季节不同调整发酵时间。

**技术依托单位**

1. 生物饲料开发国家工程研究中心
联系地址：北京市海淀区中关村南大街 12 号
邮政编码：100081
联 系 人：蔡辉益 邓雪娟
联系电话：010-62117012，13811288283
电子邮箱：xjdeng2004@126.com

2. 广东省农业科学院动物科学研究所
联系地址：广东省广州市天河区大丰一街 1 号
邮政编码：510640
联 系 人：蒋宗勇 王 丽
联系电话：020-87596262，13902297910
电子邮箱：jiangzy@gdaas.cn

3. 中国农业大学
联系地址：北京市海淀区圆明园西路 2 号
邮政编码：100193
联 系 人：谯仕彦 杨凤娟
联系电话：010-62731456，13501200592
电子邮箱：qiaoshiyan@cau.edu.cn

4. 四川农业大学动物营养研究所
联系地址：四川省成都市温江区惠民路 211 号
邮政编码：611130
联 系 人：陈代文 余 冰
联系电话：028-86290009，13908161043
电子邮箱：chendw@sicau.edu.cn

# 奶牛精准饲养技术

## 一、技术概述

### 1. 技术基本情况

奶业是健康中国、强壮民族不可或缺的产业，奶业发展对于保障居民奶制品消费需求发挥重要作用。近年来，奶业发展已进入质量效益转型关键时期，但优质粗饲料供需矛盾、热应激与围产期奶牛健康等问题仍是制约奶业可持续发展的瓶颈。针对上述产业难题，集成构建以加工调制、质量评价和高效利用为一体的优质全株玉米青贮生产技术、以缓解热应激和改善围产期奶牛健康为核心的营养调控技术、以测奶配方为基础的全混合日粮精准饲养技术为核心的"奶牛提质增效饲养关键技术体系"，示范应用后，提高饲料转化率、降低饲料成本、提高奶牛生产性能、提高乳脂率、乳蛋白率，提升生鲜乳质量。

### 2. 技术示范推广情况

该技术在京津冀规模奶牛场推广应用，2016 年以来，累计推广规模 91.6 万头奶牛，北京市累计推广规模 29.2 万头，覆盖率达 85％以上，天津市累计推广规模 19.4 万头，河北省累计推广规模 43 万头，通过该项技术应用，降低了饲料成本，提高了奶牛单产和生鲜乳质量水平。

### 3. 提质增效情况

通过奶牛提质增效饲养关键技术提高饲料转化率、降低饲料成本，泌乳期奶牛饲料转化率达到 1.5kg，奶饲料成本低于 1.95 元；成母牛单产提高 10％以上，乳脂率和乳蛋白率分别提高至 3.6％和 3.2％以上，累计获得经济效益 35 123.06 万元，取得了显著的经济社会生态效益，若本成果在全国推广，应用前景更广阔，经济和社会效益更大。

### 4. 技术获奖情况

2019 年以奶牛提质增效饲养关键技术为核心的奶牛绿色提质增效饲养技术集成与示范项目荣获"北京市农业技术推广奖一等奖"。

## 二、技术要点

### 1. 以"加工调制、质量评价、高效利用"为一体的优质玉米青贮生产利用技术

（1）优质玉米青贮质量评价指标体系。针对全株玉米青贮质量量化评价难题，以营养指标为核心，构建了包括感官评分、营养评分和发酵评分为一体的综合评价指标体系。根据感官评分（30％）、营养评分（40％）和发酵评分（30％）将全株玉米青贮分为优（81～100分）、良（61～80分）、中（41～60分）和差（0～40分）四个等级。

（2）优质全株玉米青贮规范化加工调制技术。针对玉米青贮存在品质低、贮存损失率高等难题，建立了涵盖全株青贮玉米品种选择、收获时玉米成熟度（水分和淀粉含量）把控、收获过程（理想切割长度、玉米籽实破碎效果、接种发酵）控制、压实、封窖（阻氧）技术和贮后管理为一体的优质全株玉米青贮饲料规范化生产技术。

（3）优质全株玉米青贮优化利用技术。结合奶牛胎次、生产性能、体况和生理阶段等因素，饲喂"玉米青贮＋苜蓿干草"的高效组合模式和全株玉米青贮的有效饲喂量，建立全株玉米青贮饲料的取用、饲喂和安全规程，且千克奶饲料成本低于 1.95 元。

**2. 以缓解热应激和改善围产期奶牛健康为核心的营养调控技术**

（1）以日粮离子平衡和有机微量元素为核心缓解奶牛热应激的营养调控技术，建立了通过日粮饱和脂肪酸、过瘤胃淀粉、阴阳离子平衡和有机微量元素为核心缓解奶牛热应激的营养调控技术，有效缓解奶牛热应激状态，产奶量降幅减少 10％。

（2）日粮能量和过瘤胃营养素复合改善奶牛围产期健康的营养调控技术，利用过瘤胃保护技术和日粮能量水平控制相结合改善围产期奶牛健康的营养调控技术。围产前期奶牛日粮能量每千克满足 1.50 兆卡，日粮添加包括过瘤胃保护赖氨酸和蛋氨酸、过瘤胃胆碱、酵母 $\beta$ 葡聚糖和过瘤胃 B 族复合维生素，可以提高奶牛血清总蛋白和葡萄糖水平及抗氧化能力，降低血清游离脂肪酸和 $\beta$-羟丁酸浓度，显著降低酮病发病率，改善产后奶牛体况，提高产后奶牛干物质采食量、产奶量和乳蛋白产量。

**3. 以测奶配方为基础的全混合日粮精准饲养技术**

以"测奶配方"为基础，针对玉米豆粕型饲粮可发酵碳水化合物含量低、氨基酸组成不均衡的缺陷，创新了补充蒸汽压片玉米、棉粕等杂粕提高能量载体物质和可代谢蛋白同步供给的调控技术，使乳蛋白含量稳定在 3.20％以上，比国家标准高出 12.5％，高于荷斯坦奶牛的平均水平。

## 三、适宜区域

本项技术适用于东北、华东、华北、西北地区。

## 四、注意事项

（1）奶牛热应激条件下及时调整日粮配方。
（2）控制日粮能量水平，保证奶牛能量平衡。

**技术依托单位**

1. 中国农业科学院北京畜牧兽医研究所
联系地址：北京市海淀区圆明园西路 2 号
邮政编码：100193
联系人：卜登攀　赵连生　马　露
联系电话：010-62813901
电子信箱：budengpan@126.com

2. 全国畜牧总站
联系地址：北京市朝阳区麦子店街 20 号楼
邮政编码：100125
联系人：李竞前　黄萌萌
联系电话：010-59194037
电子邮箱：xmzznyc@163.com

# 优质苜蓿青贮加工与饲喂利用技术

## 一、技术概述

### 1. 技术基本情况

苜蓿被称为牧草之王，营养价值高，种植苜蓿具有重要的生态和生产价值。饲喂优质苜蓿对于提高奶牛尤其是泌乳奶牛生产性能、改善牛奶品质安全、维护奶牛健康、延长奶牛利用年限、提高奶牛养殖效益均有重要作用。

我国奶牛养殖除依赖进口苜蓿干草和国产苜蓿干草外，发展优质苜蓿青贮也是一个重要措施。在国内苜蓿种植面积比较大的华北、西北、东北、华中等地区普遍存在着夏秋季降雨多，不易调制苜蓿干草的突出问题。通过示范推广优质苜蓿青贮加工与饲喂利用技术，增加优质苜蓿青贮供应量，促进奶牛养殖节本提质增效。

### 2. 技术示范推广情况

2005 年，中国农业大学草业科学与技术学院（2019 年之前为动物科技学院草业科学系）在国内率先开展裹包苜蓿青贮加工技术研究。2006 年在《饲料研究》杂志发表"苜蓿青贮对牛奶中共轭亚油酸含量的影响"文章，表明用苜蓿青贮替代部分玉米青贮能有效提高牛奶中共轭亚油酸的含量。2010 年以来，与其他科研单位以及企业合作，继续进行苜蓿窖贮和裹包青贮加工技术的产业化研究，加工技术日益成熟，并在河北、天津、甘肃、内蒙古、宁夏、山西、安徽等地进行了大面积示范推广。2015 年"苜蓿青贮部分替代玉米青贮对泌乳奶牛生产性能的影响"研究表明，泌乳奶牛日粮中添加 8 千克苜蓿青贮替代部分玉米青贮，提高了产奶量和乳蛋白率，增加经济效益每日每头奶牛 3.31 元。2015 年以来苜蓿青贮饲喂泌乳奶牛技术得到了较大范围的示范推广，效果良好。

### 3. 提质增效情况

在苜蓿主产区示范推广苜蓿青贮加工技术，把以往容易烂在地里的二茬三茬苜蓿鲜草收获加工为优质苜蓿青贮，挽回了 30%～40% 的亩产值，促进了苜蓿种植和生态环保。奶牛饲喂优质苜蓿青贮，提高单产每头每日约 2kg，乳脂率提高 0.2% 以上，乳蛋白率提高 0.1%～0.15%。中地牧业公司等奶牛牧场配套土地种植苜蓿并制作优质苜蓿青贮饲料自用，形成了种养紧密结合、绿色持续发展的先进模式，提高了竞争力。

### 4. 技术获奖情况

未申报科技奖励。技术持有者李志强获得 2020 年第六届中国畜牧行业先进技术工作者荣誉称号。

## 二、技术要点

### 1. 窖贮

选择现蕾中后期在苜蓿田间用割草机将苜蓿割倒，留茬 8～10cm，晾晒 8h 以上使干物质含量为 40%～45%。将苜蓿切碎为 1.5cm，用卡车运输到青贮窖中进行压实后密封发酵，一般发酵 45d 后使用。推荐使用地上式青贮窖，三面为水泥墙，一面开口。降雨量大的地区在青贮窖上方加盖雨棚，防止降雨进入青贮窖，缺点是增加成本。窖贮时可用推土机或装载机推送物料，用轮式拖拉机压实，物料高度应略高于青贮窖高度。压实密度每立方米达到 700～750kg。密封时采用双层膜封窖，下层为透明塑料膜，物料入窖前，透明塑料膜覆盖三面水泥墙和窖底，并三面保留一定宽度的搭头，压窖完毕后搭头互相搭接叠压保证把全部物料封闭在透明塑料膜内。然后在透明塑料膜上层铺设青贮黑白膜密封，里面为黑膜，外面为白膜。黑白膜的边缘覆盖三面墙的墙体，防止雨水雪水渗入青贮窖内。最后在青贮窖的顶层压废轮胎，轮胎之间用尼龙绳连接起来。

主要步骤：割草机割草——田间晾晒萎蔫——机械搂草——机械捡拾切碎并喷洒青贮添加剂——装车——入窖——压窖——密封。

**2. 裹包青贮**

选择现蕾中后期在苜蓿田间用割草机将苜蓿割倒，留茬 8～10cm，晾晒 8h 以上使苜蓿干物质含量为 40%～45%。将苜蓿切碎为 1.5cm，再用圆草捆机制作成圆草捆，圆草捆表面裹着一层尼龙丝网，以保持圆柱体形状和物料密度。然后用裹包机在圆草捆表面缠绕 6 层拉伸膜，形成密闭发酵状态。然后用夹包机把裹包青贮运输到堆放地点进行堆放发酵，一般发酵 45 天后即可使用。

主要步骤：割草机割草—田间晾晒萎蔫—机械搂草—机械捡拾切碎并喷洒青贮添加剂—裹包—运输—堆放。

**3. 苜蓿青贮品质评价**

苜蓿青贮品质分为发酵品质和营养品质两部分。在发酵品质优良的基础上，更多关注营养品质。

（1）发酵品质。生产中主要用感官评定，参考德国农业协会（DLG）标准。感官评定为 1 级和 2 级的用于泌乳奶牛和其它牛群。3 级用于除泌乳牛以外的其它牛群。4 级不能饲喂。

**德国农业协会青贮饲料感官评定标准**

| 项目 | 评分标准 | 分数 |
|------|----------|------|
| 气味 | 无丁酸味，有芳香果味或明显的面包香味 | 14 |
|      | 微弱丁酸味，或较强酸味、芳香味弱 | 10 |
|      | 丁酸味重，或有刺鼻的焦糊臭或霉味 | 4 |
|      | 很强的丁酸味或氨气味，或几乎无酸味 | 2 |
| 质地 | 茎叶结构保持良好 | 4 |
|      | 茎叶结构保持较差 | 2 |
|      | 茎叶结构保持极差或发现有轻度霉菌或轻度污染 | 1 |
|      | 茎叶腐烂或污染严重 | 0 |
| 色泽 | 与原料相似 | 2 |
|      | 略有变色，呈淡黄色或带褐色 | 1 |
|      | 变色严重，墨绿色或呈黄色 | 0 |

（续）

| 项目 | 评分标准 | | | | 分数 |
|---|---|---|---|---|---|
| 总分 | 16～20 | 10～15 | | 5～9 | 0～4 |
| 等级 | 1级，优良 | 2级，尚好 | | 3级，中等 | 4级，腐败 |

（2）营养品质。主要指苜蓿青贮中含有的各种养分和能量物质。主要有粗蛋白质（CP）、中性洗涤纤维（NDF）、酸性洗涤纤维（ADF）、产奶净能（NEL）等指标。用于销售的苜蓿青贮可以用 CP 和相对饲用价值（RFV）来评价营养价值和定价。具有相同 CP 和 RFV 的苜蓿青贮与同等级的苜蓿干草应执行相同的价格。自用的苜蓿青贮无需分级。要注意 RFV 不用于奶牛日粮配方设计，不管是牧场自己制作的还是买来的苜蓿青贮，日粮配方设计中应使用 CP、NDF、ADF、NEL 等指标。

## 苜蓿干草质量分级

单位%

| 理化指标 | 等级 | | | | |
|---|---|---|---|---|---|
| | 特级 | 优级 | 一级 | 二级 | 三级 |
| 粗蛋白质 | ≥22.0 | ≥20.0，<22.0 | ≥18.0，<20.0 | ≥16.0，<18.0 | <16.0 |
| 中性洗涤纤维 | <34.0 | ≥34.0，<36.0 | ≥36.0，<40.0 | ≥40.0，<44.0 | >44.0 |
| 酸性洗涤纤维 | <27.0 | ≥27.0，<29.0 | ≥29.0，<32.0 | ≥32.0，<35.0 | >35.0 |
| 相对饲用价值 | >185.0 | ≥170.0，<185.0 | ≥150.0，<170.0 | ≥130.0，<150.0 | <130.0 |
| 杂草含量 | <3.0 | <3.0 | ≥3.0，<5.0 | ≥5.0，<8.0 | ≥8.0，<12.0 |
| 粗灰分 | ≤12.5 | | | | |
| 水分 | ≤14.0 | | | | |

注：《苜蓿 干草质量分级》是中国畜牧业协会 2018 年 4 月 16 日发布实施的团体标准。

RFV=DMI（%BW）×DDM（%DM）/1.29，BW 为体重，DM 为干物质。

其中，干物质采食量 DMI（%BW）=120/NDF（%DM），干物质消化率 DDM（%DM）=88.9－0.779ADF（%DM）。粗蛋白质、中性洗涤纤维、酸性洗涤纤维、粗灰分含量均为干物质基础。

### 4. 苜蓿青贮饲料饲喂奶牛技术

苜蓿青贮是奶牛尤其是泌乳奶牛优质的蛋白质来源，也是优质纤维来源。优质苜蓿青贮按干物质基础计算，粗蛋白质可达到 18%～22%。1 吨优质苜蓿青贮（干物质基础）的生产成本为 2 000 元或更低。1 个百分点（相当于 10kg）粗蛋白质的价格为 80～90 元，与目前豆粕价格（1 个百分点 90～100 元）相比更低。况且苜蓿青贮具有优质纤维，而豆粕没有。用苜蓿青贮代替一部分豆粕经济可行。日产奶 30kg 以上泌乳奶牛每头每日饲喂苜蓿青贮饲料 8～10 千克。苜蓿青贮饲喂育成牛每日每头 4～6kg，青年牛 5～6kg。奶牛干奶期不饲喂苜蓿青贮。

## 三、适宜区域

适合于苜蓿种植面积较大且夏秋季降雨较多不易加工优质苜蓿干草的地区加工优质商品苜蓿青贮饲料。也适合于奶牛场配套土地种植苜蓿并加工优质苜蓿青贮饲料自用。

## 四、注意事项

根据技术要求尽量提高苜蓿青贮产品品质。根据不同品质饲喂不同生理阶段的奶牛，严禁用发霉变质苜蓿青贮饲喂奶牛。

---

**技术依托单位**

1. 中国农业大学草业科学与技术学院

联系地址：北京市海淀区圆明园西路2号

邮政编码：100193

联 系 人：李志强

联系电话：13681042997

电子邮箱：lizhiqiang8888@163.com

2. 甘肃亚盛田园牧歌草业集团公司

联系地址：甘肃省兰州市城关区雁兴路21号

邮政编码：730010

联 系 人：张延林

联系电话：13993751293

电子邮箱：tymg_yl@163.com

3. 甘肃永昌沁纯草业有限公司

联系地址：永昌县电商大楼五楼

邮政编码：737200

联 系 人：郑富宏

联系电话：13239359991

电子邮箱：1094529815@qq.com

# 放牧绵羊母子一体化养殖技术

## 一、技术概述

### （一）技术基本情况

**1. 北方牧区四季分明，家畜以地方优良品种为主，绵羊饲养环境差，营养不平衡**

我国北方牧区涵盖西北五大草原，拥有草原面积 31 333.3 万公顷，占全国草原面积的 77％，是我国重要的畜牧业生产基地。但是北方牧区 80％的羊处于放牧和半放牧阶段，放牧羊又要经历长达 7 个月的枯草期，在枯草期草地上由于气候的原因牧草缺乏，草地由产出大量的低纤维素高消化率的牧草转变为高纤维素含量的牧草，牧草营养成分含量较低，且牧草的消化率也较低，获得的营养物质非常有限，所以仅靠放牧采食，放牧羊获得的能量及蛋白质远远不能满足生长繁育的需求，特别在 1～2 月是北方最寒冷的季节，家畜一方面要满足维持生存需要，同时还要满足产奶、生长、妊娠、放牧走动、抵御寒冷等的需要，营养跟不上对整个生产造成损失，所以常常表现为"夏壮、秋肥、冬瘦、春乏"的周期性变化，大大降低了养殖效益。在冬季枯草期，牧草的纤维素含量较高，发挥微生物的作用增加牧草的消化率是提高有限的牧草利用率有效手段，所以适当地供给瘤胃微生物营养或瘤胃调控剂，促进瘤胃微生物的活力，提高微生物的数量，优化瘤胃微生物的种群结构，是提高冬季枯草期家畜生产性能的根本。所以，在冬季枯草期因地制宜地采取优化补饲技术，合理配制补饲饲料，补充绵羊充足的营养，同时增加瘤胃微生物的活力和改善其种群结构，提高绵羊对牧草的消化率，是提高绵羊养殖效益的有效途径，也是畜牧研究中的一个空白。

**2. 牧区养殖业生产水平低**

我国北方地区放牧肉羊生产水平具有很大的波动性，常常表现出"夏壮、秋肥、冬瘦、春死"的周期性变化。羊在枯草期因营养不良而大量掉膘，一直以来是困扰养羊生产发展的难题，制约着肉羊养殖业的发展。

（1）饲料资源不足、饲养方式粗放，生产水平相对较低。

（2）母羊繁殖力低，繁殖潜能没有得到充分发挥。目前，我国北方以放牧为主的地区绵羊繁殖还主要停留在一年一胎的水平上。繁殖母羊一年中有半年的时间为非生产天数，处于净消耗状态。因此，造成了资源浪费，生产成本增加。相较于发达国家繁殖母羊"两年三产"或"三年五产"还有一定的差距。

（3）科学饲养管理水平低。我国北方地区，海拔高，冬季漫长寒冷，饲草料不足，羊只摄取不到足够的营养物质，经常处于半饥饿状态。同时，缺少不同羊品种在不同生理阶段的补饲标准和饲料配方。另外，我国北方地区羊只防疫保健体系不健全。羊只感染上疾病后，轻者造成生长缓慢，生产性能下降，重者造成整群羊染病，大量死亡。

**3. 牧民盲目补饲，但缺乏系统性**

关于放牧家畜的冬季补饲，国内外研究多集中在补饲精饲料上，而不同种类草场条件下，如何进行合理补饲，针对缺什么应补饲多少没有科学依据，更没有利用系统营养学理论指导补饲，如何进行优化补饲理论上的研究内容更少。

本项技术从现有放牧家畜在北方典型草原的采食量预测模型的研究基础着手，从摄入的营养物质和营养物质及调控剂对瘤胃内环境的作用为基础，研究营养及调控剂对家畜瘤胃内环境的调控机理，从而利用人工瘤胃装置筛选出适合北方草原放牧家畜经济合理的补饲方案，把补饲和营养调控融为一体，针对放牧存在的营养限制，在补缺的基础上，进行营养调控，在满足营养需要的同时，使其补饲料与牧草营养素及本身消化率相互协同，提高饲料和牧草利用率和整体效益，这是本项技术的突出特色。

经过本项目的实施，羔羊断母乳年龄由 90 天降低到 2 周，90 日龄日增重 200 克以上，高于哺乳羔羊，成活率提高 20% 左右；牧区羔羊断母乳时间由 3～4 个月缩短为 3～5 周龄，5 个月左右达到出栏体重（40kg）；羔羊早期断奶可以使母羊在 3 个月内及时恢复体况，体重高于带羔母羊 6.33kg，第一个情期发情率高于对照组母羊 18 个百分点；羔羊出栏时间由 12 个月缩短到 5 个月左右，减少了草场压力。缩短羊繁殖间隔，达到两年三产或一年两产。

### （二）技术示范推广情况

推荐技术在小范围示范展示已经实现较大范围推广应用。

该技术依托的项目于 2011 年立项，已经在镶黄旗、正镶白旗、达茂旗进行了试验示范。特别是近年来在达茂旗北部牧区、巴盟乌拉特中旗北部、四子王旗北部边境沿线的戈壁羊及苏尼特羊主饲区进行了推广应用；在锡盟镶黄旗、正镶白旗的察哈羊主产区、东苏旗、西苏旗等苏尼特羊主饲区进行了推广应用。

### （三）提质增效情况

本项技术集成了放牧羊瘤胃调控技术、放牧母羊分段式营养补饲技术、母羊繁殖调控技术、母羊低成本营养平衡技术、羔羊早期培育技术、羔羊早期断奶及补饲育肥技术等六项单项技术，在示范推广过程中提质增效明显。主要示范事例如下。

#### 1. 正镶白旗

正镶白旗壮大发展合作社：2012 年至 2013 年项目课题组在乌锡林郭勒盟正镶白旗明安图镇壮大发展合作社开展了绵羊母子一体化饲养技术示范工作。2 年共计示范低成本沙柳全混合发酵饲料 6 500t，经过母羊催情补饲，低成本母羊养殖和羔羊早期断奶技术的集成，平均每只羊每天节约成本 0.81 元。这些饲料 2 年来示范了 16 600 只绵羊，经济效益为 950.02 万元，其中新增纯收益 356.72 万元，为正镶白旗的肉羊产业发展开辟了新的方向。

#### 2. 镶黄旗

镶黄旗腾飞养殖专业合作社：项目执行期内，项目课题组在锡林郭勒盟黄旗宝格达音高勒苏木巴音查干嘎查依托镶黄旗腾飞养殖专业合作社开展了肉羊母子一体化饲养推广示范。该合作社主要进行了以母羊催情补饲，低成本母羊养殖和羔羊早期断奶技术集成的推广应用。项目组利用内蒙古农牧业科学院相关技术，生产以土豆渣和劣质牧草为主的全混合发酵饲料。通过推广示范，应用母子一体化饲养技术，每天母羊节约饲料成本 0.30 元，羔羊日增重提高 51g，项目组 2 年示范推广以母子一体化饲养专用低成本饲料 4 500t，在14 500只羊上进行了实验示范，总经济效益 829.84 万元，新增纯收益 311.59 万元。

#### 3. 达茂旗

达茂旗满都拉戈壁羊养殖专业合作社：2012 年至 2015 年项目课题组在达茂旗满都拉戈壁羊养殖专业合作社开展了母子一体化饲养示范推广工作，依靠内蒙古农牧业科学院技术，将催情补饲、母羊低成本养殖、羔羊早期断奶、早期开食料饲喂等技术有机结合，有效解决了该合作社母羊繁殖率低、饲养成本高、羔羊生长速度慢等问题。项目实施期间，合作社共应用低成本饲料 5 000t，经过饲母子一体化饲养，平均每只羔羊日增重提高 30~50g，饲料成本每只羊每天降低 0.3~0.5 元，按照 2013 年价格，每千克活羊平均可卖到 12 元，每只羊平均售价 572.3 元，总经济效益 984.36 万元，其中新增纯收益 369.62 万元。

达茂旗龙腾农牧业专业合作社：2012 年至 2013 年项目课题组在达茂旗龙腾农牧业专业合作社开展了母子一体化饲养示范推广工作。养羊业是达茂旗的支柱产业，但是该地区长期以来绵羊养殖管理粗放，面临母羊繁殖率低、饲料成本高、羔羊死亡率高、生长慢等问题，限制了达茂旗羊产业发展。在内蒙古农牧业科学院课题组人员示范带动下，2 年多在本地推广绵羊母子一体化补饲技术，推广低成本饲料 6 000t 以上，显著改善了当地绵羊饲养管理水平，降低了饲料成本，改善了羊场养殖环境，减少了雇佣工人数量，累计示范羊只 15 600只，总经济效益 892.79 万元，新增纯收益 335.23 万元。

### （四）技术获奖情况

登记为内蒙古自治区科技成果 1 项（2019 年 9 月）：

成果名称：放牧绵羊母子一体化养殖关键技术

察哈尔羊饲养管理技术规程（DB15/T 670—2014）

饲用灌木微贮技术规程（NY/T 3133—2017）

戈壁短尾羊饲养管理技术规程（DB15/T 1523—2018）

2020 年度获得自治区农牧业丰收奖 1 项

## 二、技术要点

### （一）配种前繁殖调控技术

补饲：在配种前 20~25d，体况评分低于 3 分的母羊配种前 25 天补饲高能调控饲料，体况评分 4~5 分的母羊配种前 20d 补饲高能调控饲料，每只每天 0.5kg。

配种：采用小群体自然交配，每 50 只母羊为一个单元，配套 2~3 只种公羊。

繁殖调控饲料：采用中药调理促排及营养促排相结合技术，通过短期高能量刺激及复合中药调节，促进母羊排卵。

### （二）"母子核心 90 天"营养管理

**1. 产前 30 天母羊营养调控技术**

在北方地区冷季适度舍饲，降低营养消耗，补饲充足的蛋白质、矿物质、维生素，配套酶制剂及瘤胃调节剂，促进营养物质消化吸收。体况较差的母羊平均每天补饲围产期专用精料补充料 0.5kg；体况评分 4~5 分的母羊平均每天补饲围产期专用精料补充料 0.3kg；怀双羔母羊每天每只增加 100g 补饲量。

**2. 产羔期母羊及羔羊饲养管理**

产羔期母羊饲喂麸皮水，促进胃肠蠕动，产后第三天开始补饲围产期母羊专用补饲料。加强羔羊护理，保温，及早哺育，2h 内辅助羔羊吸食初乳。

**3. 产后 60d 母羊及羔羊营养互补核心技术**

加强哺乳期母羊饲养管理及日粮营养浓度，促进羔羊早期发育；加强羔羊哺育及开食管理，训练羔羊尽快采食开食料及优质干草，促进其瘤胃发育，以实现尽早达到断奶体重和断奶采食颗粒料水平，施行早期断奶，以促进母羊尽快恢复体况，进入下一个繁殖循环周期。

**4. 双羔及多羔羊人工哺育技术**

采用代乳粉哺育，将代乳粉按1：6的比例用温开水（50~60℃）冲泡、搅匀，待降至39±1℃左右时，用奶瓶或者自动饲喂器哺喂羔羊。羔羊在20~50日龄、50~70日龄和70~90日龄，代乳粉的饲喂量分别为体重日龄，代乳粉的饲喂量分别为体重2.0%、1.5%和1.0%，可根据采食颗粒料情况调节。同时，辅以颗粒开食饲料，7日龄后添加优质青干草。

**（三）早期断奶技术**

羔羊45~60日龄，体重增量为初生重的1倍以上，采食颗粒料水平达300克/天以上时，可以实施羔羊早期断奶。

**（四）相关配套技术**

放牧家畜：天然草场营养监测及生物量估测技术、放牧家畜采食量监测营养盈亏判定技术、草畜平衡技术等。

舍饲家畜：两年三产配套营养管理技术，同期发情技术等。

## 三、适宜区域

技术适宜推广应用的区域包括以放牧生产为主的北部牧区、内蒙古北部牧区、新疆、青海、甘肃北部沿线区域。

## 四、注意事项

在技术推广应用过程中需特别注意的环节包括：
（1）繁殖调控技术施用之前，需确定母畜的营养状况。
（2）羔羊培育期重点注意多羔羊的培育及补饲措施。

---

**技术依托单位**

内蒙古自治区农牧业科学院
联系地址：呼和浩特市玉泉区昭君路22号，内蒙古自治区农牧业科学院
邮政编码：010031
联 系 人：薛树媛
联系电话：13947189385
电子信箱：shuyuanxue@163.com

# 肉羊标准化饲养管理技术

## 一、技术概述

### 1. 技术基本情况

近年来羊产业快速发展，市场活跃度持续上涨，肉羊规模发展模式趋稳成熟，规模化养殖比重持续上升，产业发展难以满足技术的日益需求。该成果基于优质、高效、可持续发展，针对规模化肉羊场健康养殖中育种、繁殖、营养、饲养管理的关键技术问题，实现不同饲养环境变化下经济评估策略、生产指标水平区间、配套设施装置设计、流程化饲养管理规程、信息智能化辅助措施。围绕良种覆盖、生产性能、繁殖效率、健康水平、生产方式，在肉羊生产实践中，不断改进测定选育、杂交生产、定时输精、高效扩繁、营养调控、饲养管理技术，集成创新肉羊健康养殖技术，通过协同推进，凝练优化于生产中转化应用。

### 2. 技术示范推广情况

本技术成果主要适宜于牧区和农区规模化肉羊育种和扩繁场。2018 年以来，分别在天津、内蒙古、江苏、山西、宁夏地区 1 000 只规模、1 500 只规模、2 000 只规模、5 000 只以及 10 000 基础母羊规模的种羊场和规模化母羊场开展技术应用，效果和效益显著。目前该技术正在农区规模化羊场示范应用推广。

### 3. 提质增效情况

和常规技术相比，应用该技术每个生产场基础母羊平均收益增加 206 元，对应选育、繁殖、营养调控、饲养管理等成本增加 121 元，每只基础母羊年增收 85 元；应用该技术每只专门化肉羊品种育种场基础母羊平均收益增加 1 500 元，对应选育、繁殖、营养调控、饲养管理等成本增加 1 000 元，每只基础母羊年增收 500 元。围绕产品优质安全，通过养殖方式改变、疾病控制和健康发展，不仅对确保生态环境安全、疾病控制具有重要意义，而且对食品安全、保证人身健康具有深远意义。

### 4. 技术获奖情况

未申报科技奖励。

## 二、技术要点

针对肉羊生产中规模化羊场健康养殖中育种、繁殖、营养、饲养管理环节，在物联网信息化管理的基础上，实现养殖标准化和流程化，技术要点如下。

（1）测定选育：信息化管理的基础上，应用高通量表型组测定技术获取个体生产性能信息，围绕育种目标，制定综合选择指数，对个体和羊群的生产性能和遗传性能进行综合评定。

（2）定时输精：综合同期发情和人工授精技术，解决生产中母羊发情不集中、非繁殖季节发情率低、常规人工授精受胎率低等问题，物联网信息化平台上，开展规模化羊场精准配种及批次化生产，不断选育和提高规模化场母羊生产性能，培育优质母羊群。

规模化羊场健康养殖场景

物联网信息化管理技术测定与评估演示

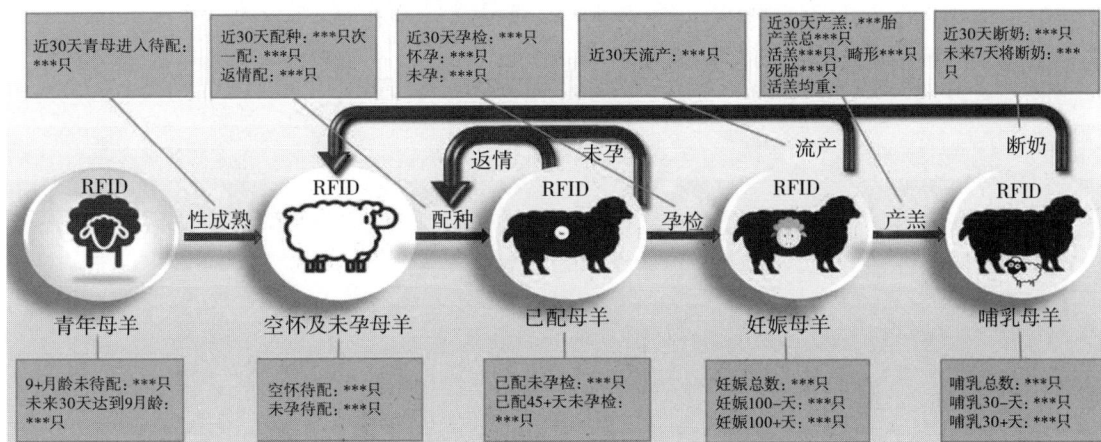

规模化羊场精准配种及批次化生产流程

（3）营养调控：应用科学规范饲养管理技术，给肉羊提供全面均衡的膳食，包括牧草、青贮饲料和干草，以及额外的营养增补剂，确保营养平衡和饲料安全，以保证肉羊在最佳健康状况下生产出优质、营养全面均衡的羊肉，达到高产、低耗、高效的养羊目标。

（4）饲养管理：物联网信息化基础上，通过澳洲白绵羊和白头杜泊绵羊种羊标准和饲养管理规程，规定了澳洲白绵羊、白头杜泊绵羊的营养需要、饲料、饲养管理、疫病防治和卫生消毒、标识和生产档案管理，示范应用到其他品种羊。

肉羊健康养殖流程化管理规程

## 三、适宜区域

京津冀、内蒙古、甘肃、新疆、东北三省、河南等全国主要牧区和农区不同规模化种羊场和繁育场。

## 四、注意事项

肉羊规模化近年来快速发展，但与其他畜禽产业相比，设施及技术相对滞后，技术人才相对匮乏、产业成熟度较弱。建议通过专业化技术服务，提升产业技术水平，以产业需求为导向推进肉羊健康养殖技术转化和应用。

**技术依托单位**

天津奥群牧业有限公司，天津奥群羊业研究院有限公司

联系地址：天津市大港油田团泊洼生活基地

邮政编码：301607

联 系 人：张清峰

联系电话：022-25940518

电子邮件：zhangqf@aoqunmuye.com

# 肉鹅规模化高效生产技术

## 一、技术概述

### 1. 技术基本情况

该套技术由国家水禽产业技术体系多个鹅业相关岗位专家联合研制。主要针对我国肉鹅生产中对提高鹅供种能力、实现全年均衡生产、降低饲料成本、收集利用粪污等关键技术需求，根据不同地区、不同养殖场的具体情况，构建了种鹅均衡高效繁育技术，建立了从光照控制、温度控制、换羽控制、留种时间控制、饲养管理控制等多环节调控种鹅繁殖季节且保证种鹅高效生产的种鹅全年均衡高效繁育关键技术。针对肉鹅营养需要和营养生理特点，集成了肉鹅规模化节粮养殖关键技术，利用非粮饲料原料，减少玉米等粮食原料用量，节约饲料用粮消耗，减少饲料养分排泄，实现节本减排。研究集成了以网上平养、林下养鹅、冬闲田种草养鹅等适度规模化养殖模式，推动了肉鹅生产的种养结合发展，在降低肉鹅养殖成本的同时提高了产品品质。

### 2. 技术示范推广情况

该套技术依托国家现代水禽产业技术体系平台，自 2013 年以来单独或作为其他技术的核心内容，已在鹅主产区的十余个省市实现较大范围应用。2019 年，"肉鹅高效规模养殖关键技术"被遴选为农业农村部主推技术。

### 3. 提质增效情况

该套技术中的"种鹅均衡高效繁育技术"在四川、重庆、江苏等地推广应用，母鹅年产蛋数提高 11%，种蛋合格率、种蛋受精率分别提高 3% 和 6%，单只母鹅产雏鹅数提高 11只，提升幅度达 22.9%，每只母鹅产值提高 47.5%。该套技术中的"商品鹅规模化节粮节水养殖关键技术"，有效解决了规模化生产中鹅啄肛、啄羽、啄趾等恶癖比例较高的难题，商品肉鹅出栏率达 95% 以上，较传统水池养殖模式节水 80% 以上，养殖成本降低 12.7%，养殖粪污收集与资源化利用更加便捷，养殖效益显著提升。

### 4. 技术获奖情况

以"肉鹅高效规模养殖关键技术"为核心的科技成果"肉鹅高效规模养殖关键技术研究与应用"获 2017 年度四川省科技进步奖二等奖，成果"肉鹅配套系培育与高效生产关键技术应用"获 2018—2019 年度神农中华农业科技奖一等奖。

## 二、技术要点

肉鹅高效规模养殖关键技术体系包括鹅全年均衡高效繁育技术、节粮养殖技术及节水养殖技术等配套技术。

### 1. 种鹅全年均衡高效繁育

（1）种鹅舍建设。种鹅舍按每平方米 4 只建设棚舍，舍内安装离地 60cm 的网床和足够的产蛋窝；按每立方米 2 只的面积建造缓坡沥水的水泥硬化运动场和饮水槽，运动场上方离地 1.5～2.0m 处，夏季用双层或加强型遮阳网覆盖总面积 3/4 以上。

种鹅舍舍内建设离地 60cm 以上的网床

种鹅舍运动场夏季用加强型遮阳网覆盖

（2）种鹅舍光照控制。种鹅舍分为自然季节鹅舍和反季节鹅舍。自然季节种鹅舍产蛋期每天注意控制光照时长为 16h 且保持恒定；反季节种鹅舍在 1 月中旬将光照延长至每天 18h 共 30d 左右，然后在 2 月下旬将每天光照缩短至每天 8h，共 40d 左右，接下来在 4 月中旬起将每天光照逐渐延长到 15h 并延续下去，使鹅在 5 月份开产。

（3）种鹅苗引进及育雏育成。鹅苗购进时间一般为 1～2 月；育雏期 1～7 日龄，采用 24 小时光照控制。7 日龄后，逐步过渡到自然光照，满 6 月龄后，全程补充光照到每天 15h。

（4）换羽调控。在次年 1—2 月，用 1 周逐渐降低饲喂量，然后停料 2d，再通过 2 周左右的限制饲养，待鹅羽毛的毛根干枯后用1周左右时间拔除主翼羽和副主翼羽。之后逐渐增加营养，使种鹅在5月份开产。

（5）夏季产蛋鹅管理。夏季注意做好舍内通风降温，运动场充分遮荫，提供充足、清凉的洗浴水和饮用水，提供充足的优质牧草和均衡营养，保证夏季产蛋性能发挥。

（6）提高种鹅繁殖效率。育成期种鹅应进行限制饲养，防止鹅超重或营养不足，开产前逐渐过渡到自由采食。产蛋前应做好种公鹅和种母鹅的选留。选留公母比例为1∶（4～5）。产蛋末期应及时淘汰低产、伤残个体及多余公鹅。

（7）加强商品肉鹅养殖与管理。以网上养殖与地面养殖相结合的模式为主。商品鹅7日龄内采用网上育雏；第8天起地面养殖或网上平养。生长阶段（29天～上市）每只每天精料约200g，喂草量逐步添加，56日龄时达每天850～1 000g。57日龄后应增加精料供给。

### 2. 肉鹅节粮养殖

（1）根据肉鹅营养需要建议量确定饲粮配制：遵循"低养分低容重"的理念，20d后的雏鹅日粮中可逐渐增加糠麸、糟渣、谷物类饲料的添加量，降低饲料成本；商品肉鹅60日龄后，饲料中提高能量饲料（玉米等）的添加量，以起到短期育肥的作用。

（2）非粮饲料原料的利用：因地制宜选择苜蓿、稻壳、蚕沙、木薯渣、DDGS、小麦麸、玉米淀粉渣等非量饲料原料，注意各饲料原料在鹅日粮中的最高添加量和适宜添加量。

（3）非粮饲料原料使用要点：分析或评定饲料成分和能量价值；适当加工处理，改善饲料原料的物理性状；选用酶制剂；使用某些添加剂或加工处理含有抗营养因子或毒物的饲料原料；确定日粮中的最大用量；注意根据各种原料的营养特性。

| 原料 | 适宜添加量 |
|---|---|
| 苜蓿 | ≤10% |
| 稻壳 | ≤7% |
| 蚕沙 | ≤5% |
| 木薯渣 | ≤12% |
| DDGS | ≤20% |
| 啤酒糟 | ≤22% |
| 小麦麸 | ≤5% |
| 玉米淀粉渣 | ≤10% |

部分非粮饲料原料的适宜添加量

（4）选用典型饲料配方：针对当地饲料原料实际以及非粮饲料来源情况，分别选择适宜的种鹅、商品肉鹅不同生长阶段的节粮型日粮搭配方案。

（5）种草养鹅：根据养鹅数量确定种植牧草的面积；提高种草和用草技术；注意育肥前期和后期要进行补料。

### 3. 肉鹅节水养殖

（1）建设育雏舍：包括笼养育雏舍和地面育雏舍，要求保暖性好且通风方便，便于冲洗、清洁。笼养育雏室供1到7~10d的雏鹅用，如采用4层育雏笼，12m²的房间每批可育雏近500只。地面育雏室供11~28d的鹅用，分为舍内和舍外；舍内垫料或网上饲养，要有保温设施，地面育雏500只鹅需要80~100m²左右舍内面积；舍外为运动场，无需设置水池。

（2）建设网上养殖舍：应包括舍内（用于鹅晚上休息）、活动场（用于喂水喂料）。舍内采用可拆卸的网床，便于每批养殖结束后的清洗消毒，养殖500只鹅需搭建棚舍100~120m²；活动场应硬化，面积为舍内的2~3倍，应设置鹅群放牧的出入通道。

商品肉鹅网上养殖舍内部分

（3）应用林下养鹅、冬闲田种草养鹅等种养结合模式：根据当地实际情况采用合理的种养结合模式，注意养鹅数量与种草量、林地面积、季节等协调配合。

商品肉鹅林下养殖

## 三、适宜区域

全国养鹅产区均可应用。

## 四、注意事项

针对具体地区、养殖品种情况，因地制宜选择成套技术中的具体适宜技术进行推广应用。

### 技术依托单位

1. 四川农业大学

联系地址：成都市温江区惠民路211号四川农大动科院

邮政编码：611130

联 系 人：王继文

联系电话：13608269159

电子邮件：wjw2886166@163.com

2. 扬州大学

联系地址：扬州市文汇东路48号扬州大学动科院

邮政编码：225009

联 系 人：王志跃

联系电话：13004328027

电子邮件：dkwzy@263.net

3. 上海市农业科学院

联系地址：上海市北翟路2901号上海市农业科学院畜牧兽医研究所

邮政编码：201106

联 系 人：何大乾

联系电话：18918162216

电子邮件：daqianhe@yahoo.com.cn

# 单作苜蓿田季节性套作青贮玉米种植技术

## 一、技术概述

### 1. 技术基本情况

海河平原区雨季苜蓿生产存在三大问题，多年一直没有得到彻底解决：（1）苜蓿第3～4茬草收获期正值雨季，导致雨季晾晒干草困难；虽可进行青贮收获，但半数年份会出现连阴雨天气，造成青贮机械根本无法下地收获；造成损失可达30%～40%；（2）苜蓿第3～5茬草生长的7—9月份，正值高温、高湿季节，导致苜蓿生长缓慢，研究发现产草量占全年不足40%，证明该区苜蓿存在"夏眠"现象；而且此时，蓟马、蚜虫等虫害严重；（3）苜蓿第3～5茬草生长的季节，正是该区光、温、热资源最丰富时期，多年平均气温在25.9℃，降雨量329.9mm，占全年64.7%，苜蓿不能充分利用，在一定程度上造成了光热水资源的浪费。

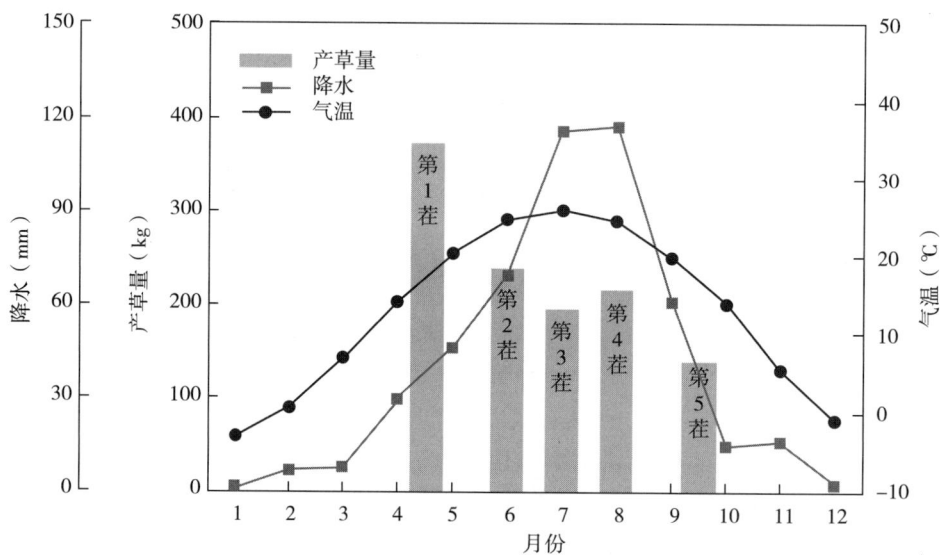

气候因子与不同茬次产草量关系

基于此，本研究在保证前两茬草产量不受影响的前提下，通过探讨夏季在苜蓿田行间套作不同饲草作物，创建出了单作苜蓿田夏季套作青贮玉米种植模式，使问题得到了有效解决，实现了雨热资源的高效利用。该技术获发明专利单作紫花苜蓿田夏季套作青贮玉米种植方法 ZL201410202798.8。

### 2. 技术示范推广情况

（1）核心技术在河北省衡水市深州市护驾迟镇示范。

2014—2016年在深州市示范，设置单作苜蓿（宽窄行和等行距）、单作玉米、苜蓿套作玉米处理（宽窄行）共4种模式，每种模式分别种植2亩。具体情况如下。

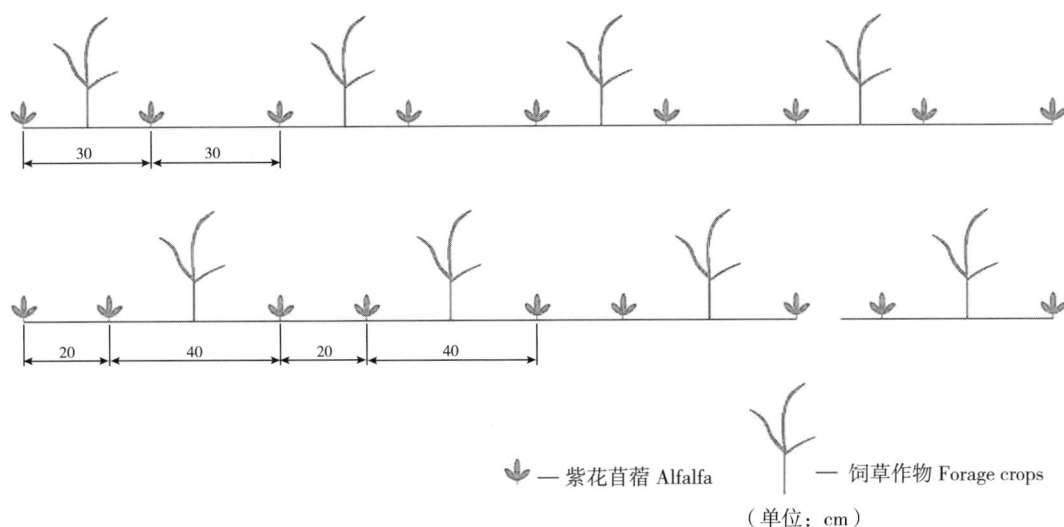

—— 紫花苜蓿 Alfalfa　　—— 饲草作物 Forage crops

（单位：cm）

单作紫花苜蓿田夏季套作青贮玉米种植模式示意图

2014 年：8 月 30 日苜蓿秋播，等行距处理行距为 30cm，而宽窄行处理行距宽行 40cm，窄行 20cm。

2015 年：6 月 25 日苜蓿田二茬草后，随降水播种青贮玉米，每隔 2 行苜蓿播种 1 行，在宽行 40cm 行间播种，同时播种单作青贮玉米，单作和套作处理留苗密度均为 4 000 株/亩，青贮玉米出苗时未形成郁闭现象，由于降水充足，未进行任何灌溉，底肥充足，未追肥；单作苜蓿全年刈割 5 茬，宽窄行和等行距处理鲜草产量每公顷分别为 100 202.8kg、97 666.7kg，二者无差异。苜蓿套作玉米处理 2015 年 5 月 12 日、6 月 25 日春季前 2 茬苜蓿鲜草产量 60 727.1kg，青贮玉米生长期间苜蓿不进行收获，青贮玉米 9 月 24 日测产，套作处理和单作处理青贮玉米鲜草产量每公顷分别为 55 268.5kg 和 57 416.1kg。采用玉米青贮机收获，玉米留茬高度应 25cm 左右，青贮玉米残茬使用生产中现有的残茬收获机械高位清茬，苜蓿和青贮玉米残茬可同时收起，有利于苜蓿再生。9 月份青贮玉米收获后，苜蓿自然再生，苜蓿生长没受任何影响。11 月 20 日苜蓿株高 35cm 左右。

2016 年：3 月 15 日苜蓿均正常返青，生长情况无差异，2016 年 5 月 1 日株高 105～110cm，生长势较强，进行第 1 次刈割测产，其中宽窄行和等行距单作苜蓿鲜草产量每公顷分别为 31 828.7kg、32 791.7kg；宽窄行和等行距套作青贮玉米处理的苜蓿鲜草产量每公顷分别为 33 879.6kg、34 217.6kg，稍高于单作苜蓿，因此套播青贮玉米对苜蓿返青和第 2 年产量无不利影响。

（2）衡水市枣强县、武强县、山东东营、青岛、河南郑州等地进行小面积示范。

（3）在陕西关中地区大面积示范应用。

基于国家及陕西省"十三五"草食畜牧业发展规划，针对生产上优质饲草料缺乏和种植业结构单一、效益低下的现状，采用苜蓿地在 6 月上旬收割两茬青干草后，硬茬种植青贮玉米的方式，进行种植业结构调整及草畜一体化研究与示范。2017 年初步探索了苜蓿-玉米粮改饲体系在陕西的适宜性，在府谷县、关中地区推广 2 100 亩，单位面积饲草产量增加 16%，综合经济效益提高 15% 以上，带动区域内主栽饲草及配套模式应用。2018—2019 年继续作为种植业结构调整、草畜一体化发展新途径，作为优质饲草生产和提高土地利用率提出一套科学高效的新模式，辐射带动周边地区应用。目前该技术正在河北和陕西等地推广应用。

**3. 提质增效情况**

经过多年研究确定出苜蓿套作青贮玉米为最佳套作模式，明确了套作青贮玉米处理的总食物当量数、平均光能利用率、水分利用效率、土地当量比均显著高于单作苜蓿，种植效益优于单作苜蓿处理。确定了单作紫花苜蓿田夏季套作青贮玉米，对前2茬苜蓿产量均不受影响。解决了雨季苜蓿收获难问题，规避了因降雨造成的产量损失。光、水、土地利用率分别提高157.9%、93.8%、61.0%；使苜蓿草产品生产水平显著提升，实现亩增收250元以上。

（1）2011—2015年套作试验结果表明，和单作苜蓿、套作高丹草、套作拉巴豆、套作秣食豆、套作饲用谷子相比，确定出苜蓿套作青贮玉米为最佳套作模式，套作青贮玉米处理的总食物当量数、平均光能利用率、水分利用效率、土地当量比均显著提高了189.3%、345.8%、280.3%、59%，种植效益比单作苜蓿高3.9%（单作紫花苜蓿田夏季套作不同饲草作物生产性能、效益评价，草业学报，2019，28（02）：73-87）。

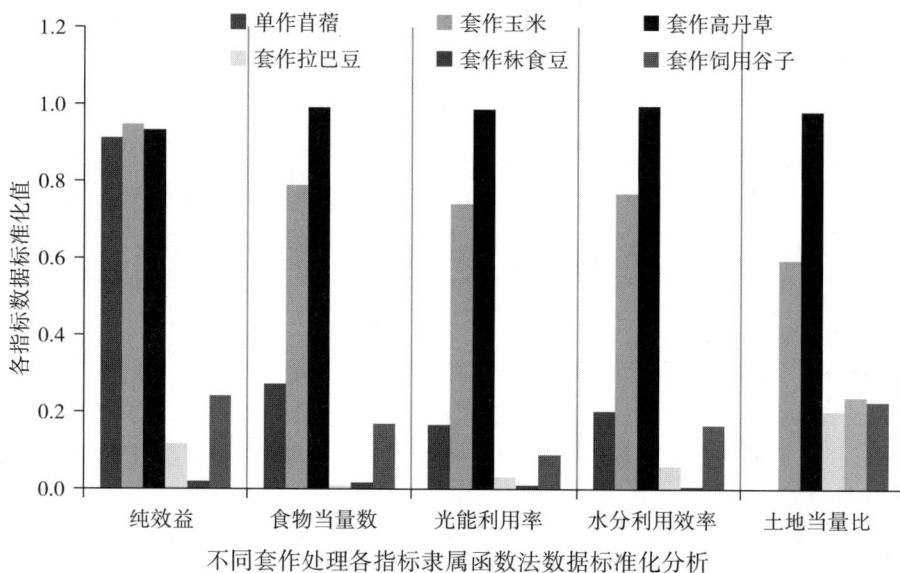

不同套作处理各指标隶属函数法数据标准化分析

（2）2014—2016年套作试验表明：套作青贮玉米处理的总食物当量数、平均光能利用率、水分利用效率、土地当量比均显著提高了55.7%、157.9%、93.8%、61%，种植效益比单作苜蓿高11.3%。

**2014—2016年套作青贮玉米效益、资源利用率累计评价**

| 套作处理 | 净收入<br>万元·hm$^{-2}$ | 食物当量<br>FEU·hm$^{-2}$ | 光能利用率% | 水分利用效率<br>kg·hm$^{-2}$·mm$^{-1}$ | 土地当量 |
|---|---|---|---|---|---|
| 单作青贮玉米 | 6.21b | 65 958.1b | 1.81a | 53.8a | 1.00b |
| 30～30/套作青贮玉米 | 10.96a | 80 524.4a | 1.41b | 40.3b | 1.55a |
| 20～40/套作青贮玉米 | 11.42a | 83 790.9a | 1.47b | 43.6b | 1.61a |
| 20～40/单作苜蓿 | 10.26a | 53 808.7c | 0.57c | 22.5c | 1.00b |

（3）明确了不同种植方式对紫花苜蓿生产性能及饲用品质无明显影响。平作苜蓿情况下，采用撒播 10～30cm 等行距条播，以及 20～40cm 宽窄行条播种植方式均可。为套作技术的苜蓿 20～40cm 宽窄行设置提供了技术支撑。

（4）明确了规避套作玉米苗期与苜蓿第 3 茬草相互竞争的方法。筛选出了一种玉米除草剂（丁—异—莠去津），对玉米无影响，既防除了杂草，又可以短期抑制苜蓿生长发育，还解决了套作玉米苗期与苜蓿第 3 茬草相互竞争的问题。

（5）实现了全程机械化配套：明确了农机农艺配套技术，切实减少劳动力投入。苜蓿和青贮玉米的播种、收获、管理均可实现机械化。青贮玉米采用联合收获机械，玉米残茬捡拾采用改良后的农用灭茬机。

**4. 技术获奖情况**

作为核心技术获得 2019 年度河北省科技进步奖三等奖。

## 二、技术要点

该模式的核心技术为：单作苜蓿田采用 20～40cm 宽窄行种植，于当年第 2 茬苜蓿草后，在宽行中间套作青贮玉米，青贮玉米密度在 6 万株/hm² 以内。9 月底将套作的青贮玉米与苜蓿一起收获。之后苜蓿田苜蓿正常越冬，第 2 年苜蓿前两茬草正常收获后，再种植青贮玉米。具体技术要点如下。

（1）苜蓿播种：苜蓿条播，播种行距采用宽窄行方式进行，宽行 40cm，窄行 20cm；推荐东西行向播种。播深 1～2cm，播量 1～1.5kg。苜蓿播种秋播春播皆可，秋播以 9 月中下旬为宜。精细整地，每亩施入底肥复合肥 50kg 或优质腐熟农家肥 2 000～3 000kg。

（2）苜蓿刈割：刈割时期为现蕾期-初花期，第 1 次刈割时间在 5 月 5—15 日，第 2 次刈割时间 6 月 10—20 日。套播后不再刈割，直至和青贮玉米同时收获。

（3）青贮玉米播种：播种时间为在苜蓿刈割第 2 茬立即贴茬播种，可避免苜蓿生长速度过快，对青贮玉米苗期形成郁闭。如田间墒情较差，应立即灌水。

（4）套播期间杂草防除：在播种后 3～7d 内喷施玉米除草剂丁-异-莠去津，既通过封地面防除了杂草，又可以短期抑制苜蓿生长发育，对苜蓿没有影响，从而解决套作玉米苗期与苜蓿第 3 茬草相互竞争的问题。

（5）青贮玉米灌溉施肥：播种时土壤墒情差应灌蒙头水，其他生育期如遭遇干旱应及时灌水。玉米播种时每亩底施复合肥 50kg，其中 N 含量 8kg。生长期间可以不使用肥料。

（6）青贮玉米收获：在 9 月中旬青贮玉米蜡熟初期（1/2 乳线期）采用青贮玉米联合收获机械收获、青贮。青贮玉米残茬使用玉米秸秆青贮收获机械，将其和苜蓿混合收获青贮。青贮玉米根系自然腐烂。

（7）苜蓿再生和返青：玉米收获后，苜蓿自然再生，苜蓿生长不受影响；翌年春季苜蓿返青期在土壤和空气湿度均较高时喷施苜草净防除杂草；每亩可追施磷酸二铵 30kg 或者过磷酸钙 40kg，尿素 10kg，并立即浇水。

## 三、适宜区域

黄淮海平原以及气候类似生态区，7—8 月雨季降水集中，存在收获难问题区域均可应用。

## 四、注意事项

在苜蓿行间进行玉米播种要求机械操作精准；施肥应满足：分别按照单作苜蓿和青贮玉米的正常施肥量进行施肥；播种青贮玉米后，在干旱年份需灌溉，尽管雨季。青贮玉米行向东西向较好，利于通风透光。抑制剂（除草剂）应用时，每亩用量为 100～150mL，宜低不宜高。

**技术依托单位**

1. 河北省农林科学院旱作农业研究所

联系地址：河北省衡水市桃城区胜利东路 1966 号

邮政编码：053000

联 系 人：刘贵波

联系电话：13833809879

电子邮箱：lgb2884@126.com

2. 中国农业大学

联系地址：北京市海淀区圆明园西路 2 号

邮政编码：100193

联 系 人：张英俊

联系电话：010-62733380

电子信箱：zhangyj@cau.edu.cn

# 规模养殖母猪定时输精批次生产技术

## 一、技术概述

### （一）技术基本情况

#### 1. 技术推广背景

定时输精是利用外源激素人为调控母猪性周期，使之在预定时间集中发情、排卵和配种的一项技术。该技术可通过母猪繁殖批次化，实现规模猪场"全进全出"批次化生产，显著提高母猪繁殖效率与猪场管理效率，推动猪场生产向工业化高效模式转型。

2018 年以来，非洲猪瘟疫情肆虐全国，生猪存栏大幅下滑，能繁母猪严重不足。截至 2019 年 9 月，我国能繁母猪存栏同比降幅达 37.4%，部分省区降幅甚至超过 70%。导致国内多地"一猪难求""见母就留"，但仍不能满足产业需求，并导致母猪空怀率(9%→21%)、死胎数(0.73→2.26)增加等一系列繁殖问题。生猪存栏降低导致肉价飞涨，并带动了物价整体上涨，致使 2019 年 11 月 CPI 同比上涨 4.5%(其中猪肉影响 CPI 上涨约 2.64%)，引起了消费恐慌和市场动荡，生猪产业发展和肉品安全面临前所未有的挑战。为此，党中央、国务院高度重视生猪产能恢复工作。

另外，近年来养猪业规模化水平不断提高，猪群中母猪个体性周期的随机分布及"发情鉴定—配种—妊娠诊断—分娩与接产"循环往复的工作流程，使传统养殖模式下规模猪场工作人员劳动量与强度不断增加，而管理效率每况愈下，且无法对猪舍进行彻底消毒；另一方面，很多后备母猪及初产母猪不发情，繁殖效率低下。急需一种新的生产管理模式，以实现养猪业技术和管理水平的双重提高。欧美等畜牧业发达国家，通过定时输精技术，在规模猪场建立了批次化生产管理模式，真正实现了"全进全出"的工业化管理。既提高了繁殖效率，又减少了疫病交叉感染风险，大幅度提高了猪场生产效率和经济效益。当前，我国非洲猪瘟等疫病防控形势严峻，规模养猪企业对定时输精技术需求更加迫切，但该技术应用效果不稳定，关键药物缺乏阻碍了其推广应用进程。

为此，2016 年 1 月，中国农业大学田见晖教授牵头组织大学、研究所、规模养猪企业成立了"全国母猪定时输精技术开发与产业化应用协作组"（以下简称协作组），为定时输精技术在我国推广应用提供了高效研发与试验示范平台。先后组织 5 批次共 32 人赴德国考察，组织了 5 次"协作组"会议，锻造了一批定时输精技术研发与示范推广人员。在此基础上，2017 年，又牵头申报了"十三五"国家重点研发计划"畜禽繁殖调控新技术研发"，进一步推动了我国定时输精与批次化生产的研发与推广应用。

通过中国农大与宁波三生生物技术有限公司的合作研发，2018 年 2 月，烯丙孕素作为定时输精关键药物，获得国家二类新兽药证书，结束了该领域无国产药物可用的被动局面。目前，在"十三五"国家重点研发计划支持下，同期分娩关键药物卡贝缩宫素已进入新兽药申报二审阶段，同期排卵关键药物布舍瑞林也已完成临床试验，进入新兽药申报阶段。

#### 2. 能够解决的主要问题

以定时输精技术为核心的母猪批次化生产，使规模养猪真正实现了"全进全出"工业化管理，突破了如下产业瓶颈：

（1）大批后备母猪不发情或隐性发情，发情分散及发情率低导致经产母猪配种利用率低、管理效率低，猪场 PSY 成绩差。

（2）猪舍无法做到"全进全出"，无法进行彻底消毒导致病源微生物长期滞留，不同批次猪群交叉感染难以避免，猪场生物安全防控水平低下，且猪只精准免疫难度大。

（3）母猪群繁殖周期同步化程度差，循环往复的繁殖工作流程造成管理混乱和生产管理效率低下。

### （二）技术示范推广情况

根据养殖场存栏规模和生产现状，项目组利用定时输精技术建立了三周批、四周批、五周批的批次化生产模式，并在温氏、牧原、新希望等规模养猪企业进行了示范应用。据统计，自 2018 年 6 月烯丙孕素获得生产许可以来，项目组定时输精技术共推广后备猪 257 万头次，经产母猪 528 万头次，多产仔猪 500 万头，为猪场创造价值 20 亿元。有效提高了母猪繁殖率，促进了非洲猪瘟后生猪产能尽快恢复。

### （三）提质增效情况

（1）提高母猪配种利用率和年产胎数，减少非生产天数。前期研究表明，定时输精技术可使后备母猪配种利用率由 70% 提高至 95%，参繁母猪妊娠率达 80% 以上，母猪年产胎次达 2.15～2.3 胎，年提供断奶仔猪数 23.6 头。显著提高了生产效率，降低了劳动力成本。

（2）批次化生产有利于猪舍进行彻底地卫生消毒工作，消灭猪舍病源微生物，提高猪场生物安全水平。不同批次化生产条件下，配种舍、产房一般有 1～2 周处于空栏期，有足够的时间进行猪舍清洗、消毒、干燥，使下一批生产安全性显著提高。避免了批次间猪群混养，可防止疫病在不同批次猪群间交叉感染。

（3）猪群日龄接近，便于制定防疫程序，提高了管理效率、改善了防疫效果；增强了猪群抗病力。

（4）便于规模猪场饲养管理水平和生产效率的提升，从而提高经济效益和终端产品整齐度。

### （四）技术获奖情况

2018 年 2 月获得了"烯丙孕素"与"烯丙孕素内服溶液"国家二类新兽药注册证书，填补了我国在本领域的空白。

2018 年 6 月，获得了"烯丙孕素"和"烯丙孕素内服溶液"两个新兽药生产批准文号。

## 二、技术要点

### （一）后备母猪处理方案：烯丙孕素＋PMSG＋GnRH

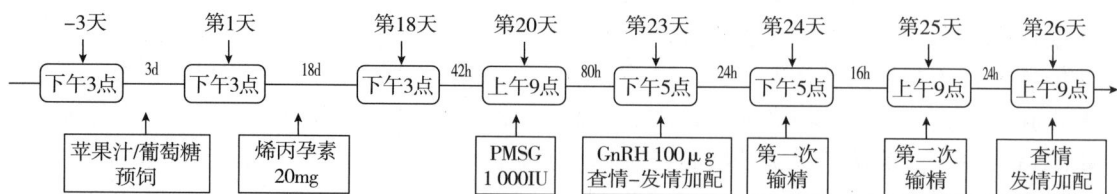

（1）预饲：同批次参繁后备母猪用连续投药器饲喂苹果汁（或葡萄糖），连续投喂 3d，

每头每天 5mL，以减少母猪对人和饲喂工具的恐惧感，使母猪逐渐适应连续投药。

（2）三天后，每天同一时间饲喂烯丙孕素口服液，每头饲喂剂量 20mL，连续饲喂 18d。

（3）注射血促性素（PMSG/eCG）：最后一次饲喂烯丙孕素后，间隔 42h（即饲喂烯丙孕素后第 20 天的上午 9 点），颈部肌肉注射孕马血清促性腺激素（PMSG），注射剂量 1 000 IU/头。

（4）注射促性腺激素释放激素：注射 PMSG 后 80h（即饲喂烯丙孕素后第 23 天的下午 5 点），颈部肌肉注射促性腺激素释放激素（GnRH），注射剂量 100μg。

（5）输精：精液采集、稀释、品质检查及人工输精等程序均按 NY/T 636—2002 执行，猪精液常温保存，方法按照 GB/T 25172—2010 执行；

注射 GnRH 时（即饲喂烯丙孕素后第 23 天下午）第一次查情，有静立反应的母猪提前输精一次；

注射 GnRH 后间隔 24h（即饲喂烯丙孕素后第 24 天的下午 5 点），进行第一次定时输精；

第一次输精间隔 16h 后（即饲喂烯丙孕素后第 25 天的上午 9 点），进行第二次定时输精输精；

间隔 24h（即饲喂烯丙孕素后第 26 天的上午 9 点）第二次查情，个别母猪仍有静立反应，增加输精一次；

每次输精前，精液或输精管中均加入 10IU 缩宫素。

（6）输精结束后做好配种记录，记录母猪耳号、发情时间、配种时间及次数，以及公猪号、配种员等信息。

## （二）经产母猪处理方案

（1）选择断奶经产母猪进入待配繁殖群。

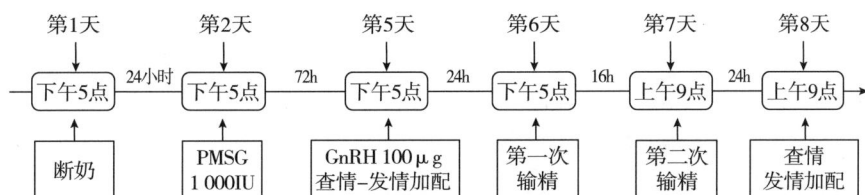

| 第1天 | | 第2天 | | 第5天 | | 第6天 | | 第7天 | | 第8天 |
|---|---|---|---|---|---|---|---|---|---|---|
| 下午5点 | 24小时 | 下午5点 | 72h | 下午5点 | 24h | 下午5点 | 16h | 上午9点 | 24h | 上午9点 |
| 断奶 | | PMSG 1 000IU | | GnRH 100μg 查情–发情加配 | | 第一次输精 | | 第二次输精 | | 查情 发情加配 |

（2）母猪分娩后哺乳 3～4 周的任意一天下午 5 点，统一断奶，记为第 1 天。

（3）断奶后 24h，每头母猪颈部肌肉注射 1 000IU 的 PMSG。

（4）注射 PMSG 后间隔 72h（即断奶后第五天的下午 5 点），每头母猪颈部肌肉注射 100μg 的 GnRH。

（5）输精。①注射 GnRH 时第一次查情，有静立反应的母猪提前输精一次；②注射 GnRH 后间隔 24h 进行第一次定时输精；③第一次输精后间隔 16h 进行第二次定时输精；④间隔 24h 第二次查情，个别母猪仍有静立反应，增加输精一次；⑤每次输精前，精液或输精管中均加入 10IU 缩宫素。

（6）输精结束后做好配种记录，记录母猪耳号、发情时间、配种时间和次数，以及公猪号、配种员等信息。

## 三、适宜区域

全国范围内各种规模猪场。

## 四、注意事项

（1）后备母猪选择应以有初情期的母猪为主。

（2）为了保证批次化猪群数量和效果，后备母猪应进行烯丙孕素＋PMSG＋GnRH 两点查情的定时输精程序处理。

（3）为满足批次生产定时输精导致的精液用量陡增，经产母猪应配合应用低剂量深部输精技术。

（4）人工授精时在精液中添加 10IU 缩宫素。

**技术依托单位**

1. 中国农业大学

联系地址：北京市海淀区圆明园西路 2 号

邮政编码：100193

联 系 人：田见晖

联系电话：010-62734627，13801267511

电子信箱：tianjh@cau.edu.cn

2. 北京市畜牧总站

联系地址：北京市朝阳区慧忠寺 96 号

邮政编码：100101

联 系 人：薛振华

联系电话：010-64973259，13811186348

电子信箱：chuangxintd@163.com

3. 宁波三生生物科技有限公司

联系地址：宁波市海曙区望春工业园区布政东路 159 号

邮政编码：315100

联 系 人：翁士乔

联系电话：13957817946

电子信箱：2651074858@qq.com

# 混播草地划区轮牧技术

## 一、技术概述

### （一）技术基本情况

我国草原面积58.92亿亩，其中80%分布在北方，以传统的天然草地放牧牲畜为主。受持续干旱等自然因素及长期超载过牧等人为因素影响，90%左右的草地呈现不同程度地退化，天然草场产量低、品质差，优质饲草料严重短缺，无法支持和满足新时代发展高质量现代畜牧业需求，急需探索一条栽培草地高效发展新路子。混播草地划区轮牧技术采取建设优质豆禾混播草地，应用科学划区轮牧方法进行家畜放牧利用。该技术能够解决的主要问题有：

（1）大幅度提高草地产量与品质。混播草地干草产量较天然草地提高20倍以上，载畜量提高10倍以上，牧草质量、适口性和再生能力大幅提高。

（2）改良草地和改善土壤。混播草地不仅可改善草地生态系统氮素营养平衡，还可提高土壤肥力，建设3年以上的混播草地0～10cm土壤有机质含量均高于天然草地和单播苜蓿草地，有效改善土壤环境。

（3）改变传统放牧方式。混播草地建成后青草期提前40～60d，打草场每亩可产青干草400kg以上，可用于冬春季舍饲季节优质饲草料，采用"轮牧＋补饲"的养殖模式，走向规模化养殖、标准化生产的产业化发展道路。

（4）实现农牧民增收。混播草地通过大幅度提高牧草产量和品质，从而增加了载畜量，提高了家畜出栏率和生产性能，加快了畜群周转，据统计每亩草地收益平均达589.3元。

（5）促进了草原畜牧业转型升级。混播草地划区轮牧技术实现了草和畜的有机结合，以草定畜、增草增畜，目标明确，目的性强，更有利于解决草原畜牧业深层次问题。

### （二）技术示范推广情况

该模式技术成熟，在内蒙古阿鲁科尔沁旗已集中连片推广面积45 500亩，涉及5个苏木镇17个嘎查116户。示范草地亩产干草400～560kg，干草粗蛋白含量达16.4%，植被盖度85%以上，家畜繁殖率95%以上，载畜量1.2个羊单位，增加产值2 681.3万元。

### （三）提质增效情况

#### 1. 节约了饲养管理成本

划区轮牧是牲畜饲养成本最低的，与舍饲饲养方式相比，在放牧季节节省了收储牧草、饲料加工、饲喂和圈舍卫生清理的费用，种植的牧草直接得以利用，有效降低生产经营成本，减少生产干草因气候、机械等原因造成的损失，规避了草产品销售不畅等市场风险；与自然放牧相比，划区轮牧还可以节省牧工费用。

#### 2. 提高草地产量和品质

混播草地亩产干草400～560kg，相当于天然草地正常年景20～50亩产草量，提高了20

倍以上。干草粗蛋白含量 16.4%，中性洗涤纤维含量 39.16%，酸性洗涤纤维含量 23.79%，达到内蒙古《天然牧草草捆质量评定与分级标准》一级水平。自然放养生产出来的畜产品具备纯天然、无污染、绿色等特性，与当今人们的消费需求相吻合，在畜产品品牌建设，提升市场竞争力方面具有独特优势。

**3. 显著增加了农牧民经济收入**

牧区生产方式单一，经济来源基本依靠在天然草场放牧牲畜，混播草地建设前青草期每 10~20 亩地饲养 1 个羊单位，草地建成后，在青草期每亩饲养量达到 1.2 个以上羊单位，是原来草场饲养量的 10 倍以上。舍饲期通过饲喂青贮饲料及混播青干草，建设户年总饲养量可达到 2 万羊单位以上，比建设前增加饲养量 1.3 万羊单位，增加产值 2 681.3 万元，折合每亩草地纯收益 589.3 元，是低成本高收益的建设模式。

## 二、技术要点

### (一) 核心技术

**1. 成功探索出栽培草地高质量发展模式**

该模式取得的良好示范效果符合新时代习近平生态文明思想，符合草地畜牧业现代化发展方向，促进了畜牧业转型升级，实现了为养而种、草畜结合，解决了优质饲草料严重短缺的瓶颈，实现了农牧民增收致富，可复制，可推广。

**2. 栽培草地科学划区轮牧技术创新**

首次集成在栽培草地进行肉牛划区轮牧技术，提出了混播草地载畜量计算方法、草地放牧利用起止时间、家畜最佳轮牧方案等关键技术。

**3. 混播草地机械化播种方式创新**

运用垂直交叉播种，即禾本科草的播种行和苜蓿的播种行垂直交叉，先播禾本科牧草，后交叉播种苜蓿，有效增加草地出苗率和土地利用率。

**4. 明确了混播草地适宜品种、最佳组合与搭配比例**

研究确定了由 5 种抗旱节水牧草组成的最佳配比组合：苜蓿＋无芒雀麦＋羊草＋冰草＋披碱草，豆禾比 1：3。草地产量和草品质大幅提高。

**5. 集成混播草地建植与管理技术**

研究确定了草地最优播种量、最适行距、最佳播种时间、施肥量，形成草地低成本高产出经营模式。

### (二) 栽培技术主要内容

**1. 选地与整地**

坡度低于 25℃，土壤 pH 6.0~8.2，排水良好的土地；有可供家畜饮用的洁净水源，否则需要配备饮水设施。翻耕深度不低于 30cm，耙糖，镇压，要求土块细碎，地面平整。

**2. 播种时间和方法**

选用 5 种草"耐牧性苜蓿＋无芒雀麦＋冰草＋羊草＋披碱草"进行混合播种。品种搭配比例按照建设利用 5 年以上中长期草地标准，豆禾比例 1：3，亩播种量 2.0kg。播种时间宜早春 4 月初或 7 月初播种，可有效防除杂草。垂直交叉播种，行距 15~20cm；先播禾本科牧草，开沟深度 6~8cm，覆土 2~3cm，后交叉播种苜蓿，开沟深度 4~5cm，覆土 1~2cm。亩施肥方案：纯氮 6kg＋纯磷 9kg＋纯钾 7.5kg。

### 3. 划区轮牧

（1）载畜量。

$$载畜量（标准羊单位数）=\frac{放牧草场总面积×（牧草产量-800）}{（1.8×放牧天数）}$$

（2）放牧季起止时间：肉牛轮牧起始期以第一轮牧小区草地优势种即禾草叶鞘膨大，进入拔节期，牧草高度 20~25cm 为标准，肉羊以第一轮牧小区牧草高度 7cm 为标准；轮牧结束期以生长季结束前 30d，且最后一个轮牧小区采食留茬 5~7cm 为限，最晚不超过 9 月底休牧。

（3）轮牧小区数量。

$$轮牧所需小区数=\frac{牧草平均再生周期（d）}{小区放牧天数（d）+备用小区}$$

（4）轮牧小区放牧时间：根据放牧后牧草再生高度达到可以再次利用的时间而定。肉牛放牧至牧草采食留茬 10cm 时赶往下一轮牧小区，当再生草群落高度达到 20~25cm 时可以再次利用。肉羊放牧至牧草采食留茬 5~7cm 时赶往下一轮牧小区，当再生草群落高度达到 5~7cm 时可以再次利用。每小区放牧时间不超过 7d。

（5）春季开始放牧：春季开始放牧时每个小区放牧 4~5d，第二个轮牧周期视牧草生长速度或整个放牧场牧草生长期适当延长放牧天数，依次类推。春季第一个放牧小区错开秋季最后放牧的小区。当草丛高度低于 8cm 时可以在多个分区同时放牧，草丛高度超过 15 厘米以上时，可以减小单个轮牧小区面积 30%~50%。

（6）草畜平衡调控：当牧草亩均现存量达到 200kg 时，可刈割调制干草或制作青贮；当所有放牧分区亩均现存量低于 40kg 时需要补饲。

## 三、适宜区域

适用于我国北方，海拔 2 500m 以下地区，年平均气温 ≥5℃，最低气温 -30℃，最高气温 42℃，年降雨量 425mm 以上区域，降雨量过低区域需要灌溉。

## 四、注意事项

（1）注意混播草地越冬管理。
（2）严格控制起始放牧时间，忌超载过牧。
（3）前期放牧利用预防家畜臌胀病。

**技术依托单位**

1. 赤峰市农牧科学研究院
联系地址：内蒙古赤峰市松山区科研路 1 号
邮政编码：024031
联 系 人：梁庆伟
联系电话：18647687770
电子邮箱：liangqingwei0728@163.com

2. 中国农业大学

联系地址：北京市海淀区圆明园西路2号

邮政编码：100083

联 系 人：张英俊

联系电话：13611272283

电子邮箱：zhangyj@cau.edu.cn

3. 阿鲁科尔沁旗农牧局

联系地址：内蒙古赤峰市阿鲁科尔沁旗天元大街49号

邮政编码：025500

联 系 人：席长命

联系电话：13947677339

电子邮箱：13947364362@163.com

# 高青贮日粮均衡营养技术

## 一、技术概述

### 1. 技术基本情况

青贮是"饲料之王"，兼具粗饲料与精饲料功能，是泌乳牛最佳的纤维和能量来源。优质青贮玉米单位干物质、NDF、净能的价格仅相当于优质苜蓿干草的 40%～50%，在 TMR 日粮中青贮玉米用量占干物质的 30%左右，成本仅占 20%，是性价比最高的粗饲料原料。

随着国内外养殖环境的不断变化，苜蓿、燕麦等奶牛优质粗饲料价格不断上涨，以及国内土地、人工、环保压力等因素导致奶牛养殖成本大幅度增加，在乳业竞争激烈的大环境中，降低饲料成本是奶牛养殖企业实现盈利关键之一。奶牛日粮中使用高青贮玉米可以有效降低饲料成本，而且大量种植和使用青贮玉米也是践行国家"粮改饲"与供给侧结构性改革政策的重要举措。

**优质青贮玉米和苜蓿干草性价比对照**

| 项目 | 优质青贮玉米 | 优质苜蓿干草 |
|---|---|---|
| DM（%） | ≥30 | ≥88 |
| 淀粉（%） | ≥30 | ≥0.7 |
| 中性洗涤纤维（NDF）（%） | ≤45 | 40 |
| 产奶净能（MJ/kg） | 6.7 | 6 |
| 价格（元/吨） | 500 | 3 000 |
| 干物质价格（元/吨） | 1 515 | 3 333 |
| 单位 NDF 价格（元/吨） | 34 | 83 |
| 单位净能价格（元/吨） | 216 | 556 |

### 2. 技术示范推广情况

2016 年至今，成果在现代牧业 26 个牧场，23 万头荷斯坦奶牛进行示范，充分利用本土化饲料资源和均衡营养技术，推广全株青贮玉米替代苜蓿干草，降低了千克奶成本，取得了较好的效果。

### 3. 提质增效情况

现代牧业高产奶牛配方中进口苜蓿干草的用量从 2.5kg 降到 1kg，全株青贮玉米用量从 20kg 增加到 25kg，借助均衡营养技术使奶牛营养摄入浓度保持不变，具体配方和营养成本见下表。

现代牧业 26 个牧场示范高青贮日粮

**高青贮配方降低饲料成本对比**

| 项目 | 配方用量（千克/头） | | 项目 | 营养水平（%） | |
|---|---|---|---|---|---|
| | 高青贮配方 | 常规配方 | | 高青贮配方 | 常规配方 |
| 全株青贮 | 25 | 20 | 干物质（kg） | 23.3 | 22.7 |
| 进口苜蓿 | 1 | 2.5 | 能量（MJ/kg DM） | 7.43 | 7.24 |
| 玉米纤维 | 0.5 | 0.5 | 粗蛋白 | 17.2 | 17.4 |
| 豆粕 | 3.7 | 3.5 | NDF（中性洗涤纤维） | 28.0 | 28.6 |
| 玉米 | 3 | 2.8 | ADF（酸性洗涤纤维） | 17.1 | 17.1 |
| 压片玉米 | 3.5 | 3.5 | 脂肪 | 4.97 | 4.38 |
| 湿啤酒糟 | 5 | 6 | 淀粉 | 28 | 27.6 |
| 膨化大豆 | 0.6 | 0 | 钙 | 0.83 | 0.90 |
| 全棉籽 | 1.7 | 2 | 磷 | 0.47 | 0.47 |
| 甘蔗糖蜜 | 1.5 | 1.5 | 配方成本（元） | 57.0 | 59.7 |
| 苹果粕 | / | 1.5 | | | |
| 脂肪粉 | 0.1 | 0.1 | | | |
| 预混料 | 0.6 | 0.6 | | | |

　　尽管降低了进口苜蓿干草的用量，但通过均衡营养技术使泌乳牛高峰期奶量维持在每天39.5kg，泌乳牛平均产奶量仍维持在每天30kg的相同水平，每头高产牛每天饲料成本节约2.7元，每千克奶成本降低0.05元。

　　现代牧业存栏高产奶牛7万头，全年实现节本增效6 900万元。

**4. 技术获奖情况**

该技术作为关键养殖技术之一，形成的"奶牛营养代谢调控和绿色健康养殖关键技术开发与应用"成果获得 2018—2019 年度神农中华农业科技进步奖一等奖。

## 二、技术要点

近年来我国青贮玉米的品质大幅度提升，很多牛场青贮达到双"30"标准（青贮玉米干物质含量≥30％，淀粉含量≥30％），为高青贮日粮均衡营养技术的推广应用奠定了基础。

**1. 高品质青贮玉米制作**

（1）优选品种

好的品种是优质青贮的前提。玉米选种关注以下几点：①选择高大品种，植株高度不能低于 3m，保证叶片数量≥20；②抗倒伏能力强；③玉米籽粒均匀，产量高；④全株生物产量每亩不能低于 4.5t，干物质每亩产量要在 2t 以上。

（2）适时收割

在玉米乳熟期或蜡熟前期收割，绿色叶片数量要控制在 13～15 片；确保营养价值，淀粉含量≥30％，干物质含量≥30％。

（3）收获源头把控

留茬高度≥20cm；收割长度 1.5～2cm，胚乳部分破碎 4 瓣以上。在青贮收割过程中，需要加大对切割长度和籽粒破碎的检查频次，必要时加入宾州筛现场检测，二层筛比例要求 60％以上。

（4）收获运输管理

氨态氮升高原因主要是青贮从地头到窖头用时太长所致。长途运输时一定要在地头及时、按量喷洒保鲜剂，以抑制霉菌、酵母菌、腐败菌等有害菌在运输过程过度繁殖产热；同时配合使用发酵剂，短时间内为青贮发酵提供酸性环境，缩短有氧发酵时间。

（5）严格装窖压窖管理

压窖是为了迅速将青贮中的氧气含量降低至 1.2L/m³ 以下。使用 300 马力以上、自重 16t 以上并加装铲头的胶轮拖拉机作为压窖设备，压窖密度 800kg/m³，为青贮发酵提供厌氧环境。

（6）封窖迅速严密

使用黑白膜快速封窖（黑膜紧贴青贮原料，白膜朝上），黑白膜应符合 GB 9691 食品包装用聚乙烯树脂卫生标准或是 GB 9692 食品包装用聚苯乙烯树脂卫生标准等国家强制性标准。在一侧青贮完成压窖后立即封窖，减少空气暴露；为保证密封性，塑料膜上可覆盖毡布、轮胎等重物；为了提高青贮质量，一般要在青贮开始后 3d 内完成封窖。

（7）开窖取料平整

开窖后，及时清除污染的青贮料。使用青贮取料机或者铲车分段取料，随用随取，确保取料面保持平整，减少空气进入草料。每次取料不要掀开太多的覆盖物，取完后要用重物压好覆盖物边缘。

**2. 高青贮玉米饲喂技术**

高青贮日粮技术要点是将奶牛日粮中青贮玉米在原使用量基础上再提高 5kg 左右。具体来说，在我国目前青贮玉米淀粉含量为 25％～30％的情况下，高青贮玉米饲喂技术是将青贮饲喂量由原来的每头每天 15～20kg 提高到 20～25kg。

同时降低苜蓿干草用量，均衡配方做到营养成分不变，从而降低成本。

## 三、适宜区域

原则上，在保证优质青贮玉米的前提下，该技术适用于全国范围牛场。综合考虑青贮质量，北方地区且青贮玉米质量优质的牧场适用于该技术；反之，南方地区或者青贮玉米质量低劣的牧场不推荐使用。

## 四、注意事项

高青贮日粮配方的使用效果需综合评估，使用过程中需重点关注青贮饲料的质量变化。

**技术依托单位**

中国农业大学

联系地址：北京市海淀区圆明园西路 2 号

邮政编码：100193

联 系 人：李胜利　夏建民　姚　琨

联系电话：010-62731254

电子邮箱：lishenglicau@163.com

# 漏斗形池塘循环水高效养殖技术

## 一、技术概述

### 1. 技术基本情况

漏斗形池塘循环水高效养殖技术，是郑州市水产技术推广站、河南省水产技术推广站和河南省水产科学研究院专业技术人员经过3年时间探索创新，总结出的一种新型集约化水产养殖模式。

该模式具有节能、节地、节水、简单、灵活、安全、高效、质优等特点，养鱼池塘的漏斗形设计，犹如给养殖的鱼类建造安装了一个"抽水马桶"，能及时收集移除鱼类的粪便，有效净化养殖水体，改善养殖鱼类的"福利待遇"，加快生长速度，提高产品品质，降低饵料系数。该模式改变了传统池塘养殖模式的弊端，通过漏斗形底部的高效集污排污（见图1），将粪便、残饵快速分离出养殖水体，经过发酵处理后用作肥料；养殖尾水通过生物净化再循环利用，实现了创造优美养殖环境、生产优质水产品、提高养殖效益的目的。

该技术模式的核心简称河南"168"模式，"168"即"1"是1 000m² 以内的漏斗形鱼池。"6"是六大模块，即：①养鱼设施设备；②尾水集排；③增氧曝气；④生态循环；⑤温控养殖；⑥智能管理。"8"是八大优点，即：①生态理念引领；②尾水集排科学；③养殖环境优美；④提质降本增效；⑤产品质量优良；⑥操作管理方便；⑦节能高效智能；⑧组装配套灵活，能很好解决水产养殖污染、鱼类疾病爆发、水产品质量安全隐患等渔业可持续发展

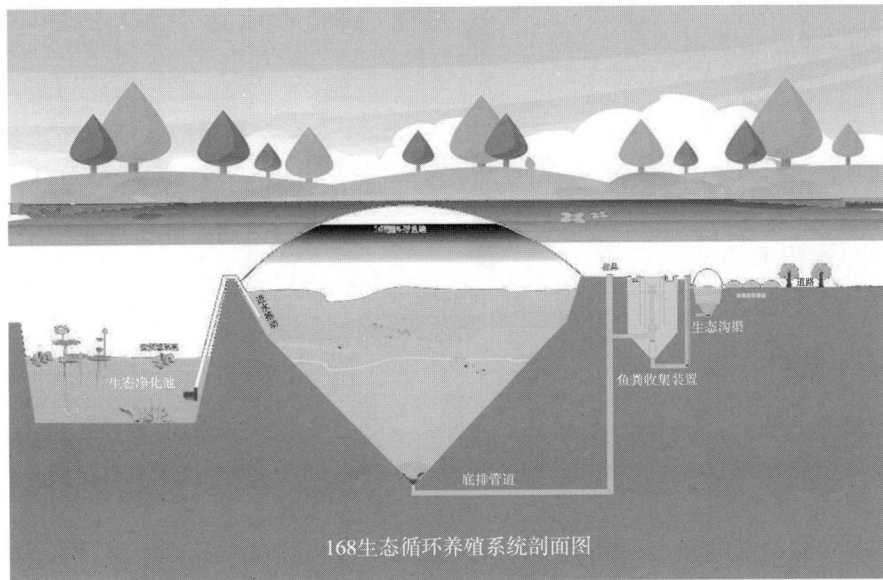

168生态循环养殖系统剖面图

漏斗形池塘剖面图（效果图）

的问题，促进水产养殖业绿色健康发展。

**2. 技术示范推广情况**

2018 年河南省千户源农业科技园，利用"168"鱼池＋莲藕池养殖草鱼，1 000m² 生产商品鱼 18 160 千克，饲料系数 1.01，培育鱼种、养殖成鱼过程中水质良好，无鱼病发生，效果显著。2019 年郑州龙祥水产养殖有限公司新乡基地、荥阳富发水产养殖合作社分别在加州鲈、罗非鱼、草鱼、丁桂等品种养殖，平均 600m²，分别达到 7 500kg、34 000kg、21 000kg、17 000kg。2020 年 3 月，郑州龙祥水产养殖有限公司又在中牟基地 380 亩土地再建 39 座"168"鱼池，进行了加州鲈、丁桂、草鱼、罗非鱼和锦鲤养殖，与莲藕池、稻田结合，形成循环，实现了鱼、莲、稻三丰收。河南旭华农业有限公司建成 3 个"168"鱼池＋莲藕池＋"4 池三坝"生态循环系统，养殖观赏鱼，水质好生态效果显著，锦鲤发病率和养殖风险明显下降，并取得了很好的经济效益。河南天下为公农业园，位于荥阳邙岭上建设"168"鱼池，与园区内果园、苗木配套，在作为灌溉用水前，进行水产养殖，实现了资源利用，效果显著。至 2020 年年底，该技术模式示范推广到广西、安徽、山东、山西、陕西、浙江等省份和河南省的 17 个地市和一个示范区，各地如雨后春笋，处处开花，累计建设"168"池塘近 5 000 个，约 500 万 m²，年生产优质水产品 2.5 万吨。

2020 年被河南省农业农村厅遴选为农业主推技术和全省农业十大绿色优质高效技术模式。2019 年列入河南省科技攻关项目和郑州市渔业 2020—2030 年发展规划。

**3. 提质增效情况**

传统的池塘养殖中残饵和排泄物残留在水体和底泥中，日积月累导致养殖水质恶化，影响鱼类生长，易造成鱼病频发，大量用药，影响品质，且养殖尾水的排放对周边水环境会造成影响。漏斗形池塘循环水高效养殖技术只用传统养殖面积的 20% 养鱼，80% 面积进行生态净化，部分作为净化水质外，其余种植莲藕、水稻、花卉、蔬菜，也可与果园结合，养鱼水环境改善、水产品品质明显提高的同时，节约了土地，水产产量是传统养殖单位面积的 5～10 倍。漏斗形池塘通过土基挖制表面铺设防渗膜，防止养殖水下渗，既节约用水又减轻对地下水的影响，经济效益、社会效益、生态效益显著。

漏斗形池塘养殖罗非鱼，每亩单产可达 3 万 kg，产值 48 万元；养殖加州鲈和丁桂，每亩单产分别可达 1 万 kg 和 1.5 万 kg，产值分别为 26 万元和 30 万元；养殖草鱼，每亩单产可达 2.5 万 kg，产值可达 30 万元。

**4. 技术获奖情况**

2019 年实用新型专利。发明专利正在申报待批。

## 二、技术要点

**1. 养鱼设施设备**

漏斗形池塘上口直径 10～40m、池中间深 3～5m，斜坡 1～2m，坡比 1∶0.5，池底坡度 15～40℃，面积 1 000m² 以内为宜。如一个上口直径 30 米的漏斗形池塘：池塘表面圆形，剖面为漏斗状。池塘上表面高出现有地面 1.5m。设计池深 5m，水深 4.5m。池塘四周边坡先以坡比 1∶0.5 向下 1.5m，1.5m 以下向池塘中心点水平成 20°斜坡缓降。池塘底部中心点为最低处，距池塘上口垂直深 5m。池塘底部中心点设置排污口，排污口内最低处下埋排污管道连接到池塘外的鱼粪分离装置。池塘底部斜坡平整，便于池底污物向中心点集中排出。所有边坡和池底表面先用土工布覆盖，土工布上面再铺设防渗膜，保证养殖用水不渗漏。

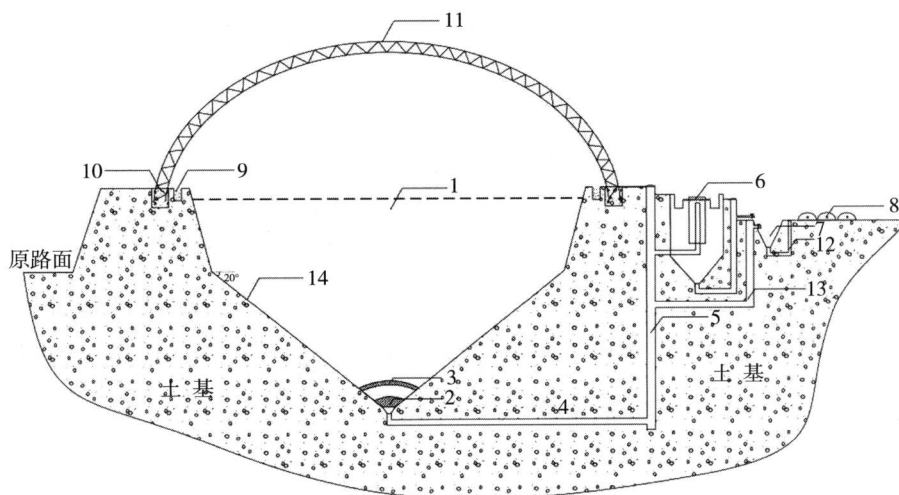

1. 漏斗形池塘　2. 排水口　3. 二层防逃网　4. φ200PVC 管道
5. φ300PVC 管道　6. 鱼粪、残饵分离装置　7. 沉淀池　8. 鱼粪发酵通道
9. 压膜土基　10. 混凝土固定桩　11. 穹顶式钢骨架大棚　12. 鱼粪管道
13. 直排管道　14. 防渗膜

在漏斗形池塘一侧建设植物吸收池、生态净化池，面积是养鱼池塘的 2 倍左右，形状随地形任意改变。另一侧建设长度 50m 以上宽度 5～10m 生态沟渠、漏斗形沉淀池、发酵通道、长条形连藕池、长方形稻田等，稻田远端设砂滤坝与生态净化池相接。设备配备增氧机、投饵机、循环泵、鱼粪分离装置（微滤机等）、罗茨风机、水泵、水质监控系统、发电机组等。

**2. 尾水集排**

深度 3m 以上漏斗形设计、水车式增氧机推水，形成涡流便于残饵、粪便集中于鱼池中央最深处排污口及排污管道内。循环水造成落差使粪便、残饵经底排污管道自动进入鱼粪分离装置，达到粪、水分离并排出养殖水体。

排污口设计：排污口位于池底中央最低处。正方形，边长 1.48m，深 0.6m，漏斗状，砖混结构，水泥砂浆抹面，与防渗膜连接处混凝土压实。排污口上表面槽内加盖边长 1.2m 的正方形拦鱼栅，向上 0.5m 处设第二层拦鱼网防止堵塞，紧贴池壁。排污口底部连接排污管道。

**3. 增氧曝气**

直径低于 20m，一般采用罗茨风机增氧。大于 20m 的采用水车式增氧机增氧，养鱼池塘中保证 1 台水车式增氧机全天 24h 开启，另 1～2 台与溶氧控制器相连，额定值控制在 6mg/L，自动控制。生物净化池设置叶轮式增氧机，前期白天中午开机 2 个小时，中后期晚上及时开启。在植物吸收池安装罗茨风机曝气，根据需要，定时开关。

**4. 生物净化**

养殖尾水经过粪便、残饵分离装置，上清水经植物吸收池和生态净化池中的浮游动

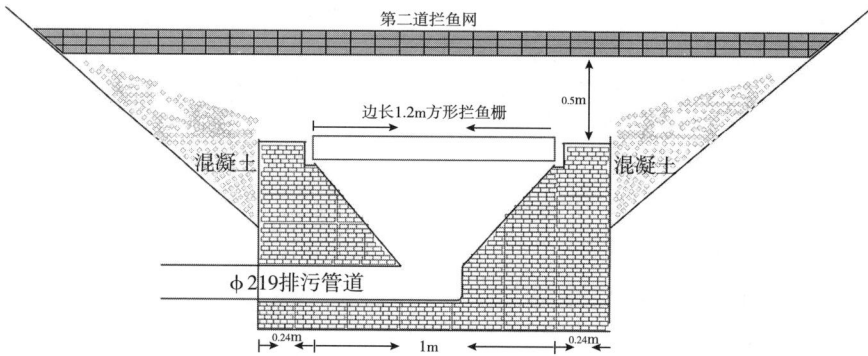

植物、鲢鳙鱼、虾蟹、底栖动物等形成食物链，净化水质，最后由循环泵回抽到漏斗形池塘，实现养殖用水循环利用，含粪便的肥水经生态沟渠，进入莲藕池、稻田，经稻田利用砂滤后进入生物净化池也回抽到漏斗形鱼池，达到零排放。固体粪便通过发酵通道发酵生产粪肥，实现资源利用。

**5. 温度控制**

养鱼池直径 30m 以内，便于搭建穹顶式钢构塑料大棚保温养殖，温泉水可做到全年养殖，常温水养殖每年可延长 3～4 个月生长期。夏季注入井水或覆盖遮阳网降温，避免高温影响可保持养殖品种最佳生长状态，夏季拉网前加注井水降温减少高温季节拉网运输对鱼的应激。养殖锦鲤等观赏鱼可随时拉网挑选，及时去次留好。

**6. 吊水销售**

鱼长至商品鱼规格后，停止投喂饲料，逐渐加注井水，关掉循环泵，停止循环，保持增氧机正常运行，保持水质清新。通过吊水瘦身、去土腥味提高品质，一般分 15d、30d、45d、60d 不同瘦身时间，3～4 个级别，经检测合格后上市销售，可显著提高效益。

漏斗形池塘施工图

漏斗形池塘鸟瞰图

漏斗形池塘的保温设施

## 三、适合区域

适合全国各地的水产养殖区域。

## 四、注意事项

（1）应具有较好的水、电、通讯条件，要配备足够输出功率的备用发电机，保证增氧机正常运行。

（2）面积控制 1 000m² 养鱼池塘，产量控制在 1.5 万 kg 为宜，注意商品鱼最佳上市规格。

（3）配备具有一定技术能力的技术人员，关注生态循环系统日常维护。

**技术依托单位**

1. 郑州市水产技术推广站

联系地址：郑州市桐柏南路118号

邮政编码：450007

联 系 人：王健华　张超峰

联系电话：13607662928

电子邮箱：zzsscjstgzzb@163.com

2. 河南省水产技术推广站

联系地址：郑州市政七街

邮政编码：450008

联 系 人：李同国　胡建平

联系电话：13838156538

电子邮箱：339121419@qq.com

3. 河南省水产科学研究院

联系地址：郑州市江山路 48 号

邮政编码：450044

联 系 人：贾　滔　朱文锦

联系电话：13803896030

电子邮箱：hnscjt777@163.com

# 池塘鱼菜共生循环种养技术

## 一、技术概述

### （一）技术基本情况

针对传统池塘养殖水体富营养化严重，养殖尾水直排或排放不达标，养殖水产品品质低导致效益难以提升，病虫害多发影响质量安全水平，池塘 N、P 等废弃营养物质的综合利用等问题，研究形成该项生态技术体系。

池塘鱼菜共生生态循环种养技术基于鱼菜共生原理，涉及鱼类与植物的营养生理、环境、理化等学科的生态型可持续发展农业新技术，就是在鱼类养殖池塘种植植物，通过研究鱼类与植物的共生互补，池塘水面进行无土栽培，将渔业和种植业有机结合，进行池塘"鱼—水生植物"生态系统内物质循环，最终形成了 4 项科技创新点，分别揭示了池塘水环境调控关键生态学原理，研发了一整套池塘养殖环境调控工艺设施，创新了成套生态循环技术推广及多产业融合发展模式，构建了"生物浮床＋生态沟渠＋精准投喂"的池塘生态循环技术体系，包括池塘鱼菜共生（鱼—水生植物）水环境原位修复、池塘人工湿地生态沟渠水环境异位修复、池塘沉积物营养物质归趋与底质工程化改良、池塘降氮减磷的精准投喂工程化、池塘"一改五化"生态集成等 5 项原创核心技术，实现了养殖尾水生态治理，促进了池塘 N、P 等废弃营养物的循环利用，提高了池塘综合生产效益，保育了养殖水域生态，美化了环境，助推农户精准脱贫，破解了池塘水环境调控和尾水治理难题。

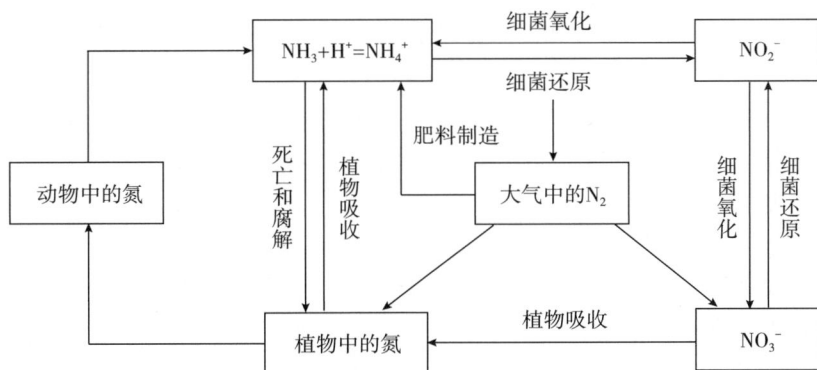

池塘养殖系统中氮磷的收支

### （二）技术示范推广情况

该技术以鱼菜共生为基础，经历了 10 年试验研究和示范推广，形成了较为成熟的推广模式，6 次获评全国农业主推技术（2013—2019 年），核心技术模式-池塘鱼菜（水生）共生综合种养技术模式被确定为新时代全国八大渔业绿色健康发展模式之一。该技术也被列入重庆市"十三五"渔业发展规划重点工程和重庆百亿级生态渔产业链建设主推模式。

近 5 年该技术在重庆市璧山、巴南、涪陵、潼南等 37 个区县累计推广面积为 40 多万亩，水产品总产量累计 50 多万吨、蔬菜 35 多万吨，总产值 70 多亿元，新增纯收益 11 亿元，带动 2 万多养殖户实现增收。在湖北、四川、云南、贵州、新疆、陕西、天津、甘肃等地累计示范推广 100 万亩以上。

### （三）提质增效情况

以重庆为例，2018—2020 年，使用该项技术亩产水产品 1 286kg，亩产蔬菜（水稻等）907kg，亩均产值 1.9 万元，亩纯收益 4 987 元；较技术推广前亩均新增水产 383.1kg，亩均新增产值 7 560.5 元，亩均新增纯收益 2 321 元，亩产值和纯收益比技术应用前分别增加 82.5％和 121.3％。亩均节约水电等支出 60％以上，三年通过蔬菜消纳利用水体 N、P 物质（总消纳 N、P 元素 1 442.8t，相当于种植业 8 154.5t 碳酸氢铵化肥量），有效缓解池塘水体富营养化，保障渔业生态。通过池塘水体营养物质再利用，减少废水排放约 4.2 亿 $m^3$，将治理与效益紧密结合起来，对水产养殖和环境保护都具有重要意义。

### （四）技术获奖情况

该技术成果符合低碳、健康、高效的现代渔业发展理念，其中鱼菜共生技术被列入全国"十三五"渔业发展规划重点工程和水产养殖节能减排首选技术，以及重庆市"十三五"渔业发展规划重点工程和重庆百亿级生态渔产业链建设主推项目，以该项技术为主要内容曾获全国农牧渔业丰收成果奖二等奖、2019 年度重庆市科技进步奖二等奖。

## 二、技术要点

### （一）浮架制作工艺

**1. 平面浮床**

PVC 管浮床制作方法：通过 PVC 管（50—90 管）制作浮床，上下两层各有疏、密两种聚乙烯网片分别隔断吃草性类鱼和控制茎叶生长方向，管径和长短依据浮床的大小而定，用 PVC 管弯头和粘胶将其首尾相连，形成密闭、具有一定浮力的框架。综合考虑浮力、成本和浮床牢固性的原则，以 75 管为最好。此种制作方法成功解决了草食性、杂食性鱼类与蔬菜共生的问题，适合于任何养鱼池塘。

竹子浮床制作方法：选用直径在 5cm 以上的竹子，管径和长短依据浮床的大小而定，将竹管两端锯成槽状，相互上下卡在一起，首尾相连，用聚乙烯绳或其他不易锈蚀材料的绳索固定。具体形状可根据池塘条件、材料大小、操作方便灵活而定。

其他材料浮床：凡是能浮在水面的、无毒的材料都可以用来制作浮床如废旧轮胎、XPS 塑板、泡沫板、塑料筐、HDPE 高密度聚乙烯材质生态浮板及其他成品材料等，可根据经济、取材方便的原则选择合适浮床。

**2. 立体式浮床**

拱形浮床：在 PVC 管浮床的基础上，在其长边和宽边的垂直方向分别留 2 个和 1 个以上中空接头，用 PPR 管或竹子等具有一定韧性的材料搭建成拱形的立体框架。

三角形浮床：在 PVC 管浮床的基础上，在其长边和宽边的 45°方向分别留 2 个和 1 个以上中空接头，用 PVC 管或竹子等具有一定硬度的材料搭建成三角形立体框架。

### （二）栽培植物种类选择

栽培植物种类应选择根系发达蔬菜瓜果花卉等，利用根系发达与庞大的吸收表面积，进行水质净化处理，开展试验主要选择品种为空心菜。

养殖户也可以根据生产和市场需要，选择其他植物，一般夏季种植绿叶菜类有空心菜、水稻等，藤蔓类蔬菜有丝瓜、苦瓜等；冬季种植蔬菜有西洋菜、生菜等。

### （三）栽培时间

空心菜、丝瓜、苦瓜等夏季蔬菜，4月下旬以后，水温高于15℃时开始种植；西洋菜等秋季蔬菜，10月下旬以后，温度15℃以上时开始种植。其他种植品种根据生长季节和适宜生长温度栽种。重庆气候温暖，鱼池大都在海拔500m以下，冬季不结冰，可实现全年种植不同种类植物。其他地区应根据水温灵活确定种植时间。

### （四）种植比例

根据池塘种植面积梯度对比试验结果，梯度试验在池塘溶氧、氨氮、透明度等水质指标均有明显的改善，溶氧基本上在5.4mg/L以上，透明度由15cm增加到30cm以上，而两种梯度之间，10%梯度试验塘在透明度、氨氮方面均较5%有明显改善，因此较肥池塘开展水上种植，种植面积控制在5%～15%较为适宜，能起到较好的净水和生长作用，根据池塘水体肥瘦程度可适当增减种植比例，但应控制在池塘面积的20%以内。

### （五）植物栽培技术方法

主要采用移植的方式栽种。

如PVC标准浮床可采用扦插栽培、种苗泥团移植和营养钵移植等方法进行池塘蔬菜无土种植，后两种采用营养底泥作为肥料，成活率较高。

扦插栽培指直接将空心菜种苗按20～30cm株距插入下层较密网目，固定即可。

营养钵移植主要是将蔬菜种苗植入花草培育钵，将钵内置入泥土（塘泥），按20～30cm株距放入浮床。

泥团移植主要是指将种苗植入做好的小泥团（塘泥即可），按20～30cm株距放入浮床。营养钵和泥团移植方法成活率较扦插栽培方法高，而后者最省时省力。

### （六）浮床清理及保存

在收获完蔬菜或者需要换季种植蔬菜时，应通过高压水枪或者刷子将架体上以及上、下两层网片上的青苔等杂物清理掉，阴凉处晾干；若冬天未进行冬季蔬菜种植应将浮床置于水中或者将其清理加固处理后，堆放于阴凉处，切不可在室外雨淋日晒。

### （七）捕捞

一般使用抬网捕捞，捕捞位置固定，而鱼菜共生浮床对捕捞没有影响。如拉网式捕捞，可将浮床适当移动，对捕捞影响也不大。

## 三、适宜区域

全国所有精养池塘，尤其是老旧池塘。

## 四、注意事项

（1）上下两层网片要绷紧，形成一定间距，控制植物向上生长和避免倒伏。

（2）浮架应呈带状布局，可以整体移动，以便根据需要变换水域和采摘。

（3）加强对水质变化的观察和监测，了解实施效果。

（4）注重多模式融合，耦合集装箱循环水养殖模式、池塘工程化循环水养殖、底排污生态化技术改造等，可实现养殖尾水循环使用或达标排放。

池塘水上空心菜

"水上稻谷＋池塘工程化养殖＋池塘尾水治理"多技术融合模式

**技术依托单位**

重庆市水产技术推广总站

联系地址：重庆市北碚区两江科技城悦复大道 8 号 A10

邮政编码：400020

联 系 人：翟旭亮

联系电话：023-86716361

电子邮箱：44409055@qq.com

# 稻田生态综合种养技术

## 一、技术概述

### 1. 技术基本情况

稻田生态综合种养是一种将水稻种植和水产养殖相结合的复合农业生产方式，具有产出高效、资源节约、环境友好的特点。目前已形成稻-鱼、稻-蟹、稻-虾、稻-鳖、稻-鳅五大类模式。

### 2. 技术示范推广情况

稻田生态综合种养具有稳粮、促渔、提质、增效、生态、环保等作用，是实现经济、生态、社会效益协调发展的重要农业生产方式。目前已在黑龙江、吉林、辽宁、浙江、安徽、江西、福建、湖北、湖南、重庆、四川、贵州、宁夏等13个示范省（区、市）建立100多万亩核心示范区。

### 3. 提质增效情况

在稻田生态综合种养生态系统中，物质就地良性循环，能量朝着稻、鱼（虾、蟹、鳖、鳅）双方都有利的方向流动，稻田中的杂草和害虫为鱼类提供了食物，而水稻的生长则净化了水质，从而形成了稻鱼互利共生生态系统，实现了"以渔促稻、提质增效、生态环保、保渔增收"的发展目标。水稻亩产量稳定在500kg以上，平均增产5%～15%；泥鳅亩产50kg以上，蟹亩产25kg以上，小龙虾亩产100kg以上，鳖亩产300kg以上，各种鱼类平均亩产50kg以上。而且化肥、农药使用量平均减少50%以上。整体来看，该模式的综合效益增加50%以上。

### 4. 技术获奖情况

1994年获中国水产科学研究院科技进步奖二等奖。

## 二、技术要点

### 1. 稻田工程实施

（1）加固、加高田埂：放鱼前应修补、加固、务实田埂，不渗水、不漏水。丘陵地区的田埂应高出稻田平面40～50cm，平原地区的田埂应高出稻田平面50～60cm，冬闲水田和湖区低洼稻田应高出稻田平面80cm以上。田埂截面呈梯形，埂底宽80～100cm，顶部宽40～60cm。

（2）开挖鱼溜、鱼沟。

鱼溜：养鱼稻田的鱼溜数量视稻田面积大小确定，位置紧靠进水口的田角处或中间，形状呈长方形、圆形或三角形。鱼溜得四壁用条石、砖石或其他硬质材料和水泥护坡，位置相对固定。溜埂高出稻田平面20～30cm，并要沟沟相连，沟溜相通。培育鱼种的鱼溜面积占稻田面积的5%～8%，深度为80～100cm；饲养食用鱼的鱼溜面积占稻田面积不超过10%，深度为100～150cm。

稻田养鱼的田埂

稻田养鱼的鱼沟

鱼沟：主沟位于稻田中央，宽 30～60cm，深 30～40cm；稻田面积 0.3hm² 以下的呈"十"字形或"井"字形，面积 0.3hm² 以上呈"井"字形或"目"、"囲"字形。围沟开在稻田四周，距离田埂 50～100cm，宽 100～200cm，深 70～80cm。在插秧 3～4d 后，根据稻田类型、土壤、作物茬口、水稻品种和鱼种放养规模的不同要求开好垄沟，一般垄宽 50～100cm，垄沟宽 70～80cm，垄沟深 25～30cm。开挖围沟的表层泥土用来加高垄面，底层泥土用来加高田埂。

（3）进、排水口：进、排水口设在稻田相对两角田埂上，用砖、石砌成或埋设涵管，宽度因田块大小而定，一般为 40～60cm，排水口一端田埂上开设 1～3 个溢洪口，以利控制水位。

（4）防逃设施。

稻-鱼共作防逃设施：拦鱼栅用塑料网、金属网等网片编织。其网目大小因鱼规格而异，身长为 1.5～2.5cm 的鱼，网目为 0.2cm；身长为 3.3～16.5cm 的鱼，网目为 0.4cm。其宽

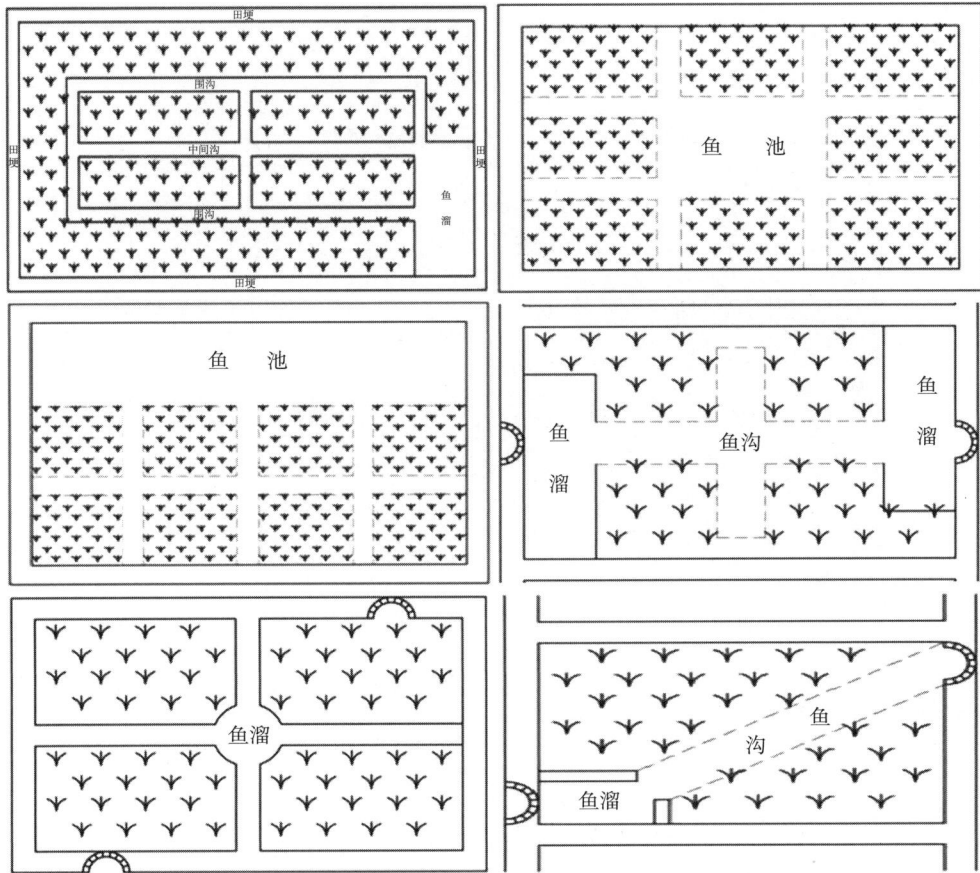

稻田养鱼的鱼沟开挖方式示意图

度为排水口宽度 1.6 倍，并高于田埂。拦鱼栅呈 "⌒" 或 "∧" 形安装，在进水口处，其凸面朝外；在出水口处，其凸面向内，入泥深度 20～35cm，并把栅桩夯打牢固。

稻-鳖共作防逃设施：鳖有用四肢掘穴和攀登的特性，因此防逃设施的建设是稻田养鳖的重要环节。应在选好的稻田周围用砖块、水泥板、木板等材料建造高出地面 50cm 的围墙，顶部压沿，内伸 15cm，围墙和压沿内壁应涂抹光滑，并搞好进、排水口的防逃设施。

稻-虾共作防逃设施：田埂四周用塑料网布建防逃墙，下部埋入土中 10～20cm，上部高出田埂 0.5～0.6m，每隔 1.5m 用木桩或竹竿支撑固定，网布上部内侧缝上宽度为 30cm 左右的钙塑板形成倒挂。在进、排水口安装铁丝网或双层密网（20 目左右）。

稻-蟹共作防逃设施：河蟹放苗前，每个养殖单元在四周田埂上构筑防逃墙。防逃墙材料采用尼龙薄膜，将薄膜埋入土中 10～15cm，剩余部分高出地面 60cm，其上端用草绳或尼龙绳作内衬，将薄膜裹缚其上，然后每隔 40～50cm 用竹竿作桩，将尼龙绳、防逃布拉紧，固定在竹竿上端，接头部位避开拐角处，拐角处做成弧形。进排水口设在对角处，进、排水管长出坝面 30cm，设置 60～80 目防逃网。

稻-鳅共作防逃设施：加固增高田坎，设置防逃板或防逃网，防逃板深入田泥 20cm 以上，露出水面 40cm 左右，或者用纱窗布沿到条四周围栏，纱窗布下端埋至硬土中，纱窗布上端高出水面 15～20cm。在进、出水口安装 60 目以上的尼龙纱网两层，纱网夯入土中

10cm 以上。

稲田养鱼的防逃网

**2. 养殖生物放养**

（1）放养品种：以草鱼、鲤、罗非鱼、鲫、革胡子鲇、泥鳅、鳖、虾、蟹等草食性及杂食性鱼类为主，鲢、鳙等滤食性鱼类为辅。

（2）鱼类放养：鱼苗、鱼种的放养密度见下表。

鱼苗、鱼种的放养密度

| 饲养类型 | 稻田类型 | | 鱼苗鱼种放养数量 | | | |
| --- | --- | --- | --- | --- | --- | --- |
| | | | 鱼苗数量 | 放养规格 | 鱼种数量 | 放养规格 |
| 培育鱼种 | 育秧田 | | $(22.5\sim30)\times10^4$ | 鱼苗 | / | / |
| | 双季稻田 | | $(3\sim4.5)\times10^4$ | 鱼苗 | / | / |
| 培育大规格鱼种 | 中稻或一季晚稻田 | | / | / | $(1.5\sim1.95)\times10^4$ | 3.3~5cm |
| | 起垄、开沟稻田 | | / | / | $(2.25\sim3.0)\times10^4$ | 3.3~5cm |
| 饲养食用鱼 | 一季稻冬闲田或湖区低洼田 | 北方 | / | / | $(0.075\sim0.15)\times10^4$ | 3.3~5cm |
| | | 南方 | / | / | $(0.45\sim0.75)\times10^4$ | 3.3~5cm |
| | 起垄、开沟稻田 | | / | / | $(0.75\sim1.2)\times10^4$ | 3.3~5cm |

注：食用鱼中放养比例为草鱼50%～60%，鲤、鲫20%～30%；鲢、鳙10%～20%；或鲤、鲫60%～80%，草鱼、罗非鱼、鲢、鳙20%～40%。

（3）**鳖类放养**：一般水稻亲鳖种养模式，一般在5月初先种稻，5月中下旬放养亲鳖；亩放养数在200只左右，放养规格为每只0.4～0.5kg。水稻商品鳖种养模式，一般在5月底至6月上旬种植水稻，7月中上旬放养鳖；亩放养数在600只左右，放养规格为每只0.2～0.4kg。水稻稚鳖培育种养模式，一般在6月下旬种植水稻，7月下旬放养当年培育的稚鳖，亩放养数1万只。

放养前要用 15～20mg/L 的高锰酸钾溶液浸浴 15～20min，或用 1.5％浓度食盐水浸浴 10min。

（4）虾类放养：一般在每年 8～10 月份或次年的 3 月底。第 1 种方式是在水稻收获后放养大规格虾种或抱卵亲虾，初次养殖的每亩投放 20～30kg，已养稻田每亩投放 5～10kg，雌雄比（2～3）：1，主要是为第 2 年生产服务。第 2 种方式是放养虾苗，规格 3cm 左右（每千克 250～600 只），每亩 1.5 万尾左右，约 30～50kg。

虾种放养前用 3％～5％食盐水浸浴 10min，杀灭寄生虫和致病菌。

（5）蟹类放养：根据杂草在平耙地后 7d 萌发，12～15d 生长旺盛的规律，可在此期间投放蟹种，从而充分利用杂草这种天然饵料。稻田养殖成蟹放养密度以每亩 400～600 只为宜。

在放养前用浓度为 20～40mg/L 水体的高锰酸钾或 3％～5％的食盐水浸浴 5～10min。

（6）鳅类放养：放养时间一般在插秧后放养鳅种，单季稻放养时间宜在第 1 次除草后放养；双季稻放养时间宜在晚稻插秧后放养。放养密度方面，根据规格而定，规格为每尾 3～4cm 的鳅苗，放养密度为每平方米 15～20 尾；规格为每尾 5～6cm 的鳅苗，放养密度为每平方米 10～15 尾；规格为每尾 6～8cm 的鳅苗，放养密度为每平方米 10 尾。

鳅苗在下池前要进行严格的鱼体消毒，杀灭鳅苗体表的病原生物，并使泥鳅苗处于应激状态，分泌大量黏液，下池后能防止池中病原生物的侵袭。鱼体消毒的方法是：先将鳅苗集中在一个大容器中，用 3％～5％的食盐水或者 8～10mg/L 的漂白粉溶液浸洗鳅苗 10～15min，捞起后再用清水浸泡 10min 左右，然后再放入养鳅池中，具体的消毒时间视鳅苗的反应情况灵活掌握。

### 3. 饲养管理

（1）水的管理：在水稻生长期间，稻田水深应保持 5～10cm；收割稻穗后，田水保持水质清新，水深在 50cm 以上，定期疏通鱼沟，保证水流通。有条件的情况下可在鱼沟中安装增氧设备。

稻田养鱼的环沟布设微孔曝气装置

（2）防逃：经常检查防逃设施、田埂有无漏洞，加强雨期巡察，及时排洪、捞渣。

（3）投饵。

稻—鱼共作：投喂定点，选在相对固定的鱼溜和鱼沟内，每天上午、下午各投喂一次。配合饲料应符合相关标准；青饲料应清洁、卫生、无毒、无害。配合饲料按鱼的总体重 2%～4% 投喂；青饲料按草食性鱼类总体重的 15%～40% 投喂。对不投喂的稻田养鱼，鱼类则直接利用稻田中的天然饵料。

稻—鳖共作：1～2 龄鳖个体较小，饵料以水生昆虫、蝌蚪、小鱼、小虾、水蚯蚓、鱼下脚料等制成的新鲜配合饲料为主。3 龄以上的鳖咬食能力较强，可以螺蛳、河蚬、河蚌等带壳的鲜活贝类为主食，适当投喂大豆、玉米等植物性饲料，也可投喂人工配合饲料。投喂饲料要做到定时、定位、定量。每天投喂量为其体重的 8%～12%，分上午、下午两次投喂。

稻—虾共作：稻田养虾一般不要求投喂，在小龙虾的生长旺季可适当投喂一些动物性饲料，如锤碎的螺、蚌及屠宰场的下脚料等。8—9 月份以投喂植物性饲料为主，10—12 月多投喂一些动物性饲料。日投喂量按虾体重的 6%～8% 安排。冬季每 3～5 天投喂 1 次，日投喂量为在田虾体重的 2%～3%。从翌年 4 月份开始，逐步增加投喂量。

稻—蟹共作：饵料投喂要做到适时、适量，日投饵量占河蟹总重的 5%～10%，主要采用观察投喂的方法，注意观察天气、水温、水质状况、饵料品种灵活掌握。河蟹养殖前期，饵料品种一般以粗蛋白含量在 30% 的全价配合饲料为主。河蟹养殖中期的饵料应以植物性饵料为主，如黄豆、豆粕、水草等，搭配全价颗粒饲料，适当补充动物性饵料，做到荤素搭配、青精结合。后期，饵料主要以粗蛋白含量在 30% 以上的配合饲料或杂鱼等为主，可以搭配一些高粱、玉米等谷物。

稻—鳅共作：一般以稻田施肥后的天然饵料为食，再适当投喂一些米糠、蚕蛹、畜禽内脏等。一天投 2 次，早、晚各一次。鳅苗在下田后 5～7d 不投喂饲料，之后每隔 3～4d 投喂米糠、麦麸、各种饼粕粉料的混合物、配合饲料。日投喂量为田中泥鳅总重量的 3%～5%；具体投喂量应结合水温的高低和泥鳅的吃食情况灵活掌握。到 11 月中下旬水温降低，便可减投或停止投喂。在饲养期间，还应定期将小杂鱼、动物下脚料等动物性饲料磨成浆投喂。

（4）施肥。肥料种类：有机肥，如绿肥、厩肥；无机肥，如尿素、钙磷镁肥等；有机肥应经发酵腐热，无机肥应符合相关标准。

基肥：一般每公顷施厩肥 2 250～3 750kg、钙镁磷肥 750kg，硝酸钾 120～150kg。

追肥：施追肥量每公顷、每次为尿素 112.5～150kg。施化肥分两次进行，每次施半块田，间隔 10～15d 施肥一次。不得直接撒在鱼溜、鱼沟内。

（5）鱼病防治：采用"预防为主，防治结合"的原则，鱼种入稻田前须严格消毒，草鱼病采用免疫方法防治，在鱼病多发季节，每 15d 可投喂一次药饵。发现鱼病及时对症治疗。

**4. 捕捞**

（1）捕捞时间。稻谷将熟或晒田割稻前，当鱼长到商品规格时，就可以放水捕鱼；冬闲水田和低洼田养的食用鱼或大规格鱼种可养至第二年插秧前捕鱼。

（2）捕捞方式。捕鱼前应疏通鱼沟、鱼溜，缓慢放水，使鱼集中在鱼沟、鱼溜内，在出水口设置网具，将鱼顺沟赶至出水口一端，让鱼落网捕起，迅速转入清水网箱中暂养，分类统计，分类处理。

## 三、适宜区域

全国水稻种植区均适宜推广该模式。可根据各地区的水产养殖和消费特点选择适宜的水产养殖品种。

## 四、注意事项

（1）稻种宜选用抗病、防虫品种，减少使用农药。

（2）水稻病害防治贯彻"预防为主，综合防治"的植保方针，选用抗性品种，实施健身栽培、选择合理茬口、轮作倒茬、灾情期提升水位等措施做好防病工作。防治水稻病虫害，应选用高效、低毒、低残留农药。主要品种有扑虱灵、稻瘟灵、叶枯灵、多菌灵、井岗霉素。水稻施药前，先疏通鱼沟、鱼溜，加深田水至 10cm 以上，粉剂趁早晨稻禾沾有露水时用喷雾器喷，水剂宜在晴天露水干后喷雾器以雾状喷出，应把药喷洒在稻禾上。施药时间应掌握在阴天或下午 5 时后。

（3）鱼病防治采用"预防为主，防治结合"的原则。

（4）防敌害生物，及时清除水蛇、水老鼠等敌害生物，驱赶鸟类。如有条件，可设置诱虫灯和防天敌网。

（5）在鱼类生长季节要加强投喂，否则会严重影响鱼类的产量和规格。

（6）养殖期间尽量多换水，保证水质清新。

（7）发展稻田绿色种养适宜规模化发展，集中连片，方能充分发挥综合效益。

（8）做好进排水设施构建，提高防洪抗旱能力。

（9）对于泥鳅、小龙虾等品种，要增高加固田坎，防逃网要深挖，防止逃逸。

（10）注重鱼米品牌打造和价值开发，提高产品质量和效益。

**技术依托单位**

中国水产科学研究院淡水渔业研究中心

联系地址：江苏省无锡市滨湖区山水东路 9 号

邮政编码：214081

联 系 人：邴旭文

联系电话：0510-85558719

电子邮箱：bingxw@ffrc.cn

# 池塘养殖水质调控与尾水生态治理技术

## 一、技术概述

### 1. 技术基本情况

针对淡水池塘养殖面临的水质恶化、尾水污染、品质下降等关键产业制约问题，以解决池塘养殖"水污染"为目标，研发创立了以"内调、外控、水循环"为特色的池塘养殖水质调控与尾水生态治理技术。首创了"水质+底质"综合原位调控技术，发明了涌浪机等5种专用调控设备，池塘换水率从300%下降到60%以内，蓝藻爆发率从80%下降到不足20%，养殖水质全程达标；创建了池塘尾水生态工程化治理技术，发明"生态坡+生态沟渠+复合人工湿地"和"三池两坝"等尾水净化设施系统，比传统方式节地60%，净化效率提升50%，尾水循环利用或达标排放。应用以上技术，建立了池塘循环水、池塘多级复合、池塘湿地渔业、池塘以渔治碱4种覆盖全国的池塘绿色养殖模式，示范区节水、减排超50%，综合增效20%以上，水产品质大幅度提高，催生了"诚一鲜鮰"等10多个优质品牌，被写入国务院《关于加快推进水产养殖业绿色发展的意见》等重要文件。以上技术应用，从根本上解决了池塘养殖水污染问题，成为我国池塘养殖绿色发展的途径，整体达到国际领先水平。

### 2. 技术示范推广情况

核心技术（池塘养殖水质调控与尾水生态治理关键技术）2020年度被遴选为农业农村部主推技术，2013年以来，在江苏、浙江、上海、河南、广东、新疆、宁夏等全国24省区市直接试验推广应用，推广面积达500万亩以上，整体节水、减排50%以上，增效20%以上，解决了池塘养殖水污染问题，成为我国池塘养殖绿色发展的途径。被同行评价为"池塘养殖绿色发展的关键技术"和"池塘转型升级的典范"。可在全国淡水池塘养殖区推广应用。

### 3. 提质增效情况

（1）首创池塘"水质+底质"综合调控技术，解决了养殖水质恶化难题。发明了利用复合生物浮床调控氮、磷比例的技术，使蓝藻水华发生率下降到20%以下；首创了混合增氧技术，比目前增氧效率最高的叶轮增氧机节能50%以上；"水质+底质"综合调控使池塘换水率从300%下降至不到60%，养殖品质达到绿色产品要求。

（2）创新池塘养殖排放水生态治理技术，发明的池塘生态坡节约土地30%以上，对氮、磷的去除率超过15%；发明的复合生态沟渠，对氮、磷的净化效率比传统生态沟渠提高20%以上；针对池塘养殖排放特点，创新发明的"2+1"复合人工湿地，比传统潜流湿地提高氮磷去除率30%以上；其中发明的用生态养蟹池代替生态塘技术，不仅净化效果超过传统生态塘，还可亩增加河蟹100kg以上；与传统养殖方式相比，节约用水50%以上，养殖污染物（总氮、总磷和COD）排放减少50%，生产经济效益提高15%以上；以草鱼、加州鲈鱼等主养方式的循环水池塘养殖系统产量高于1.25kg/m²；复合人工湿地造价成本低于每平方米120元。以上技术应用，实现了养殖排放水达到国家相关标准要求，或80%以上循环利用。

**4. 技术获奖情况**

（1）2015 年，"淡水池塘养殖生态调控关键技术与应用"获中华农业科技奖一等奖，KJ2015-D1-022-01。

（2）2013 年，"淡水池塘规范化改造和产业升级技术集成示范推广"获全国农牧渔业丰收奖一等奖，2013/FCG-2013-1-060-01D。

（3）2020 年，"淡水池塘环境生态工程调控与尾水减排关键技术及应用"获广东省技术发明奖一等奖。

（4）2019 年，"池塘生态养殖水质调控关键技术及设施设备"获中国水产科学研究大渔创新奖（一等奖）。

## 二、技术要点

**1. 池塘"水质＋底质"综合调控技术**

池塘原位"水质＋底质"综合调控，主要由蓝藻氮磷营养盐防治、高效设施增氧和池塘底质改良技术组成。

（1）蓝藻水华防控技术。针对蓝藻爆发造成水质恶化及品质下降难题，研究发现了藻、菌共生的碳、氮、磷比例和碳竞争机制，掌握了池塘养殖蓝藻水华爆发的 $PO_4^+$-P、TN、TC 关系，发现了 TP 积累与 TN 的诱发蓝藻机制。发明了通过监测水体氮素浓度，添加有机碳源调控碳氮比为约 20∶1，同时添加硅化合物，促进硅藻形成，控制池塘水体蓝藻水华产生。发明了"抑制蓝藻门微囊藻属水华的方法 ZL201410366191.3"等专利 3 项，和"复合生物浮床"等 8 项专利技术，通过调整浮床比例 5%～25%，使水体中的氮/磷低于爆发点，提升了微生物和藻类多样性，使池塘换水率减少到低于 60%，蓝藻水华发生率从 80%以上下降至不到 20%。

（2）水体高效增氧技术。针对池塘养殖增氧机械效率低等问题，首创了"移动增氧＋水层交换"的混合增氧技术，发明了"涌浪机"、"太阳能移动增氧机"两种池塘养殖高效增氧调控设备，解决了固定增氧范围小、效率低、溶氧不均匀等难题，使养殖产量增长 25%以上，饲料节约 10%以上。其中，发明的"涌浪机"首创中叶轮、中转速、低能耗设计，造浪半径比叶轮增氧机提高 30m 以上，节能 70%以上，辐射水体溶氧质量浓度增加 1.24mg/L。发明的"太阳能移动增氧机"移动范围超过池塘水面 80%（附件 D4），增氧效率达 2.59kg/（kW·h）、提水效率超过 2613.0m³/（kW·h）。

（3）池塘底质改良调控技术。研究发现了池塘底质磷赋存形态与底质矿物组成、酸碱度（pH）、氧化还原电位（Eh）、温度及微生物活动等的关系，尤其是底泥扰动可以改变水体营养盐比例，并使土壤间隙水中的磷释放到水体中这一重要结论，发明太阳能水质改良机 ZL201210249913.8 和水底淤泥提升装置 ZL201210310961.3 等底质改良设备。具独立知识产权的太阳能底质改良机由太阳能动力组件、底泥提升组件和水面行走组件等组成，可光控或遥控使用，提水量达 110m³/h，可在水深 0.5～2.0m 的池塘中使用，运行面积超池塘水面 80%。使用后，可降低池塘底泥 12cm 以上，提高水体初级生产力水平 30%以上，提高滤食性鱼类产量 15%，提高吃食性鱼类产量 7%，该设备 2015 年被《科学美国人》评价为"一台小机器解决池塘养殖大问题"，市场潜力重大。

**2. 池塘养殖尾水生态工程净化技术**

对应池塘养殖尾水污染治理的难题，提出了"池塘尾水一体化生态工程治理方案"，创新发明了"生态坡＋生态沟渠＋复合人工湿地"的池塘养殖尾水生态治理技术及设施系统。其中，"生态沟渠＋复合人工湿地"系统组成的尾水净化区面积约占整个养殖区域面积的8％～15％；实现了养殖尾水达标排放或循环利用，比传统净化设施节地60％以上，净化效率提升50％以上。

（1）生态坡技术。"生态坡"利用池塘边坡，由取水设备、布水管路、立体植被网、水生植物组成，对池塘水体进行自净预处理。池底自控取水系统由水泵和UPVC给水管组成，通过水泵将池塘中间部位的底层水输入到生态坡布水管道中，日换水量一般不低于池塘水体的5％～10％。塘埂边坡坡比1∶2.5，上敷8字绿化砖和立体植被网，敷土厚度10cm左右，水淹部分幅度为0.3～0.5m。生态坡上栽种水芹菜、蕹菜等水生植物。池塘养殖水体通过生态坡净化后渗流到池塘中，从而达到净化调控养殖水体的作用。

（2）生态沟渠技术。"生态沟渠"利用排水沟渠生态构建而成，对尾水进行集中收集，约占净化区面积的10％左右，在沟渠前端构建漂浮植物浮床，串联布置，种植浮萍、空心菜等植物，面积约占沟渠水面的50％，水体中投放鲢、鳙、鲫鱼等3～5kg/m²，堤岸种植挺水植物，对养殖水体中氨氮、总氮、总磷、可溶性磷酸盐进行吸收转化。

（3）生态（蟹）塘技术。生态塘位于生态沟渠末端，主要去除水体中的固体颗粒物，占尾水处理面积30％～40％，水力停留时间不低于15h；进、排水配水均匀，水呈平流状态。在内部构建生态蟹池，替代传统生态净化塘，以"稀放蟹种、全塘种草、底部增氧、少量投饵"为特点，兼具水质净化与经济产出。其中，生态养蟹池应占整个尾水净化面积的40％～50％左右，池中水深在0.5～1.5m左右，池塘坡比1∶3，池底中间40％～50％左右面积为浅水种植平台，水深控制在0.5～0.8m，作为沉水植物种植区，四周留出1/3面积作蟹种暂养区。池塘中种植伊乐藻、轮叶黑藻和苦草作为主要的水草品种，水草种植面积约水面积的70％左右。蟹种选用大规格优质大眼幼体放养采用稀放原则，密度为每亩300～400只，蟹种规格为每千克100只，少量投饲。水草种植后投放螺蛳，每亩放养500kg，安装底部增氧设施池塘安装底部纳米管增氧设备，每15亩配备1套，功率为2.2kW。

太阳能底质改良机底质调控应用实景图

（4）模块化潜流湿地技术。复合人工湿地中模块潜流湿地位于生态塘末端，用于对水体的强化处理，实现一级达标排放，根据水质净化需求选用。新型生物模块采用褐煤、粉煤灰、水泥以及发泡剂 4 种基质制备新型生物模块，取代传统人工湿地填料，具备碳源缓释和强化脱氮除磷功能。湿地模块内部有均匀布水孔，单块重量不超 25kg；用湿地模块组成湿地床深约 0.8~1.0m；在上部种植孔内种植美人蕉、鸢尾、再力花、旱伞草等挺水植物，并构建出新型模块潜流湿地系统。对尾水中总氮、总磷和 COD 的去除率分别在 52%~59%、39%~69% 和 17%~35%，实现了池塘养殖尾水的循环利用或达标排放。

盐城海丰农场万亩池塘水质调控应用实景图

复合人工潜流湿地应用实景图

模块潜流湿地应用实景图

## 三、适宜区域

全国淡水池塘主养区。

## 四、注意事项

冬季气温较低时，尾水系统水质净化效果下降，可采取延长水力停留时间，强化微生物制剂泼洒方式，提高净化效果。

**技术依托单位**

1. 中国水产科学研究院渔业机械仪器研究所

联系地址：上海市杨浦区赤峰路63号

邮政编码：200095

联 系 人：刘兴国

联系电话：021-55128360，13301856629

电子邮箱：liuxingguo@fmiri.ac.cn

2. 中国水产科学研究院珠江水产研究所

联系地址：广东省广州市荔湾区白鹤洞西塱兴渔路1号

联 系 人：谢　骏

联系电话：020-81616178，18688903880

电子邮箱：xj@prfri.ac.cn

3. 浙江省淡水水产研究所

联系地址：浙江省湖州市吴兴区长桥南路999号

联 系 人：原居林

联系电话：0572-2045189，13587284186

电子邮箱：yuanjulin1982@163.com

# 海水池塘养殖尾水生态治理技术

## 一、技术概述

### 1. 技术基本情况

2018 年渔业统计年鉴数据显示，海水池塘养殖产量 246.65 万 t，占全国水产品总产量的 4.14%；海水养殖面积 400 千 $hm^2$，占水产养殖总面积的 5.37%。随着海水池塘养殖规模的不断扩大，其尾水排放情况受到社会各界的高度关注。随着生态文明建设不断推进，海洋生态环境保护工作日益受到重视。同时，随着经济社会的发展，人民群众对优质安全海产品和近岸海域优美环境的需求不断提高。

在此大背景下，基于生态修复原理，采用强化沉淀除悬浮颗粒、增氧硝化除氮、贝类滤食除藻、耐盐植物除磷的技术路径，针对海水养殖不同养殖模式进行尾水治理，削减水体中的有机碳和氮磷盐，减轻近岸海域环境压力，在提质增效的基础上保障海水养殖业良好的生态效益。

### 2. 技术示范推广情况

沿海各地海水养殖模式多样化，主要为海水池塘多品种综合养殖，另有少量单一品种养殖。基于海水养殖现状，开展了单元池塘、连片池塘和养殖小区的尾水治理应用示范，示范区域为江苏盐城、南通，浙江宁波、台州、温州等地沿海养殖区域，至 2019 年示范区和示范点达 120 多个，技术推广面积达 18.9 万余亩。

### 3. 提质增效情况

该技术具有低成本、易建设、轻管理等特点，采用了建筑上可大量供给的高性价比生物填料，如陶粒、砾石等，降低了建设成本，部分区域可采用养殖废弃物牡蛎壳进行同效果低成本替代，实现了养殖废弃物的资源化利用。由于技术核心是基于生态修复进行构建，尾水治理过程中可产出一定产品，如贝类、海水蔬菜等，提供一定经济效益，同时实现氮磷移除。

### 4. 技术获奖情况

未申报科技奖励。

## 二、技术要点

### 1. 核心路线

该核心路线基于生态修复原理进行构建，主要技术路线为依次采用生态沟渠、强化沉淀区、增氧硝化区、贝类滤食区和耐盐植物浮床/湿地等五类功能区进行治理。针对不同海水池塘养殖模式选择适宜功能区和调整不同功能区面积，通过面积换效率，以达到在较低成本下获得较好净化效果。

### 2. 功能区选择

海水池塘治理至少应具有强化沉淀、增氧硝化、贝类滤食和耐盐植物等 4 个功能区，面积比例一般为 1:1:2:2，总面积为养殖面积 8%～10%。若池塘本身进行滩涂贝类养殖，可不设贝类滤食区。有独立进、排水沟渠的区域，可新建异位水处理塘或在排水沟渠中进行尾水治理区域构建；无独立沟渠区域可在养殖塘内靠近排水口附近进行水处理设施布置。

**3. 功能区构建**

（1）生态沟渠。生态沟渠起到初步沉淀的作用，同时利用微藻生长初步移除水体中氮磷，预计沉淀 5%～10%大颗粒悬浮物，削减 5%～10%溶解性氮磷。对原进、排水共用沟渠或独立排水沟渠进行改造清理。清理沟渠中的淤泥，置于沟渠两侧形成护坡，沟渠深度不小于 1.5m。南方地区（台州以南）可在护坡淤泥中种植"红树"，品种可选秋茄、桐花等，采用胚轴进行种植，每平方米种植 5～6 株，胚轴用当地海水浸泡 1h，栽植株行距为 0.5m，将胚轴垂直插入滩面底泥，深度为胚轴 1/3 至 1/2；北方地区可选用滩涂上已有耐盐植物或海水蔬菜，如海蓬子、碱蓬等，采用种子进行种植，每平方米均匀播撒 5g。

（2）强化沉淀区。该功能区铺设生物填料进行接触强化沉淀，预计沉淀 30%～50%颗粒悬浮物，削减 10%～20%化学需氧量。生物填料可选择软性填料毛刷，单根毛刷直径 15厘米，每平方米铺设 15 根，固定悬挂于池塘或沟渠水体中，蓄水水面应没过毛刷，防止阳光直射引起过快老化；亦可选择袋装陶粒、砾石、牡蛎壳等，构建成宽度 1m、高度 1.2m的生物滤坝，一般设置 2～3 条滤坝，蓄水水面应没过滤坝上表面。该区域水体停留时间应不低于 24h，以保证悬浮颗粒充分沉淀。

（3）增氧硝化区。该功能区铺设生物填料和曝气增氧设施，利用生物膜进行水处理，预计削减 5%～10%化学需氧量、20%～30%无机氮和 1%～5%磷。生物填料采用陶粒、砾石等，装袋后填装在区域内，填装量为每亩养殖面积 2m³，并在该区域进行曝气增氧，曝气功率按每亩水面 0.1kW 计。进出水流则应设置为前端底部进水和后端顶部出水，以保证水体与生物填料充分接触。若在养殖塘内构建该功能区，可与强化沉淀区合并，将生物填料建成围绕出水口的滤坝，生物填料用量不变，宽度 1m，高度不高于蓄水时水面，同时全塘按每亩 1 个铺设底增氧盘，增氧机功率按每亩水面 0.1kW 计。增氧形式尽量选择底增氧，采用纳米管或底增氧盘，增氧设施应选择罗茨鼓风机，同功率下增氧效果较好。该区域水体停留时间应不低于 24h，以保证硝化效率。

（4）贝类滤食区。该功能区可利用现有海水池塘或沟渠进行改造，预计削减 50%左右叶绿素 a，通过微藻生长和贝类滤食间接削减水体中氮磷元素。池塘区域可利用现有养殖滩面或重新建立养殖滩面，滩面高度 1.3m，蓄水水深 1.5m，水面距滩面应在 15～30cm 之间，可养殖蛤蜊蛏等滩涂贝类，不进行投饵或肥水；沟渠区域可采用竹架等措施进行牡蛎吊养。该区域水体停留时间应不低于 24h，以保证贝类滤食时间。

（5）耐盐植物浮床/湿地。该功能区可因地制宜选择现有池塘或沟渠区进行改造，在蓄水区域水面铺设浮床，也可利用周边现有湿地或平地进行改造，种植耐盐植物，使养殖尾水从地表流过形成表面流湿地，预计削减 10%～20%氮磷。采用浮床时，按照养殖水面面积每亩不低于 2m² 铺设，需将浮床固定，水体停留时间至少 24h，浮床上种植根系发达、植株较矮的耐盐植物，定期收割。采用湿地时，应设置挡水措施，使水流呈"S"形在湿地中缓慢流动，较密地种植生长迅速、抗逆性较高的耐盐植物，每年至少收割 1 次。耐盐植物以海水蔬菜优先，推荐北美海蓬子，次选其他生长迅速、根系发达的本地耐盐植物品种，最次可选芦苇。

**4. 功能区管理**

应定期监测功能区水质指标，评估净化效率，根据净化效果优化功能区设置。每个养殖周期结束后或每年 1 次检修固定装置，清理沉积物。若遇自然灾害，需在灾后进行全面修复。

## 三、适宜区域

适宜全国单一海水养殖池塘，共用进、排水沟渠的连片养殖海水池塘和具有独立进、排水的海水养殖小区。

## 四、注意事项

（1）生物填料陶粒采用黏土陶粒，规格应在 2～3cm，需要网袋袋装，在陶粒生物膜未形成前其本身会释放氮磷，会临时引起水质氮磷指标升高，时间会持续 10～15d 左右。

（2）各功能区沉积物要定期清理，尤其强化沉淀区，否则会导致沉积物释放大量氮磷盐至水中，增大后续功能区负荷，降低整体净化效率。

**技术依托单位**

浙江省海洋水产养殖研究所

联系地址：浙江省温州市鹿城区河通桥 6-1 号

邮政编码：325000

联 系 人：肖国强

联系电话：13736754516

电子信箱：xiaogq1978@163.com

# 对虾工厂化循环水高效生态养殖技术

## 一、技术概述

### （一）技术基本情况

随着我国经济社会发展进入新时期，在市场需求量增加和土地资源紧缺等多重因素影响下，近年来对虾工厂化养殖发展迅猛，面积和产量不断增加，但主要还是以较为粗放的换水养殖模式为主，普遍存在地下水资源浪费、病害频发、养殖成功率不稳定、排放水有机污染严重等问题。针对这些制约对虾养殖产业可持续发展的瓶颈问题，经过系统研究和应用实践而形成的对虾工厂化循环水高效生态养殖技术体系，以凡纳滨对虾为主要养殖对象，依托现代养殖工程和水处理设施，综合运用微孔增氧、免疫增强、水质调控、养殖尾水处理等技术，实现了全年的对虾高效、生态养殖，具备水体循环利用、生态环境稳定、养殖过程人工调控、尾水达标排放等明显特点，是符合我国新时代渔业"高效、优质、生态、健康、安全"理念的对虾养殖新模式。

### （二）技术示范推广情况

2019年，"对虾工厂化循环水高效生态养殖技术"被遴选为农业农村部主推技术。2016年至2020年，中国水产科学研究院黄海水产研究所在山东省烟台、潍坊、青岛、日照、东营等凡纳滨对虾工厂化养殖地区进行示范推广，取得良好效果。2016年在山东省潍坊市进行大面积生产示范，养殖凡纳滨对虾平均产量4.3～5.7kg/m²。目前，该技术正在我国北方沿海地区的对虾规模化养殖企业进行推广应用。

### （三）提质增效情况

在我国山东省等北方沿海地区应用该技术养殖凡纳滨对虾，对虾养殖产量达5.7kg/m²，较常规的对虾工厂化换水养殖技术节约用水90%以上，尤其在低温季节应用该养殖技术，不仅可以减少对虾工厂化换水养殖能源消耗，而且应用该技术的养殖水环境较换水养殖更加稳定，节能减排效果明显。养殖过程中排放的养殖尾水经过沉淀和生物净化后，达到《海水养殖水排放要求》（SC/T 9103—2007）二级标准，保护周边的海域生态环境，技术产业化前景十分广阔。该技术是促进我国对虾养殖产业转方式调结构，实现"提质增效、绿色发展"的重要途径之一，对于水资源和热能的高效利用和保护水域生态环境也有重要意义。

### （四）技术获奖情况

未申报科技奖励。

## 二、技术要点

### （一）设施设备及循环水处理工艺

#### 1. 设施设备

主要包含蓄水池、养殖池、水循环处理设备和室外尾水处理池等四部分，养殖池、蓄水池和水循环处理设备可设置在封闭、保温性能好的养殖车间内，养殖池和蓄水池上方屋顶透光，而水循环处理设备安置区尤其是生物滤池上方需避光。

（1）蓄水池：蓄水池水容量应不低于养成总水体的三分之一且能完全排干，主要用于盐度调配和消毒处理，可应用紫外线、臭氧或漂白粉等进行消毒处理。

（2）养殖池：长方形圆角或圆形对虾池，材质多以水泥或玻璃钢为主，面积 25～100m²，水深 0.8～1.2m。池底平整光滑，中央设集污区和排水口，以 3‰～5‰ 坡度顺向排水口，并在池底靠近与池壁交接处设置条形纳米微孔增氧管，在保证养殖池充足供氧的同时，有利于水体集污和快速排污。排水口处设置独立的循环回水管道和排污管道，分别接入循环水处理系统和室外尾水处理池，平时较清的养殖水经回水管道进入循环水处理系统，需要排污操作时则打开排污管道排入尾水处理池。

（3）水循环处理设备：悬浮颗粒的过滤：常用设备有微滤机和弧形筛等，以微滤机为宜，出水水质较好（可通过调节筛网网目、转速及反冲压力等改善水质）；弧形筛无需动力和清洗用水，造价相对较低，但出水水质一般。

细微和溶解颗粒的去除：蛋白质分离器可将水体中 70% 的有机物在未分解成氨/铵盐等有害物质前去除，主要由气体扩散装置、反应容器（通常为圆柱形）和泡沫收集装置等组成，并可根据水质和水循环量来人为调节蛋白质分离器的入水直径、出水直径和流量等。

生物净化：常用安装或放置生物滤料的生物滤池，主要是通过强化微生物的作用达到降解水体中氨氮、亚硝氮等有害物质的目的。生物滤料可选择 PVC 弹性立体填料或 PVC 多孔环，填充率 20%～50%，数量宜根据循环水系统基本生物承载量确定。生物滤池有效水体与养殖池有效水体体积之比以（1∶3）～（1∶5）为宜，底部设曝气装置，采用小型鼓风机供气。

消毒灭菌：采用紫外线消毒装置或臭氧发生器进行灭菌处理。紫外线杀菌采用渠道式装置，一般选择波长 240～280μm 的灯管。臭氧发生器装置产量范围为 2.5～65g/h，添置臭氧流量计以保证臭氧投入浓度 0.08～0.20mg/L，臭氧消毒后的水体应充分曝气后方可进入养殖水体。

**2. 工艺流程**

对虾工厂化循环水高效生态养殖系统工艺流程示意图如下图所示。

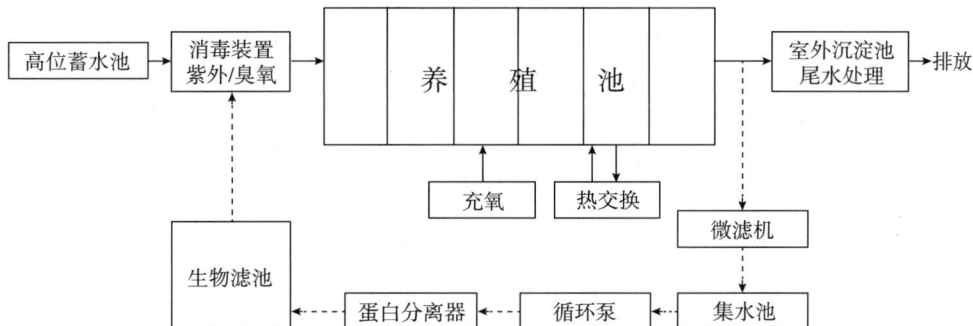

对虾工厂化循环水高效生态养殖系统工艺流程示意图

**3. 水质指标及调控措施**

主要养殖水质指标参考值：COD≤10mg/L，颗粒悬浮物（SS）≤10mg/L，pH 7.0～8.5，DO≥6mg/L，TAN≤0.5mg/L，NO₂-N≤1.0mg/L，弧菌≤5 000CFU/mL。养殖过程中水质主要调控措施如下。

（1）培养生物膜：循环水处理系统启动前 15～30d，通过人工定向接种上一茬养殖尾水或硝化细菌的方式促使生物膜快速形成。养殖过程中需按时监测温度、盐度、pH、溶解氧、COD、氨氮、亚硝酸盐、硝酸盐等相关水质指标，并控制在适宜范围内。

（2）调节循环量：系统的水循环次数控制在 10～20 次/日为宜。随着投饵量增加，系统负荷逐渐加大，需根据养殖水体的氨氮、亚硝酸盐、悬浮固体颗粒等指标变化增加循环量以保证良好水质。

（3）抑制病原菌：适量添加微生态制剂和有益微藻来改善水质，促进水体中可溶性有机物的转化利用，抑制弧菌等病原微生物增殖，促进对虾生长。

（4）增加供氧量：养殖后期对虾的溶氧消耗量逐步增加，可采取加大纯氧供给量的措施提高养殖水体氧饱和度，给对虾创造一个良好生长环境。

（5）排污换水：每日排污换水量控制在 5% 以内。投喂饲料前进行人工排污，排出养殖池内的残饵粪便，定期清除微滤机等过滤的固体颗粒物。同时，及时补充因排污和蒸发损失的水分。

### （二）养殖管理

#### 1. 苗种及放养

选择健康无病、活力强的对虾苗种，来源和质量符合国家相关标准（SC/T 2068）。从异地购入苗种时应进行检疫，严防病原传播。放苗时注意苗种运输水温与暂养池的温度和盐度变化，要把温差控制在 1℃ 以内，盐度差控制在 2 以内，24h 温差控制在 3℃、盐度差控制在 3 以内。

虾苗采用二阶段分级方法进行养殖，一阶段为暂养标粗，养殖 30 天左右苗种规格达到 2.5～3.0cm 后分苗，一般标粗阶段放养密度以每平方米 3 000～5 000 尾为宜。二阶段为养成阶段，根据预计收获对虾规格及水处理能力确定各阶段放养密度，养成阶段放养密度以每平方米 300～500 尾为宜。

#### 2. 饲料及投喂

使用优质配合饲料，质量符合国家相关标准（GB/T 22919.5—2008），日投喂量以对虾总体重 3%～10% 为宜，根据对虾大小、摄食情况和水温等情况适当调整投喂量。沿池边均匀泼洒投喂，每日 4～6 次，发现对虾摄食不良时，应查明原因同时减少或停止投喂。在养殖高温期或易发病阶段，选择天然免疫增强剂如维生素 C 和 E、裂壶藻、虾青素、黄芪多糖等，拌在饲料中投喂，以增强对虾自身免疫功能，提高抗病力。此外，循环水养殖条件下的对虾在养殖后期易出现软壳现象，可在水体中适量泼洒钙制剂来解决。

### （三）尾水处理

对虾循环水养殖系统排污量较少，上一茬对虾养成收获后整个养殖系统的水质比较稳定，可以直接投放新的虾苗继续下一茬养殖，水体重复利用率高。但养殖过程中有部分残饵、粪便等无法通过换水排污而吸附在池壁池底，需要彻底排水清洗。

日常排污或偶尔洗池排水时，尾水经排污管道进入室外尾水处理池，尾水处理池包括不同的功能区，主要是物理沉淀区和生物处理区。物理沉淀区通过大颗粒悬浮物质（≥100 微米）自然沉降作用将其分离，而生物处理区则主要通过投放滤食性贝类和大型藻类等来吸收、转化小型悬浮有机颗粒和溶解性无机营养盐等，达到净化水质的效果，排放水需检测达标后再排放。

## 三、适宜区域

包括我国沿海地区海水工厂化养殖区域。

## 四、注意事项

循环水处理系统生物膜形成后，水温、盐度、pH、溶解氧、水力停留时间、水体碳氮比、投入品等因素的急剧变化均可能导致生物膜脱落而影响净化效率，甚至系统崩溃，很难在短时间（20～30 天）内恢复正常。养殖生产中需要根据对虾密度、大小、健康状况，以及水体温度和无机盐浓度变化等情况，适时调整循环水养殖系统实际运行参数。同时，必须慎重使用消毒剂和抗生素来防治病害，尽量避免药物进入循环水系统破坏功能微生物群落。

**技术依托单位**

中国水产科学研究院黄海水产研究所

联系地址：山东省青岛市南京路 106 号

邮政编码：266071

联 系 人：李 健 常志强

联系电话：0532-85830183

电子邮箱：lijian@ysfri.ac.cn

# 池塘工程化循环水养殖技术

## 一、技术概述

### 1. 技术基本情况

池塘工程化循环水养殖，也称为池塘水槽式养殖、"跑道"养殖，是近几年来渔业转型升级、创新发展的一种新模式，其以循环经济理念为指导，通过对传统养殖池塘的改造，科学布局养鱼与养水的空间与功能，综合运用新型养殖设施与工业化技术，集约化利用养殖空间，科学构建生态位，使整个池塘生态既完整又独立高效运行，通过吸除废弃物减少养殖过程生态负荷，从而实现高产优产、水资源循环使用和营养物质多级利用的生态养殖。

该技术主要针对传统池塘水产养殖中存在废水排放、周期性藻类水华爆发、池塘生态系统生态位间功能协作效率低、劳力需求大、饲料系数高、鱼肉土腥味重影响品质及装备化水平低下等一系列问题，通过集成池塘工业化生态养殖系统的运行参数优化、水体净化及高密度下生长、应激、品质调控技术研究形成的技术体系。通过该技术，实现了水产品高效绿色养殖，养殖集约化程度高，提高了管理效率，降低了养殖捕捞销售成本，实现了鱼类订单式、常年性上市销售，提高了养殖效益；通过养殖尾水区水生植物净化的区域配置及水质净化配套，实现养殖周期内养殖池塘零排放或达标排放；结合养殖尾水区水生经济植物和贝、虾、鱼等合理套养，提高了养殖池塘的综合利用产出，实现了养殖过程机械化、工业化、生产生态协调、良种良法配套。

### 2. 技术示范推广情况

核心技术已经在江苏、浙江、四川、湖北、安徽、广东、广西等 10 多个省（区、市）进行示范推广应用，覆盖池塘 3 万多亩，其低碳高效、出鱼便捷、便于管理等优势获得了广大养殖业主的认可，取得了良好的经济效益、生态效益和社会效益，优质产品的品牌化建设更有竞争力，新模式具有广阔的发展前景。

### 3. 提质增效情况

新技术带动了水产苗种、设备、饲料、水产品加工、储存、运输与销售产业链的延长，实现了养殖系统大宗鱼类产量超过 $100kg/m^2$、名优特色鱼类产量超过 $50kg/m^2$，实施区亩效益 5 000 元以上，养殖尾水零排放及渔药使用量减少 90% 以上，产生了良好的经济效益、社会效益和生态效益。由于养殖鱼类一直处于流水运动状态，该养殖模式下鱼产品肉质紧实，肌肉具有更高的持水力、质构特性，同时呈现高蛋白、低脂肪的营养特点。新技术推广过程中，众多养殖企业多采取订单式养殖，与大型餐饮企业提前签订周年供货协议，养出的鱼产品规格均匀和品质高，同比市场均价每斤高出 1～3 元。

### 4. 技术获奖情况

未申报科技奖励。

## 二、技术要点

### 1. 优质养殖品种选择

选择生长速度快、抗应激性强、抗病力强的养殖品种，比如大口黑鲈"皖鲈1号"和"优鲈3号"、斑点叉尾鮰"江丰1号"和草鱼等。

### 2. 池塘工程化生态养殖系统建造

综合考虑工艺、成本和养殖条件，建议采用水泥桩、钢框架、拼装式的养殖系统工艺。优化气提推水增氧设备，采用切割式增氧盘替代微孔增氧盘和增氧管。系统配备应急发电设备、水下摄影、全自动智能化投料机、DO实时在线监测设备、多参数水质实时在线监测设备以及场地视频监控设施等一系列系统工程在内的物联网系统，实现饲料投喂、推水增氧、水质检测、鱼类摄食活动状态以及安全生产等方面的实时数字化、自动化、智能化管理和控制，提高生产效率，降低劳动力成本。

拼装式池塘工程化循环水养殖系统现场图

### 3. 鱼种投放

养殖鱼类受放养密度影响显著，高养殖密度下，免疫应激指标显著上升和生长变缓。池塘工程化生态养殖技术放养密度根据苗种放养规格做相应调整，具体参考下表。

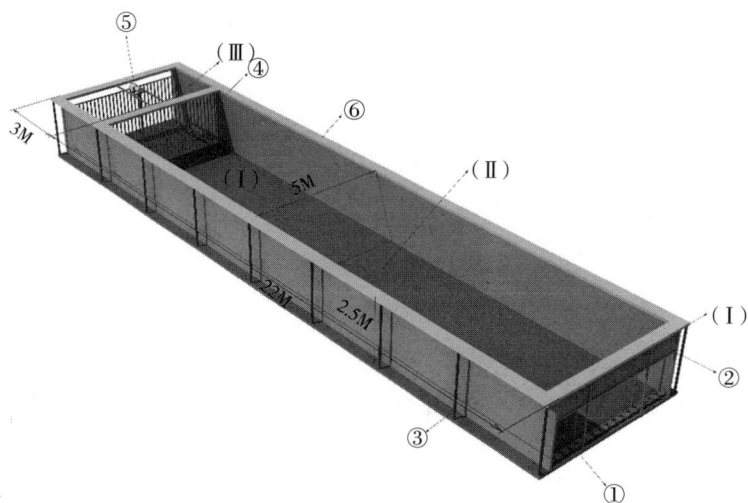

拼装式池塘工程化循环水养殖系统结构示意图

（Ⅰ）提水区　（Ⅱ）养殖区　（Ⅲ）集污区

①增氧盘　②挡流板　③桩体　④拦网　⑤吸污泵　⑥过道

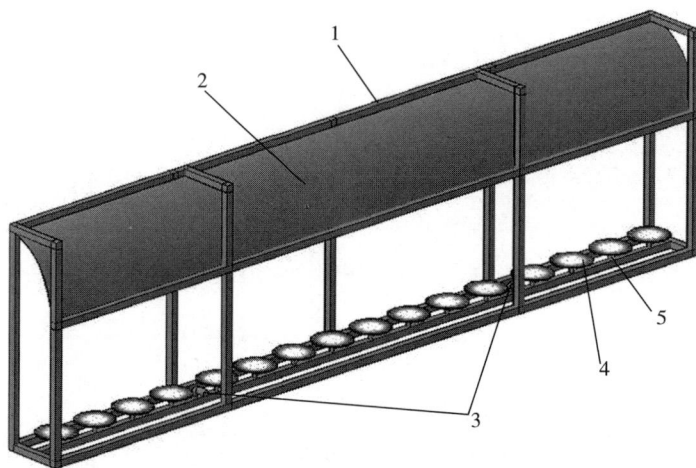

池塘工程化循环水养殖系统推水装置

1. 推水器框架　2. 水流变向板　3. 增氧管接入口　4. 增氧盘　5. 气头连接柱

**池塘工程化生态养殖不同品种规格放养密度（万尾/220m³）**

| 品种 | 规格（克/尾） | 密度 | 放养时间（月） |
|---|---|---|---|
| 大口黑鲈 | 5～10 | 1.0～2.0 | 4～5 |
|  | 10～20 | 1.5～2.5 | 5～6 |
| 斑点叉尾鮰 | 0.6～1.6 | 3.0～5.0 | 5～6 |
|  | 35 | 2.2～3.3 | 4月初 |
|  | 150 | 2.2～2.6 | 4月初 |
|  | 500 | 1.8～2.2 | 4～5 |

（续）

| 品种 | 规格（克/尾） | 密度 | 放养时间（月） |
|---|---|---|---|
| 草鱼 | 100~200 | 2.5~3.0 | 3~4 |
| | 250~350 | 1.5~2.0 | 3~4 |
| | 400~700 | 1.0~1.5 | 3~4 |

**4. 养殖尾水水生植物净化的区域配置及水质净化配套技术**

池塘工程化生态养殖系统中水体和底泥夏季可溶性营养盐在集中养殖区处于较高含量，水体 TN、TP 含量较高，夏季水体有机质和藻类也大量增加，加大养殖尾水达标排放的净化压力。建议后期养殖中控制外围水域中水产品养殖数量、提高水体自净能力和水环境质量。

速生植物控养面积达到 40% 时，可以在夏季较高水温条件下有效降低水体中氮磷含量。根据实际水流流速、水体营养盐情况，控养速生水生植物水葫芦的控养面积以 30% 的比例为宜，以空心菜等为主要净化植物种类时，其控养面积以 43% 的比例为宜。

养殖尾水区水生植物净化配置，空心菜（左）、茭白（右）

**5. 养殖尾水区套养**

池塘工程化生态养殖技术注重生态环境构建与调控，养殖尾水区主要套养品种有螺蛳、河蚌等贝类；搭配花白鲢、青虾、南美白对虾、河蟹等特种经济品种，以提高净化区的综合经济效益。原则上养殖全过程不投饵。在传统养殖池塘建设工程化生态养殖系统时，可利用原有的池埂土方等，建成适宜面积的浅水区、深水区，并设置导流墙和引流设备，确保达到整个净化区水体能够进行循环流动的效果。

### 6. 捕捞上市

根据鱼类生长情况和市场需求，采用一种结构简单、使用方便、结实耐用、起捕率高的池塘工程化循环水槽捕鱼网具及其捕捞方法（专利号：ZL201821758816.0），及时将达到规格的商品鱼捕捞上市，起捕率达99.5%以上。

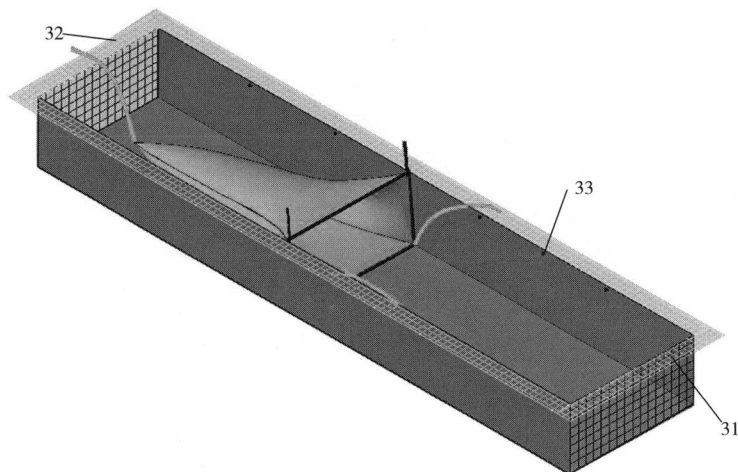

养殖水槽特制捕捞网捕捞示意图
31. 前网　32. 后网　33. 增氧管孔

## 三、适宜区域

全国范围内淡水养殖池塘。

## 四、注意事项

池塘工程化循环水养殖技术养殖密度相对传统池塘养殖较高，需要加强日常养殖管理，做好病害防治以及机电设备的备份应急工作。

**技术依托单位**

1. 江苏省淡水水产研究所

联系地址：江苏省南京市建邺区茶亭东街79号

邮政编码：210017

联 系 人：边文冀

联系电话：025-86581557

电子邮箱：js6060@sina.com

2. 中国水产科学研究院淡水渔业研究中心

联系地址：江苏省无锡市滨湖区山水东路9号

邮政编码：214081

联 系 人：徐钢春

联系电话：0510-85558862，13861855113

电子邮箱：xugc@ffrc.cn

# 鱼虾混养生态防控技术

## 一、技术概述

### （一）技术基本情况

鱼虾混养，是在主养鱼或主养虾的基础模式不变情况下，再套养虾或套养鱼，形成主养鱼套养虾模式和主养虾套养鱼模式。

### （二）技术示范推广情况

渔民把养虾池多余的南美白对虾苗，投放在渔池中，按养殖鱼类进行生产管理，收获了体长 10cm 以上的南美白对虾亩产量近 50kg，亩增收 1 000 元以上，经过当地水产技术人员的总结，逐渐在全市进行试验、推广，取得了显著的经济、生态效益，逐渐又发展为主养虾套养鱼模式，同样取得了成功。目前，天津市鱼虾混养的池塘在 20 万亩左右，为南美白对虾产业健康发展做出了突出贡献。

### （三）提质增效情况

第一，提高经济效益。主养鱼套养南美白对虾，套养虾一般不投喂，亩产量在 50kg 左右，新增亩利润在 1 000 元以上，高的达 2 000 元。主养虾套养鱼，使得养殖生态环境更稳定，套养鱼摄食病虾可以生态防病，再加上其它防控措施，使得南美白对虾养殖成功率显著提高，渔民增产增收效果明显。

第二，提高生态效益。鱼虾混养模式，套养的种类一般不需投喂，生态环境更稳定，尤其是套养的鱼类在预防控制虾病的基础上，及时清理死虾，有利于改善池塘水质。良好的水质使得鱼虾得病的几率减少，渔药的投入也减少，由于渔药造成的水质污染也大幅度减少，生态效益显著。

第三，提高社会效益。鱼虾混养，使水产养殖成功率显著提高，经济效益有一定的保障，渔民收入稳定，对天津市水产养殖的健康发展，保证市民菜篮子充足供给具有重要的意义。

### （四）技术获奖情况

南美白对虾产业升级集成技术示范与推广获全国农牧渔业丰收奖一等奖。

## 二、技术要点

### （一）总体要求

本部分"虾"，如没有特殊说明，指南美白对虾。

**1. 养殖基地要求**

养殖基地周边没有污染，水源电源充足，交通方便，应定期清除底泥。

**2. 南美白对虾对水质的要求**

（1）水温：适宜水温为 18～35℃。

（2）溶氧：养虾池溶氧的基本要求为 4～5mg/L。

（3）亚硝酸盐氮：亚硝酸盐氮要求 0.02mg/L 以下。

(4）铵：离子铵要求 0.3mg/L 以下。

（5）重金属：铅≤1.6mg/L、锌≤0.001mg/L、铜≤0.002 6mg/L、镍≤0.11mg/L、镉≤0.004mg/L、铬≤0.01mg/L、汞≤0.001mg/L。

（6）硬度要求：盐碱地渗水在盐度 5 时，当钙镁总量为 600mg/L 时，$Ca^{2+}$、$Mg^{2+}$ 的浓度分别为 25～225mg/L 和 270～625mg/L，盐度为 15，钾离子的浓度范围为110.98～221.98mg/L，钠钾离子比例为 40：50。用贝壳粉泼洒在池底，能长期有效地增加水体硬度。

（7）碱度：盐度 27.8 时，当碱度维持在 100mg/L $CaCO_3$ 时，养殖系统表现出较佳的水质理化参数和养殖性状参数。

（8）藻类：藻类的数量适宜，种类越多越好，水体颜色呈中间色。不要出现明显的优势种。

（9）其它：透明度：前期 25～35cm，中期 35～45cm，后期 45～55cm。盐度：可在0～40 范围内存活，适宜盐度 3～15，在此范围内随着盐度的增加凡纳滨对虾的存活率和生长率逐渐增加。pH 为 7.4～9.0，适宜 pH 为 8.2～8.6。硫化氢小于 0.1mg/L。

**3. 南美白对虾生活习性**

南美白对虾昼伏夜出，晚上蜕皮，性情温和。在南美白对虾暂养、育肥时应在19：00～21：00 前投饵，以使饵料被其充分利用，减少经济损失。

**4. 品种选择**

养殖的鱼虾应选择良种。

**5. 苗种质量要求**

鱼苗应来源于具备水产苗种生产许可证的单位，符合相应的国家鱼苗标准，同一池塘放养同一批规格培育的鱼苗，鱼苗能自主平游。虾苗应来源于具备水产苗种生产许可证的单位，同一池塘放养同一批培育的虾苗。虾苗应健壮活泼、大小均匀、体质透明、体表干净、肠胃饱满、反应灵敏、逆水性强、附肢完整，体长 1cm 以上。

苗种禁用药药残检测为阴性，检疫合格。南美白对虾病原检测应该包括对虾白斑综合征病毒、传染性皮下及造血组织坏死病毒、偷死野田村病毒、急性肝胰腺坏死病毒和虾肝肠胞虫等。

**6. 池塘清淤及培养生物饵料**

放养前清淤，使底泥厚度小于 15cm，药物清塘采用氧化钙 200mg/L 或氯化钙 20mg/L 带水清塘（水深 0.1～0.2m），7～10d 药性消失后注入养殖用水。水源水经 60 目筛绢过滤后进入养殖池塘，施用渔用复合肥料，施用肥料的数量以池水非离子氨浓度不超过要求为准，同时施用光合细菌。

**7. 试苗与试水**

虾苗投放前随机取 100 尾，用网箱试养在池塘中，观察 24h，若存活率达 100%，可正式放养。

**（二）养殖模式介绍**

**1. 主养鱼套养虾系列**

适宜 50 亩以上的大面积养鱼池，蓄水水深 1.5～2.0m。

（1）主养鱼种，混养虾模式。5 月中旬每亩投放 4 万尾 0.8～1.0cm 的虾苗，6 月中旬每亩投放鱼类夏花 1 500 尾，养殖过程中投喂鱼类苗种饲料，不单独投喂虾饲料。该模式南美白对虾亩产量可达 250kg，鱼苗平均个体可达 200g，亩产量可达 300kg。

（2）主养成鱼，套养虾模式。主养鱼可以是肉食性、杂食性或草食性鱼类，池塘主养观赏鱼如锦鲤也可套养南美白对虾。大型捕食性鱼的亩放养量控制在 500 尾以下，套养的小型捕食性鱼类控制在 300 尾以下，滤食性鱼类控制在 150 尾左右。等摄食鱼类驯化上台、水温稳定在 20℃以上时，亩投南美白对虾 0.5 万～2.0 万尾。投放虾苗时，选择晴天下午，鱼类正在饲料台上摄食时放养。放养当天，延长投喂时间，使鱼类尽量饱食。按鱼类养殖管理，一般来说不单独投喂南美白对虾，不泼洒虾类敏感的药物，8 月或 9 月用定置张网（地笼）先陆续捕获虾类，继续养殖鱼类。

**2. 主养虾套养鱼类系列**

适合于各种面积的南美白对虾精养池，套养鱼类为肉食性鱼类、杂食性鱼类或草食性鱼类。南美白对虾亩投放 1cm 的虾苗 4 万～6 万尾，生长速度快的虾苗 3 万～4 万尾。经过小棚或池边标粗的虾苗放养 2 万尾左右。

套养的鱼类可相互组合，并可根据虾发病状况适当增减。

（1）套养肉食性鱼类模式。5 月初，水温稳定在 20℃以上投放虾苗，待虾苗长到 3～5cm 以后，即 6 月中旬左右，每亩可套养以下鱼类中的一种。

A. 斑点叉尾鮰，体重 100g，20～50 尾；

B. 花鲈，体重 150～250g，20～50 尾/公顷；

C. 石斑鱼类，体重 400g，20 尾；

D. 鰕虎鱼类，体重 100g 以下，30 尾；

E. 革胡子鲶，体重 200～250g，3～5 尾；

F. 鳜鱼，体重 40～50g，8～10 尾；

G. 卵形鲳鲹，体重 200～300g，50 尾；

H. 美国红鱼，体重 20～30g，10～50 尾；

I. 黄颡鱼，体重 7g，100 尾。

（2）套养杂食性鱼类模式。5 月初水温稳定在 20℃以上时投放虾苗，待虾苗长到 3 厘米以后，每亩可套养以下鱼类中的一种。

A. 丁鱼岁，体重 50g，40 尾；

B. 鲤，体重 50～100g，10 尾 1；体重 1 000g，5 尾；

C. 梭鱼，体重 50g，50 尾；

D. 短盖巨脂鲤（淡水白鲳），体重 250g，150 尾。

（3）套养草食性鱼类。虾苗投放 20～30d 后，投放草鱼，体重 100g，亩放 50 尾；体重 1 000g 左右，亩放 10 尾。

主养虾套养鱼模式，根据池塘浮游生物状况，可套养鲢鳙。投放虾苗一个月后，投放鲢鱼种，规格每千克 4 尾，密度每亩 30 尾，鳙鱼种，规格每千克 2 尾，密度每亩 5 尾。鲢鳙酌情适当调整。

## 三、适宜区域

宜在海水、半咸水池塘应用。

## 四、注意事项

### （一）虾虾混养、虾蟹混养问题

南美白对虾、罗氏沼虾、河蟹等都属于甲壳类，一些病原可以从一种动物传染到另一种动物，可以直发病，或不发病成为携带者，反复被传染，将来可能会成为这种生物的新病原生物，所以，南美白对虾不宜同罗氏沼虾、河蟹等虾蟹类混养。

### （二）主养鱼套养虾效果问题

一些养殖户反映，主养鱼套养虾，虾没有产量。这主要是因为养殖细节问题，比如，虾下池时有没有试虾、试水？放虾时，鱼是否已经驯化上台了？放虾当天，鱼是否已喂饱了等等。养虾主要看细节，其中一个细节没有做到位，就有可能彻底失败。

**技术依托单位**

天津市水产研究所（天津市水产技术推广站）

联系地址：天津市河西区解放南路 442 号

邮政编码：300221

联 系 人：包海岩

联系电话：022-88250901

电子信箱：scjstgz688@163.com

# 畜禽防疫类

## 种畜场口蹄疫免疫无疫控制技术

### 一、技术概述

#### 1. 技术基本情况

口蹄疫是由口蹄疫病毒引起的偶蹄动物发生的急性、热性、高度接触性动物疫病。口蹄疫传播速度快、传染性极强，一旦发生疫情，常引起巨大的经济损失。对口蹄疫，我国采取预防为主，免疫与扑杀相结合的综合防控措施，口蹄疫疫情得到有效控制，并先后建成海南、辽宁、吉林永吉、胶东半岛免疫无口蹄疫区。近年来，各地以种畜场动物疫病净化示范创建活动为工作着力点，逐场区推进动物疫病净化工作，为实现口蹄疫区域化防控目标打下基础。但各地在推进规模场口蹄疫净化工作过程中，普遍遇到免疫、检测、监测以及生物安全管理等技术关键点缺乏技术标准等问题。为解决以上关键问题，中国动物疫病预防控制中心研究团队围绕我国口蹄疫免疫防控策略、国际标准及我国的生产实际，建立了口蹄疫免疫无疫控制技术体系，并在2019年制定了农业行业标准《种畜场口蹄疫免疫无疫控制技术》。本技术能够为种畜场开展口蹄疫净化工作提供参考，提升动物健康水平和种源质量，提高养殖效益。

#### 2. 技术示范推广情况

2017—2020年间，该技术已在广西扬翔原种场、安徽浩翔农牧有限公司城关核心场、湖南株洲淦田种猪场、杨凌秦宝牛业有限公司核心育种场、广州市奶牛研究所有限太平良种奶牛繁育基地等15个省（直辖市）15家企业推广应用，实现了较大范围内的推广应用。

#### 3. 提质增效情况

2017年开始，该技术在15个省（直辖市）15家企业种畜场进行验证并推广应用，应用的种畜场口蹄疫免疫合格率达到80%以上，非结构蛋白3ABC抗体检测阳性率以及口蹄疫病毒核酸检测阳性率逐步下降，达到净化标准控制要求，提升了动物健康水平，提高养殖效益。

### 二、技术要点

本技术结合种畜场养殖生产特点，制定了种畜场口蹄疫实现免疫无疫控制技术体系，包括疫苗选择、免疫程序制定、免疫操作、免疫效果评价、监测频率、监测方法、监测方式、处置措施、场内布局、畜群管理、人员管理、车辆管理、物品管理、消毒、无害化处理、风险动物控制、消毒等防疫、生物安全管理措施以及风险评估等技术内容。

**1. 免疫技术**

免疫是建设和维持种畜场免疫无疫的基础。通过加强免疫逐渐降低种畜场发病率，剔除带毒动物，实现免疫无疫，通过加强免疫，维持种畜场的无疫状态。

（1）疫苗选择：种畜场应根据本地流行的口蹄疫病毒血清型及流行毒株，选择抗原匹配的口蹄疫疫苗，疫苗纯度应达到要求。

（2）免疫程序：种畜场应根据牲畜口蹄疫母源抗体的消长规律、养殖周期、选用疫苗的效力、免疫持续期以及本场及周边地区疫病流行情况等制定科学合理的免疫程序，免疫程序可参考以下规程。

牛的免疫程序：犊牛 80～90 日龄首免，间隔 1 个月加强免疫，以后每间隔 4～6 个月免疫免疫一次。生产母牛分娩前 2 个月免疫。种公牛首免后每隔 4～6 个月免疫 1 次。

羊的免疫程序：羔羊 30～45 日龄首免，间隔 1 个月加强免疫，以后每间隔 4～6 个月免疫免疫一次。生产母羊分娩前 2 个月免疫。种公羊首免后每隔 4～6 个月免疫一次。

猪的免疫程序：仔猪 30～45 日龄首免，间隔 1 个月加强免疫，以后每间隔 4～6 个月免疫免疫一次。生产母猪分娩前 2 个月免疫。种猪首免后每隔 4～6 个月免疫一次。

（3）免疫操作：动物健康状态良好、疫苗质量过关、规范的操作才能保证达到免疫效果。待免疫动物应临床健康，病畜、弱畜、孕畜、断奶期内仔畜暂缓免疫。免疫前检查疫苗外包装是否完好，查看疫苗标签信息是否完整、是否在有效期内，重点检查疫苗名称、生产批号、批准文号、保存期或失效日期、生产厂家等信息。疫苗出现破乳分层、有沉淀物或颜色改变等现象时应弃去。免疫注射时将疫苗平衡至室温，保定待免疫动物，按照疫苗说明书规定的用法与用量进行免疫，肌肉注射时应保证进针角度和深度，确保疫苗注入到肌肉内。

（4）免疫效果评价：牛羊在免疫后 21d，猪在免疫后 28d 采集血清样品进行抗体监测。采集的样品应有代表性，可采用分层抽样方式，根据牲畜年龄、性别或者圈舍，建立分层，各层按照随机方式抽样。采用用液相阻断酶联免疫吸附试验或固相竞争酶联免疫吸附试验检测口蹄疫病毒结构蛋白抗体。根据实验室检测结果，计算免疫抗体合格率，评价群体免疫力。免疫抗体合格率未达到 80％，应进行补免。

（5）紧急免疫：当种畜场周边 10 公里范围内发生口蹄疫疫情时，全场应进行一次紧急免疫。

**2. 监测**

（1）监测计划：种畜场应根据本场养殖实际制定监测方案（计划），确定监测范围、监测方式以及抽样方法等，并按计划定期进行监测。除定期监测外，种畜场还应当结合周边养殖情况和本场疫病情况，随时进行疫病风险监测。

（2）监测范围：种畜场应对动物日常健康情况进行监测，对场内群体免疫水平、动物带毒情况进行监测，对场内发病、死亡动物进行监测。

（3）临床巡查：场内兽医应每日观察牲畜行为表现、休息状态、反应、采食饮水情况、被毛外观和粪便状态。重点关注牲畜是否表现食欲减退、发热、口鼻流涎、口蹄部位是否出现水泡和破溃、跛行、喜卧等口蹄疫典型症状。临床巡查发现牲畜出现口蹄疫可疑临床症状、异常死亡或其他异常状况的，应及时采取隔离措施。

（4）采样监测：种畜场可根据本场以及周边动物疫病流行情况确定采样检测频率，每半年至少采样一次。同时根据风险评估结果，增加采样检测频率。

定期监测可采用非结构蛋白 3ABC 抗体间接酶联免疫吸附试验或非结构蛋白 3ABC 抗体

阻断酶联免疫吸附试验检测血清样品中的口蹄疫病毒非结构蛋白 3ABC 抗体。非结构蛋白 3ABC 抗体检测阳性的种畜，牛羊采集咽喉/食道部分泌物、猪采集扁桃体样品，采用荧光定量反转录聚合酶链式反应（荧光定量 RT-PCR）方法或多重反转录-聚合酶链式反应（多重 RT-PCR）检测口蹄疫病毒核酸。

临床无明显特异性症状的易感动物，如果非结构蛋白 3ABC 抗体检测阳性，口蹄疫病毒核酸检测阳性，可判定为口蹄疫带毒动物，应立即对检测阳性动物进行隔离，并按要求报告和处置。临床无明显特异性症状的易感动物，如果非结构蛋白 3ABC 抗体检测阳性的种畜，口蹄疫病毒核酸检测为阴性，可间隔 15d 再采样检测一次。

**3. 生物安全管理**

（1）场内布局：种畜场内布局应考虑工艺流程合理，空气流通适当的原则，人员、物品、车辆、动物的流动按照低风险向高风险的原则流动。场内实施严格的分区管理，生产区、管理区和生活区应严格分区，并具有效的物理隔断。场内净道和污道分开，不能交叉。

（2）畜群管理：种畜场应坚持自繁自育，必须从外场引种时，经检疫合格后，方可引入，引入后必须隔离饲养 21d，确认健康后方可混群饲养。场内不得同时饲养其它易感动物。建立牲畜标识和可追溯系统。场内兽医应每日对畜群进行临床巡查，及时发现感染动物，进行隔离处置。对于畜群要定期开展感染监测，确定畜群健康水平，免疫后还要开展免疫效果评价，了解种群的群体免疫力。

（3）人员管理：种畜场应配备与其养殖规模相适应的执业兽医，执业兽医不得兼职。场内工作人员不得在自家饲养易感动物，也不得在其它养殖场从事技术服务。人员在上岗前应进行相关的岗位培训和生物安全培训，并定期进行培训。

人员进入办公/生活区域应遵守以下流程：①人员入场前应更换干净、消毒过的衣服及鞋靴，洗手消毒后入场，有条件的种畜场，人员应淋浴后入场。②人员携带的物品经消毒后方可入场。③未经允许，人员禁止进入生产区。

人员进入生产区的流程：①人员应更换干净、消毒过的衣物及鞋靴、洗手消毒后方可进入生产区，有条件的种畜场，人员应淋浴后进入生产区。②人员应按照规定路线进入各自工作区域，严格按照从低风险区域向高风险区域的方向移动。③应专人、专舍、专岗，禁止串区串舍。

（4）车辆管理：严禁外部车辆进入场内，场内应有专门的转运车辆。应在场外设置牲畜中转站。饲料运输车辆应停在场区外，饲料由场内车辆运入场内。场内应有相对独立的车辆清洗消毒场所进行内部车辆洗消和停放。车辆使用完毕应立即进行清洗、消毒和干燥。

（5）物品管理：种畜场应制定生活物资、饲料、兽药、疫苗等物品入场的操作规程，包括进场流程、消毒、转移等关键环节的相关要求。应制定物资采购计划，定期采购。物品在场内应按照由低风险向高风险的方向流动。偶蹄动物生鲜及制品应禁止入场。

（6）消毒：口蹄疫病毒对酸、碱都敏感，可选用氢氧化钠、醛类、氧化类等消毒剂。针对进出人员、工作服和鞋、帽、出入车辆及设备用具、场区道路和环境、新建、排空及带动物饲舍内外部环境、饮水及饲喂设备用具、饲草，垫料、粪尿、污水、兽医室、兽医器械及用品等环节，制定日常清洁、处理和消毒工作制度和标准化操作程序，并严格执行。应根据消毒剂特点，选择适合不同应用场点的消毒剂。

（7）无害化处理：种畜场要配备与生产相适应的无害化处理设施，粪便、污水等应进行无害化处理。染疫牲畜及其排泄物、染疫产品，病死或者死因不明的牲畜尸体要无害化处理，不得随意处置，防止造成场内污染。未使用完的疫苗、使用过的疫苗瓶、注射器、针头、过期疫苗以及检测试剂等也要进行无害化处理。

（8）风险动物控制：种畜场应有围墙与外界进行物理隔离，采用密闭式大门。场内禁止饲养宠物。发现野生动物应及时驱赶离开。

**4. 风险评估**

（1）风险评估频率：种畜场应结合生产实际，每年至少开展1次风险分析。

（2）风险分析：口蹄疫发生的风险来源分析应关注口蹄疫感染动物、感染动物的尸体、组织、感染动物排泄物和分泌物、动物源性制品和食品、被病毒污染的载体，包括圈舍、饲料、垫料、水、空气、土壤、工具、车辆、工作人员鞋帽和衣物等；与病毒接触过的人员；易感野生动物；人工授精等。种畜场可根据感染因子的可能来源，对生产环境、场内布局、畜群管理、人员管理、车辆管理、物资管理、消毒措施、无害处理等各环节各种潜在风险因素建立风险评估表，并定期依据评估表进行系统性评估。

（3）风险消除：种畜场应根据风险分析结果，制定实施针对性的风险管理措施，及时消除风险。对于严重风险因素，应当设立相应的关键控制点，并制定相应的标准操作程序。

## 三、预期的经济效果

本技术标准的实施，将有助于种畜场防控口蹄疫，实现免疫无疫，可减少该病对我国养殖业所造成的经济损失，促进养殖业健康发展。

## 四、注意事项

（1）我国对口蹄疫实施强制免疫，种畜场应按照国家的强制免疫计划要求实施免疫。

（2）种畜场发现动物出现疑似口蹄疫症状或日常监测中检出口蹄疫核酸阳性的，应按照国家相关规定及时向动物疫病预防控制机构报告。

（3）种牛、种羊的非结构蛋白3ABC抗体检测阳性，有可能由于多次疫苗免疫引起，需同时结合O-P液的口蹄疫病毒核酸检测排除。

（4）母源抗体持续期是影响口蹄疫疫苗免疫程序制定的主要原因，种畜场应根据牲畜口蹄疫母源抗体的消长规律、养殖周期、选用疫苗的效力、免疫持续期等制定本场的免疫程序。

（5）种畜场在免疫后要进行免疫抗体监测，评价免疫效果，对免疫不合格的，要及时补免，切实保证免疫达到保护效果。

**技术依托单位**

中国动物卫生与流行病学中心

联系地址：北京市朝阳区麦子店街20号楼

邮政编码：100125

联 系 人：保全刚

联系电话：85648014

# 非洲猪瘟常态化防控技术

## 一、技术概述

### 1. 技术基本情况

2018 年，非洲猪瘟疫情传入我国，对生猪产业发展造成巨大冲击。防控非洲猪瘟、保障猪肉产品供给，成为近年农业农村领域最重要的工作任务之一。党中央、国务院对此高度重视，部领导多次做出重要批示指示和部署安排。面对这个全球均无有效疫苗的"生猪头号杀手"，广大畜牧兽医战线的技术人员和专家学者积极探索，研究推广适用防控技术，取得了多项重要的关键性技术成果，成功遏制了非洲猪瘟疫情，有力促进和保障了生猪生产恢复发展。但我国生猪养殖体量巨大，养殖模式多样，产业链条复杂，生物安全水平总体不高，境外非洲猪瘟疫情输入风险持续存在，境内病毒分布依然很广且已在野猪群中定殖，非洲猪瘟疫情防控形势依然复杂严峻。按照部领导指示，我们组织部属事业单位、生猪产业体系、生猪生产企业、科研院所和行业管理方面的专家，系统研究了生猪养殖、运输、屠宰和病死猪无害化处理等环节的风险因素和防控技术，形成了相应的技术标准和规范，分类指导生产经营主体查漏补缺、精准防控，化解非洲猪瘟发生风险。

### 2. 成果鉴定情况

2020 年 7 月，中国动物卫生与流行病学中心组织了来自 4 个省份动物疫病预防控制中心和动物卫生监督所、扬州大学等 2 所高校，以及牧原股份集团有限公司等 4 家企业的 16 名专家对"非洲猪瘟常态化防控技术"进行了评审，与会专家一致认为：该技术符合新时期非洲猪瘟防控需求，且经过实践有效，是非洲猪瘟常态化防控机制的基础，对促进生猪产业健康发展，确保猪肉等重要副食品有效供给有重要意义。

### 3. 技术示范推广情况

2020 年 8 月，非洲猪瘟常态化防控技术指南以农业农村部办公厅文件形式印发，该技术已在全国范围多数生猪养殖企业、屠宰企业和无害化处理企业推广应用，地方行业管理部门和各类生产经营主体给予了一致肯定与好评，取得了良好的经济效益和社会效益。

## 二、技术要点

### 1. 生猪养殖环节

对中小养猪场户、规模化猪场和饲料生产经营场所实施分类指导，规范生猪产业相关人员动物防疫行为。一是引导中小养殖场户将生产区、生活区相互分离，实施"自繁自养""全进全出"模式，设置出猪台（间），严格执行引种检测、隔离制度，严格管控入场车辆、物资和人员，病死猪和废弃物按规范处理，定期开展猪场清洁和消毒。二是对新建规模化猪场的选址建立了一套生物安全风险评估技术，生物安全综合评分 90～100 分的，可建母猪场，80～90 分的可建育肥猪场；场区按生物安全风险等级实施分区管理，引种严格遵循引种 5 个步骤，猪群饲养应实行 3 阶段转群、5 阶段调出制度，鼓励建立洗消和烘干中心，对不同类型的物资、车辆实施分类管理，控制风险动物接触猪群，人员遵循单向流动原则，分区实施卫生和消毒制度，根据具体条件，建立"区域" ＋ "聚落" ＋ "快检"的一、二、三级联动实验室，建立快速检测与监测体系，异常猪只处理后，应持续检测 21d。三是养殖场非洲猪瘟自检实验室应建在场区之外，屠宰企业的应建在生产区之外，如需提取核酸，实验室布局至少隔成 3 间，室内净高不低于 2.6m，设施环境符合有关生物安全要求。专职检测人员具有兽医、生物或相关学习背景，并经过培训考核后上岗。四是饲料生产经营场所按分区管理原则，对原料、车辆、人员、物资与食材等关键风险点进行控制。

**2. 生猪调运和屠宰环节**

一是要求从事生猪收购贩运以及承运的单位和个人应按规定备案、配备车辆定位跟踪装置、建立健全收购贩运及承运台账，运输时合理规划路径，控制装载数量（≤15 头/栏）、密度（≤265kg/m²）和温度（>25℃或者<5℃时，采取防应激措施），及时清洗消毒运输车辆。完善了生猪运输车辆清洗消毒程序：清扫与整理、初次清洗（从内到外、从上到下、从前到后）、二次清洗（保持清洁剂泡沫湿润 10～20min，冲洗水温为 60～80℃）、检查干燥、消毒干燥（有效消毒剂定期轮换使用）。二是生猪屠宰场应生产工艺流程分区作业，区分人流物流，屠宰分割车间清洗用热水温度不低于 40℃，消毒用热水温度不低于 82℃。大门、卸猪台配置清洗消毒设施设备。与所生产生猪产品接触的人员应定期体检，持证上岗。驻场官方兽医入场前后 7 天内不应去非洲猪瘟高风险场所。生产过程中的污水、污物、病害生猪及其产品、废弃物等，应及时分类收集、贮存，使用专用车辆、容器运送，按要求进行无害化处理或委托有资质企业处理（应有委托协议）。使用批准的 PCR 检测试剂盒检测抗凝血或组织样品，批批检，全覆盖。各项生产及管理记录保存期限不少于 2 年。三是生猪运输车辆洗消中心布局应划分污区、净区和缓冲区，出入口处设置与门同宽，长 4m，深 0.3m 以上的消毒池，采用标识管理控制人、车、物等单向流动。

**3. 无害化处理环节**

污道、净道应分离，污区、净区封闭合理，处理工艺技术应符合规范要求，设立防鼠防蝇设施。暂存病死动物的冷库，每月清空并清洗消毒 1 次，定期开展污染风险采样监测评估。病死动物收集转运包装材料和专用车辆要符合密闭要求。病死动物暂存点运行期间每日 1 次全面消毒外环境，到过暂存点的人员 21d 内不得进入生猪饲养区和饲料生产销售区。从业人员作业后 21d 不得进入养殖区域。

## 三、适用前景

本技术根据当前非洲猪瘟防控形势，首次对生猪养殖、运输、屠宰和病死猪无害化处理等环节的风险因素和防控技术要点进行了系统研究，按照"分类指导、精准防控"原则，形成了适用于不同生产主体的非洲猪瘟常态化防控技术。该技术在全国范围内推广应用，能进一步促进群防群控局面的形成，有效降低环境病毒载量，降低养殖环节非洲猪瘟病毒传入和扩散风险，减少非洲猪瘟疫情的发生，对恢复生猪生产和稳产保供提供有力支撑。

## 技术依托单位

陕西省动物疫病预防控制中心

联系地址：陕西省西安市未央路 28 号

邮政编码：710016

联 系 人：赵宝明

联系电话：029-86269295

# 奶山羊布鲁氏菌病区域净化技术

## 一、技术概述

### 1. 技术基本情况

动物布鲁氏菌病是目前极为重要的人畜共患传染病，也是国家确定的优先防治病种之一。布病分布广、传播快、危害大，对畜牧业生产和人类健康均会带来严重的危害。牛羊发生布病后，将导致怀孕牛羊大量流产，同时，会对牛羊动物产品的质量造成严重影响，从而对养牛、养羊业的健康发展造成毁灭性打击，与此同时牛羊布病的发生会传染给人类，引起人的流产，并使感染者丧失劳动能力，危害极大。近几年，随着牛羊及畜产品流通的加快，人间和畜间布病呈明显上升趋势，全国多地报道发生人间聚集性疫情，引起了国家及省级层面卫生健康和动物疫病控制部门的高度关注。

陕西省是全国最大的奶山羊生产基地，被誉为"中国奶山羊之乡"。我省关中和渭北地区处在北纬 $33°50'\sim35°4'$ 之间，属奶山羊最佳优生区，是行业公认的羊奶黄金带。2018年，省委、省政府认真贯彻落实习近平总书记来陕视察提出的"扎实推进特色现代农业建设"的要求，通过三年左右努力，我省奶山羊的良种规模、存栏量、羊奶产量、产业聚集度、羊奶加工能力、羊乳制品产量、羊乳制品市场占有量等七项指标均稳居全国第一位，在行业形成"世界奶山羊看中国，中国奶山羊看陕西"、"陕西奶山羊中国羊乳领头羊"等共识。

同时，陕西省属于布病重点流行区，近年来的牛羊布病疫情形势不容乐观，据陕西省动物疫病预防控制中心监测，部分区域羊只布病阳性率较高，全省连续爆发多起人接触奶山羊或生羊乳后感染布病疫情。2018年我省人间布病发病数和疫区范围达到近20年以来的最高峰。从全省监测数据、布病发生及报告情况看，我省畜间布病感染情况较重，流行范围较广，畜间布病疫点数持续上升，污染面进一步扩大，畜间布病病例主要集中在奶山羊饲养区域。因此，牛羊布病尤其是奶山羊布病防控工作已成为当前形势所需，是一项重大的民生工程，关系到人民健康和社会安定，要引起高度重视。

目前，从中央到地方都已认识到其重要性和迫切性，而为了有效控制布病，首要的工作是推广必要的技术措施。通过实施和推广本项目技术，可形成一套完善的奶山羊布病防控技术体系，总结出可在全国复制推广的奶山羊布病防控新方法和新策略，切实提高以奶山羊为主的布病防控水平，有效降低布病流行率，确保畜牧业高质量发展和公共卫生安全。

### 2. 技术示范推广情况

自2015年起，陕西省先后在宝鸡市、铜川市开展奶畜"两病"净化试点示范工作，在关中四市开展奶山羊布病净化试点工作，初步探索建立了不同养殖模式、不同规模养殖场和农村散养户布病检测净化模式，特别是针对部分违规免疫布病疫苗、免疫背景不清的规模养殖场，通过实施"连续监测、扑杀隔离、分群饲养"（对监测的阳性畜分群隔离饲养，对阳性畜群每半年监测一次，阳性畜再分群隔离饲养，持续监测、分群隔离饲养，18个月后监测仍阳性的畜再扑杀）的净化模式，最终可以达到净化群标准。目前，我省已有1个规模牛场、2 个种羊场通过国家动物疫病净化创建场评估，1 个种公牛站通过国家布病、结核病净化示范场现场验收。

作为本项目的子课题，《动物疫病渐进式防控路径（PCP）在陕北白绒山羊布病防控中的应用》课题于 2014 年至 2016 年间，在宝鸡、渭南、榆林、延安四市推广实施近 3 年。项目基本实现了 PCP 技术在上述四市的全覆盖，通过研究和阶段性推广，也充分证明了 PCP 技术在奶山羊布病防控中收到显著效果。

**3. 提质增效情况**

据统计，通过在陕西 15 个奶山羊基地县示范推广该项目，涉及各类不同规模奶山羊养殖场 2 万余个，涉及奶山羊 200 万只。根据"农业科研成果经济效益计算方法"计算显示，在宝鸡市已推广的 42 万只羊，减少因布病导致的流产和因布病导致的奶源浪费，已获经济效益 5 000 余万元，未来两年可获利 12 829.04 万元，3 年内可获利 19 857.88 万元，年均经济效益 6 619.29 万元，科研投资年均纯收益为 10.65 万元。同时，由于死亡率降低和羔羊成活率的提高，节省了药费支出和病死畜无害化处理费用，可间接增加经济收入 600 多万元，从而产生巨大的间接经济效益。

本项目技术的推广旨在通过监测发现阳性感染羊群，并通过净化技术实施使感染羊群布病得以净化，最终由点及面，建成布病净化示范区，有效保障人民群众身体健康，有巨大的经济效益、社会效益和生态效益。另外通过推广本项目，可以使该技术应用逐渐覆盖全国奶山羊养殖企业和基层畜牧兽医体系，不仅能充分发挥规模效益，大幅度降低疫病监测和疫病防控成本，提高疫病防控的科学性和有效性，而且进一步降低了动物的发病、死亡率，产生显著的经济效益和社会效益。

**4. 技术获奖情况**

"奶山羊布鲁氏菌病区域净化技术"还未申报省部级科技奖励。目前，中国动物疫病预防控制中心、陕西省农业农村厅已签署"陕西省关中地区奶山羊布鲁氏菌病净化示范区建设框架合作协议"，共同推进该项目实施。作为该项目的子课题，"动物疫病渐进式防控路径（PCP）在陕北白绒山羊布病防控中的应用"项目荣获 2019 年度陕西省科学技术进步奖（三等奖）。

## 二、技术要点

**1. 基于流行病学统计分析的风险评估技术**

本项目基于现代流行病学调查技术，利用统计学原理，按照风险评估理论，对奶山羊布病流行现状和风险因素进行研究，通过问卷调查、现场调查、市场链调查与抽样检测相结合的方式进行。

（1）通过问卷调查和现场询问调查及市场链调查，结合抽样检测结果，通过分析，了解奶山羊发病现状、分布和风险因素，为制定防控措施提供科学依据。

（2）利用分阶段抽样策略，在一个区域内，先按 10% 的预期群流行率，95% 置信水平，5%～8% 可接受误差，抽取流行病学单元（一个场、散养户每个村可作为一个流行病学单元），样本量按公式计算（其中 $Z_\alpha=1.96$，$p$ 为估计流行率，$q=1-p$，$L$ 为可接受误差）。每个流行病学单元的样本量按 5% 的个体流行率，95% 置信水平，3% 可接受误差抽取，通过检测，计算分析确定感染现状（流行率）。

**2. 基于风险评估的布病采样监测技术**

（1）参照国家及行业相关标准，通过颈静脉采集血液，注意样品运输条件、血清分离采取自然析出法或者离心法分离血清，在样品采集、样品运输、血清分离等环节形成了一套规范化的采样技术，制定陕西省地方标准《动物疫病采样生物安全防护技术规范》。

（2）利用陕西省动物疫病预防控制中心独立研发的"动物疫情监测与预警综合平台"，结合"GIS"地理信息系统、疫情信息系统、项目实施区域的疫情监测体系和实验室调查结果形成布病的规范检测技术。依据《动物布鲁氏菌病诊断技术》（GB/T 18646—2018），对布鲁氏菌病用虎红平板凝集试验（RBPT）进行初筛，用试管凝集试验（SAT）或竞争ELISA（c-ELISA）试验进行复核确诊。

**3. 规范化的无害化处理和消毒技术**

（1）利用国家相关标准中的无害化处理技术和生产实践相结合，形成适于陕西的规范化无害化处理技术。病畜及阳性畜全部扑杀，病死和扑杀的病畜及其流产胎儿、胎衣、排泄物、乳、乳制品等按照《畜禽病害肉尸及其产品无害化处理规程》（GB 16548—2006）进行无害化处理。

（2）利用国家相关标准中的消毒技术和生产实践相结合，优化成规范化的消毒技术。制定科学的消毒程序，合理选用消毒方法，对病畜和阳性畜污染的场所、用具、物品进行严格消毒。采用常见的消毒方法：喷雾消毒法、浸泡消毒法、火焰消毒法、熏蒸消毒法和紫外线照射法等实施消毒。

**4. 羊只动态管理的流通监管技术**

严格落实各项调运和检疫制度，严禁从疫区调入奶山羊。跨省调入羊只及其它易感动物，在调运前30d在输出地进行一次布病检测，阴性方可调入；调入后隔离期满前进行一次布病检测，阴性方可混群。建立以流通监管为核心的立体式监管技术，将羊只监管覆盖到养殖全周期、产业全链条，实现净化区内羊只动态管理，持续降低区域整体风险。

**5. 分类施策、分区防控的区域净化技术**

（1）以县（市、区）为单位，根据各地布病监测基线数据，将奶山羊基地县划分为假定净化区、假定稳定控制区、假定控制区及未控制区，通过采取"检测-扑杀-监测-净化"的措施，加强检疫监管，开展场群布病净化工作。

（2）各县根据实际情况以场为单位，分步骤分阶段逐步实施布病净化工作，每个区域内按照不同养殖模式分类施策，存栏量200只以上的规模场，以养殖场为净化主体，开展自主监测净化、业务部门监督抽检的净化模式；中小散户以乡镇为净化单元，形成由乡镇政府主导，县级业务部门主抓的净化模式。由点及面，最终实现布病区域净化。

**6. 维持净化效果的综合防控技术**

（1）加强养殖场的临床巡查，每年对布病阴性场进行一次抽样监测，维持净化效果。对于净化区，重点监测种羊场和调运频繁的场群及屠宰场，发现阳性畜应及时剔除并按照"检测-扑杀-监测-净化"的技术路线开展监测净化工作，开展溯源追踪调查。

（2）探索引入商业保险扑杀补助和项目奖惩机制，进一步发挥保险、协会等社会力量在布病区域净化工作中的参与度。对规模养殖场推行布鲁氏菌病净化考核奖励办法，从源头提高养殖场户开展布病净化的积极性。

（3）严格规范疫情管理与报告，与当地疾控部门定期对人感染布病病例、畜间布病疫情

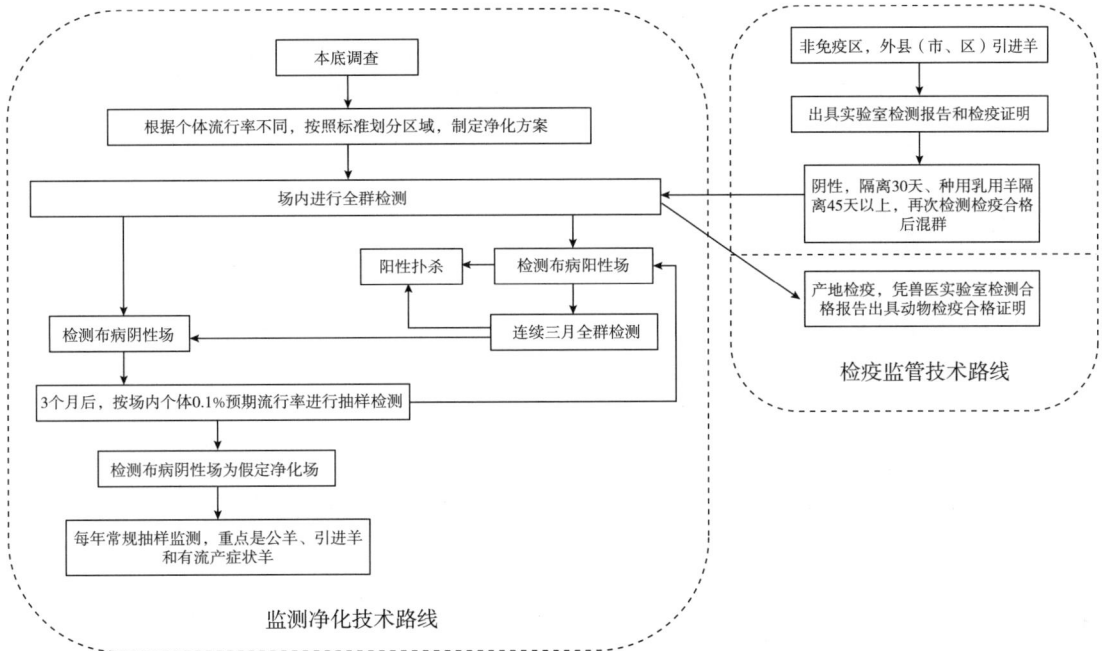

进行分析研判，及时掌握疫情发展趋势。当出现人感染布病病例或畜间布病疫情时，及时上报当地畜牧兽医部门，组织并开展紧急流行病学调查，对布病感染阳性动物进行溯源和追踪，及时提交紧急流行病学调查报告至省动物疫病预防控制中心。

（4）重视宣传培训，通过举办培训班、开展宣传咨询、印发宣传资料、发放告知书等形式，宣传普及布病防治知识，引导养殖场户健康养殖，提高公众防范意识。

## 三、适宜区域

"奶山羊布鲁氏菌病区域净化技术"方案，可根据不同基线调查结果，在全国范围内分类实施。

未控制区：以县（市、区）为单位，奶山羊场监测面为100%，每年至少开展2次抽检。每场群采集不少于30份样品，优先抽取公羊、有过流产史的母羊和外地新引进的羊等风险动物。

控制区和稳定控制区：以县（市、区）为单位，重点监测种畜场和羊调运频繁的场群，每年至少开展1次以上的抽检。控制区每场群按0.5%羊预期流行率对个体样本数进行采样检测，稳定控制区按0.1%羊预期流行率进行采样检测。

净化区：重点监测种羊场和调运频繁的场群及屠宰场，发现阳性畜应及时剔除，开展溯源追踪调查，并按照"检测-扑杀-监测-净化"的技术路线开展净化维持工作。

## 四、注意事项

一方面，动物疫病区域净化已经明确写入新修订的《动物防疫法》，但是在布病区域净化方面目前还存在思想认识不够，未形成布病净化的广泛共识；技术力量不强，缺乏区域净化技术实践，在区域风险评估、技术标准制定等方面存在短板；经费投入不足，缺乏布病净化专项经费，难以保障净化各项技术方案和措施落实；调运监管存在盲区，患病畜调运传播风险难以控制等。另一方面，本技术部分研究技术路线基于兽医现代流行病学知识，目前该学科属于相对新兴的学科，兽医行业人士大多还不能充分掌握该学科所涉及的关键科学技术。大多人员缺乏该学科技术知识，容易出现诸多技术实施困难和瓶颈。

**技术依托单位**

1. 陕西省动物疫病预防控制中心

联系地址：陕西省西安市未央路 28 号

邮政编码：710016

联 系 人：赵光明

联系电话：13891850845

2. 中国动物疫病预防控制中心

联系地址：北京市朝阳区麦子店街 20 号楼

邮政编码：100125

联 系 人：翟新验

联系电话：13366997023

3. 西北农林科技大学动物医学院

联系地址：陕西省杨凌示范区西农路 22 号

邮政编码：712100

联 系 人：杨增岐

联系电话：13991102727

# 生猪养殖机械化防疫技术

## 一、技术概述

### 1. 技术基本情况

生猪稳产保供是当前经济工作的一件大事，加强养殖场疫病防控对于保障生猪恢复具有重要意义。《中共中央　国务院关于全面推进乡村振兴加快农业农村现代化的意见》《国务院办公厅关于促进畜牧业高质量发展的意见》，以及《农业农村部关于加快畜牧业机械化发展的意见》等重要文件对加强防疫提出明确要求。近年来，受到非洲猪瘟等的影响打击，生猪养殖业正处于加快生产恢复期，开展机械化防疫意义重大。

从系统分析的角度讲，养殖场内的病原主要由场外输入。输入来源主要包括进入养殖场的车辆、人员、物资，以及鼠、蚊蝇、鸟等病媒生物。据统计，由鼠、蚊蝇、鸟等病媒生物传播扩散造成的疫病比例可达 60%～80%。非洲猪瘟疫情发生至今，对中国生猪养殖业造成巨大损失。防控养殖场疫情，主要是切断传播途径。

为减少疫病传播，保障食品安全，经过多年实践和总结，结合非洲猪瘟等疫情防控实际需要，提炼形成了以机械化设施装备为核心，药防、机防技术集成融合的生猪养殖机械化防疫技术。

### 2. 技术示范推广情况

2014 年以来，生猪养殖机械化防疫技术陆续在温氏集团、正大集团、牧原集团、中粮家佳康、新希望六和等养殖企业的 3 000 多个养殖场推广，在新建场及旧场改造项目中也正在大量应用，是加强养殖场防疫安全的关键技术。2020 年初，农业农村部农业机械试验鉴定总站、农业农村部农业机械化技术开发推广总站发布《养殖场机械化消杀防疫技术指南》，当年底发布《生猪规模养殖机械化消杀防疫设备配置技术规范》，向养殖场推广该技术。2021 年初，农业农村部发布养殖场车辆洗消系统、圈舍冲洗喷雾消毒设备两类产品的推广鉴定大纲，推广相关设备。

### 3. 提质增效情况

该技术可有效阻断病原传播。在北京、云南等地进行试验，针对 96 批次的运输车辆清洗消毒测试，在依次经过预清洗、泡沫清洗、深度清洗、喷雾消杀、高温烘干消毒等过程后，灭菌率分别可达到 12.3%、67.5%、75.9%、91.3%、100%。对人员、物资，以及养殖场和圈舍环境进行消杀验证，能够实现冲洗彻底、雾滴均匀、作用时间长，满足了防疫要求，并且能够节省资源浪费，较传统消杀方式可节省药物达 30%、节省了人力 70%，又能减少消毒剂对人员和生猪的伤害。场内鼠害可降低 95% 以上，蚊蝇灭杀 80% 以上，85% 的留鸟、100% 的夏候鸟、100% 的旅鸟被驱离。

该技术产生了良好社会效益，所应用的养殖场未受到非洲猪瘟严重影响，病媒得到有效控制，仅以鼠害防控进行测算，年度投入创造经济效益价值比为 1：58。通过 2 年内对 200 余个生猪养殖场开展病媒防控 500 余次的数据测算，减少直接经济损失 2.8 亿元。

### 4. 技术获奖情况

生猪养殖机械化防疫技术中的灭鼠方法被中国科学家论坛组委会授予"中国科技创新发

明成果"。

## 二、技术要点

### 1. 机械化消杀

机械化消杀主要环节包括养殖场进场消杀、生活区和办公区消杀、生产区消杀。机械化消杀技术应用需同药物防控技术有机结合，并在设备选用时充分考虑药剂特性。

（1）养殖场进场消杀：包括车辆进场消杀、人员进场消杀、物资进场消杀。

车辆消杀：车体表面消杀的一般流程包括预清洗、泡沫清洗、深度清洗、沥干、喷雾消杀、烘干消杀。预清洗、深度清洗选用高压清洗设备，喷水压力值在 16～18MPa，并且单个喷头流量值在 15～25L/min 范围内；泡沫清洗选用自动发泡设备喷洒压力值在 6～8MPa，并且总流量值在 70～90L/min 范围内；喷雾消杀选用喷雾设备，雾滴直径在 80～150$\mu$m 范围内；烘干消杀设备温度在 65～75℃。驾驶室消杀选用喷雾设备，雾滴直径在 10～20$\mu$m 和 20～50$\mu$m 两个范围内。大中规模养殖场或多个集中的小型养殖场可以采用建设养殖场车辆洗消系统的方式开展消杀，小型养殖场也可以使用单一功能设备的组合实现车辆消杀。

养殖场车辆洗消系统

人员进场消杀选用的喷雾设备，雾滴直径在 40～60$\mu$m 范围内，常用雾化方式有超声波、离心等，手部、鞋底可使用消杀盆、消杀池。物资进场消杀选用的喷雾设备，雾滴直径在 5～10$\mu$m 范围内，烘干设备温度在 65～75℃，或采用浸泡消毒池。

（2）生活区和办公区消杀：包括室内环境消杀、室外环境消杀。

室内环境消杀选用喷雾设备，雾滴直径在 60～80$\mu$m 范围内；室外环境消杀的重点是卫生间、食堂、垃圾站等人员密集或污染源较多的区域外围，选用的喷雾设备雾滴直径在 80～120$\mu$m，并且喷幅在 12～15m 范围内。

（3）生产区消杀：包括对进入生产区和圈舍的人员体表消

离心式人员消毒设备

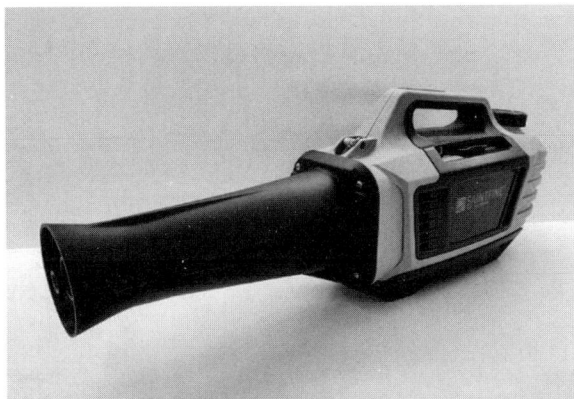

蓄电池式喷雾设备

杀、圈舍消杀、生产区外部环境消杀。

对进入生产区的人员体表消杀，一般流程是：先喷雾消杀，后洗澡更衣，再进行喷雾消杀。选用的喷雾设备雾滴直径在 $40\sim60\mu m$ 范围内，工作服最好专人专用或配置一次性工作服。对进入圈舍的人员体表进行消杀，设备要求与进入生产区人员体表消杀设备相同，也可选用具备喷雾功能的风帘设备，同时更换水鞋（专舍专用）。

圈舍消杀包括带畜消杀和空舍消杀。带畜消杀选用的喷雾设备雾滴直径在 $50\sim80\mu m$ 范围内。空舍消杀一般流程包括：预清洗、泡沫清洗、深度清洗、喷雾消杀。预清洗、深度清洗选用的高压清洗设备喷水压力值在 $16\sim18MPa$，并且单个喷头流量值在 $15\sim25L/min$ 范围内，具备冷热水功能；泡沫清洗选用的自动发泡设备压力值在 $6\sim8MPa$，并且总流量值在 $70\sim90L/min$ 范围内；喷雾消杀选用的喷雾设备雾滴直径在 $50\sim80\mu m$ 范围内。

生产区外部环境消杀，对于地面、房舍、设备、人行道等进行消杀，选用的喷雾设备雾滴直径在 $80\sim120\mu m$，并且喷幅在 $12\sim15m$ 范围内；对于垃圾站、化粪池、污道、畜禽产品中转区、料塔、水槽等重点疫病防控区域，选用的高压清洗设备压力值在 $16\sim18MPa$ 范围内，并且单个喷头流量在 $15\sim25L/min$ 范围内。

图 4　采用二流体技术的雾化设备

**2. 病媒机械化防控**

（1）鼠害防控。生产区舍内，沿墙每 50m 放置一台全自动捕鼠器，采用绿色安全的诱饵，并每 6 个月更换一次，每击毙 20 只鼠害更换一次气罐；生产区域出入口一侧 $0\sim2m$ 范围，放置一处红外线数显鼠害监测器，记录老鼠活动数据、频率和趋势。生产区舍外，沿圈舍外墙每 $15\sim20m$ 放置 1 处毒饵站，需防水、防风，定期更换诱饵。饲料物料库门口，加装高度 60cm 的金属包材挡鼠板，与墙面、地面之间的缝隙小于 6mm。

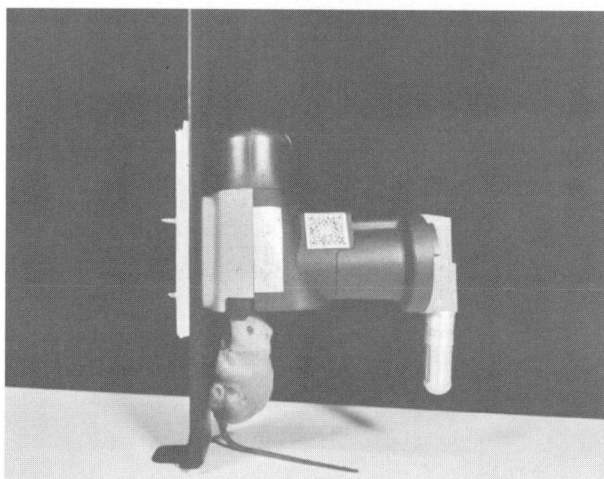

自动捕鼠设备

（2）蚊蝇防控。幼虫消杀：粪污区、排水沟渠，采用喷幅不小于 2m 的移动式喷雾设备，每 15d 进行消杀一次。成虫控制：生产区内采用灭蝇堡每 10～15m 一处，悬挂高度 0.5～1.8m，虫害满袋后及时进行更换；诱捕器每 30m 一处，悬挂高度 0.5～1.8m，每 7 天更换一次诱饵并清洁诱捕器。办公区和生活区设置捕虫灯和粘虫板，每 100m² 设置一台功率 30W 的捕虫灯，选用蓝紫光，安装于背光处，无竞争性光源。粘虫板规格采用 40cm×16cm，每月更换一次。蚊蝇活动高峰时期，清晨或傍晚使用雾滴直径在 30～80μm、喷幅 6～8m 的移动式喷雾设备配合灭杀药剂进行消杀。场区等面积较大的区域可采用喷幅在 10～15m 的消杀防疫车消杀防控。

（3）鸟类驱赶。养殖场舍外，采用固定式激光驱鸟器，激光波长 520±10μm 的绿激光束，有效射程 60～100m（昼夜背光度差异），每 20 亩安装一处，可水平旋转 350°、最大仰角 70°。安装在场区内较高建筑上方的无光线遮挡区域。养殖场舍内，采用手持式激光驱鸟器，对舍内入侵鸟进行驱赶，激光波长 520±10μm，有效射程 50m。驱赶前，需打开鸟害密集区域周边门窗，供鸟逃出。使用期间，设备每 4 小时需进行一次充电。

激光驱鸟设备

## 三、适宜区域

国内生猪养殖场。

## 四、注意事项

作业前应充分考虑极端恶劣天气的发生，避免会影响技术应用效果。

### 技术依托单位

1. 农业农村部农业机械试验鉴定总站、农业机械化技术开发推广总站

联系地址：北京市朝阳区东三环南路 96 号

邮政编码：100122

联 系 人：周小燕　吕占民

联系电话：010-59199036

电子邮箱：moajdz@126.com

2. 山东省农业机械试验鉴定站

联系地址：山东省济南市工业南路 67 号

邮政编码：250100

联 系 人：管延华　邱韶峰

联系电话：0531-83173612，0531-82372166

电子邮箱：sdnjjdzgyh@shandong.cn

3. 青岛尚芳环境科技有限公司、青岛尚芳亿龙网络科技有限公司

联系地址：崂山区香港东路 23 号国家大学科技园 117 室

邮政编码：266000

联 系 人：郑小龙

联系电话：13969750780

电子邮箱：chairman@saintfine.com

# 规模化鸡场消毒技术

## 一、技术概述

### （一）技术基本情况

中国鸡肉、鸡蛋年产量位居世界首位，蛋鸡、肉鸡的饲养已经成为部分地区的农业和农村经济的支柱产业。鸡病的防控与产品安全对保障养鸡业的重要发展具有重要意义。当前我国规模化鸡场消毒方面存在以下问题：一是市场上消毒剂种类繁多，效果参差不齐，养殖户在选择消毒剂的时候，存在很大盲目性；二是养殖户在使用消毒剂给鸡场消毒过程中，对消毒剂剂量、消毒时间和消毒效果方面没有科学依据，全凭经验；三是随着鸡场规模扩大，疫病流行情况多变。为解决以上问题，体系岗位科学家四川大学王红宁教授团队基于封闭式鸡舍细菌总数评价数学模型，将传统的5点采样转变为3点采样，制定了精准消毒技术规程，并于2011年和2019年分别制订和修订了《规模化鸡场消毒技术规范》（四川省质量技术监督局，标准编号：DB 51/T 1286—2011、DB 51/T 1286—2019），对切实保障家禽健康养殖和禽类肉蛋产品安全具有重要意义。

### （二）技术示范推广情况

2017—2019年间，该技术已在22个省（直辖市）31家企业推广应用，实现较大范围内的推广应用。

### （三）提质增效情况

2017—2019年，成果在22个省（直辖市）31家企业推广应用，同等剂量消毒效果提升80％，消毒间隔延长2倍，实现规模化鸡场的精准消毒，节约了养殖成本，鸡群健康、肉蛋安全和经济效益有了明显提高。

### （四）技术获奖情况

获2018年四川省科技进步奖（科技进步类）一等奖。

## 二、技术要点

基于鸡舍空气微生物数学模型，建立封闭式鸡舍空气微生物采样方法及评估体系，将传统的5点采样转变为3点采样。制定了精准消毒技术规程，其中包括规模化鸡场的消毒剂种类、消毒剂筛选、消毒程序及注意事项、消毒效果检测等。

### （一）消毒剂种类

包括季铵盐类、卤素类、过氧化剂类、醛类、酚类、碱类、醇类、酸类消毒剂，其有效成分、适用范围及优缺点详见下表。

消毒剂种类选择

| 消毒剂种类 | 有效成分 | 适用范围 | 优缺点 |
| --- | --- | --- | --- |
| 季铵盐类消毒剂 | 苯扎溴铵、癸甲溴铵、苯扎氯铵等 | 用于带鸡喷雾消毒、鸡舍用具、水槽、食槽及饮水消毒 | 无毒性、无刺激性、气味小、无腐蚀性、性质稳定，可有效杀灭细菌、有囊膜病毒和一些真菌 |

（续）

| 消毒剂种类 | 有效成分 | 适用范围 | 优缺点 |
|---|---|---|---|
| 卤素类消毒剂 | 次氯酸钠、碘伏、碘酊等 | 主要用于鸡体、车辆、鸡舍环境消毒 | 对细菌、病毒和真菌的杀灭效果较好，但对芽孢的效果较差 |
| 过氧化剂类消毒剂 | 过氧化氢、过氧乙酸、二氧化氯和臭氧等 | 过氧乙酸用于鸡体、鸡舍地面和用具消毒，也可用于密闭鸡舍、用具和种蛋的熏蒸消毒 | 具有广谱、高效、无残留、强氧化能力，能杀灭细菌、真菌、病毒等特点 |
| 醛类消毒剂 | 甲醛、戊二醛等 | 戊二醛主要用于带鸡喷雾消毒 | 具有高效力的杀菌、杀病毒、杀真菌和杀芽孢作用 |
| 酚类消毒剂 | 苯酚、甲酚、复合酚等 | 用于空舍、场地、车辆及排泄物的消毒 | 性质稳定，较低温仍有效 |
| 碱类消毒剂 | 氢氧化钠、生石灰等 | 适用于墙面、地面通道，消毒池、贮粪场、污水池等的消毒 | 对病毒、细菌的杀灭作用较强，高浓度溶液可杀灭芽胞，但有一定的刺激性及腐蚀性 |
| 醇类消毒剂 | 乙醇和异丙醇等 | 乙醇常用浓度为75%，用于皮肤、工具、设备、容器的消毒 | 属于中效消毒剂，可杀灭细菌繁殖体，破坏多数亲脂性病毒 |
| 酸类消毒剂 | 醋酸、硼酸、乳酸、酸性电解水等 | 常用于空气消毒 | 毒性较低，但杀菌能力一般较弱 |

## （二）消毒剂的筛选

### 1. 最小抑菌浓度的测定

采用倍比稀释法测定最小依据浓度（MIC）。将消毒剂用灭菌生理盐水分别按1:10、1:20、1:40、1:80、1:160、1:320、1:640、1:1 280、1:2 560 倍数稀释，可根据消毒剂的建议使用浓度，增加或减少稀释倍数。取每种稀释度的消毒剂溶液 2mL 与等量双倍浓度的营养肉汤混合，分别取金黄色葡萄球菌 ATCC6538，大肠杆菌 ATCC8099 或 ATCC11229，蜡样芽孢杆菌 CMCC63303悬液（菌含量为$10^8$CFU/mL）0.1mL，接种于各试管中，每个稀释度做 3 个重复，37℃ 48h 后观察抑菌效果。如有细菌生长，可见肉汤混浊，有的可见菌膜或菌环；无细菌生长时，肉汤清晰透明，能抑制细菌生长繁殖的消毒剂最高稀释倍数为此消毒剂对试验菌的 MIC。

### 2. 最小杀菌浓度的测定

将消毒剂用灭菌生理盐水分别按1:10、1:20、1:40、1:80、1:160、1:320、1:640、1:1 280、1:2 560 倍数稀释，可根据消毒剂的建议使用浓度，增加或减少稀释倍数。取每种稀释度消毒剂溶液 2mL 与金黄色葡萄球菌 ATCC6538，大肠杆菌 ATCC8099 或 ATCC11229，蜡样芽孢杆菌 CMCC63303悬液（菌含量为$10^8$CFU/mL）0.1mL，作用 1 分钟后取出 0.1mL 的样本接种于含中和剂的营养肉汤，每个稀释度做 3 个重复，37℃ 48h 后观察结果。判定标准：以无菌生长的最高稀释倍数作为该消毒剂在该时间内对试验菌的最小杀菌浓度（MBC）。

### 3. 消毒剂的筛选原则

选用 MIC、MBC 最低，成本最低，无显著急性或慢性毒副作用，无三致作用，对环境无显著不良影响的消毒剂作为生产上使用的消毒剂。有条件的鸡场可从本场鸡舍内分离培养金黄色葡萄球菌、大肠杆菌、蜡样芽孢杆菌，测定 MIC 和 MBC，筛选有效消毒剂。

## （三）消毒程序

规模化鸡场消毒程序见下表。带鸡消毒推荐使用的消毒剂为癸甲溴铵（百毒杀）、戊二醛（新大卫）、次氯酸、月苄三甲氯铵（安立消）、苯扎氯铵（拜洁）、酸性电解水。

**规模化鸡场消毒程序**

| 消毒种类 | 消毒对象 | 消毒措施 |
|---|---|---|
| 日常卫生 | | 每天清扫鸡舍1次，保持笼具、料槽、水槽等用具干净。 |
| 环境消毒 | 消毒池 | ①鸡场入口处设置消毒池，内置2%烧碱，消毒液深度不小于15cm。鸡场的每个消毒池3~4d更换一次消毒液，并保持其有效浓度。②鸡舍入口处的消毒池使用2%烧碱，每周更换2~3次消毒液。进鸡场和鸡舍人员脚踏消毒液时间至少15s。 |
| | 场区道路 | 用10%漂白粉或生石灰，每周喷洒消毒至少2次。 |
| | 排粪沟、下水道 | 排粪沟、下水道、污水池定期清除干净，用生石灰每周至少消毒1次。 |
| 人员消毒 | 饲养员、鸡舍的工作人员 | ①饲养员进入生产区须经踏踩消毒垫消毒，喷雾消毒，消毒液洗手或洗澡，更换经紫外灯照射过的工作服、胶鞋或其它专用鞋等经过消毒通道，方可进入。进出鸡舍时，双脚踏入消毒垫，并至少停留1分钟，并使用1%新洁尔灭洗手消毒。②进出不同鸡舍应换穿不同的橡胶长靴，将换下的橡胶长靴洗净后浸泡在另一消毒槽中，并洗手消毒。工作服、鞋帽于每天下班后挂在更衣室内，紫外线灯照射消毒。 |
| | 外来人员 | 严禁外来人员进入生产区，经批准后按消毒程序严格消毒才可入内。 |
| 器具消毒 | | 蛋盘、蛋箱、孵化器、运雏箱等均使用0.39%新洁尔灭擦洗。 |
| 鸡舍消毒 | 空舍 | 进鸡前半个月用戊二醛进行喷雾消毒。 |
| | 带鸡消毒 | 见下表。 |
| 种蛋消毒 | | 种蛋的消毒在集蛋后、储存前、入孵前、出壳前均用癸甲溴铵（百毒杀）熏蒸消毒或用臭氧消毒。 |
| 疫源地消毒 | | 在发生疫情的鸡舍，10%的癸甲溴铵1:150比例稀释，喷雾量30mL/m³一周2次带鸡消毒，2%戊二醛1:100比例稀释，喷雾量30mL/m³，一周3次带鸡消毒，每次带鸡消毒时应关闭门窗和风机，消毒5分钟后再打开。 |
| 其它 | 运输车辆消毒 | 进出鸡场的运输车辆，车身、车厢内外和底盘都要进行喷洒消毒，选用对车体涂层和金属部件不损伤的消毒药物，如过氧化物类消毒剂、含氯消毒剂等。 |
| | 进场物品消毒 | 进入场区的所有物品，根据物品特点选择适当形式进行消毒。如紫外灯照射，消毒液喷雾、浸泡或擦拭等。 |
| | 饮用水消毒 | 采用酸化剂对饮用水进行消毒。 |
| | 粪便消毒 | 稀薄粪便注入发酵池或沼气池、干粪堆积发酵。 |
| | 病死鸡消毒 | 按照农医发〔2017〕25号文进行无害化处理并消毒。 |

**规模化鸡场带鸡消毒程序**

全封闭式规模化鸡舍夏季消毒方案

| 消毒剂主要成分（商品名） | 消毒浓度（mg/L） | 喷雾剂量（mL/m³） | 推荐间隔时间 |
|---|---|---|---|
| 癸甲溴铵（拜安） | 83 | 6 | 3天1次 |

全封闭式规模化蛋鸡舍冬季消毒方案

| 消毒剂主要成分（商品名） | 消毒浓度（mg/L） | 喷雾剂量（mL/m³） | 推荐间隔时间 |
|---|---|---|---|
| 苯扎氯铵（拜洁） | 156.3 | 18 | 3天1次 |
| 月苄三甲氯铵（安立消） | 156.3 | 18 | 3天1次 |
| 癸甲溴铵（百毒杀） | 312.5 | 18 | 3天1次 |

### （四）消毒效果检查

**1. 检查指标**

用物品表面总菌数降低的百分率评价消毒效果，以消毒后总菌数下降90％为合格；用空气中总菌数评价消毒效果，按照NY/T 388规定鸡舍中的空气总菌数不超过25 000CFU/m³为合格。

**2. 检查方法**

（1）物品表面检查：在消毒物品相邻部位划出2个10cm²范围，消毒前后分别以无菌棉签（生理盐水蘸湿）采样，均匀涂布于普通营养琼脂平板上，37℃培养箱中培养48h计算总菌数。

（2）空气总菌数检测：使用多级撞击式安德森空气微生物采样器采集空气中的微生物。采样点距地面60cm使用安德森空气微生物采样器采样1min，采样器配置标准9cm直径的普通营养琼脂平板。

全封闭式规模化鸡场空气细菌采样点位于鸡舍内部空气细菌数量的最大值（位于鸡舍横向3/4位置，纵向1/2位置）及其前后5m位置作为采样点，共计3个测试点。将采样后的琼脂平板放入37℃培养箱中培养48h。

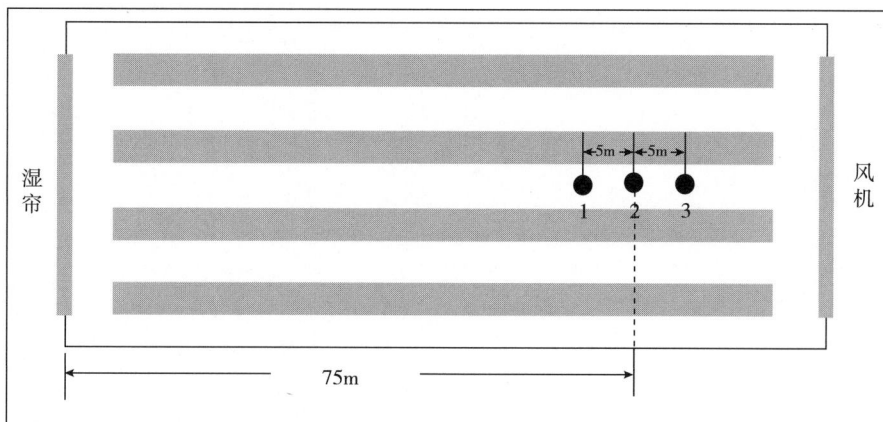

全封闭式规模化鸡舍空气总菌数测定采样点分布图（3点）

按以下公式计算菌落总数：

$$C1/C2/C3 = (N1+N2+N3+N4+N5+N6) \times 1\,000/ (V \times T)$$

$$C = (C1+C2+C3)/3$$

式中 C1、C2、C3：分别代表 3 个采样点的每立方米菌落数（$CFU/m^3$）；C：鸡舍每立方米菌落总数（$CFU/m^3$）；N1、N2、N3、N4、N5、N6：采样点所对应的 1～6 级平皿菌落数（个）；V：空气微生物采样器采样速率（L/min）；T：空气微生物采样器采样时间（min）。

## 三、适宜区域

适宜在国内的规模化（蛋鸡、种鸡、商品鸡）鸡场进行推广应用。

## 四、注意事项

消毒剂的使用需要注意以下几点：

（1）每次带鸡消毒时应关闭门窗和风机，消毒 5min 后再打开；

（2）消毒剂应结合鸡场常见疫病流行情况，选择不同的消毒剂，每个季节轮换使用，避免产生耐药性；

（3）消毒剂应现配现用，混合使用时应注意配伍禁忌，以免降低消毒效果；

（4）定期开展消毒剂消毒效果监测，依据实际的消毒效果来选择消毒药物；

（5）鸡舍配备温度计，喷雾消毒过程中，关闭风机的同时检测室内温度，室温达到 30℃时应及时打开风机。

**技术依托单位**

四川大学

联系地址：四川省成都市武侯区望江路 29 号四川大学第一理科楼

邮政编码：610041

联 系 人：王红宁

联系电话：15908103008

电子信箱：whongning@163.com

# 增值加工类

## 冷鲜肉减损保鲜物流关键技术

### 一、技术概述

#### 1. 技术基本情况

针对我国畜禽屠宰加工贮藏流通过程生鲜肉品质劣变快（货架期不足 7d）、损耗大（8%～10%）、能耗高（冷库每年能耗 131kWh/m³），传统的钙蛋白酶促成熟技术体系不适用于我国冷鲜肉以僵直前为主、成熟阶段为补充的生产现状和消费习惯，难以满足"运猪"变"运肉"、"热鲜"变"冷鲜"需求的突出问题，研究形成了本技术体系。突破了抑僵直促成熟的冷鲜肉加工新工艺，阻断了宰后僵直的发生，最大程度保持了冷鲜肉品质，屠宰加工损耗从 8%降至 3%以下，解决了品质保持难、损耗大的难题；通过不同畜禽肉的冷却贮藏物流环境温度、湿度的精准控制，结合冷鲜肉专用高阻隔/贴体/热收缩/活性包装技术，使冷鲜肉保鲜期最大延长到 120d，破解了冷鲜肉易腐败、货架期短的难题；通过冷鲜肉加工、贮藏、物流过程全环节全流程专业场景监控、监测数据高频率采集、即时响应，解决了贮运环境温度波动大、控制精度低的问题；在冷鲜肉加工、贮藏、物流过程中，采用近红外无损监测技术同步在线检测 12 个肉品质参数，解决了在途监测不到位的问题。本技术实现了冷鲜肉加工、贮藏、物流过程高效精准减损、长货架期柔性保鲜、多品质同步无损在线监测，有效支撑肉品保供、绿色发展。

#### 2. 技术示范推广情况

核心技术"超快速冷却控僵直技术""柔性组合保鲜技术""品质在线监测技术"自 2006 年以来在北京、河南、河北、内蒙古等 30 个省区市开展示范应用，获得良好效果；本技术在双汇、科尔沁、华英、顺鑫鹏程等行业领军企业进行示范、推广，新建和改建冷鲜肉加工生产示范线 26 条，仅 2018—2019 年就生产了 191.25 万 t 吨高品质冷鲜肉，为"运猪"变"运肉"、"热鲜"变"冷鲜"政策的落实提供了有力支撑；2013—2020 年，河南双汇投资发展股份有限公司、漯河万中禽业加工有限公司、内蒙古科尔沁牛业股份有限公司、内蒙古草原宏宝食品股份有限公司等全国最大的、最典型的畜禽肉屠宰加工行业领军企业应用本技术新建和改建了冷鲜猪肉、冰鲜鸡肉、冷鲜牛肉、冷鲜羊肉、生鲜鸭肉生产线，生产冷鲜畜禽肉系列产品，实现了冷鲜肉加工、贮藏、流通过程的降损、保鲜、节能。

### 3. 提质增效情况

与传统畜禽屠宰与冷鲜肉传统促成熟技术相比，应用该技术解决了畜禽屠宰和冷鲜肉加工贮藏流通过程品质劣变快、损耗大、能耗高的产业问题：（1）使冷鲜肉加工、贮藏、流通过程损耗由 8%～10% 降至 3% 以下，每年减少畜禽肉损失约 100 万 t；（2）使冷鲜肉的货架期由不足 7d 最长可延至 120d，破解了"运猪"变"运肉"的技术难题，满足了人民群众高品质肉的消费需求；（3）可实现节能 30% 以上，使示范企业年节电约 2.2 亿 kWh，减少碳排放 20.3 万 t；（4）示范企业每年减少畜禽肉损耗约 10 万吨，挽回经济损失约 20 亿元；（5）核心技术"冷鲜肉品质在线监测技术"具有无损、实时的特点，可避免传统理化检测方法成本高、易造成环境污染的问题；（6）本技术显著促进了冷鲜肉流通和配送体系的建立，有效带动了畜禽养殖、屠宰加工、包装、制冷、运输等行业协同发展，为乡村产业振兴提供强有力的技术支撑。

### 4. 技术获奖情况

生鲜羊肉品质提升关键技术研发与应用，获中国畜产品加工研究会科技进步奖，一等奖，2014。

生鲜肉精准保鲜物流关键技术及产业化，中国农学会成果评价，中农（评价）字〔2020〕第 115 号，评价结论：成果整体技术处国际领先水平。

## 二、技术要点

### 1. 减损技术

综合运用宰前管理、精准温控等减损技术，使畜禽屠宰和冷鲜肉加工贮藏过程损耗降至 3% 以下。畜禽运输时间控制在 3～6h，禁食静养时间在 12h 以上，宰前 3h 开始禁水，电击晕或二氧化碳致晕（家禽仅采用电击晕，电压 10～25V、频率 500Hz、时间 7～10s），降低劣质肉发生率；采用超快速冷却（冷却速度大于 15℃/h、冷却终点为 -2～0℃）和二段冷却控僵直技术（-30～-25℃ 冷却 1～1.5h，0～6℃ 冷却 7.5～8h），冷却

减损技术应用

损耗控制在 1% 以内。

### 2. 保鲜技术

综合运用温度、包装等栅栏因子，采用"冰温/超冰温＋新型包装"的柔性组合保鲜技术，冷鲜猪肉、牛羊肉、禽肉货架期分别达到 10~45d、14~120d、7~28d。冰温保鲜温度控制范围为：猪肉 −2.1~0℃、牛羊肉 −1.9~0℃、禽肉 −1.5~0℃，超冰温温度控制范围为：猪肉 −5.3~−2.1℃、牛羊肉 −4.9~−1.9℃、禽肉 −4.5~−1.5℃；采用冷鲜肉专用高阻隔/贴体/热收缩/活性包装技术，高阻隔包装膜水蒸气透过量小于 $10g/(m^2 \cdot d)$、氧气透过量小于 $10cm^2/(m^2 \cdot d)$，贴体包装膜贴合率 100%，热收缩包装膜热收缩率不低于 50%，冷鲜畜肉真空包装、气调包装氧气透过量分别低于 $20cm^2/(m^2 \cdot d)$、$10cm^2/(m^2 \cdot d)$，冷鲜禽肉真空包装氧气透过量高于 $700cm^2/(m^2 \cdot d)$、气调包装氧气透过量低于 $10cm^2/(m^2 \cdot d)$。

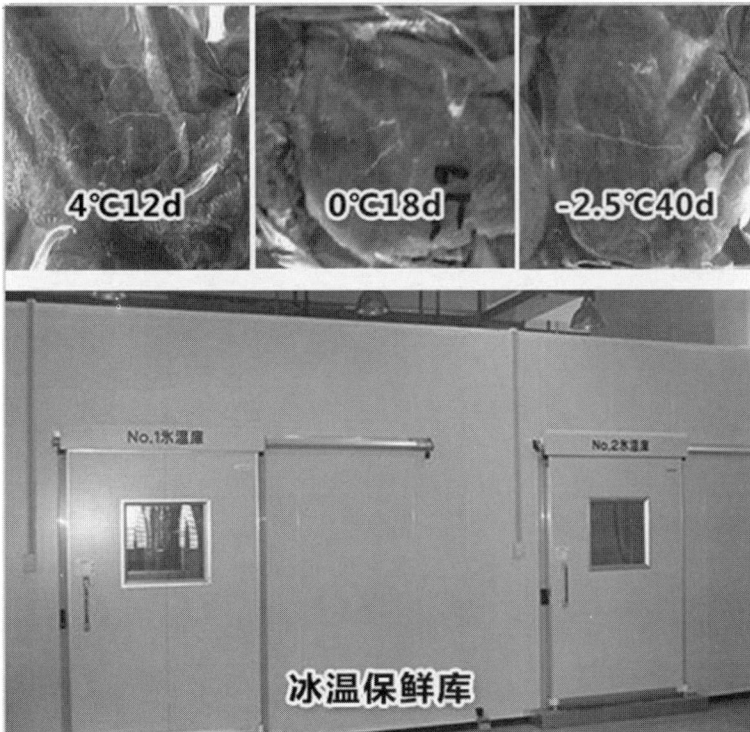

保鲜技术应用

### 3. 监测技术

对预冷设施、冷藏储存库、冷藏车等屠宰加工物流关键设备进行数字监控和对冷鲜肉品质进行数字监测，有效控制预冷、贮藏、流通过程品质劣变和损耗。采用数字监控系统，对预冷设施、冷藏储存库、冷藏车温度、湿度等环境因子全天候高效精准监控，控制精度 ±0.1℃、±0.5%RH，破解预冷仓储物流过程温度波动大（2~8℃）造成冷鲜肉品质劣变快、损耗大的难题；采用便携式多品质检测仪，对冷鲜肉水分、脂肪、嫩度、挥发性盐基氮、菌落总数、生物胺等 12 个品质指标的同步实时检测，误差小于 5%、精度 97.85%、速度 1.4s，破解屠宰加工冷链物流过程冷鲜肉品质精准监测难的问题。

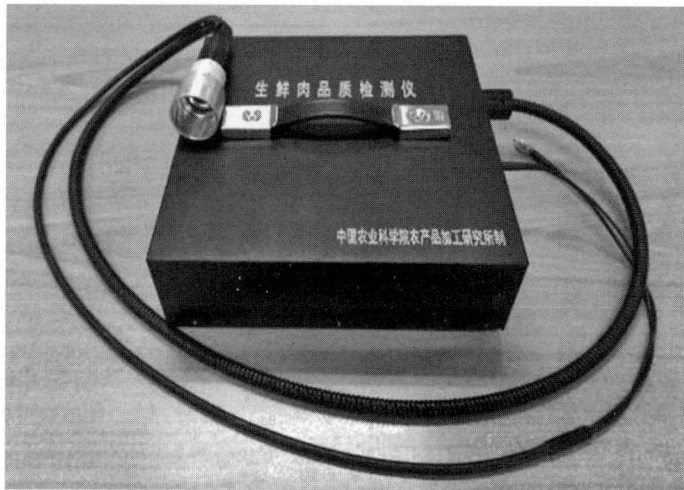

冷鲜肉品质检测仪

## 三、适宜区域

全国各区域各类畜禽屠宰加工生产及销售企业应用。

## 四、注意事项

该技术可根据畜禽屠宰和肉类加工企业规模、产品消费对象和货架期的不同，选择不同的冷鲜肉减损保鲜物流技术。

**技术依托单位**

中国农业科学院农产品加工研究所

联系地址：北京市海淀区圆明园西路 2 号

邮政编码：100193

联 系 人：张德权

联系电话：010-62818740

电子信箱：dqzhang0118@126.com

# 奶产品三维评价技术

## 一、技术概述

### 1. 技术基本情况

什么牛奶好？这是摆在奶业主管部门、科研工作者、企业以及所有消费者面前，最需要解决和解答的现实问题，是关系消费者福祉的大事。

本技术研发出"奶产品三维评价"方法，并形成乳铁蛋白等检测技术标准五项，能够客观地评价出市场上奶产品的质量安全状况，让企业掌握产品质量优化的方向，让主管部门掌控制定奶业发展的政策，让消费者明明白白、科学合理消费。

### 2. 示范推广情况

奶产品三维评价技术自 2016 年以来单独或作为其他技术的核心内容，被政府监管机构、质量评测机构和乳制品企业进行示范、推广，获得良好效果。2016—2020 年度，农业农村部食品质量监督检验测试中心（济南）等 6 个省级质检机构先后应用检测技术标准对市场上的奶产品进行评价；光明乳业、长富乳业、新希望乳业等 25 个省份 58 家乳品企业应用示范，实现了较大范围推广应用，为奶产品质量评价提供了标准技术方法，让企业明确了产品质量改进方向。

### 3. 提质增效情况

以光明乳业为例，2016 年，光明乳业实施以"奶产品三维评价技术"为核心的优质乳工程，带动原料奶质量指标和安全指标超过欧美等奶业发达国家标准，加工工艺实现优化，生产出的优质巴氏杀菌乳中乳铁蛋白是进口巴氏杀菌乳的 8 倍，产品核心竞争力显著增强；降低加工成本 15％以上，"安全健康、绿色低碳、营养鲜活"的优质乳品牌得到消费者广泛认可，推动光明乳业研发出全球第一款标识有乳铁蛋白等三种活性物质的优质巴氏乳制品，2019 年度，仅这一款产品实现销售额 19 亿元，显著增加了产品的核心竞争力和经济效益。

### 4. 获得奖励情况

作为核心技术获得 2020 年度国家科学技术进步奖二等奖（公示期结束）。

## 二、技术要点

碱性磷酸酶（致病菌灭活安全指标）、乳铁蛋白（营养品质指标）、糠氨酸和乳果糖（热伤害指标）三维指标的定量定性检测技术，碱性磷酸酶定性限 350mU/L，乳铁蛋白检出限 5mg/kg。

以碱性磷酸酶、乳铁蛋白和糠氨酸或乳果糖为核心的优质乳品质三维评价技术模型，详细量化热处理的温度、热处理的时间，以及奶产品热伤害的总程度。

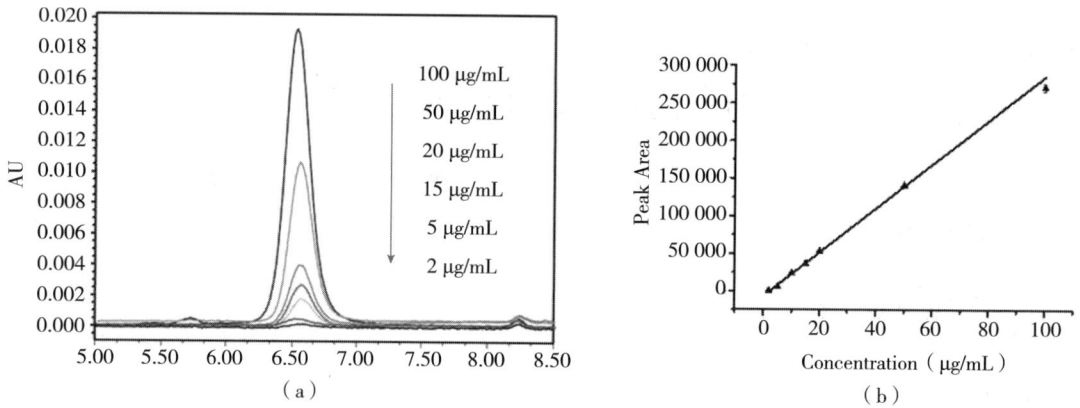

乳铁蛋白检测方法验证

（a）标准溶液色谱堆叠图；（b）标准曲线：$R^2 = 0.999\ 8$；$Y = 2\ 789x - 4\ 138.8$

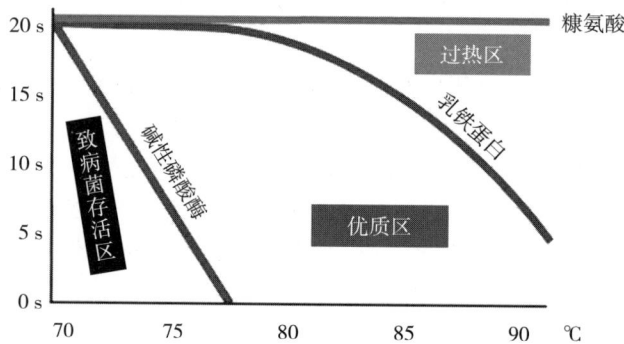

优质乳三维评价模型

## 三、适宜区域

用于评价奶产品质量等级的行业主管部门、用于研发改进产品质量的企业、选择科学理性奶产品的消费者。

## 四、注意事项

（1）应具有基础的 HPLC 等设备设施。

（2）采集的样品应具有生物学代表性。

**技术依托单位**

中国农业科学院北京畜牧兽医研究所

联系地址：北京市海淀区圆明园西路 2 号

邮政编码：100193

联 系 人：王加启

联系方式：010-62816069

电子邮箱：jiaqiwang@vip.163.com

# 玉米种子精细高效规模化加工技术

## 一、技术概述

### 1. 技术基本情况

针对我国玉米种子质量不稳定、发芽率低、难以满足玉米精量播种、制约玉米产业发展等问题，研究形成的技术体系。通过该技术，实现了收获后玉米果穗及时低温干燥脱水，解决了果穗因传统晾晒易受气候制约导致的籽粒水分不均匀、种子活力低的问题；实现了干燥后果穗柔性脱粒与籽粒预清，解决了传统齿钉脱粒方式存在的脱净率低、籽粒破损率高、种子损失率高的问题；实现了玉米种子清选与分级全程机械化，解决了分散式小规模半机械化种子清选造成的种子质量难以有效控制的问题，使种子收获后处理与加工处于受控状态，清选分级后种子籽粒基本均匀一致，保持较高活力，确保播种后苗齐苗壮，促进了玉米单粒精播技术的推广应用，为玉米产业高质量发展奠定了坚实基础。

### 2. 技术示范推广情况

核心技术"玉米种子精细高效规模化加工技术"自2009年以来作为规模化玉米种子加工核心技术，在国家级玉米制种基地的河西走廊、新疆北疆地区、宁夏银川地区成为重点玉米种子企业的首选技术进行推广应用。2010年以来，进一步扩展到云南、吉林等玉米制种区域进行推广应用，也获得良好效果。该技术在保证玉米种子品质、种子较高发芽率和促进玉米单粒播种方面发挥了重要作用。2009—2020年，敦煌种业先锋良种有限公司（甘肃酒泉）、中种国际玉米种子有限公司、中种集团甘肃临泽种业有限公司、新疆华西种业有限公司、敦煌种业先锋良种有限公司（宁夏银川）、中种集团云南种业有限公司、吉林吉农高新技术发展股份有限公司等单位依托该技术建设的玉米种子规模化加工成套设备，实现了果穗干燥后水分不均匀度≤0.5%，玉米果穗脱净率≥99.5%、籽粒破损率≤0.5%；加工后种子净度≥99.5%，种子发芽率≥95%，高于国家玉米种子发芽率指标近10个百分点。目前，该技术在国内玉米制种区域得到推广应用。

### 3. 提质增效情况

与传统的玉米果穗收获后自然晾晒相比，对收获后玉米果穗及时采取低温干燥脱水不仅可以节省大量的人工劳动，规避了种子质量受气候制约等问题，而且种子质量显著提升，保持了种子旺盛的生命活力；通过揉搓式玉米脱粒技术，解决了传统的碰撞式脱粒方式存在的脱净率低、籽粒破损率高、种子损失率高的问题，减少种子损失2%以上；通过种子加工全程机械化作业并实施籽粒尺寸分级，解决了分散式小规模半机械化加工过程中因种子搬运导致的损失以及种子加工质量难以保证一致性的问题，实现了针对不同玉米品种种植要求按籽粒尺寸分级、以单位播种面积为基础实施按粒数包装，促进了玉米机械化单粒精播技术的推广应用，推动了玉米生产全程机械化的健康发展，实现了节本增效、农民增收。

### 4. 技术获奖情况

"玉米种子规模化加工技术装备集成与产业化应用"获2014—2015年度中华农业科技奖

一等奖。

## 二、技术要点

烘干设施：设计玉米果穗专用烘干设施，实现果穗进料、排料机械化；通过低温热空气穿过仓中果穗实施烘干脱水，并在适当时机实施热空气换向烘干，保证同批次烘干后果穗水分的一致性；运用现代控制技术精准控制烘干设施进风口温度，确保果穗烘干高效率、种子发芽能力不降低。

柔性脱粒：降低脱粒机主轴转速，提出主轴最佳转速范围；将脱粒机齿钉改为齿板结构、机壳改为栅格结构，使果穗脱粒过程中的点接触转变为线接触；通过齿板与果穗、果穗与果穗以及果穗与栅格之间的揉搓作用，减轻脱粒过程中齿板对籽粒的冲击，增大了脱粒过程中的扭矩，提高了果穗脱净率，减少了籽粒损失；采用揉性脱粒与籽粒预清组合，提升了种子原料净度。

籽粒暂储：提出钢板仓配置要求，便于实现仓群进料、排料机械化；控制籽粒入仓时的落差，规避籽粒进料中造成的内部损伤；增大储仓底部倾角，实现仓内物料自清理，避免种子混杂；实现总控制室自动监测仓群中各仓存料状况及种子内部温度，实施自动化管理。

质量检测：对仓群中各仓种子的相关指标（纯度、水分、净度和发芽率等）进行检测；对检测结果低于预期指标的籽粒实施转商处理。对包衣包装后种子质量进行检测，发现问题及时处理。

清选分级：通过风筛清选机、重力式分选机清除种子中的灰尘、玉米芯及大杂、小粒和瘪粒，提高种子净度；根据不同玉米品种种植要求，对清选后的种子按外形尺寸实施分级，确保每级种子籽粒外形尺寸均匀一致；分级合格率≥95％。

包衣包装：依据不同区域玉米易发生病虫害情况，选用种衣剂对清选分级后种子进行包衣，防止幼苗受病害的侵袭；包衣合格率≥95％。按照种子种植及商品化要求，对包衣后种子实施按粒数包装；每袋种子适宜每亩或每公顷的播种要求。

## 三、适宜区域

国家级玉米制种基地及实施规模化玉米制种的区域。

## 四、注意事项

（1）操作人员上岗前必须接受操作技能培训。
（2）对种衣剂和包衣后种子实施严格管理，避免出现中毒事件。
（3）对包衣后种子质量低于企业标准的种子实施焚烧处理。

**技术依托单位**

农业农村部规划设计研究院
联系地址：北京市朝阳区麦子店街41号
邮政编码：100125
联 系 人：陈海军
联系电话：59197313
电子邮箱：chenhj118@qq.com

# 切花采后运销综合保鲜技术

## 一、技术概述

### 1. 技术基本情况

月季、百合和菊花，是我国主要的切花种类，分别占切花总产值的 36％、32％和 15％，具有重要的文化和经济价值。

鲜花产品极易衰败。我国花卉产业发展之初，切花运销保鲜技术尚属空白，加之产销地分离，运输半径平均 1 500km，大量鲜花不能有效运输到消费地，损耗超过 50％，增产不增收现象普遍存在。为此，发明了适用于产地、销地以及消费端的系列鲜花保鲜剂，包括切花预处液、催花液和瓶插液，授权国家发明专利 12 件，创建了国产保鲜剂品牌。切花瓶插观赏期平均延长 80％以上，效果明显优于国外同类产品。

同时，改进了以多孔立体冷空气循环为基础的压差预冷技术，解决了预冷中过度失水问题，并克服了花、叶降温不匀导致的低效预冷难题；通过筛选包装膜材质和优化微孔透性参数，创新了短期贮藏和远途运输中精准调控气体成分的气调保湿包装技术，实现了抑呼吸、防失水和去乙烯"三效合一"的效果，授权国家发明专利 3 件。

先后创制了以保鲜剂处理结合自发气调的第一代保鲜运输技术，实现了低成本铁路亚低温运输，支撑了云南等主产区鲜花产品的外运；以控制乙烯感受为核心的第二代技术体系，支撑了高品质的低温航空运输；2010 年以来，进一步创新了以乙烯-失水联控为核心的第三代采后运销体系，支撑了高品质切花的以陆路冷链为主导的便捷鲜花产品直销系统。

### 2. 技术示范推广情况

核心技术"主要切花采后运销保鲜技术"自 1995 年以来，通过校企合作、（云南）省校合作、农业部重点、地方（如云南省科技厅）专家工作站、单独或作为其他技术的核心内容，进行示范和推广。

制定了切花采收、质量分级、包装以及运输等国家和地方标准 15 项。在云南昆明、红河、玉溪和广东佛山、东莞等切花主产区建立 13 个技术服务中心或专家工作站，技术辐射 48 家企业和农民专业合作社。技术应用促进了月季、百合和菊花采后技术的规范与升级，切花采后损耗平均降低 50％。先后与云南省有关政府及企业共同建设国家级花卉园区 1 个和省级花卉园区 4 个。不仅带动花农致富，还解决了数万建档立卡贫困人口的就业问题，为云南省乡村振兴和脱贫攻坚做出了突出贡献。

### 3. 提质增效情况

（1）经济效益：技术应用使鲜花损耗由目前的 30％降到 20％左右，减少损耗约 10％，同时销售价格提升约 10％；月季、菊花和百合的初级产品年销售额约 120 亿元，按 60％的技术覆盖，综合节约成本和品质提升两个方面，增加收入合计约 14.4 亿元。技术应用提升了产品竞争力，取得了良好的经济效益。

（2）社会效益：技术应用提高了企业员工技术素质和文化素质，为构建现代农业产业体系，增加农民收入的国家战略做出了重要贡献；技术应用不仅带动花农致富，还解决了贫困人口就业问题，对乡村振兴和脱贫攻坚起到了积极的推动作用；技术应用大幅度提升了鲜花品质，提高了我国鲜花产品国际竞争力。

**4. 技术获奖情况**

获得国家科技进步奖二等奖（2018）、教育部科技进步奖一等奖（2015）、农业部全国农牧渔业丰收奖二等奖（2005）、农业部科技进步奖三等奖（1996）、北京市发明专利三等奖（2008）、科技部科技奥运先进个人（2008）等。

## 二、技术要点

**1. 切花采后运销核心技术**

（1）切花系列保鲜剂：根据用途和功能可以分为预处液、修复液、催花液和瓶插液，根据通用性可以划分为种类专用和多种类通用两种类型。其中，预处液是在生产企业或集货商使用，要求在采收后 24h 以内使用，通常要求处理 6～12h，主要功能是补充能量、杀菌、提高失水和贮运耐性等。修复液主要在销地批发商使用，是在产地未经预处理情况下的补救措施，通常处理 2～3h，主要功能是恢复吸水能力、提高后续生命力。催花液主要在长期贮藏后，鲜花处于较弱的生命力时使用，通常要求处理 12～24h，要求温度适宜、光照充足的催花条件，主要功能是使鲜花恢复生命力，促进花朵开放。瓶插液主要在花店陈列或家庭瓶插赏花使用，要求一直使用到鲜花结束瓶插寿命，主要功能是促进花开进程，延长观赏期。

（2）压差预冷技术：以控制鲜花失水程度为核心，以降温耐受性把握为基础，优化出多孔立体冷空气循环的压差预冷技术。压差预冷主要在生产企业或集货商使用，要求在采收后 12h 内进行。通常压差预冷时间为 4h 以内，鲜花包装容器的内外压差和空气流的走向，要根据花卉种类和预冷终温来确定，既保障产品在规定时间内迅速降温，又能克服花、叶降温不匀，同时还能避免鲜花失水过度问题。压差预冷要求与包装和及时贮运措施高效衔接，避免出现"预冷不保冷还不如不预冷"的情况发生。

（3）气调保湿包装技术：通过筛选包装膜材质和优化微孔透性参数，创新了短期贮藏和远途运输中精准调控气体成分的气调保湿包装技术，实现了抑呼吸、防失水和去乙烯"三效合一"的效果。用于短期贮藏时，包装袋要求有足够的韧性和强度；贮藏前要求进行预处液处理，并充分杀菌；贮藏温度控制在 4℃ 以下，且相对稳定；贮藏时间不超过 4 周；贮藏结束后，要进行催花处理，唤醒鲜花的生命活力。

用于远距离运输时，包装膜要求进行激光开孔处理，确保膜的透气不透水的选择透性；运输之前，要求充分预冷，运输中温度控制在 8℃ 以下。

**2. 主产地采后中心保鲜技术集成应用**

将采收技术、保鲜剂预处理技术、自动化分级包装技术、压差预冷技术、气调保湿包装技术等进行有效整合，用于大型企业和合作社的鲜花集散、贮藏等。

鲜花采收，根据运输距离远近和是否及时销售，采用相应的采收标准，时间选择在上午花枝水分充足的时段。

保鲜剂预处理，要求在采后 3h 内进行，通常处理 6～12h，温度要求在 15℃ 左右的亚低温环境。

自动化分级，要求参考国标和地方标准，制定相应的企业标准，月季主要以花型、花色以及茎秆长度来衡量，百合主要以花朵数量、花朵饱满程度以及植株形态来衡量，菊花主要以花型、花枝长度来衡量。

自动化包装，包装容器选材要确保足够的强度和韧性；内包装根据鲜花的种类和形式来确定，如月季单头采用瓦楞纸，多头采用无纺布等；装箱容量根据运输距离和运输工具来确定。

压差预冷和气调保湿包装，要求与自动化分级和之后贮藏运输有效衔接。

**3. 销地采后中心保鲜技术集成应用**

将保鲜剂修复技术、气调保湿包装技术、产品展示技术等进行有效整合，用于消费城市大型批发商的鲜花贮藏、展销等高效保鲜。

保鲜剂修复，将经过长时间远距离运输到达销地批发商的鲜花进行修复保鲜处理。处理前将鲜花在水中进行基部剪切，处理温度要求在15℃左右的亚低温环境，处理时间2h以内。

气调保湿包装，是针对需要短期贮藏鲜花进行的措施。温度要求在8℃以下，通常采用不带水的干藏措施。产品展示，要求用瓶插液，温度在亚低温环境。要求充足的光照和80%以上的相对湿度。

**4. 鲜花运销综合保鲜技术**

以低温、气调、保湿为核心，以防病、防虫为基础，分别集成航空、陆路和海路鲜花运输技术体系。其中，航空主要解决脱温（温度剧烈变化）和失水问题；陆运主要解决呼吸热和防病问题；海运主要解决保湿和防病虫问题。采后技术应用于2008年北京奥运会和2019年北京世园会鲜花保鲜。

| 采前抑制剂处理 | 采后预冷+保鲜剂处理 | 自动化分级 | 自发气调保湿包装 |
| 冷藏运输 | 销地批发 | 消费应用 | 保鲜效果 |

鲜花运销综合保鲜技术流程

采后技术应用于北京奥运鲜花保鲜

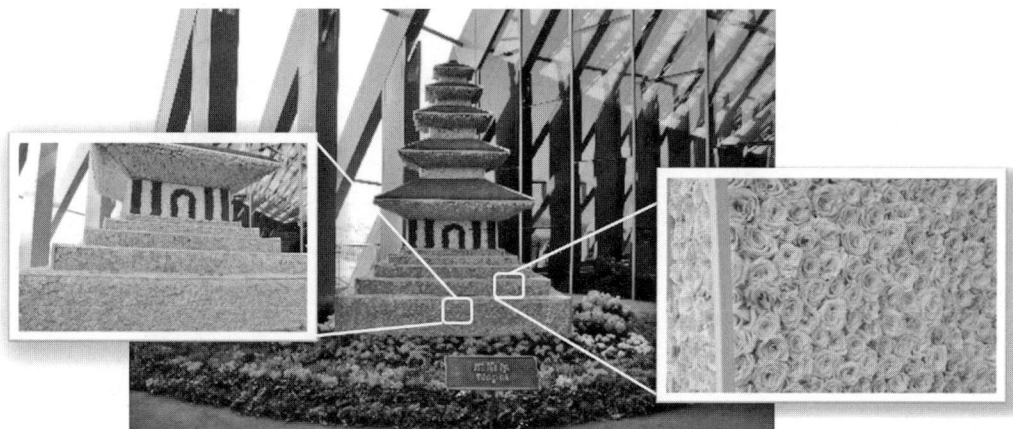

采后技术应用于北京世园会鲜花保鲜

## 三、适宜区域

以云南为主的西南地区，以广东、福建为主的华南地区，以浙江、江苏为主的华东地区，以辽宁为主的东北地区，以及以北京为主的华北地区。

## 四、注意事项

（1）严格按照规程操作。

（2）设备要保证足量负荷和精度要求。

（3）技术人员培训要做到常态化。

**技术依托单位**

中国农业大学

联系地址：北京市海淀区圆明园西路2号

邮政编码：100193

联 系 人：高俊平

联系电话：010-62733848，13910224919

电子邮箱：gaojp@cau.edu.cn

# 橡胶树省工高效采胶技术

## 一、技术概要

### 1. 技术基本情况

天然橡胶是重要的战略物资和工业原料。采胶生产属于劳动密集型作业活动，是橡胶生产中的中心环节和关键技术。目前采胶劳动力费用约占劳动力成本的70%以上。近年来，胶价持续低迷，割胶用工成本增加，胶工老龄化日趋严重、熟练胶工短缺等使得世界天然橡胶生产面临劳动力短缺和收益锐减的严峻挑战，提高割胶效率才能有效应对割胶生产所面临的困境。针对我国植胶区橡胶树不同树龄阶段的生长产胶特点，开展了橡胶树省工高效系列割胶技术的研发及配套技术集成应用，在中幼龄割胶树使用"五天一刀"超低频割胶技术，老龄树使用气刺短线割胶技术，为破解当前橡胶生产困境提供了有效方法。

### 2. 技术示范推广情况

"五天一刀"割胶技术推广应用面积从2016年的16.58万亩增加到2018年的35.45万亩，3年累计推广应用面积达79.26万亩，2 219万株。广东茂名垦区推广应用面积更是从2016年的4.84万亩增加到2018年的12.40万亩，推广利用率达到67.6%。气刺短线割胶技术在我国植胶区云南省、海南省和广东省的老龄胶园得到推广和应用示范，2014—2019年海南省植胶区累计推广气刺割胶示范面积超过20万亩。

### 3. 提质增效情况

"五天一刀"割胶技术可大幅增加胶工承割树位，人均割株由1 583株增加到2 100株，劳动生产率提高了33%，节约了割胶用工在一定程度上缓解胶工短缺难题；人均产胶量由3 120kg提高到4 370kg，提高了40%，人均年收入由31 449元提高到41 150元，增加了31.0%，胶工收入增加更有利于稳定胶工队伍，维护持续健康的橡胶生产能力，3年累计增产干胶2 782t，新增产值3 515万元，总经济效益达1 907万元，平均每亩新增纯收益38.70元。气刺短线采胶技术可提高产量10%~15%，提高割胶速度1倍以上，节约树皮50%以上，具有割线短、割速快、耗皮少、产量高等特点。气刺割胶一个胶工割胶3 000株，常规割胶1 200株左右，最少可以省去一个人工成本，现阶段劳动力成本居高不下，可大幅度节约劳动用工；改凌晨割胶为白天下午割胶，使割胶工人获得较好睡眠；由于仅需要较短割线，使得部分原来无法割胶的胶树可以恢复割胶，大幅度提高胶树开割率；因而气刺短线采胶是一种高产高效的采胶技术。

### 4. 技术获奖情况

（1）"橡胶树五天一刀低频割胶制度的研究"获海南省科技进步奖二等奖（2003）。

（2）"中国橡胶树主栽区割胶技术体系改进及应用"获国家科技进步奖二等奖（2006）。

（3）"橡胶树气刺微割技术研究"获海南省科技进步奖二等奖（2007）。

## 二、技术要点

### 1. 适宜割龄

"五天一刀"割胶技术适用于高产耐刺激品系，如PR107，GT1等，高产均衡品系，如中龄以上 RRIM600 等。气刺短线割胶技术在 20 割龄以上的老龄树上使用。

**2. 割胶制度与割线长度**

"五天一刀"割胶采用 S/2 d5＋ET 或（S/2，S/2U）d5＋ET 或（S/4，S/4U）d5＋ET。气刺短线割胶采用八分之一树围、四天一刀割制。

**3. 剂量与周期**

"五天一刀"割胶技术每 10 天 1 个周期涂施复方乙烯利糊剂；年涂药 18 周期，周期内 36 刀，周期外 14 刀，年割 50 刀。乙烯利浓度随割龄增加而相应增加，以 5 割年为 1 个刺激浓度段。高产耐刺激品系为 1～5 割龄：1％～2％；6～10 割龄：2％～2.5％；11～15 割龄：3.0％～3.5％；16～20 割龄：4％～4.5％；20 割龄以上：4.5％。高产均衡品系每个浓度段的 ET 浓度，比耐刺激品系降低 0.5％，且 1～3 割龄不刺激。

气刺短线割胶每株每次充气剂量为 30～50ml，乙烯气体浓度为 100％，每隔 3～5 刀充一次气。

**4. 割胶深度与耗皮**

割胶深度控制在 0.25～0.30cm。"五天一刀"割胶的阳线每刀耗皮不超过 0.17cm；阴线每刀耗皮不超过 0.21cm。气刺短线割胶采用阴线割胶，每刀耗皮控制在 0.16～0.18cm，阳线控制在 0.14～0.16cm。

**5. 动态分析割胶**

产胶动态分析包括：增产幅度、干胶含量、排胶时间、乳管内缩率等；

**6. 气刺短线割胶技术的气盒安装**

阴刀割胶钉在右上方，距割线约 15～20cm，阳刀割胶可安在水线两侧或割线正下方，距割线 10～15cm。气盒不易钉得太深，钉稳即可。45～60d 将气盒移换位置一次。

## 三、适宜区域

适用于海南、云南、广东省等植胶区。

## 四、注意事项

（1）"五天一刀"割胶技术严格按照规程操作，加药加刀。

（2）气刺短线割胶按八分之一树围采胶，切勿延长割线；不能增加刺激气量、缩短充气时间。刀增产幅度应控制在增产 10％～15％。

**技术依托单位**

中国热带农业科学院橡胶研究所

联系地址：海南省海口市龙华区学院路 4 号

邮政编码：71101

联 系 人：罗世巧

联系电话：0898-23300374

电子邮箱：abc6712@163.com

# 玉米全株青贮裹包机械化技术

## 一、技术概述

### 1. 技术基本情况

近年来,我国推进农业供给侧结构性改革,调整粮经饲结构,2015 年以来,中央财政累计投入资金 73 亿元,支持牛羊养殖场户和专业服务组织,收贮利用青贮玉米等优质饲草,大力发展草食畜牧业,实施范围从最初的 10 省区 30 个县,扩大到 2019 年的 17 个省区 629 个县,面积从 286万亩扩大到 2018 年的 1 432 万亩。玉米全株青贮裹包高效机械化技术,是与粮改饲相配套的一项先进、适用、高效机械化技术,其实质是在玉米长到灌浆后期、籽粒水分含量达到 60%~70%时,利用机械将全株玉米植株收割切碎、玉米籽粒破碎后进行打捆包膜贮存,在密闭厌氧环境下将青贮玉米发酵成饲料的技术。玉米全株青贮裹包机械化技术,可有效解决高效、高质青贮饲料的收获加工、饲草料长期贮存和冬季雪灾导致的牛羊牲畜饲养等问题,作为"粮饲兼顾、草畜配套、以种促养、以养带种、良性互动"循环农业的主要抓手,被誉为"旱作农业的二次革命"。

### 2. 技术示范推广情况

2019 年,农业农村部发布了《DG/T 052—2019 青饲料收获机》《DG/T 120—2019 圆草捆包膜机》推广鉴定大纲,加快推广玉米全株青贮裹包高效机械化技术,并将青饲料收获机和圆草捆包膜机列入农业机械购置补贴品目中,加快此类设备的示范推广。截至目前,累计实施青饲料收获机和圆草捆包膜机推广鉴定项目 400 余个。

该技术在甘肃、新疆、山西、内蒙古、安徽、云南、四川、贵州等西北地区和南方丘陵地区进行示范、推广,累计推广应用作业面积 400 余万亩,获得良好效果。甘肃连续 5 年将玉米全株青贮裹包高效机械化技术作为循环农业的主要抓手,以玉米种植面积大的 27 个牛羊产业大县作为重点区域,逐步推广到临夏州、庆阳市、定西市及河西走廊的武威市、张掖市、金昌市、酒泉市等地区,示范面积达到 320 万亩,已初步形成粮草兼顾、农牧结合、种养一体的发展格局,形成了产学研推用结合和农机农艺融合的机械化技术体系和工艺路线。从甘肃省临夏州大面积试验示范情况来看,玉米全株青贮裹包机械化收获后亩均增收达 300元以上,同时在节能增效的绿色发展效果显现,每亩全株青贮玉米裹包饲料提供给牛羊的有效能量和有效蛋白均可增加约 20%。

### 3. 提质增效情况

该技术选择在玉米乳熟末期与蜡熟初期之间、秸秆的含水量在 60%~70%之间、籽粒乳线在半乳线(黄白分界线)阶段至 1/4 乳线阶段收割,切碎长度以 1~2cm 为宜;青贮玉米收获机收割高度为 15cm 左右,一般不低于 10cm;青贮收运时间越短越好,以保持植株新鲜和清洁,防止收运过程中暴晒和堆压发热,尽量减少养分和水分流失。与传统青贮窖藏技术相比,玉米全株青贮裹包高效机械化技术作业效率可提高 10 倍以上,可有效减轻劳动强度、提高作业效率,具有很好的社会效益。同时,采用玉米全株青贮裹包高效机械化作业,亩作业成本可降低 300 元以上,且青贮饲料营养价值高、适口性好,有利于保证牧草品质，饲喂牛羊可使其消化率提高 12.4%，肉产量提高 10% 以上，出栏要快 1 个月，种植农户每亩收益可提高 300～400 元，具有良好的经济效益。

此外，与传统的青贮窖藏饲料相比，采用玉米全株青贮裹包高效机械化技术裹包后的青饲料密实度高，密封性好，便于实现长距离运输，有效减少青贮饲料浪费，减少损失率为20%～30%，实现饲料的商品化。饲料保存期长，一般包膜后的草捆保存期可达 1～2 年，且不受季节、日晒、降雨等影响，可露天随地存放，避免了西北地区由于冬春季饲料供给不足造成的牲畜死亡问题。

**4. 技术获奖情况**

2015 年 7 月，4QZ-3 型自走式青饲料收获的研发，获得了山东省机械工业科技进步奖三等奖。

2016 年 9 月，自走式青饲料收获机获得中国农业装备创新设计全国邀请赛一等奖。

2017 年 7 月，自走式青贮饲料收获机研制项目获得山东省机械工业科学技术协会一等奖。

2019 年 4 月，4QZ—2000 型青饲料收获打捆机获得五莲县科学技术奖一等奖。

2019 年 11 月，"裹包青贮饲料机械化解决方案及其推广应用"项目，获得中国农业机械科学技术进步奖三等奖。

## 二、技术要点

玉米全株青贮裹包高效机械化技术主要包括机械化籽粒破碎收获、机械化打捆包膜。该技术是将全株青贮玉米通过高效籽粒破碎收获后进行打捆包膜，作业过程中，将切割、籽粒破碎后的玉米秸秆抛送到打捆机的输送器上，输送器将物料推送到压捆室，物料逐渐被压实，在经过打捆机进行高密度压实打捆后，将青贮玉米秸秆通过裹包机用青贮塑料拉伸膜裹包起来，形成厌氧发酵环境。处于如此密封厌氧条件下，经 2～3 周最终完成乳酸菌自然发酵的生物化学过程。

玉米全株青贮裹包高效机械化技术有直接收获法和分段收获法。

**1. 直接收获法**

利用青贮玉米收获机、青饲料收获机或青饲料收获打捆机，直接收获青贮玉米并将籽粒破碎后运输至贮存场地，通过打包机直接机械化打捆包膜。

（1）"机械收获＋打捆包膜"技术模式：该技术模式采用青饲料收获机，一次完成青饲料收割、粉碎和草料集箱或装车等工序，然后用打捆包膜机进行打捆包膜，再用夹包搬运机

青饲料收获机一次完成青饲料收割、粉碎和草料集箱或装车

搬运到指定位置。

收获后进行打捆包膜，再用夹包搬运机搬运到指定位置贮存

（2）"机械收获打捆＋包膜"技术模式：该技术模式采用收获打捆一体机一次可以完成青饲料的收割、自动喂入、粉碎和打捆等作业，并与包膜机、夹包机配套，平均每小时可打捆20～30个，具有效率高、成本低、实现草料就地打捆包膜、品质好、商品率高等特点，是目前较为先进的一种青饲料收获机具。

收获打捆一体机一次完成收割、自动喂入、粉碎和打捆等作业

打捆包膜后用夹包搬运机搬运到指定位置贮存

### 2. 分段收获法

将全株玉米切割并输送至固定场地，由固定式粉碎机粉碎、揉丝后再进行机械化打捆包膜。主要为"割秆＋青饲料粉碎""揉丝＋打捆包膜"技术模式。

该技术模式采用与拖拉机配套的秸秆粉碎揉丝机将秸秆就地进行粉碎、揉丝处理，再用打捆包膜机进行包膜，平均每小时可打捆 30 个以上，该技术模式适用于地块较小的青饲料收获。

整秆收割，再通过粉碎揉丝机进行秸秆粉碎揉丝

在固定场地打捆包膜

### 三、适宜区域

玉米全株青贮裹包高效机械化技术适宜于北方春播玉米区、西北灌溉玉米区、黄淮海夏播玉米区、西南山地玉米区和南方丘陵玉米区等气候、水土条件适宜发展规模化饲草料种植且收贮条件好的地区。

### 四、注意事项

（1）籽粒破碎、揉丝后的秸秆应尽快进行打捆包膜，防止水分流失，从而避免发酵过程中糖分下降，导致饲料品质降低。

（2）打捆包膜要确保草捆的紧实度和包膜的密封性，以防止发酵过程中由于混入空气太多，引入杂菌，导致饲料变质。

技术依托单位

1. 农业农村部农业机械试验鉴定总站、农业农村部农业机械化技术开发推广总站

联系地址：北京市朝阳区东三环南路 96 号

邮政编码：100122

联 系 人：周小燕　王明磊

联系电话：010-59199032

电子邮箱：moajdz@126.com

2. 甘肃省农业机械化技术推广总站

联系地址：甘肃省兰州市城关区北滨河中路820号

邮政编码：730046

联 系 人：张恩贵　张中锋

联系电话：0931-8321171，0931-8324279

电子邮箱：gsnjtgzzf@163.com

3. 山东五征高北农牧机械有限公司

联系地址：山东省日照市五莲县市北经济开发区潮石路以西、龙河路以北

邮政编码：262300

联 系 人：纪中良　葛庆亮　王海涛　张令宾

联系电话：13863311722

电子邮箱：qingliang.ge@wuzheng.com

# 全株玉米青贮质量评价技术

## 一、技术概述

### 1. 技术基本情况

养殖企业与专业种植公司（合作社）之间种养结合不紧密的矛盾长期存在，由于缺乏科学有效的全株玉米青贮饲料质量分级评价标准，很难做到以质论价、优质优价，容易出现鱼龙混杂、以次充好的现象，青贮饲料的品质价值没有得到充分体现，品品和价格之间有利益博弈，青贮饲料质量很难保证。

本技术通过以淀粉含量、脂肪含量、30 小时可消化中性洗涤纤维含量、乳酸乙酸比例 4 个质量指标为核心，兼顾青贮饲料营养价值和动物营养需要，通过数学模型构建而成，不仅能够全面反映全株玉米青贮饲料营养和发酵品质，而且准确地评价全株玉米青贮饲料质量优劣，解决全株玉米青贮饲料评价方法不一、评价指标不全面、难以量化评价等难题，对满足奶牛养殖生产实践的需要，促进奶牛养殖产业的健康发展具有重要的意义。

### 2. 技术示范推广情况

优质全株玉米青贮质量评价技术已被"粮改饲-优质青贮行动计划"采纳执行，2018—2020 年，先后在京津冀、黑龙江、山东、宁夏等 19 个粮改饲试点省区 629 个试点县推广应用，累计评价青贮样品 3 500 余个，检测指标 63 000 余个，取得了良好的效果。

### 3. 提质增效情况

通过优质全株玉米青贮质量评价技术，可快速、准确、全面评价青贮饲料，做到以质论

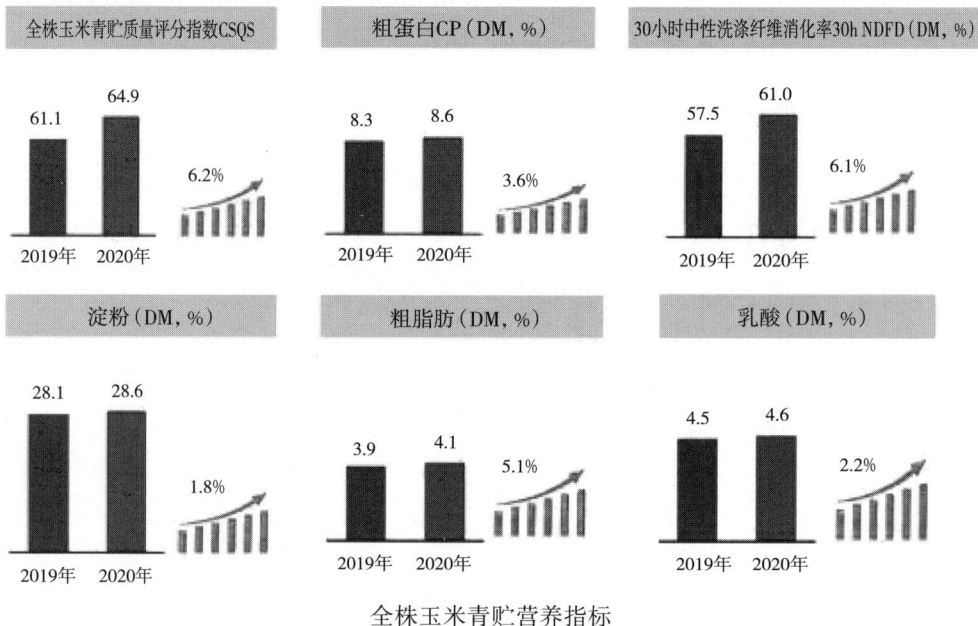

全株玉米青贮营养指标

价、优质优价。与 2019 年相比，2020 年我国全株玉米青贮质量提升 6.2%，其中，粗蛋白（CP 含量）、30 小时中性洗涤纤维消化率（30h NDFD）、淀粉含量、粗脂肪（EE）含量和乳酸含量平均值比 2019 年分别提高了 3.6%、6.1%、1.8%、5.1% 和 2.2%，有力地提升了全株玉米青贮品质以及玉米青贮饲料利用率，解决了全株玉米青贮饲料评价方法不一、难以量化评价等难题。

**4. 技术获奖情况**

全株玉米青贮质量评价技术作为奶牛绿色提质增效示范项目核心技术之一，先后荣获全国农牧渔业丰收奖农业技术推广合作奖一等奖和北京市农业技术推广奖一等奖。

## 二、技术要点

**1. 全株玉米青贮质量评分指数（CSQS）**

全株玉米青贮质量分级指数（CSQI）按下式计算：

$$CSQI = \sum_{i=1}^{n}(W_i \times S_i)$$

式中：$S_i$——4 个营养指标（淀粉含量、脂肪含量、30 小时可消化中性洗涤纤维含量、乳酸乙酸比例）的值；$W_i$——各个营养指标所占的权重，其中淀粉含量为 0.498 0、脂肪含量含量为 0.180 7、30 小时可消化中性洗涤纤维为 0.190 7、乳酸乙酸比为 0.130 6。

全株玉米青贮质量分级评分指数（CSQS）按下式计算：

$$CSQS_{(0-100)} = \frac{CSQI - 0.1}{0.86} \times 100$$

式中：$CSQS$——全株玉米青贮质量评分指数；$CSQI$——全株玉米青贮质量分级指数。

**2. 全株玉米青贮质量分级评分指数（CSQS）**

根据全株玉米青贮质量分级评分指数（CSQS）对全株玉米青贮青贮饲料进行分级，判定 CSQS 在 76~100 分为一级、51~75 分为二级、26~50 分为三级、0~25 分为四级。

$$CSQI = \sum_{i=1}^{n}(W_i \times S_i)$$

$$\downarrow$$

$$CSQS_{(0,100)} = \frac{CSQI - 0.9}{0.84} \times 100$$

| | CSQI | CSQS | |
|---|---|---|---|
| 优 | ≥0.69 | >75 | |
| 良 | 0.47~0.68 | 51~75 | |
| 中 | 0.25~0.46 | 26~50 | |
| 差 | <0.21 | <25 | |

全株玉米青贮质量分级评分指数

## 三、适宜区域

本项技术可在全国应用推广。

## 四、注意事项

（1）本项技术适用全株玉米青贮评价。

（2）全株玉米青贮饲料应符合饲料卫生标准。

---

**技术依托单位**

1. 全国畜牧总站

联系地址：北京市朝阳区麦子店街 20 号楼

邮政编码：100125

联 系 人：胡广东　单丽燕

联系电话：010-59194594

电子邮箱：2522685899@qq.com

2. 中国农业科学院北京畜牧兽医研究所

联系地址：北京市海淀区圆明园西路 2 号

邮政编码：100193

联 系 人：卜登攀　赵连生

联系电话：010-62813901

电子邮箱：budengpan@126.com

---

# 高水分苜蓿青贮技术

## 一、技术概述

### 1. 技术基本情况

我国苜蓿的主要产品为干草，多采用自然晾晒法调制。我国绝大多数苜蓿产区雨热同期，干草调制多处于雨季，此时空气湿度大，晾晒时间延长，干草调制困难。且苜蓿原料在晾晒过程中易发生雨淋、落叶等问题，养分损失 30% 以上。而烘干所需设备价格昂贵，且能源消耗大，只能在有限的范围应用。因此，苜蓿青贮是解决上述问题的理想方法。国内外苜蓿青贮研究多集中于半干青贮技术，且形成了较为成熟的技术体系，但苜蓿原料萎蔫处理仍需要晾晒，此过程仍然存在雨淋、落叶等问题，而且机械环节多、加工成本高，同时原料捡拾带土造成丁酸发酵明显，因此，半干苜蓿青贮技术没有从根本上解决雨季苜蓿优质低损耗收获加工问题。同时，在我国农业生产中，大量具有较高饲料价值的农业副产物没有得到有效利用，造成了极大的资源浪费和环境污染。如何利用好这些优质资源，使之变废为宝，已成为美丽乡村建设中的重大课题。

为解决上述问题，河北省农林科学院农业资源环境研究所牧草研究团队通过农业副产物与高水分苜蓿原料混合，研究形成了一套苜蓿原料不需要晾晒，直接刈割、切碎、混合、青贮的高水分苜蓿优质低损耗青贮技术。

### 2. 技术示范推广情况

该技术已在河北、内蒙古、辽宁、湖南、安徽等省区开展生产应用，2019 年累计应用规模达到 20 余万 t。

### 3. 提质增效情况

（1）该技术解决了苜蓿雨季收获和贮藏的问题，使苜蓿的养分损失降至 12% 以下。

（2）制作青贮时，每 1 吨高水分苜蓿原料约消耗 0.1～0.2t（干基）的农业副产物。据统计，2018 年全国苜蓿青贮量约 648.54 万 t，如果使用该技术，可消耗农业副产物 64.85 万～129.70 万 t（干基），每吨青贮饲料约 800 元，其鲜干比约 3∶1，即青贮饲料干物质约 2 400 元，故该技术可实现农副产物产值约 15.56 亿～31.12 亿元。

（3）该技术与半干青贮技术相比，不存在晾晒萎蔫环节，从而减少机械作业，实现刈割、切碎一体化作业，据测算，每茬可以节约机械成本 15 元/亩左右。

（4）该技术每茬可以减少 3 次田间机械作业，显著降低机械对苜蓿地的辗轧，相对提升苜蓿地的土壤结构及苜蓿群体密度，可延长苜蓿地的利用年限 1～2 年，降低苜蓿耕地及播种成本，增加农民收入。

### 4. 技术获奖情况

技术核心获得国家发明专利：《一种通过添加饲用枣粉改善高水分苜蓿青贮饲料的方法》（ZL201310491565.X）；制定并颁布了河北省地方标准《紫花苜蓿高水分窖式青贮技术规程》（DB13/T 5113—2019）。

## 二、技术要点

该技术通过添加 10% 左右的农业副产物（饲料枣粉、麦麸、果渣、甜菜渣等），调节高水分苜蓿青贮原料的水分、碳水化合物等含量，同时添加复合乳酸菌添加剂，调节微生物菌群，从而实现高水分苜蓿青贮品质提升和农业副产物饲料化。主要技术要点如下。

（1）刈割机械。选择具有刈割、压扁、切碎功能的联合收获机械。

（2）农业副产物选择。要求无霉变，可以为家畜采食、可溶性碳水化合物丰富，且含水量低于 15%。

（3）青贮原料水分调节。根据苜蓿原料和农业副产物的含水量确定混合比例，将青贮原料水分调节至 60%～65%。

（4）乳酸菌添加剂。选择合格的复合型乳酸菌商品制剂。

（5）充分混合。利用搅拌机械将苜蓿原料、农业副产物和乳酸菌制剂三者混合均匀。

（6）青贮方式。可以选择窖贮（壕贮）、袋装青贮、裹包青贮等青贮方式。

（7）压实密度。窖贮压实密度控制在 $600～650kg/m^3$，袋装青贮、裹包青贮压实密度控制在 $550～600kg/m^3$。

## 三、适宜区域

本技术适用于苜蓿种植区。

## 四、注意事项

（1）充分混合青贮原料，使青贮饲料均匀、稳定。

（2）农业副产物应符合《饲料卫生标准》。

（3）严禁泥土等污染物进入青贮原料。

（4）青贮中添加的农业副产物可以是一种，也可以是几种农业副产物的混合物。

（5）严格按照机械安全操作规程作业，防止发生安全事故。

**技术依托单位**

1. 河北省农林科学院农业资源环境研究所

联系地址：石家庄市新华区和平西路 598 号

邮政编码：050051

联系人：刘忠宽　刘振宇

联系电话：13780218715、13780219140

电子信箱：zhongkuanjh@163.com、zhenyu416@126.com

2. 中国农业大学

联系地址：北京市海淀区圆明园西路 2 号

邮政编码：100083

联系人：张英俊　玉柱

联系电话：13611272283、18514696818

电子邮箱：zhangyj@cau.edu.cn、yuzhu3@sohu.com

# 北方地区秸秆捆烧清洁供暖关键技术

## 一、技术概述

### 1. 技术基本情况

北方地区清洁取暖是习近平总书记 2016 年亲自部署的 6 件民生实事之一，目前我国北方农村地区清洁取暖率约 31%。北方地区供暖年消耗煤炭约 4 亿吨标准煤，其中散烧煤约 2 亿 t 标准煤，主要分布在农村地区，颗粒物、$SO_2$、$NO_x$ 等污染物排放严重，在碳达峰、碳中和的背景下，急需构建农村清洁供暖体系。我国北方地区秸秆资源丰富，可收集资源量 4.15 亿 t，占全国资源量 61.6%。扣除还田、饲料等利用途径，预测每年北方地区秸秆可能源化利用潜力达到 9 314 万 t，折合 0.47 亿 t 标准煤，可替代北方农村地区 60% 左右的取暖用能。

长期以来，秸秆一直是北方农村取暖的主要燃料，但传统利用方式效率低、污染物排放高，急需清洁高效供暖技术替代。秸秆捆烧技术（又称为"秸秆打捆直燃"）是北方农村清洁供暖的有效技术路径，具有成本低、原料适应性强等优点。本项目围绕秸秆打捆、高效燃烧、污染物脱除等关键技术开展攻关，创新研发了秸秆捆烧清洁供暖技术装备，提出了北方农村清洁供暖保障体系，并开展示范应用和产业化推广，推动了农村人居环境改善和农民生活品质提高。

### 2. 技术示范推广情况

通过搭建秸秆半气化捆烧仿真平台，研发出高效低排放燃烧技术，开展捆烧设备小试、中试，并与企业联合，开发出秸秆捆烧清洁供暖锅炉，建立了示范工程，据第三方检测，锅炉热效率可达 85% 左右，颗粒物、二氧化硫、氮氧化物分别在 30mg/m³、10mg/m³、200mg/m³ 以下，与燃煤锅炉相比，减排颗粒物 5%、二氧化硫 86%、氮氧化物 50%，明显优于 GB 13271—2014《锅炉大气污染物排放标准》。该技术已在辽宁、黑龙江、河北、山西、吉林等省开展示范推广应用，建立秸秆捆烧清洁供暖工程 259 处，供暖面积约 725 万 m²，保障了农村社区、乡镇机关单位、学校、农业园区等清洁取暖，具有非常好的应用效果。通过画册、挂图及视频等群众喜闻乐见的方式进行宣传，进一步推动了该技术在农村地区的普及和推广。

### 3. 提质增效情况

降低取暖成本。在辽宁铁岭示范工程实际运行中，供暖面积 1 万 m²，秸秆捆烧供暖的取暖费每平方米约18元，煤炭取暖费每平方米约24元，比煤炭取暖成本低33%。

减少污染物排放。目前，北方农村地区采暖以散煤为主，年利用量约2万t标准煤，污染严重。秸秆中硫含量极低，显著减少了二氧化硫的排放，同时秸秆捆烧供暖技术的二氧化碳排放仅为煤炭供暖的1/10，在农村碳减排、碳中和贡献作用巨大。

增加农民收入。使原本废弃的秸秆资源变成可以买卖的商品，从秸秆的收集、储存和运输等环节，直接和间接为农民提供了就业机会，促进农民增收，有效带动了当地经济社会发展。

促进秸秆综合利用。该技术作为秸秆能源化利用技术之一，在北方地区进行推广应用，杜绝了秸秆随意堆弃和田间焚烧的现象，改善了村容村貌和农户生活条件，提高了农村居民健康水平，有力促进了秸秆综合利用。

**4. 技术获奖情况**

未申报科技奖励。

## 二、技术要点

针对秸秆捆含土量大、燃烧效率低、烟气污染物排放高等瓶颈问题，突破秸秆打捆、高效燃烧、污染物脱除等关键技术，创新研发了秸秆捆烧清洁供暖技术装备，提出了北方农村清洁供暖保障体系。

秸秆除土打捆。针对秸秆收集打捆过程中含水量高、尘土多等问题，提出以振动方式去除秸秆中粘附和夹杂土壤的技术路径，明确了玉米秸秆整株铺放、切碎铺放振动去土的最优工艺，研制出捡拾机构、翻抛机构、去土机构、输送机构和机架等振动除土捡拾装置，集成秸秆打捆技术，研发出秸秆地表捡拾、输送打捆、振动去土和收集一体化秸秆打捆设备。该设备在整株打捆时，振动去土的最优参数组合为振幅15mm，振动频率4.5Hz，振动时长14s；在切碎秸秆打捆时，振动去土最优参数组合为振幅20mm，振动频率4Hz，振动时长12s。

振动除土一体化秸秆捡拾打捆设备

秸秆高效捆烧。搭建秸秆半气化捆烧仿真平台，揭示出稳态和非稳态条件下，秸秆捆分层燃烧、焰面递进等传播规律，探明了配风量、烟气温度、秸秆捆密度等因子对秸秆半气化捆烧特性的影响机制。研发层进风预混燃烧和三室分级捆烧技术，模拟捆烧燃烧室的空气动力场，研发出三次进风与逐层析出的可燃气预混燃烧、多向脉动扩散燃烧技术，强化捆烧过程原料燃烧阶段、挥发分燃烧阶段和秸秆炭燃烧阶段等配风调节和温度调控。创制了配风方式、速率以及结构等多因子协同调控配风机构和三室分级捆烧装置。针对含水率为30%的秸秆捆，燃烧效果较优的工艺参数为初级燃烧室过量空气系数0.8，初级燃烧室温度900℃，三次配风比例1∶0.5∶0.3。

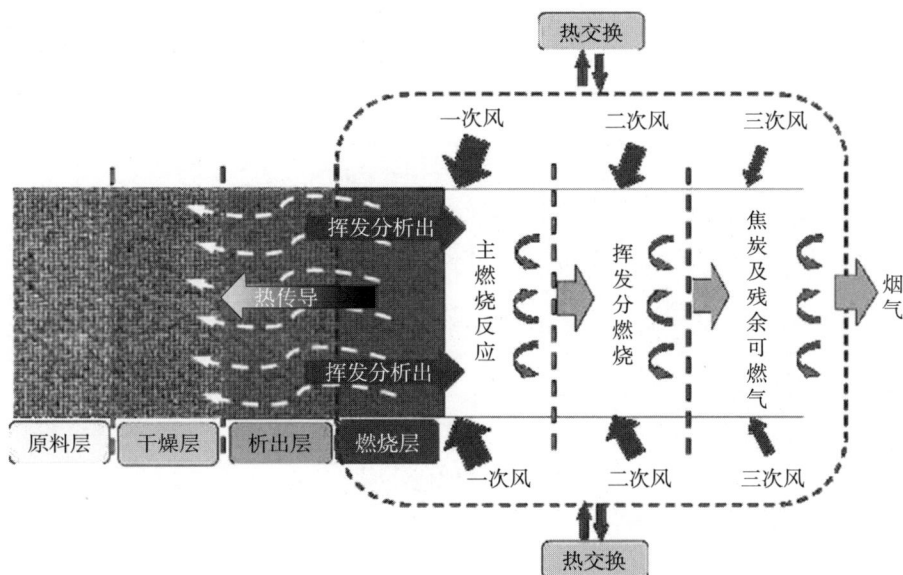

秸秆捆烧多级配风原理图

污染物高效脱除。提出了秸秆捆烧过程氮氧化物源头减控技术工艺，研究了三级精准配风燃烧和燃烧室控温技术，避免了捆烧过程中热应力集中，将燃烧初期形成的$NO_x$还原为$N_2$，实现烟气中$NO_x$排放量减少37.64%。创新提出秸秆捆烧烟气耦合净化工艺，研究颗粒物的负载电荷和粒径分布特性，基于离心力和库伦兹力的作用原理，研发出旋风-高压静电-水膜一体化烟气净化设备，较优的工艺参数为鱼骨针程90°或60°交错排列，相邻间距

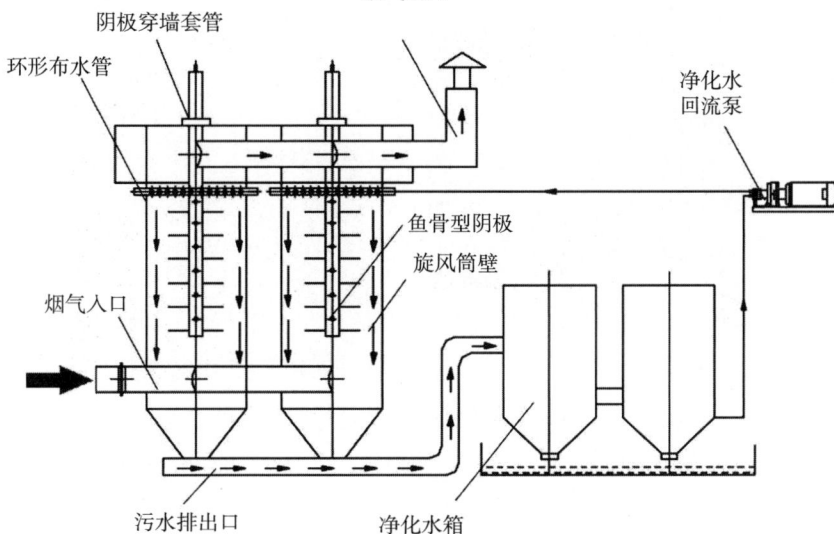

旋风—高压静电—水膜一体化烟气净化设备

80mm，静电场强度 $2 \sim 3kV/dm$，颗粒物脱除效率提升 56%。

秸秆捆烧供暖。集成捆烧烟气多级换热、自动排渣和智能调控等技术，研制出连续式和序批式两大系列秸秆捆烧供暖锅炉，能够用于集中社区、农业园区、乡镇中小学等区域供暖。经第三方检测，锅炉热效率可达 84.6%，颗粒物排放为 $22mg/m^3$，$NO_X$ 排放 $133.6mg/m^3$，$SO_2$ 排放 $<3mg/m^3$，林格曼黑度 $<1$ 级，实现了秸秆高效、低排放的清洁供暖。

连续式秸秆捆烧清洁供暖锅炉

序批式秸秆捆烧清洁供暖锅炉

保障体系。构建秸秆可持续供应模型，提出了"田间打捆-分区码放-起脊堆垛-安全防控"的秸秆安全存储规范，实现存储站投资减少 25%、秸秆供应成本降低 4.6%，保障了原料安全存储和稳定低成本供应。研究提出了秸秆能源化利用技术标准体系，制定了 5 项标准，促进产业技术标准化、系列化。

## 三、适宜区域

北方秸秆资源丰富、农村供暖需求量大的地区，包括北京、天津、河北、山西、内蒙古、辽宁、吉林、黑龙江、山东、陕西、甘肃、宁夏、新疆、青海等14个省区市以及河南省部分地区。

## 四、注意事项

秸秆捆存储注意防火、防水等，应设置消防通道；供暖要采用专用捆烧锅炉，配以除尘设备，由专业人员操作使用。应熟练掌握清灰、清渣、保养维修及故障排除等操作方法。

**技术依托单位**

1. 中国农业科学院农业环境与可持续发展研究所
联系地址：北京市海淀区中关村南大街12号
邮政编码：100081
联 系 人：赵立欣　姚宗路
联系电话：010-82106785，13811216507
电子邮箱：yaozonglu@caas.cn

2. 农业农村部农业生态与资源保护总站
联系地址：北京市朝阳区麦子店街24号
邮政编码：100125
联 系 人：李慧斌　任雅薇
联系电话：010-59196390，13811336678
电子邮箱：yaweiren@163.com

3. 吉林大学
联系地址：吉林省长春市人民大街5988号
邮政编码：130022
联 系 人：付　君
联系电话：0431-85095713，13843122197
电子邮箱：fu _ jun@jlu.edu.cn

# 畜禽粪便就近低成本处理利用集成技术

## 一、技术概述

### （一）技术基本情况

畜禽粪污资源化利用是连接种植与养殖，关乎人、畜、环境健康和食品安全。经过"十三五"政策支持发展，截至 2019 年我国畜禽废弃物综合利用率达到 75％，畜禽就近堆肥处理与还田利用是解决畜禽养殖污染和提升土壤耕地质量最有效的方式，但是传统的堆肥处理中由于发酵温度高，导致氨气排放量大，在造成堆肥肥效下降的同时，氨气等有害气体向环境排放也影响周边环境，畜禽场 80％以上的环保投诉多是由于臭气影响周边居民生活而引起；同时由于畜禽粪肥养分含量低、施用量大和劳动成本高等问题，还田利用最后一公里没有得到有效解决。针对上述问题，在"国家农业废弃物循环利用创新联盟"组织下，通过协同攻关，研发了"畜禽粪便就近低成本处理利用成套技术"，包括固体粪便膜覆盖堆肥技术和固体粪肥机械化施用技术与装备。

固体粪便膜覆盖堆肥技术解决了一般性发酵技术存在的臭气排放和需要搭载除臭设备问题，实现氨减排；通过膜覆盖，堆肥期间 60℃以上高温维持 10d 以上，彻底杀死有害虫卵、草种、病原微生物，保护土壤环境安全；该技术无需建厂，完全替代厂房或棚体等建筑，不需建发酵槽，大幅降低养殖场、粪污处理中心投资成本；节能降耗，每吨有机肥耗电 2℃，减少运行成本；发酵期远程智能控制，无需频繁翻堆，节约人工。

膜覆盖堆肥技术现场图

固体粪肥机械撒施技术与装备解决了膜覆盖堆肥生产的粪肥人工施肥效率低、劳动强度大的问题，该技术研制出了系列固体有机肥撒施机，能适应不同地形、不同种植模式对固体有机肥机械化撒施的需求。部分产品进入农机购置补贴目录。

固体粪肥机械撒施现场图

**（二）技术示范推广情况**

"畜禽粪便就近低成本处理利用成套技术"自 2020 年进行产业化推广以来，其中"畜禽粪便膜覆盖堆肥技术"已在全国 20 个地区落地 160 余个项目，其中包括两个畜禽粪污资源化利用整县推进项目，累计处理粪污超过 10 万 t，获得了广泛的市场认可；固体粪肥撒施设备年实现销售量 200 台套左右，区域涉及东北、山东、江苏等地区，固体有机肥撒施示范推广面积达 5 万亩/年以上。

2020 年 11 月初，农业农村部农业机械试验鉴定总站、农业机械化技术开发推广总站发布公示，"畜禽粪便膜覆盖堆肥技术"入选畜牧业机械化重点推广技术、先进适用畜牧养殖机械装备名单。

2020 年 11 月 4 日，全国现代畜牧业推进会议暨畜禽养殖废弃物资源化利用现场会上，"畜禽粪便膜覆盖堆肥技术和固体粪便机械撒施技术"作为主推技术进行了现场示范和展示，受到与会领导和代表的高度评价。

**（三）提质增效情况**

"畜禽粪便就近低成本处理利用成套技术"具有运营成本低、设备造价低、发酵产品养分含量高、臭气排放量低、机械化程度高等多重特点。

**1. 投资成本低**

畜禽粪便膜覆盖堆肥技术设施安装简单，仅需地面硬化，无需建厂，完全替代厂房或棚体等建筑，不需建发酵槽，节约建设成本；造价低，相同处理量是发酵罐等一体设备投资 1/5 或更低。适应能力强，根据不同地形，不同规模的养殖场进行配套，最大程度减少养殖场投资。

**2. 运行成本低**

传统槽式、条垛式、发酵罐处理粪污的养殖场或肥料企业，深受运营成本困扰。其中最大项就是电费、人工费、燃油费、菌剂。因运营成本而影响后期肥料销售价格，造成产品市场竞争力低。针对这一问题，"膜覆盖堆肥技术"将运行成本降到最低，每吨有机肥的运行成本仅为 20～30 元。

**3. 堆肥产品养分含量高**

"膜覆盖堆肥技术"能很好地保留发酵物料中的养分，尤其是氮素保留。槽式、条垛式、发酵罐因为工艺要求等，翻抛次数多，物料养分消耗巨大，营养物质损失严重，造成后期成品肥效不如纳米膜发酵设备。与传统技术相比，"膜覆盖堆肥技术"处理 200 立方粪污，一批次产腐熟料在 120t 左右，每吨净利润在 200 元左右｛销售成本－（原料＋辅料＋运营成本＋折旧）｝，每批次净收入 24 000 元，几个批次销售就能很快回本，并开始获利。

**4. 粪肥施用效率显著提升**

固体有机肥机械化施肥效率是传统人工施肥效率的 5～6 倍，每吨降低固体有机肥施肥作业成本 30 元。同时能大大提高种田大户对施用有机肥的兴趣，增加有机肥施用量，促进有机肥产业发展。

## （四）技术获奖情况

固体有机肥机械化施用技术 2020 年获山东省机械工业科学技术奖一等奖。

# 二、技术要点

## （一）膜覆盖堆肥技术

该技术是通过对畜禽粪污添加辅料和微生物腐熟菌剂进行预处理后，用纳米膜完全覆盖物料的情况下，在膜内形成微正压的"人工气候箱"，通过智能控制系统调控通风供氧过程，微生物代谢产生 60～70℃以上高温灭菌杀虫，排出水蒸气、$CO_2$ 等无害物质，阻隔臭气臭味溢出，实现好氧微生物高温发酵，将畜禽粪污转化成相对稳定的腐殖质状有机肥原料。

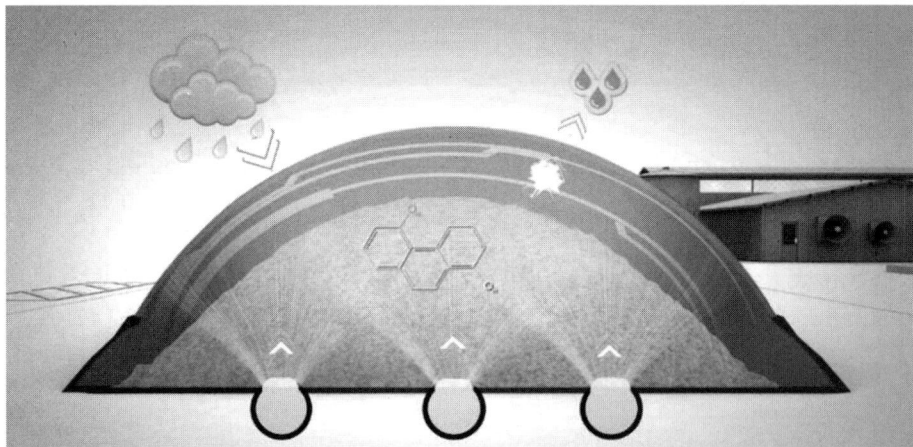

膜覆盖堆肥技术的发酵原理

**1. 主要组成**

（1）纳米膜，膜材料特殊的三层结构使得它能防紫外线表面老化、防机械磨损等，使用寿命长达 8～10 年。

（2）通风系统，包括风机和风管，用于保证堆体内部的氧气，和监测系统结合控制风机的变频运行。

（3）自动控制系统，包括电控系统、压力传感器和温度传感器。温度传感器为三点式，可检测不同堆体高度的温度，更好地反映堆体内部的情况。

**2. 附属设备**

（1）覆膜翻堆一体机：一体化解决物料混合、翻堆、揭膜、覆膜；节省人工，解决翻抛过程臭气泄露问题。

（2）自走式卷膜机：实现多个堆体的全自动卷膜、半自动覆膜工作；灵活，低成本。

（3）壁挂式卷膜机：实现全自动收卷膜的机械化操作；节省人工，节约成本。

**3. 混料预处理**

按物料配方要求，利用混匀设备、翻抛设备将原料、辅料、微生物菌剂混匀。混匀的堆肥物料含水率控制在55%～65%，即抓一把在手里，握紧成团，指缝间不见水，松开手轻轻一碰即散开。

根据各种粪污的情况不同，选择的混匀设备也不同。

（1）含水率在65%，孔隙率较好的物料，可直接用铲车进行混匀。

（2）含水率在70%以上的物料，必须添加辅料选用翻抛机进行混匀。如鸡粪、鸭粪等。

（3）经过干湿分离的奶牛粪、猪粪，只需控制它的含水率即可，可直接建堆无需翻抛。

**4. 建堆**

将混匀的物料按梯形建堆，堆体上部宽度一般不低于堆体底部宽度的2/3，堆体底部宽度为发酵区设计宽度，堆体高度一般1.5～2.0m为宜。建堆时应保证物料均匀、松散，防止出现物料厚度不一致、含水率不均等情况。

**5. 覆膜**

将纳米膜完全覆盖在堆体上，利用压边袋或其它方式压实纳米膜边缘，保持边缘不漏气。

**6. 发酵**

覆膜发酵也叫一次发酵，过程包括升温期、高温期、降温期。堆肥过程中，通过鼻闻判断堆肥发酵变化情况，若产生酸、臭等过度刺鼻气味，需及时调整含水量，使其发酵良好。

**7. 工艺参数控制**

利用堆肥设备调控堆肥参数，过程控制参数包括通风、温度以及压力。

（1）温度控制。发酵过程中，必须测定堆层温度的变化情况。堆体发酵温度应控制在55～70℃，覆膜发酵周期内，堆肥温度达到60℃以上，以便充分腐熟。

（2）通风控制。发酵过程中，应进行压力测定。必须通过强制通风使堆体内氧气浓度保持在8%以上，控制在10%～15%为宜。

（3）水分控制。随着堆肥发酵含水率逐渐下降，到覆膜发酵结束时含水率应在35%～45%。

**8. 去膜**

覆膜发酵周期一般在15～20d，判断腐熟度，终止覆膜发酵时，发酵物料不再升温，去膜，堆体无臭味，颜色为灰色、灰褐色或黑色。

**9. 后处理及利用**

将生产出的腐熟堆肥散装或装袋存放于防雨地方待售。制得的腐熟堆肥可进行粉碎、筛分、深加工等处理。

**（二）固体粪肥机械化施用技术**

**1. 定量喂肥技术**

大田固体有机肥撒施机采用棘轮—摇杆调速机构：棘轮机构和摇杆机构可实现大速比的

降速，同时可达到输肥速度多级可调的目的，保证了肥料的稳定定量输送，达到定量施肥的目的，减少肥料的损失率。

轮式自走多功能施肥机采用棘轮-齿条组合式出肥口开合机构：通过棘轮、齿轮、齿条组合调节出肥口开度从而调节喂肥量，实现定量施肥。

履带自走式撒肥机采用连杆-摇臂式出肥口开合机构：通过调节手柄带动连杆，连杆带动摇臂，摇臂带动开合板实现出肥量可控。

履带式自走式固体粪肥撒施机

**2. 自走式行走底盘技术**

轮式自走式行走底盘，动力、传动系统设计、布置合理，结构紧凑，行走灵活便捷，田间通过性强、转运速度快，动作效率高。

履带自走式撒肥机可满足地面凹凸不平条件下行走、针对泥泞地面防止打滑、陷入等现象，提高了撒肥机对固体有机肥撒施的适应性；驾驶员座位可 360°旋转，可双向行驶抛撒肥料，避免了在作业空间有限的情况下掉头难、转弯不易等问题。

**3. 均匀撒肥技术**

大田多功能撒肥机拨料爪在辊轴上的排列方式直接影响拨料辊的动平衡、抛撒幅宽及破碎程度。为了减轻整机振动，将拨料爪进行递进四周期螺旋排列。

双破碎拨料辊机设计能够使肥料破碎更充分，抛撒幅宽更大，撒肥更均匀。仿爪形拨料爪设计能够对肥料进行破碎，拨料爪折弯设计能够增加幅宽并使肥料连续、依次均匀分散。撒肥叶片从 3 片增加为 5 片，增加圆盘撒肥均匀度。

## 三、适宜区域

全国范围。

## 四、注意事项

（1）固体有机肥撒施机械机型的选择应与肥料施用地形、种植模式相符；

（2）设备操作及保养应严格按照设备出厂说明书或操作规程执行。

**技术依托单位**

1. 中国农业科学院农业环境与可持续发展研究所

联系地址：北京市海淀区中关村南大街 12 号

邮政编码：100081

联 系 人：马瑞强　朱志平

联系电话：010-82106840

电子邮箱：zhuzhiping@caas.cn

2. 农业农村部南京农业机械化研究所

联系地址：南京市中山门大街柳营 100 号

邮政编码：210014

联 系 人：陈明江

联系电话：025-84346003

电子信箱：cmj_cn@163.com

# 村镇有机废弃物高效清洁好氧发酵技术

## 一、技术概述

### 1. 技术基本情况

该技术针对村镇易腐有机废弃物好氧发酵存在智能化水平低、臭气等污染物控制难、适宜装备缺乏等问题，围绕"工艺研发—设备创制—模式构建"等关键环节进行了攻关，形成系列村镇有机废弃物高效清洁好氧发酵智能技术装备，为不同规模村镇有机废弃物肥料化利用技术提供了解决方案。

一是针对多原料好氧发酵效率低、发酵产品品质不高、臭气和重金属污染风险等问题，阐明了臭气和挥发性有机物产排特征，研发了高效清洁好氧发酵技术工艺，为村镇有机废弃物好氧发酵装备研发提供理论依据和支撑。二是针对自然村有机废弃物产生量小、无法集中连续处理的问题，研发了序批式一体化密闭式反应器好氧发酵技术，开发了"水-温-氧"智能监测联合反馈系统，研发了一体化密闭式好氧发酵反应器，构建自然村小循环模式，解决了自然村有机废弃物处理难题。三是针对集聚型村庄有机废弃物产生量较大、污染集中等问题，研发了立式和滚筒式一体化好氧发酵技术，基于立式一体化反应器研发了多场景多参数好氧发酵智慧控制系统，集成分层搅拌、均匀曝气和生物除臭技术，发酵周期缩短至 7 天；基于滚筒式一体化反应器开发了"变频风机-可控加热-分段曝气"系统，曝气能耗降低 30%，集成生活垃圾分选、粪污存储等技术，优选好氧发酵工艺，生产的有机肥料就近还田利用，构建种养循环模式，解决了集聚型村庄有机废弃物处理难题。四是针对大型村镇种养规模大、废弃物量大分散、生活垃圾成分复杂等问题，研发了工厂化深槽好氧发酵系统，突破了深槽翻抛、移行出料、臭气收集等槽式好氧发酵技术瓶颈，构建了区域大循环模式。

该技术成果经中国农业工程学会评价，总体处于国际先进水平。

### 2. 技术示范推广情况

基于以上核心技术装备及构建的技术模式，联合北京、河北、湖南、江西等农业系统推广部门，建立起覆盖全国的推广平台，已在全国 11 个市（县）推广应用，核心技术在百余家企业推广应用，累计销售 525 台套设备，构建了适宜不同类型村镇的有机废弃物循环利用体系。相关成果以及形成的政策建议《关于畜禽粪污肥料化利用的建议》获得农业农村部领导肯定性批示，并被《国务院办公厅关于加快推进畜禽养殖废弃物资源化利用的意见》（国办发〔2017〕48 号）、《全国农村沼气发展"十三五"规划》（发改农经〔2017〕178 号）和《全国畜禽粪污资源化利用整县推进项目工作方案（2018—2020 年）》（发改办农经〔2017〕1352 号）等采纳。

### 3. 提质增效情况

和常规技术相比，应用多原料高效清洁好氧发酵工艺可缩短好氧发酵升温时间至 1 天，可将一次发酵周期缩短至 7~10d，总挥发性有机物（TVOCs）降低 53.9%，氨气减排最高达 75.7%，Cu、Pb 的钝化效果比传统工艺提高了 110% 和 53%；序批式一体化密闭式反应器技术可实现两次发酵全过程周期缩短至 15d 以内；立式一体化反应器技术可实现多场景多参数好氧发酵智慧控制系统，辅料近零添加，运行能耗降低 9%；滚筒式一体化反应器可实现精准曝气和渗滤液自流式收集，发酵周期缩短至 15d 以内，出料含水率降至 40% 以下，曝气能耗较同类技术降低 30%；工厂化深槽好氧发酵技术可实现 1.7m 以上翻堆深度，比传统翻深提高 20% 以上，缩短好氧发酵周期 15～20d，减少物料养分损失 30% 以上，占地面积减小 40%～50%，建设投资降低 25% 以上。

通过上述技术推广应用，年处理各类有机废弃物 3 510 万 t，年生产有机肥料 1 170 万 t，替代化肥 28.85 万 t，近 3 年累计产生直接经济效益 3 亿元，生态、经济和社会效益显著。

**4. 技术获奖情况**

以该技术为核心的成果荣获 2016—2018 年度全国农牧渔业丰收奖农业技术成果推广一等奖和 2020 年度中国机械工业科学技术奖二等奖。

## 二、技术要点

**1. 多原料高效清洁好氧发酵工艺**

优选发酵物料含水率 65%、碳氮比 30：1，每立方米通风速率为 0.1m/min。配套兼具快速升温、养分保持、除臭功能的复合微生物菌剂，有效活菌总数可达 $3×10^9$CFU/mL，使用时，将菌剂充分搅匀，然后将菌液按照 1～2/1 000 稀释液均匀逐层拨洒在原材料上，并充分翻搅（用搅拌机最好）均匀，实现快速发酵，一般发酵周期为 1～2 周；配套生物炭基添加剂，钝化剂添加量为 12%，同步实现臭气减控与重金属钝化。

**2. 适宜于自然村有机废弃物肥料化利用的序批式一体化密闭式反应器好氧发酵技术**

该技术通过优化翻抛、曝气结构和控制方式，集成除臭系统，将有机生活垃圾、畜禽粪污、秸秆等有机废弃物进行一体化好氧发酵，生产有机肥料。核心反应器主要由箱体、原料输送装置、一次发酵仓、二次发酵仓、尾气净化装置、在线监测控制系统等构件组成。如图 1 所示。①采用并列独立式一次发酵仓，可同时满足不同来源、性质物料的处理需求，发酵仓内设置桨叶式翻抛装置，可以保证发酵物料充分混合均匀，并能够调节发酵物料的孔隙结构，每个发酵仓设置温度传感器和氧浓度传感器，能够实现对发酵仓精准曝气。②配套原

（a）序批式一体化好氧发酵反应器

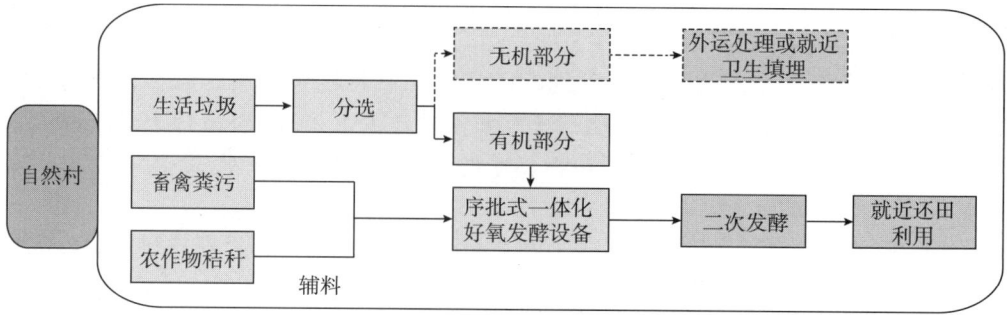

（b）自然村有机废弃物肥料化利用技术模式

序批式一体化好氧发酵反应器技术及模式

料输送装置，采用密闭式无轴变频螺旋物料输送技术，适宜高纤维高含水率物料输送。③配套尾气净化装置，采用二次发酵物料过滤处理一次发酵尾气，一次发酵产生的尾气经过管路收集通入二次发酵物料中，同时实现余热回用和尾气净化，提高二次发酵效率。④配套箱式撬装立面结构，提升反应器保温效果，便于反应器移动和运输。

以该技术为核心构建自然村有机废弃物肥料化利用技术模式，可有效解决自然村有机废弃物无法集中连续处理的问题，生产的有机肥料可供村域农业生产使用。

**3. 适宜于集聚型村庄有机废弃物肥料化利用的立式和滚筒式一体化反应器好氧发酵技术**

该技术应用立式或滚筒式快速好氧发酵设备，集成生活垃圾分选、粪污存储、多原料高效清洁好氧发酵等技术，生产的有机肥料就近还田利用。

立式一体化反应器主要由机架、仓体、上料系统、搅拌曝气系统、液压驱动系统、生物滤池等构件组成。①采用立式筒仓结构，占地面积小，物料流动性好，出料能耗低；采用曝气搅拌轴，实现物料分层搅拌、均匀曝气和辅料近零添加；采用多场景多参数好氧发酵智慧控制系统，提供温度氧气控制、温度时间控制和时间控制等三种好氧发酵运行控制程序，以及臭气浓度监测预警高效除臭控制程序，满足不同来源物料快速好氧发酵需求，发酵效能增

（a）立式好氧发酵反应器实物图　　（b）系统控制逻辑图

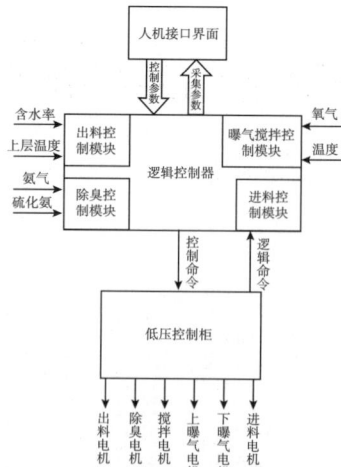

立式好氧发酵反应器

加 40%～60%，运行能耗降低 9%。②配套生物滤池，可将堆肥中产生的臭气集中进行处理，实现达标排放。

滚筒式一体化反应器主要由螺旋进料器、好氧发酵滚筒、曝气系统、生物除臭系统等构件组成。①采用滚筒式结构，满足物料连续进出、充分混匀、快速发酵要求，采用筒底"升温-高温-降温"三段式均匀曝气系统，同时不同发酵阶段物料对氧气的需求，有效解决滚筒反应器曝气能耗高问题；采用渗滤液自流式收集装置，能够对发酵过程中产生的渗滤液进行自动收集，有效解决滚筒反应器渗滤液收集难问题。②配套自动进出料、臭气原位异位协同减控技术、"水-温-氧"智能控制与管理系统等技术，提升了滚筒反应器智能化水平。

滚筒式反应器

以该技术为核心构建集聚型村庄有机废弃物肥料化利用技术模式，可有效解决集聚型村庄有机废弃物产生量较大、污染集中等问题，生产的有机肥料就近还田利用。

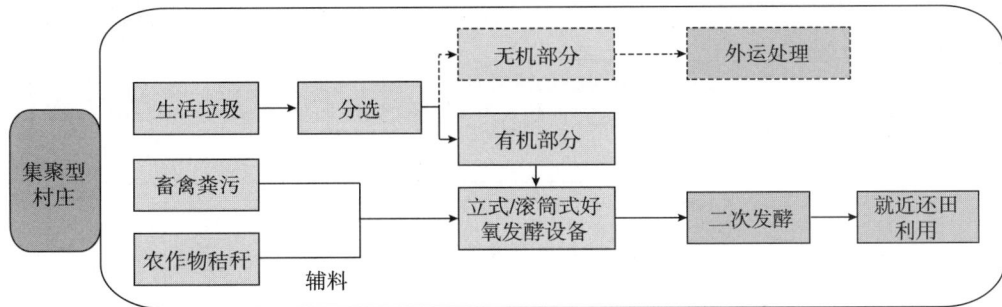

集聚型村庄有机废弃物肥料化利用技术模式

### 4. 适宜于大型村镇有机废弃物肥料化利用的工厂化深槽好氧发酵技术

该技术应用工厂化深槽高效好氧发酵技术，集成原料高效收储和分选、臭气集中处理、商品有机肥加工等技术，配套村镇有机废弃物循环利用智慧型管理系统，具有在线监控、分析研判、综合评价等多功能，实现了在线监管，生产高品质商品有机肥。

工厂化深槽好氧发酵系统主要由行走部件、翻堆部件、电控系统构成；行走部件由机架、驱动电机、驱动轮、传动机构等组成；翻堆部件主要由主轴驱动系统、链板部件、链板升降系统等组成。①采用双排链板式刮板翻抛机，翻堆时兼具物料破碎、充分混合、曝气充氧、蒸发水分的多重功能，翻抛深度达到1.7～2.0m，一次翻抛移料达4m，满足深槽物料翻抛需求。②配套多功能移行车，兼具翻抛机移行和腐熟料移出功能，大幅节省投资成本。③配套适用于槽式好氧发酵系统的生物除臭装置，采用"负压集气＋生物除臭"技术，实现发酵区臭气收集处理率达到80％，避免臭气等二次污染。④配套布料机、翻堆机和远程控制，自动化程度高、机械化水平高，输送设备、翻堆机等采用电力驱动，减少能耗、改善工况、便于管理、降低运行成本，同时发酵槽物料堆体高、处理量大、占地面积减小40％～50％，建设投资降低25％以上。

以该技术为核心构建大型村镇有机废弃物肥料化利用技术模式，可有效解决集聚型村镇种养规模大、废弃物量大分散、生活垃圾成分复杂等问题，同时生产高品质商品有机肥。

（a）工厂化深槽好氧发酵装置

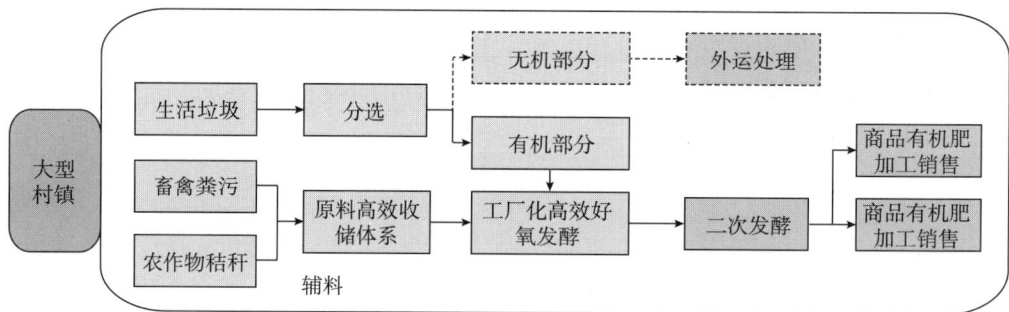

（b）大型村镇有机废弃物好氧发酵利用模式

工厂化深槽好氧发酵装置及技术模式

### 三、适宜区域

序批式一体化好氧发酵技术，适用于有机废弃物无法集中连续处理自然村。立式/滚筒式一体化快速好氧发酵技术，适用于有机废弃物产生量较大、污染集中的集聚型村庄，构建种养循环模式。工厂化深槽高效好氧发酵技术适用于种养规模大、废弃物量大分散、生活垃圾成分复杂的大型村镇。

## 四、注意事项

村镇有机废弃物在肥料化利用前应进行分选，剔除其中的石头、铁器、塑料包装物等不能降解或有毒有害的材料。

**技术依托单位**

农业农村部规划设计研究院、中机华丰（北京）科技有限公司、北京沃土天地生物科技股份有限公司

联系地址：北京市朝阳区麦子店街 41 号

邮政编码：100125

联 系 人：孟海波　沈玉君　程红胜　丁京涛

联系电话：010-59197263，15901213895

电子邮箱：shenyj09b@163.com

# 分散式农业废弃物能源化利用技术

## 一、技术概述

### 1. 技术基本情况

针对我国种植和养殖脱节，村落规模小且散布，畜禽粪便和秸秆产生分散、转运储存能量损失大，村级沼气工程的周年稳定供气能力差和农业废弃物区域资源化利用能效低等问题，研究形成的技术体系。通过该技术，实现了分散式农业废弃物的高效生物质成型燃料和沼气等能源化利用，解决了村级沼气集中供气工程的原料供给季节性波动、产气利用率低、沼渣沼液还田难、系统运行可持续性差等长期困扰区域（半径≤20km）农业废弃物高效能源化利用难题。通过粪便与秸秆混配成型技术，增加了物料的胶联性，实现了原料的物质和能量长期有效保存、净能量产出增加；通过沼气产-储-供动态调控技术，实现了沼气工程产气和村落用气的速率匹配；改进液态肥施用技术，实现了快捷施肥和节本增效；构建区域市场化运行体系，实现了农业废弃物就近高效能源化利用、村镇清洁燃气的稳定供给、农业农村生产生活生态协调。

### 2. 技术示范推广情况

2013年以来在四川、贵州、云南、重庆、湖南、湖北、江苏等省市多地进行示范、推广，获得良好效果。2013—2020年，在四川省德阳市旌阳区10余个村落点进行示范、推广，区域内畜禽粪便全部资源化，秸秆能源化利用率提高10%，化肥使用率降低50%，村级沼气集中供气工程产气率与利用率分别提升25%以上，农户购买商品沼气支出占其全年商业能源支出的40%，实现了全过程的商业化运营。2015—2020年，在湖南省桃源县进行推广，全县域农业废弃物能源化利用的原料物流成本降低10%，存量沼气池/工程产气率提升10%～20%。2016—2020年，在贵州省玉屏县开展生物质能源开发利用示范，实现390户农户周年稳定供热与供气。目前该技术正在南方广大农村地区推广应用。

### 3. 提质增效情况

与现有技术相比，应用该技术可使区域农业废弃物整体资源化运行投入降低20%～30%，能源化率提升10%～20%；减少储存空间60%以上，原料的物流能量损失在5%以内；全过程温室气体排放减少30%。与同类小型堆肥项目相比，处理成本降低20%，能效指标降低30%。与同类沼气集中供气项目相比，原料物流成本减少20%，产气率提升10%～30%，运行收益提升20%；农户年足额用气时间由240天提高到全年，沼液沼渣施用成本降低30%。

### 4. 技术获奖情况

未申报科技奖项。

## 二、技术要点

能源化原料供给和资源化耦联技术：形成村级沼气集中供气工程按需生产的稳定原料供

给体系，并确保区域内粪便全部低耗高效利用。①合理规划区域内存栏大于 50 头生猪当量的养殖场粪便收集转运，优先满足各供气工程的沼气生产需求。②在气温高、粪便产生量大的季节（如夏、秋季），总固体质量含量（TS）按照 1∶1 左右比例与粉碎秸秆混合，压缩成型，透明温室大棚（通风干燥环境）晾晒 3～7 日，物料 TS≥85％后，置于室内储存作为能源化利用的原料（低位发热值、有机物含量、碳氮元素等在周年储存中稳定性好）。③对于难以集中收集的粪便，采用 1∶（0.5～1.5）的 TS 比例混配秸秆 3～5cm、设置布有小孔的通风道管道、覆膜保温等措施，综合改善堆体通风、排湿、供氧等条件；按 1∶200 的 TS 比例添加好氧发酵微生物促进剂，在日平均温度≥−10℃条件下，堆肥完成时间小于 21d；按照 1∶（10～20）的 TS 比例添加草木灰，降低堆肥过程的温室气体排放。

粪便秸秆混配压缩成型

村落沼气的产-储-供协同调控：在距沼气发酵罐底部 1～1.5m 安装可便携拆装的换热器，低温季节采用太阳能＋间歇式自动电补热组合的辅热方式，确保发酵温度为 27±2℃，稳定生产沼气。以进料周期为调控单元，冬季用气量大的季节宜选择 3～4d，夏季用气量低的季节宜选择 6～8d，设计产气-用气速率匹配方案；根据村落早、中、晚集中炊事用气和冬季采暖用气需求大的特点，综合优化沼气工程的进料量和储气柜缓存容积等参数，确保进料周期内产气"前半段快-后半段慢"的有效调和、用气高峰实时供气可及。

村级沼气集中供气

沼肥施用抽-吸-喷一体化技术：在运肥装置（车）上设置空压机（真空度≥0.08MPa），负压吸取沼气发酵剩余物（TS≤12％），解决了液肥抽吸过程的设备堵塞问题。采用正压液肥喷施＋液肥罐倾斜（通常≥15°）重力排泥的组合方案，降低施用过程的能量损耗；在液肥罐倾斜时的最低处设计排渣管，彻底排出底部沉渣。采用引管灌溉或埋地施用，减少温室气体排放和肥效损失。

区域化的市场化运行体系：建立适于区域特征的"政府主导、企业和社会各界参与、市场化运作"农业废弃物资源化利用实现路径；采用协会领办、股份合作、专业合作社等形式，建立区域运营主体，培训技术服务人员 2～3 人，负责区域内的农业废弃物全面资源化规划以及设施设备运营管理，以服务 10～20 处村级沼气集中供气工程或 500～1 000 户用气为宜。推进生态产业化和产业生态化，建立"运营主体、技术支撑单位、监测评价单位、政府部门、农户"组成的长效共存市场化运行体系，共同促进农业废弃物的有效转化。

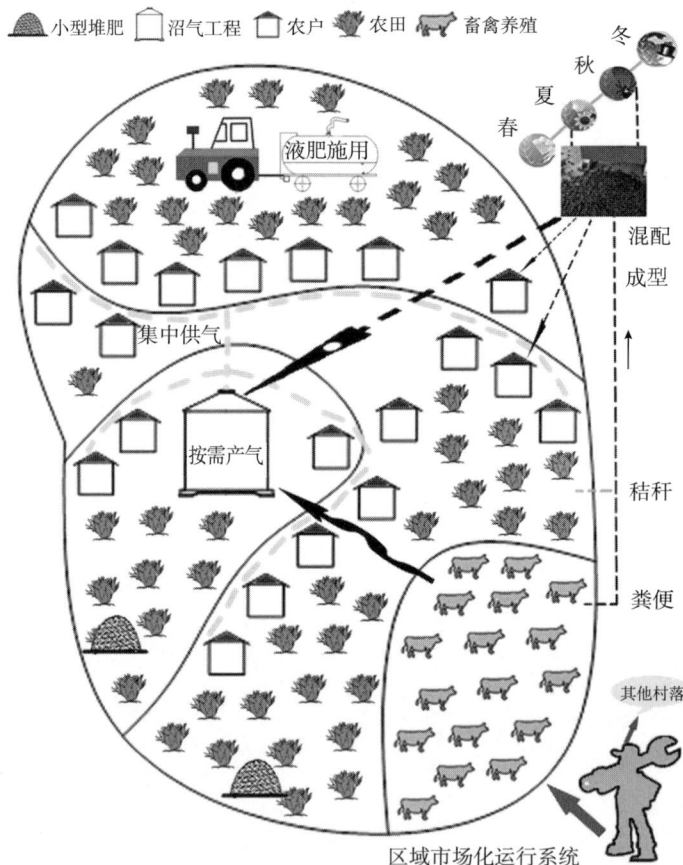

区域农业废弃物全面资源化模式

## 三、适宜区域

月平均最低温度高于 0℃，单处村落的规模为 30～500 住户。

## 四、注意事项

畜禽粪便单独储存时间超过 1 个月，不宜作为沼气发酵原料。

**技术依托单位**

1. 农业农村部沼气科学研究所

联系地址：四川省成都市武侯区人民南路四段 13 号

邮政编码：610041

联 系 人：罗　涛　梅自力

联系电话：028-85220690，18782012718

电子邮箱：luotao@caas.cn

2. 中国农业科学院农业资源与农业区划研究所

联系地址：北京海淀区中关村南大街 12 号

邮政编码：100081

联 系 人：潘君廷　杨亚东

联系电话：010-82106899

电子信箱：panjunting@caas.cn

3. 四川省农村能源办公室

联系地址：四川省成都市武侯区倪家桥路 5 号

邮政编码：610041

联 系 人：黄如一　汤　萍

联系电话：028-85564132

电子信箱：schgk@163.com

# 畜禽粪便纳米膜好氧发酵堆肥技术

## 一、技术概述

### 1. 技术基本情况

畜禽粪便处置使用是我国畜禽养殖业以及农业面源污染防控面对的一大难题。近些年，国务院相关部委出台了一系列有关畜禽粪便治理的奖惩政策与配套措施，有力推进了畜禽粪污资源化利用技术推广应用，使得畜禽粪便综合利用水平不断提升。

目前，畜禽粪便无害化处理堆肥形式主要有非反应器式堆肥和反应器式堆肥两类，条垛式等非反应器式堆肥技术普遍存在着占地面积大、氮素损失多、臭气控制难、环保措施缺失或者环保治理费用高等问题；而反应器式堆肥技术存在着投资成本高、运行和维护费高、操作复杂等问题。

针对上述不足，开发了畜禽粪便纳米膜好氧发酵堆肥技术。该项技术是利用纳米膜好氧发酵堆肥机在具有物理分子选择透过作用纳米膜完全覆盖畜禽粪便等发酵物料的条件下，在高效有机物料腐熟菌剂的作用下，通过温度、氧气浓度、膜内压力等传感器反馈机制自动调控加热、强制通风，实现好氧高温堆肥处理有机废弃物过程，进而有效解决畜禽粪便无害化处理过程中投入大、运行成本高、操作复杂、发酵效率低、臭气扩散及温室气体排放高等问题。

### 2. 技术示范推广情况

该技术已经在河北、黑龙江、吉林、辽宁、浙江和内蒙古等地区推广应用 150 套，并已经纳入 2020 年河北省 11 个县的畜禽粪便整县综合治理推进项目方案，同时获批制定河北省地方标准用于指导技术应用。在秦皇岛市规模养殖场建立技术应用示范点 20 个，依托该技术建设畜禽粪便无害化处理中心 2 个，覆盖中小型养殖场 100 余家。全面实行养殖场就地就近利用畜禽粪便好氧发酵生产腐熟堆肥，形成了"养殖场就地就近处理＋安全还田"、"养殖场就地就近处理＋集中深加工"、"养殖场预处理＋集中处理"等多元化模式，提高了处理的及时性，避免转运产生二次污染，极大降低了粪污对农业环境的污染。该技术于 2018 年获得河北省科技成果奖，技术水平国内领先，主体装置已被纳入 2018—2020 年农业农村部农机新产品购置补贴试点品目。

### 3. 提质增效情况

该技术有效防止臭气扩散，臭气排放量降低 95％以上，温室气体排放降低 50％以上；每吨处置运行成本约 50 元，运输成本降低 60％以上；效果稳定，发酵周期短，高温持久，100％杀灭病原菌、草籽、寄生虫等；纳米膜确保有气味物质在内部浓缩，滴落到堆肥堆中并被微生物分解，养分损失少，肥效增加，氮养分溢出减少 30％以上；可露天使用，基建量减少 40％以上。

### 4. 技术获奖情况

获得秦皇岛市农业丰收奖一等奖。

## 二、技术要点

技术核心由纳米膜覆盖密封技术、膜菌双重臭气减排堆肥技术和多参数反馈过程精准控制技术构成，可概括为"膜、菌、控"，其主要内容如下。

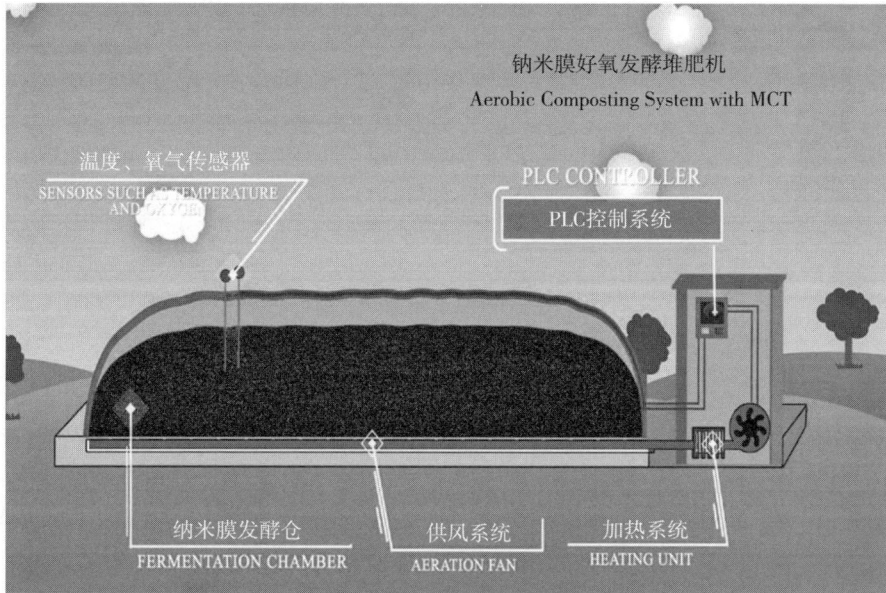

纳米膜好氧发酵堆肥机结构

**准备辅料**：选用农作物秸秆、稻壳、菇渣等有机辅料。

**堆肥预处理**：控制堆肥物料指标，如含水率50%~60%，碳氮比（20：1）~（35：1）等。选用合适的混匀设备混匀物料，混匀过程同时接种菌剂，接种量一般为堆体质量的0.1%~0.3%，添加微生物含量宜在$10^6$ cfu/g以上。

纳米膜好氧发酵堆肥预处理过程

　　**覆膜发酵过程控制**：根据设备处理能力建堆，底部铺设曝气系统，覆膜密封，启动自动控制装置，调控堆肥发酵参数。堆体发酵温度应控制在55～70℃，当堆体温度超过75℃时，进行翻堆或强制通风。覆膜发酵中期，可翻堆1次，翻堆时需均匀彻底，应尽量将底层物料翻入堆体中上部，以便充分腐熟；堆体内氧气浓度控制在8%以上，宜控制在10%～15%。

纳米膜好氧发酵堆肥

　　**后处理及利用**：覆膜发酵20d左右，判定腐熟度，符合利用。若进一步提高腐熟度，去膜后继续堆置15～30d，中间翻堆1～2次。腐熟堆肥可直接还田利用或进行深加工处理。

纳米膜好氧发酵完成的物料状态

## 三、适宜区域

适宜全国规模化畜禽养殖场（小区）、堆肥厂、无害化处理中心好氧发酵处理畜禽粪便，尤其适宜养殖场（小区）就地就近处理畜禽粪便。

## 四、注意事项

（1）选址应符合村镇建设发展规划、土地利用发展规划和环境保护规划要求，单批次处理 $200m^3$ 作业区域面积一般不低于 $240m^2$。

（2）统筹考虑畜禽养殖场（小区）区位特点，充分利用已建或拟建的堆肥处理设施，合理布局。

（3）覆膜发酵区要求地形平坦，地势稍高，利于排水，易机械作业，应远离居民区或与居民区隔离。覆膜发酵区应设在养殖场的生产区、生活管理区常年主导风向的下风向或侧风向处，并采用防渗处理。

（4）禁止混入城市污泥、危害环境安全的微生物制剂等作为辅料；建堆时间不宜超过 2d，混料要求均匀，严格控制堆肥物料指标，以免导致堆体发酵不理想而返工操作。

（5）搞好试验示范，做好培训，推行养殖场（小区）就地处理就近还田，直接还田利用应符合 GB/T 25246 的规定。

**技术依托单位**

1. 河北省畜牧总站
联系地址：石家庄市长江大道 19 号
邮政编码：050000
联 系 人：李　剑
联系电话：0311-85889708
电子邮箱：397108537@qq.com

2. 领先生物农业股份有限公司
联系地址：河北省秦皇岛市经济技术开发区秦皇西大街 78-1 号
邮政编码：066000
联 系 人：杜迎辉
联系电话：18630315626
电子邮箱：du. yinghui@leadst. cn

3. 秦皇岛领先康地农业技术有限公司
联系地址：河北卢龙经济开发区南区东一路 1 号
邮政编码：066400
联 系 人：徐延平
联系电话：18630331123
电子邮箱：xu. yanping@leadst. cn

# 秸秆基料化循环利用技术

## 一、技术概述

### 1. 技术基本情况

秸秆基料化利用以食用菌为纽带，将作物秸秆等农业副产物转化为人类可食用的优质蛋白，菌糠通过堆肥处理生产有机肥进行还田，形成了一个高效的、无废物的生产过程。本项目充分依托黑龙江省秸秆资源禀赋和优越生态条件，集成食用菌菌种标准化繁育、秸秆制取高效食用菌栽培基质、草腐菌精准化栽培、木腐菌草腐化栽培、病虫害绿色综合防控、菌糠制取有机肥等关键技术，建立适合现代农业发展的秸秆基料化利用技术体系。该项技术成熟、先进可靠，与国内外同类技术相比，更适合黑龙江省农业经济发展，具有易操作和可推广等特点。

### 2. 技术示范推广情况

该项技术已经在哈尔滨、大庆、绥化、牡丹江、伊春等地进行了一定面积的推广示范应用。

### 3. 提质增效情况

我省部分产区已开展利用豆秸、玉米秸、麻屑、稻草等农作物秸秆替代部分木屑，每袋较原来减少木屑用量30%～40%。草腐菌生产每亩地消耗秸秆、玉米芯、稻壳等农牧废弃物6～7t。应用该项目生产的食用菌产品产量高，质量好，总体经济效益较常规栽培提高15%左右。该项技术对于食用菌产业转型升级、缓解"菌林矛盾"、优化利用秸秆、保护黑土资源、促进种植结构调整、提高农民收入和生态保护均有重要的现实意义。

### 4. 技术获奖情况

棚室食用菌生产综合技术创新应用研究与推广，2013年获黑龙江省政府科技进步奖二等奖、省农业科学技术奖一等奖。

食用菌优良品种选育及标准化栽培技术研究与应用，2017年获黑龙江省政府科技进步奖二等奖。

## 二、技术要点

### 1. 新型栽培基料制作

（1）发酵料配方及制作：采用"天天翻堆"的发酵技术，基本操作是：将稻草、玉米秸秆、玉米芯等农作物秸秆基料建堆后每24小时翻堆一次；只是在低温时节应予适当升温保温，比如温热水拌料、选择背风向阳处建堆、料堆上覆盖草苫等，既保障了基料经过高温处理和基料营养的有效转化，又避免了基料过热损失营养，一举两得。每次翻堆，首先根据气候状态、基料产热情况，分析（多为经验因素）基料失水状况，而后予以表层洒水的补水方法，洒水后即可进行翻堆操作；一般夏季发酵7～10d即可完成，冬春季节发酵，应在15d以上。

以双孢蘑菇为例，按100m² 计算，需要干稻草 1 700kg、干牛粪 1 600kg、尿素 28kg、过磷酸钙 50kg、石膏粉 50kg、碳酸钙 30kg、石灰粉 70kg；大球盖菇、巴西菇、草菇等食用菌根据其生长发育的营养需求进行适当调整，采用隧道式发酵技术进行基料堆制。

（2）熟料配方及菌棒制作：以黑木耳、猴头菇、香菇等木腐菌采用熟料栽培方式，利用玉米芯、大豆、玉米等秸秆部分替代阔叶木屑。新型基质配制要求较小粒度有益于提高持水力和可塑性、较高的紧实度有利于提高持水力、较高的含水量有利于防止后期失水、较细的袋型有利于出耳潮次集中、基质制备应与木屑基质状态协调、替代比例一般在 30％左右不宜过大。在环境控制上通过"低水分＋低温＋适当通风＋合理后熟"优化养菌；利用设施集中调控催芽环境温度、湿度、光照和二氧化碳浓度等条件，促进出芽和提高质量；调整给水量和频度，改变出耳周期或出耳季节窗口。

黑木耳农作物秸秆替代木屑量在 30％～60％，栽培基质建议配方：阔叶硬杂木屑 57％、豆秸或玉米秸秆 30％、麦麸 10％、豆粉 2％、石膏 1％、含水量控制在 55％～58％，用石灰调节酸碱度，pH 为 6.5～7.5。以秀珍菇为例，栽培基质建议配方：玉米芯 70％、干稻草 12％、麸皮 10％、尿素 1％、过磷酸钙 2％、石膏粉 2％、石灰粉 3％，料水比 1：1.6。榆黄蘑、平菇等食用菌根据其生长发育的营养需求进行适当调整，采用高温灭菌、无菌操作进行接种，接种后的菌棒放入已消毒的发菌室中培养，发菌温度 25℃为宜。

**2. 培养料管道通风隧道发酵技术**

采用国际先进的管式送风隧道发酵技术，针对北方寒冷地区的气候特点，研制出隧道发酵专利技术。施用低温发酵剂（专利产品），该菌剂具有低温条件下启动发酵的特征，可以保证系统在零下 20℃条件下运行，另外该菌剂还具有除臭、保营养的功效。

**3. 室内划口技术**

在室内促使原基形成时，有的地方不见光，要利用灯光照射，刺激原基形成。室内划口见光均匀，外界环境影响小，保温保湿性好，出耳基整齐，杂菌感染率低。

**4. 绿色防控技术**

病虫害的防控以预防为主，菌丝培养期间发生污染，应及时清理并进行无害化处理。出菇房应安装防虫纱窗、纱门或防虫网等设施，杜绝虫源。如果有害虫侵害，应及时采取"黄板监测＋生物制剂＋安全性药剂"杀虫措施，喷洒生物制剂 Bt 和安全低毒的阿维菌素、菇净或灭蝇胺杀虫剂。

**5. 菌糠制作有机肥**

以菌糠为主原料运用低温发酵技术和开放式发酵笼技术制作有机肥。流程一（有机肥料生产）：原料收集—原料处理—培养料配制—培养料高温发酵—有机肥料后发酵—有机肥料干燥—混配形成系列有机肥料产品—造粒、包装。流程二（发酵菌剂生产）：试管种—三角瓶扩繁—种子罐扩繁—发酵罐培养—固体发酵—风干—包装。

## 三、技术适宜推广区域

本项目主推技术适宜于农作物主产区。

## 四、注意事项

（1）由于各地气候条件差异较大，应根据不同地区的气候生态条件合理安排食用菌栽培季节，注意检测养菌和出菇时期菇棚（房）温度，以免出现"烧菌"现象。

（2）不同食用菌对栽培基料的营养需求存在一定的差异，在基料制作过程中要对基料配方进行适当调整，选择最适宜的基料制作工艺。

（3）在食用菌新品种引进和推广过程中，应自行进行小面积栽培出菇或出耳试验，成功后并逐步进行推广。黑木耳在开口数量、催芽、浇水等环节，需要根据不同的基质进行相应配套栽培技术管理。

麻屑、玉米芯等替代木屑 40% 作为基料栽培黑木耳

室内划口技术

秸秆建堆发酵产生放线菌

培养料管道通风隧道发酵技术

大球盖菇播种

覆土加盖稻草

大球盖菇子实体成熟

绿色防控技术

## 技术依托单位

1. 黑龙江省经济作物技术指导站

联系地址：哈尔滨市香坊区珠江路 21 号

邮政编码：150090

联 系 人：马云桥

联系电话：0451-82329774

电子邮箱：sjzzsck@126.com

2. 黑龙江省农业科学院牡丹江分院

联系地址：黑龙江省牡丹江市东安区江南开发区 1 号楼

邮政编码：157000

联 系 人：王延锋

联系电话：0453-8223782

电子邮箱：mdjnks@126.com

# 农业废弃物食用菌基质化利用技术

## 一、技术概述

### 1. 技术基本情况

随着我国农业快速发展，农业废弃物产生量日益增加。据估算，全国畜禽粪便年产生量约 10 亿 t，农作物秸秆产生量约 9 亿 t。在种养分离的背景下，农业废弃物收贮和资源化利用成本抬升，能源化、肥料化作为两种主流利用方式经济效益偏低，难以有效拉动畜禽粪便和农作物秸秆有序收贮和利用，畜禽粪便露天堆放、秸秆焚烧或随意丢弃成为农业面源污染的重要成因。因此，寻求一条农业废弃物高值化利用途径，以经济杠杆撬动农业废弃物有序收贮和利用，成为农业面源污染防治和农业绿色发展的迫切需要。

在公益性行业（农业）科研专项和国家科技重大专项的资助下，经过十多年的研究，项目组成功研发了以农业废弃物食用菌基质规模化生产技术为核心，以食用菌菇房构建、食用菌高效栽培技术和食用菌基质废料还田利用为配套技术的农业废弃物食用菌基质化利用技术体系，转变传统的"农业废弃物—堆肥/商品有机肥—还田利用"模式为"农业废弃物—基质—食用菌栽培—基质废料—还田利用"模式。通过引进食用菌生产，大幅度提高了畜禽粪便、作物秸秆等农业废弃物的经济价值，不仅推动了结构调整和产业扶贫，带动了农民脱贫致富，而且促进了农业废弃物有序收贮，有效防治了农业面源污染，践行了"绿水青山就是金山银山"的"两山"理论。

该技术获得了 2 项登记成果，分别为《食用菌规模化简易设施生产技术的集成与示范》（登记号：9312012Y2315）和《优质食用菌设施化生产技术推广》（登记号：9312009Y0935）；4 项专利，分别为：一种双孢菇基质发酵装置 ZL201610029303.5、一种双孢菇基质压块机 ZL201710134894.7、双孢蘑菇培养料发酵后贮藏与还原利用方法 ZL 2007 10046344.6、双孢蘑菇覆土材料发酵土的制备方法 ZL 2008 10034603.8；2 项地方标准《草生菌菇房建设技术规程（DG5329/T 66—2017）》和《双孢菇栽培基质生产技术规程（DG5329/T 68—2017）》。

中央电视台《朝闻天下》栏目、《农民日报》头版曾予以报道。

### 2. 技术示范推广情况

农业废弃物食用菌基质化利用技术已在山东、云南、上海、北京、福建、浙江、河南、河北、四川等地得到广泛应用。实践证明，以畜禽粪便和作物秸秆等农业废弃物为原料，大力发展食用菌产业是脱贫攻坚、乡村振兴、绿色发展的一条有效路径。

### 3. 提质增效情况

该技术模式可实现畜禽粪便和农作物秸秆等农业废弃物有序收贮和高值化利用，经济效益远高于能源化、肥料化利用模式，每吨原料净收益超过 200 元，农业面源污染减排 40 个百分点以上。通过调研，项目组还提出了"食用菌产业联合发展模式"建议并获得采纳，即食用菌龙头企业发挥技术、资金和营销优势，作为产业中枢，统一基质生产和菌种扩繁，统一品牌、认证和统一营销；合作社组织农民，发挥农村劳动力、闲置房屋和粪便秸秆资源优势，统一收集粪便秸秆，统一菇房建设和食用菌栽培技术，形成了优势互补、合作共赢的龙头企业—合作社—农民三方联合体，不仅实现了农业绿色高质量发展，而且有效控制了面源污染，促进了农业废弃物收集利用市场化运行。

## 二、技术要点

该技术模式的核心为食用菌基质规模化生产技术，配套技术包括食用菌菇房构建技术、食用菌高效栽培技术和食用菌基质废料还田利用技术。

### 1. 食用菌基质规模化生产技术

以畜禽粪便、农作物秸秆等农业废弃物作为基质原料的食用菌主要为双孢菇、巴西菇等草腐菌。牛粪、羊粪、鸡粪等畜禽粪便以及水稻、小麦、玉米等农作物秸秆都可以作为食用菌基质原料，畜禽粪便使用前应晒干、打碎、过筛，作物秸秆要求新鲜无霉变、碾压、截段。

建堆发酵前，需将粪便和秸秆充分预湿。建堆时注意堆形四边垂直、整齐、料堆顶部做成龟背形，并用粪便覆盖，增加上层压力；料温开始下降时翻堆。为提高基质品质，应采用二次发酵技术。对面积小、密封较好的菇棚，可直接将一次发酵后的基质转移到菇棚床架上进行巴氏消毒，料温逐步降低到50～52℃，通风换气，控温4～5d完成二次发酵。对密闭性差或面积过大的菇棚，可在菇棚外搭建一个发酵场地，完成二次发酵。

优质基质应具备：腐熟均匀、呈咖啡色、无粪臭味、富有弹性、手捏即拢、松手即散、有草香味。

### 2. 食用菌菇房建设

食用菌菇房的基本要求为：保温、保湿、通风性能好、便于遮荫。

简易菇房可以利用农村闲置房屋、地下室、畜禽圈舍、大棚温室等进行改造，也可以新建满足草腐菌生长发育所需环境条件菇房等。

工厂化菇房是指具有良好的保温隔热能力，配备有温控系统，可以实现周年栽培的设施，可以采用保温彩钢板、红砖、空心砖、塑钢或混凝土等进行搭建。

### 3. 食用菌栽培

工厂化菇房因温度可控，可根据市场行情，选择食用菌类型。简易菇房/棚需根据季节性气温变化，选择合适的食用菌类型。双孢菇发菌和出菇的适宜温度分别为22～28℃和12～19℃，适合秋冬季栽培；巴西菇的发菌和出菇适宜温度分别为24～30℃和21～28℃，适合春夏季栽培。

菇棚在进料前必须进行彻底清扫和消毒，基质进棚后亦需要进行密闭熏蒸、消毒，播种前后也要做好防止杂菌污染工作。播种后3d内，紧闭菇棚，以保湿为主，视空气情况稍作通风，以促进菌丝萌发吃料；3d后随着菌丝生长，逐渐加大菇房通风量，促进菌丝尽快在基质中定植。发菌18～20d左右，菌丝吃料2/3，接近料底时，应及时覆土。覆土应具有团粒结构，土质疏松，含有一定腐殖质，有良好的持水能力和通气性，且不含有病原菌和害虫，呈弱碱性。覆土厚度3～4cm左右。当菌丝扭结产生菇蕾时，应及时喷结菇水，当子实体普遍长到1cm左右时，喷结菇水，保持相对湿度80%～90%。

双孢菇一般在菇盖3～4cm左右、菌膜未破时采收。每当潮菇采收结束时，应及时整理床面，剔除老根死菇，补覆湿润的细土。

**4. 食用菌基质废料利用**

基质废料可直接还田利用，还田量以每亩 1～2t 为宜；还可经堆肥后作为蔬菜栽培基质的原料或有机肥的原料。

## 三、适宜区域

畜禽粪便、农作物秸秆等农业废弃物资源丰富的地区，均适宜食用菌基质化利用技术模式。

工厂化菇房投资大，建设运行成本相对较高，但温度可控，一年四季都可栽培食用菌。简易菇棚建设运行成本较低，农村闲置房屋、地下室、大棚温室、畜禽圈舍都可改建为菇房，但由于难以控温，每年栽培食用菌时间有限，可根据食用菌发菌和出菇适宜温度，结合市场行情选择适宜的食用菌种类。

## 四、注意事项

基质生产过程要注意两个发酵阶段都要均匀充分，食用菌栽培过程要注意染菌及病虫害防治。

---

**技术依托单位**

1. 中国农业科学院农业资源与农业区划研究所
联系地址：北京海淀区中关村南大街 12 号
邮政编码：100081
联 系 人：刘宏斌　王洪媛
联系电话：010-82108763
电子信箱：liuhongbin@caas.cn

2. 农业农村部农村经济研究中心
联系地址：北京市西城区西四砖塔胡同 56 号
邮政编码：100810
联 系 人：金书秦　胡　钰
联系电话：010-66115911
电子信箱：hellen_huyu@163.com

3. 上海市农业科学院食用菌研究所
联系地址：上海市金齐路 1 000 号
邮政编码：201403
联 系 人：黄建春　汪雯翰
联系电话：18918162083
电子信箱：jianmushroom@163.com

# 黄土高原旱作果园雨水集蓄根域补灌技术

## 一、技术概述

### 1. 技术基本情况

黄土高原是实现黄河流域生态保护和高质量发展的重点区域，果业是该地区市场竞争力强、效益好的产业，既是农民脱贫致富的主导产业，也是重要的生态屏障，但是由于该地区降雨量少，而且时空分布不均，与果树生长关键期需水错位，加之果树蒸腾耗水作用强烈，导致水分供求关系矛盾突出，极易形成大面积低效果园。适水发展、量水而行，充分利用雨水资源是保障该区域果业可持续发展的关键。针对水分供应不足和利用效率低等制约果园产量提升的瓶颈性难题，创建了以雨水集聚深层入渗和涌泉根灌为核心的雨水集蓄根域补灌技术，有效实现了降水就地入渗拦蓄，显著提升果园土壤含水量、有机质含量、产量与水分利用效率，同步缓解干旱缺水和水土流失，促进区域农业生产与生态保护协同发展。

### 2. 技术示范推广情况

雨水集聚深层入渗技术在地处黄土高原的陕西省延安市、榆林市、宝鸡市、渭南市、咸阳市、铜川市等地苹果与红枣产业中累计推广应用 58.94 万亩，已成为部分地区抗旱保墒主推技术，并制定形成了陕西省地方标准《黄土高原果园雨水集聚深层入渗技术规范》（DB61/T 1324—2020）。涌泉根灌技术在陕西、宁夏、内蒙古等省（区）红枣和苹果等应用推广 30 万亩，并制定形成了陕西省地方标准《陕北山地枣园微灌工程建设技术规程》（DB61/T 449—2008）。

### 3. 提质增效情况

在陕西延安和榆林山地苹果和红枣多年定位试验，雨水集聚深层入渗技术与常规鱼鳞坑种植方式相比，使苹果根区（0～3m）土壤有效水储量由 505mm 提高至 612mm，根区土壤有机质含量由 2.1g/kg 增加至 3.7g/kg，平均亩产量由 2 000kg 增加到 2 340kg。涌泉根灌技术与传统管灌相比，使红枣平均亩产量由 800kg 增加到 1 320kg，水分生产效率由 2.3kg/m³ 提高到 4.2kg/m³。由于采用了风光互补提水加压，有效解决黄土高原电力缺乏地区果园补充灌溉问题。

### 4. 技术获奖情况

以雨水集聚深层入渗技术为核心的科技成果"黄土高原干旱过程与雨水资源化"和"黄土高原果园蓄水保土调控机制及其模式"分别获得 2019 年度陕西省科学技术进步奖一等奖和2019 年度中国水土保持学会科学技术奖一等奖；以涌泉根灌技术为核心的科技成果"黄土丘陵区红枣生态经济林建设关键技术研究与应用"获得 2010 年度陕西省科学技术奖一等奖。

## 二、技术要点

### 1. 雨水集聚深层入渗技术

以坡面微地形集雨、多孔介质入渗导流和修剪后的树枝、秸秆等腐熟化有机物料填充为主体，建造了根域微型中深层立体集雨工程，实现雨水就地叠加根域侧向补给，提高土壤有效水储量。在距离果树树干适当距离（一般在树冠投影外围）挖掘水肥坑（规格：$B×L=80cm×80cm$；$H=40～80cm$），对坑底做防渗处理；将导流装置（$\Phi=20cm$）放于水肥坑中央；四周用有机填充物料分层（每 10cm 为一层）填充压实至坑口处，用土壤覆盖、踩实，修成凹面状（凹槽深 10cm 左右）；在距水肥坑壁 10cm 处起 5cm 高土垄；将 $120cm×120cm$ 集雨布覆盖于土垄上（园艺地布平铺于凹槽表面，中间开十字孔，用过滤网塞固定在引流管口处），在土垄周边用土封住、压实，集水面积为 $100cm×100cm$。

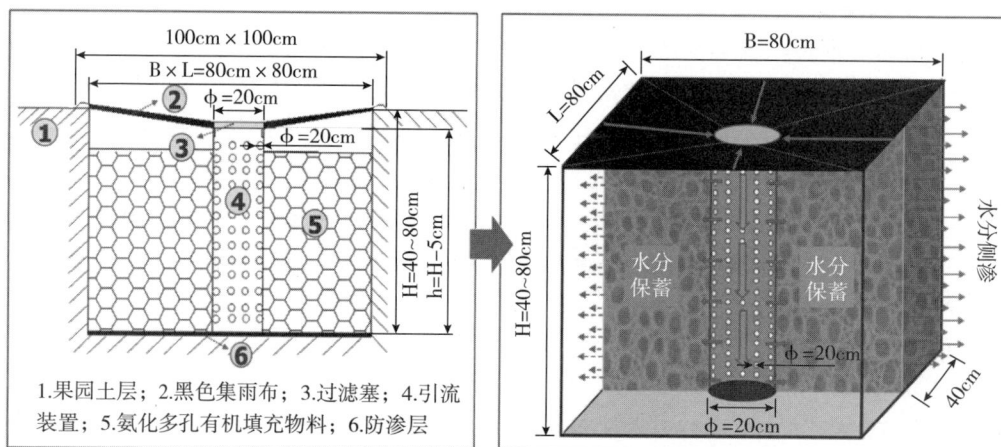

雨水集聚深层入渗技术原理示意图

雨水集聚深层入渗技术田间布设图

雨水集聚深层入渗技术应用示范

### 2. 雨水集蓄补灌技术

（1）雨水汇集与蓄存：充分利用黄土高原地形高差，通过固化自然集雨面如黄土丘陵斜坡、硬化路面等进行收集雨水。集蓄系统包括引水渠和蓄水存储设施，两者相连通，引水渠和蓄水存储设施具有一定高度差，引水渠底部具有 15°倾斜角和宽 60cm 的斜面；蓄水采用水泥水窖或软体橡塑水窖等存储设施，水窖蓄水器的窖口直径 0.8～1.0m，中径 4～4.5m，高度 4m，水窖蓄水器的窖底为中间低、四周高的圆弧面。在蓄水器顶端设置排水渠道，排水渠道为矩形断面；宽高比为 1：1。

（2）风光互补提水加压：基于黄土高原风光热资源丰富的特点，结合风能和太阳能为涌泉根灌系统提供动力来源。光伏组件配套功率不低于 750W，风力发电机配套功率不低于 500W。采用带有最大功率跟踪功能的太阳能控制器对其进行充放电管理。加压水泵选择自吸式离心泵，配套 24V 直流电机，水泵扬程不高于 15m。

（3）涌泉根灌技术：涌泉根灌是一种类似于地下滴灌的微灌技术，通过将毛管和灌水器埋置于地下，将水肥直接输送到作物根系区域进行地下局部灌溉，适宜于根系分布较深的果树灌溉。涌泉根灌技术通过配置灌水器水流过渡保护装置，使灌水器出水口与土壤隔离，避免负压吸泥和根系入侵，有效解决地下滴灌堵塞难题。同时在灌水器顶部设置垂向掺气导水管，可实现根区水量调控。

涌泉根灌技术原理示意图

采用涌泉根灌对果树进行补灌。涌泉根灌系统通过出水管与蓄水器连通，出水管距离蓄水器底部的距离为 50~60cm，在出水管上依次设置控制阀、过滤装置和减压阀。涌泉根灌系统包括干管、与干管垂直的支管、与支管垂直的毛管以及安装在毛管上的涌泉根灌灌水

涌泉根灌技术田间布设图

涌泉根灌技术应用示范

器。干管、支管和毛管的管径依次减小，毛管尾端设置排气阀。管道埋深根据冻土层确定，可为 0.4~0.5m。灌水器埋深依据果树根系分布确定，如：对于苹果，灌水器适宜埋深为 0.3~0.5m。采用涌泉根灌技术对陕北山地枣园补灌时，亩净灌水定额为 8.8m³；丰水年红枣生育期总灌水次数为 3 次，亩净灌溉定额为 26.4m³；平水年红枣生育期灌水次数为 5 次，亩净灌溉定额为 44.0m³；干旱年红枣生育期灌水次数为 6 次，亩净灌溉定额为 52.8m³。

## 三、适宜区域

黄土高原苹果、红枣等经济林（果）。

## 四、注意事项

采用涌泉根灌技术对果树补水时，应延长开（关）阀门时间，以避免发生水锤破坏管道。

**技术依托单位**
西北农林科技大学
中国科学院水利部水土保持研究所
全国农业技术推广服务中心
联系地址：陕西省杨凌示范区西农路 26 号
邮政编码：712100
联 系 人：赵西宁
联系电话：13319241600
电子邮箱：zxn@nwafu.edu.cn

# 玉米无膜浅埋滴灌水肥一体化技术

## 一、技术概述

### 1. 基本情况

玉米无膜浅埋滴灌水肥一体化技术是以浅埋滴灌技术为核心，将玉米大小垄种植技术与滴灌系统水肥一体化技术相结合的节水、节肥、减药、减膜绿色增产增效种植技术。其核心浅埋滴灌技术是指在不覆膜的前提下，将滴灌带埋设于小垄中间深度 3～5cm 处，利用输水管道实现水肥一体化的种植技术。

### 2. 技术示范推广情况

无膜浅埋滴灌水肥一体化技术主要是针对内蒙古地区膜下滴灌残膜回收困难，且多地春季干旱、大风扬沙天气多等制约玉米生产的技术瓶颈问题，于 2013 年开始在通辽市科左中旗开展相关试验，集成的一项玉米绿色增产增效技术模式。此后，技术逐步完善成熟，推广面积和辐射范围逐年扩大，到 2017 年内蒙古全区累计推广 190.61 万亩，其中通辽市 144.6 万亩、鄂尔多斯市 44.2 万亩、赤峰市 0.95 万亩、兴安盟 0.86 万亩。2018 年全区推广面积 519.11 万亩，其中通辽市 408.03 万亩、鄂尔多斯市 101.95 万亩、兴安盟 5.12 万亩、赤峰市 3.8 万亩、巴彦淖尔市 0.21 万亩。2019 年达 617.45 万亩，其中通辽市 395.73 万亩、鄂尔多斯市 151.62 万亩、赤峰市 34.1 万亩、兴安盟 27 万亩、巴彦淖尔市 1 万亩、阿拉善 8 万亩。该技术已辐射到辽宁省、吉林省等周边地区。

### 3. 提质增效情况

2016—2018 年，全区共累计示范推广面积 758.46 万亩，总增产玉米 9.963 亿 kg，实现经济效益 10.88 亿元，三年累计节水 9.6 亿 $m^3$、节肥 6.2 万 t、减膜 2.7 万 t。2019 年，通辽市推广面积 395.73 万亩，平均亩产达 832.37kg，比对照亩均增产 139.55kg，总增产 55 225.70 万 kg，平均亩增产值 223.29 元，亩节约成本 24.75 元，亩增纯收入 248.04 元，总增效益 98 156.21 万元。

### 4. 技术获奖情况

该项技术荣获 2016—2018 年度全国农牧渔业丰收奖一等奖；2018 年已颁布为自治区地方标准——DB15/T 1335—2018 玉米无膜浅埋滴灌水肥一体化技术规范。

## 二、技术要点

### 1. 选地与整地

选择适宜玉米种植的具有滴灌条件的平原区中高产田、轻度盐碱地，坡度≤15℃的坨沼地、丘陵等中低产田，亩施入农家肥 2 000～3 000kg，结合田块情况，采取灭茬、旋耕、深翻或深松措施，精细整地。

### 2. 选择良种

选择通过国家或自治区审定或引种备案的，适宜当地种植的高产、优质、多抗、耐密、适于机械化种植的玉米品种，并进行种子包衣。

**3. 适期播种**

4月下旬至5月上旬，当5～10厘米土层温度稳定通过8～10℃时，即可播种。坨沼地、范风地要错过春季大风时间播种。每亩用种量2～2.5kg，精量播种。

**4. 机械播种**

采用大小垄种植模式，一般按照小垄宽40cm，大垄宽80cm，双行种植。株距根据密度确定。建议亩播种密度4 700～5 500株，亩保苗4 500株以上。

播种机具：可选用2MB-6型浅埋滴灌带种、肥分层播种机实施机械化精量播种施肥、铺带。也可利用大小垄播种机或膜下滴灌播种机进行改装，即在播种机横梁上焊接滴灌带支架，两个播种盘中间横梁处焊接一个开沟器（小铧子），也可焊接在镇压轮前，用于在小垄中间开沟，将滴灌带铺入沟中。引导轮也可以自行焊接改装。

播种方法：播种同时在小垄中间开沟，将滴灌带埋入土壤3～5cm沟内，同时完成施种肥、精量播种、覆土、镇压等作业。滴灌毛管埋深因土质而异，沙土、白堂土宜深，黑土、五花土、白五花土或碱性土宜浅。

播种深度：应根据品种特性和土壤类型确定，深浅一致，覆土均匀。镇压后五花土、白浆土、盐碱土播深3～4cm，风沙土5～6cm。

**5. 田间管理**

适时适量灌水：播种后，视天气和土壤墒情及时灌水，提高出苗率。生育期内，按需灌水，尤其要保障播种后、拔节期、小喇叭口、大喇叭口、抽雄期、灌浆期和乳熟期等关键期玉米水分需求。科学按需施肥：根据土壤肥力状况，按照产量目标科学配方施肥。种肥以磷、钾肥为主；追肥以氮肥为主，配施微肥。追肥应利用滴灌系统，在玉米拔节期、抽雄前和乳熟期与灌水结合追施液态肥或水溶肥。

**6. 适时晚收**

收获前回收滴灌带，避免污染。一般在9月末至10月初，玉米完熟后一周，及时收获。机械收获应在籽粒含水率降至30%以下进行，在霜期允许的条件下可适时晚收。

**7. 结合秸秆还田整地**

可采用玉米联合收割机械，在收获籽粒的同时，粉碎秸秆，并结合深翻作业，秸秆还田。

## 三、适宜区域

适宜内蒙古自治区具备滴灌条件的玉米种植区或其他同等生态类型的地区。

## 四、注意事项

（1）选用国家或自治区审定或引种备案的、适期的品种。

（2）做到适期早播。

（3）选择专用浅埋滴灌播种机。

（4）收获前一定要先回收滴灌带，避免造成田间污染。

**技术依托单位**

1. 内蒙古自治区农业技术推广站

联系地址：呼和浩特市乌兰察布东街 70 号

邮政编码：010011

联 系 人：马日亮

联系电话：13847121428

电子邮箱：nntlsk@163.com

2. 通辽市农业技术推广站

联系地址：通辽市科尔沁区建国路北 2349 号

邮政编码：028000

联 系 人：叶建全

联系电话：13947578968

电子邮箱：yejianquan@126.com

# 热带果园间作柱花草提质增效技术

## 一、技术概述

### 1. 技术基本情况

热区高温多雨，高温时间长，常年杂草丛生，需要不断打除草剂来压制杂草，导致除草成本很高，并且农药的大量使用，导致土壤微生物群落遭到破坏，土壤板结，结构不良，土壤不断退化进而作物产量与品质不断下降，加之热区土壤多为酸性土壤，普遍存在有机质缺乏等问题，需要施用有机肥培肥土壤，以提高作物产量与品质。而这些地区是我国热带水果的种植区，随着国家化肥农药减施以及绿色生产、提质增效政策的实施，为落实这一系列措施，热带水果产业的发展急需一套优良技术来满足产业发展的新需求。豆科绿肥不仅可以增加土壤碳的含量，还可通过生物固氮增加氮素含量。因此，间作豆科绿肥柱花草不仅可以有效压制杂草生长，并通过固氮增碳为土壤提供大量氮与有机质，减少农药、化肥的使用，有效降低生产成本，并有效提高水果产量与品质，进而提高产业经济效益。

### 2. 技术示范推广情况

在我国南方海南、云南等热带地区已经累计推广应用 20 余万亩。

### 3. 提质增效情况

间作豆科绿肥柱花草每年可提供 5t 左右绿肥/亩，可减少有机肥投入 1t，累计节约有机肥施用成本 1.6 亿元，还可减少尿素 30kg 等化肥施用成本，累计节约 1.08 亿元。此外，压制杂草每年可节约 300 元/亩的杂草压制所需花费的农药、人力成本，累计节约成本 0.6 亿元。综合节约成本 3.28 亿元，此外，果品质量提升还可增加经济效益 4 亿元。

### 4. 技术获奖情况

作为主要技术支撑 2013 年获得农业农村部中华农业科技奖一等奖、海南省科技成果转化一等奖，2006 年获得海南省科技进步奖一等奖。

## 二、技术要点

在海南等冬季低温不明显区域可选择热研 2 号柱花草，在冬季低温较明显的广东等地区可选择热研 5 号柱花草、在炭疽病严重的区域可选择热研 10 号柱花草、在干旱较为严重的地区可选择热研 25 柱花草。此外，在不愿意刈割利用的果园还可选择一年生的有钩柱花草作为覆盖作物；

柱花草播种一般有两种方式：直播与育苗移栽。直播播种量为每亩 1kg，育苗移栽播种量为每亩 0.1kg。直播是目前生产上大面播种的主要方式，可大幅降低用工成本。

播种前要整地，起到平整地块松地的作用，并除去已有杂草，起到提高柱花草竞争力的作用。

尽量减少对主作物的负面影响，所种植的柱花草要与主作物保持一定的距离，通常种植在树冠或者滴水线以外的行间，随着种植年限的增加，也要注意适时清除影响主作物生长的柱花草。

热区土壤普遍存在缺磷的情况，要注意施用磷肥以帮助柱花草提高成活率、增强与杂草竞争力的作用，为减少用工，磷肥通常与种子混匀播种，这样做也可使种子播得更均匀。

选择雨季来临前的春夏季节播种，如果是旱季，在管理前期（一到两个月）要适度浇水并注意除杂草，以保证柱花草的成活率与覆盖度，降低杂草的竞争力。

柱花草要及时利用（一般在 80～150cm 高时刈割利用），以免柱花草底部老化、生长过高影响果树生长发育，可通过压青或者死覆盖作为绿肥施用，为主作物的生长提供有机肥。

作为多年生豆科绿肥，柱花草一年可刈割 3～5 次。刈割宜选择在雨水较多温度较高的夏秋季节，对较冷的冬季以及干旱的春季，不宜刈割；刈割要注意留茬高度（25cm 以上），不要留茬太低，否则会割掉生长点而导致柱花草死亡，也不宜留茬过高，以免造成下次刈割时下部老化生长点太高易被割掉死亡。

## 三、适宜区域

海南、广西、云南、四川、福建、广东、贵州等国内热带水果主产区。

## 四、注意事项

（1）柱花草种子有休眠特性，一般利用 80℃热水（水烧响即可，无需温度计测量）处理 3～5 分钟即可打破休眠。

（2）种子处理注意水质纯净，不要有油等，不然会发霉，不易出苗。

（3）秋季播种可有效降低除草成本，主要原因在于这时一年生杂草逐渐死亡，再加上气温较低，杂草生长缓慢。

（4）柱花草绿肥的病虫害比较少，偶尔会感染炭疽病，可通过喷打多菌灵治理。

（5）刈割后如果行间杂草过多，应该注意除草，以免影响柱花草后期生长。

**技术依托单位**

中国热带农业科学院热带作物品种资源研究所

联系地址：海南省海口市龙华区学院路 4 号

邮政编码：571101

联 系 人：郇恒福 黄冬芬 刘国道 董荣书 虞道耿

联系电话：13698944037

电子信箱：hengfu.huan@163.com

# 镉污染稻田原位钝化联合微肥调控技术

## 一、技术概述

### 1. 技术基本情况

当前我国农用地土壤环境总体状况堪忧，部分地区较为严重，其中镉（Cd）是首要控制污染物。针对我国农田 Cd 污染程度低、面积大和农田农用等特点，原位化学钝化技术具有经济、有效、快速、易操作、适用范围广等优点，比较适合我国 Cd 污染农田"边生产，边治理"的要求，应用较多的钝化材料包括石灰、硅钙类、含磷材料、黏土矿物、有机物料、生物炭等。石灰等碱性钝化材料主要通过提高土壤 pH、改变 Cd 的形态、降低土壤中有效 Cd 含量，能够一定程度降低水稻对 Cd 的吸收，但单独施用时在降低土壤 Cd 有效性的同时，也导致土壤铁、锌等元素有效性降低，影响糙米降 Cd 效果。根表铁膜是阻挡镉进入水稻体内的重要屏障，水稻根表铁膜在前期形成较少，主要在分蘖期-孕穗期形成，后期逐渐脱落，分蘖期施用铁、硒等微肥对铁膜形成的促进作用效果最好。由于水稻生长前期根系尚不发达，对外源养分和拮抗金属离子的吸收较少，而随着生育期推进，土壤溶液中拮抗金属离子的活性会不断降低，导致锌肥等微肥利用率低，故选择根系发育良好的分蘖期追施微肥，加强水稻对肥料和拮抗离子的吸收利用。进而发展了水稻基施钝化材料与关键生育期追施微肥的联合调控技术，比单独使用石灰等钝化材料，降 Cd 效果高 20 个百分点。

### 2. 技术示范推广情况

该技术已在江西省赣州市、贵溪市等地得到较大面积推广应用。

### 3. 提质增效情况

**降镉效果显著。**原位钝化技术单独应用水稻降 Cd 一般低于 50%，联合追施微肥调控技术既降低土壤有效 Cd，又增加孕穗期水溶性铁含量，有利于铁膜形成及其阻镉作用，降 Cd 效果提高 20 个百分点以上。基施/叶面喷施硒肥、锌肥、硅肥降 Cd 效果差、不稳定，联合土壤追施微肥调控技术显著提高水稻根系锌浓度，阻碍 Cd 向地上部迁移，降镉富锌实现双效。

**成本效益。**施用石灰成本为 120～220 元（亩·年），在水稻分蘖期土壤追施铁肥或锌肥等，每亩成本增加 100 元，联合调控技术成本低于 320 元（亩·年），低于湖南 VIP（低积累品种＋淹水＋pH 调控）＋n（叶面阻控等）治理技术模式的 676 元（亩·年），既可大幅度降低稻米 Cd 含量，又可挽回稻米超标带来的经济损失。

### 4. 技术获奖情况

成果《重金属超标农田和稀土尾矿地安全利用关键技术及应用》获得 2017 年度江西省科技进步奖一等奖。

## 二、技术要点

**原位钝化联合根系保护阻控技术：**在水稻种植前，每亩基施石灰等碱性钝化材料 100～

300kg（具体用量根据土壤 pH 确定，pH＜5.0 时 200～300kg，pH 5.0～5.5 时 150～200kg，pH 5.5～6.0 时 100～150kg，pH 6.0～6.5 时 50～100kg）；在水稻分蘖前期，保持土壤半湿润状态，将铁肥（农用 $FeSO_4 \cdot 7H_2O$，8kg）撒施或溶于水后均匀施入土壤，施肥 2 天后淹水至水稻乳熟期或更晚。

**原位钝化联合离子拮抗阻控技术：** 在水稻种植前，每亩基施石灰等碱性钝化材料 100～300kg（具体用量根据土壤 pH 确定，pH＜5.0 时 200～300kg，pH 5.0～5.5 时 150～200kg，pH 5.5～6.0 时 100～150kg，pH 6.0～6.5 时 50～100kg）；在水稻分蘖前期，保持土壤半湿润状态，将锌肥（农用 $ZnSO_4 \cdot 7H_2O$，5kg）撒施或溶于水后均匀施入土壤，施肥 2d 后淹水至水稻乳熟期或更晚。

### 三、适宜区域

江西、湖南、安徽等酸性中轻度镉超标水稻田。

### 四、注意事项

施基肥前 7～10d 将石灰一次性均匀撒施在土表，再及时翻耕、整田，撒施石灰时尽量避免皮肤接触，以免灼伤。铁肥或锌肥施入土壤后，保持田间淹水至灌浆末期，然后保持田间湿润灌溉，收获前晒田 1 周，为防止锌肥流失，锌肥施用后至少 3 周内不排水。

**技术依托单位**

1. 中国科学院南京土壤研究所
联系地址：江苏省南京市玄武区北京东路 71 号
邮政编码：210008
联 系 人：王兴祥
联系电话：02586881200
电子信箱：xxwang@issas.ac.cn

2. 农业农村部农业生态与资源保护总站
联系地址：北京市朝阳区麦子店街 24 号楼
邮政编码：100125
联 系 人：郑顺安
联系电话：010-59196360，13301072930
电子信箱：zhengshunan1234@163.com

3. 江西省农业生态与资源保护站
联系地址：南昌市北京西路省政府大院东二路 2 号
邮政编码：330046
联 系 人：涂香明
联系电话：13979128116
电子信箱：20478825@qq.com

# 稻田氮磷流失田沟塘协同防控技术

## 一、技术概述

### 1. 技术基本情况

水稻是我国第一大粮食作物，常年播种面积约4.5亿亩，在我国粮食安全中具有重要的地位。同时，水稻作为化肥和水资源消耗大户，化肥用量占农业用肥总量的20%，耗水量约占农业用水总量的60%～70%；稻田排水量大，水量水质波动剧烈，碳氮比低，常规技术防控效果不佳，氮磷流失问题突出，威胁生态环境安全。为此，在公益性行业（农业）科研专项、国家重点研发计划等项目支持下，经过10余年攻关，研发形成了稻田氮磷流失田沟塘协同防控技术。该技术突破了以往稻田面源污染碎片化、割裂式治理的局限，通过稻田、沟、塘整理改造，实现一体化水力联通，促进水资源循环利用，充分发挥稻田-沟-塘系统的调蓄净化能力，提高氮磷和水资源利用效率，变削减为利用、变对抗为调节、将无序无组织排放转变为有序选择性排放，有效减少氮磷流失。

### 2. 技术示范推广情况

2011年以来，先后在江苏、湖北、江西、辽宁等省建立核心示范区，被列为国家农业面源污染防治示范样板。农业农村部先后在江苏宜兴、湖北安陆示范区举办了3场全国农业面源污染防控现场观摩会，云南、湖北、江苏、河南等12省农业环保部门和50余个长江经济带农业面源污染综合治理项目县有关人员到基地参观学习。目前，该技术在全国水稻产区得到了广泛应用，取得了良好效果。

本技术先后受到新华网、农视网、新浪网、搜狐网、湖北广电、湖北卫视、湖北日报等多家媒体宣传报道。农业农村部农业生态与资源保护总站王衍亮站长2017年8月在江苏宜兴现场会上指出："田沟塘协同防控稻田氮磷流失，真正抓住了农业面源污染治理的'牛鼻子'，让人振奋，值得全面推广。"农业农村部科教司廖西元司长2017年11月率队调研湖北安陆示范区后予以高度评价："通过田沟塘相连，以水循环为抓手，让死水变活水，治理农业面源污染，农村环境变好了、人气聚集了、产业发展了。"

### 3. 提质增效情况

辽宁盘锦、湖北安陆、江西高安等示范区第三方监测评价结果表明：应用该技术后，水稻保持稳产或略有增产；泡田期和施肥期高浓度氮磷排水全部实现循环再利用，氮、磷流失量降低64%和43%以上，外排水量减少20%以上，水资源节约10%以上。此外，田、沟、塘水力连通和生态建设，还提升了区域生态功能，美化了乡村生态景观。

### 4. 技术获奖情况

尚未申报科技奖励。目前，该技术已形成1项国家农业行业标准，授权发明专利5项、登记软件著作权1项。

（1）农业行业标准：田沟塘协同防控农田面源污染技术规范（NY/T 3823—2020）。

（2）发明专利：①田沟塘一体化联合调控稻田面源污染的方法（ZL 2017 10605359.5）；

②基于稻田面源污染关键风险时期的田沟塘联合调控方法（ZL 2018 10389822.1）；③面向用户的稻田水量水质远程调控方法（ZL 2017 10605360.8）；④利用农田沟塘系统防治区域性农田面源污染的方法（ZL 2011 10006051.1）；⑤一种智慧型水作田面浅水湿地氮磷流失防控系统（ZL 2016 10643774.5）。

（3）软件著作权：稻田沟塘水位调控软件［简称：FDP Tool］V1.0(2019SR1289222)。

## 二、技术要点

### 1. 技术原理

通过简单的田间工程和闸、泵设施，将稻田、沟、塘连成一体，组成一个具有调、蓄、灌、排功能的单元。依据水稻不同生育阶段的耐淹水深和耐淹历时，通过控制田面水位，充分发挥稻田生态水库功能，减少排水；利用沟塘联合拦蓄稻田排水并生态净化；优先利用沟、塘存水灌溉；在施肥后1～2周内及泡田等氮、磷流失风险期，遇大、暴雨时，提前选择性外排低浓度沟塘存水，腾出库容，以充分拦蓄高浓度稻田排水，减少氮、磷排放。

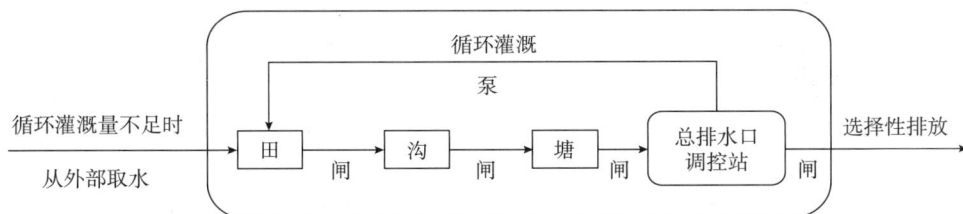

工艺流程图

### 2. 设计要求

（1）调控单元要求：调控单元由田、沟、塘组成，也可由田、沟组成，边界清晰，集中连片。依地形地势、径流流向，统一布局和建设，实现田、沟、塘水连通。沟塘总面积一般为服务稻田面积的5%～8%。

田沟塘调控单元鸟瞰图

（2）田块要求：能灌能排；田面平整，高差小于±3cm；田埂高度不低于25cm；排水口高度可调，有条件的可安装可调节溢流水闸。

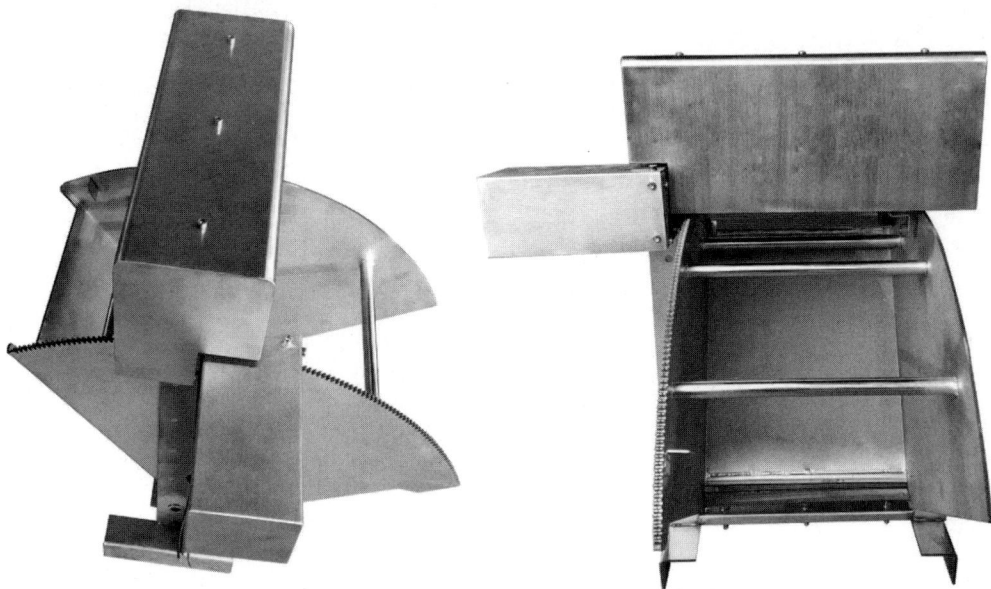

可调节溢流水闸

（3）沟、塘要求：沟、塘联合有效调蓄能力应可容纳汇水稻田30mm以上的径流水量（相当于每公顷稻田300m³）；在不影响调蓄和行洪安全前提下，可采取生态强化措施，提升沟、塘净化能力。

（4）调控站要求：在调控单元总排水口处（末级塘或末级沟尾端）设置调控站，安装水闸和水泵等调控设备，并设置旁路式溢流通道，保障设施设备安全。

**3. 操作要点**

（1）调蓄净化：节水灌溉，稻田低水位运行；降水期间，在水稻耐淹能力（由水稻不同生育阶段的耐淹水深和耐淹历时确定）范围内高水位运行，充分蓄水；当稻田必须排水时，利用沟塘拦蓄净化。

（2）循环灌溉：优先利用沟、塘存水灌溉，实现氮、磷养分及水资源的循环利用；每次取水须保留不低于10～20cm的沟塘生态水位；循环灌溉水量不足时，从外部补水。

（3）选择排放：施肥后1～2周内及泡田等风险期，当沟、塘剩余库容不足时，提前1～2天排放低浓度的沟、塘存水，腾出库容；其它非风险期稻田排水直接溢流外排。

**4. 配套农艺措施**

（1）采用测土配方施肥技术，避免过量施肥。

（2）优选缓控释肥、水稻专用肥等。

（3）基肥深施，有条件的地区可采用侧深施肥技术；追肥宜在低水位时进行，避免雨前施肥。

（4）秸秆还田，有条件的地区可种植冬季绿肥。

**5. 维护管理**

（1）及时进行沟、塘清淤，垃圾清理，植物收割，并妥善处理。

（2）建立运行管理档案记录，及时处理突发情况。

（3）沟、塘设置安全警示设施。

## 三、适宜区域

水稻产区，特别是集中连片稻区。

## 四、注意事项

在设计与建设调控单元时，应因地制宜充分利用现有沟、塘、洼地，降低建设成本。有条件时，闸、泵等设备可智能化。

**技术依托单位**

1. 中国农业科学院农业资源与农业区划研究所

联系地址：北京海淀区中关村南大街12号

邮政编码：100081

联 系 人：刘宏斌　李旭东　胡万里　潘君廷

联系电话：010-82108763，13911095956

电子信箱：liuhongbin@caas.cn

2. 湖北省农业科学院植保土肥研究所

联系地址：武汉市洪山区南湖大道18号

邮政编码：430064

联 系 人：张富林　张　亮　范先鹏

联系电话：13545036815

电子信箱：fulinzhang@126.com

3. 农业农村部农村经济研究中心

联系地址：北京市西城区西四砖塔胡同56号

邮政编码：100810

联 系 人：金书秦

联系电话：13810173603

电子信箱：jinshuqin@126.com

# 附　　录

# 农业农村部办公厅文件

农办科〔2021〕18 号

──────────────────────

## 农业农村部办公厅关于推介发布
## 2021 年农业主推技术的通知

各省、自治区、直辖市及计划单列市农业农村(农牧)、农机、畜牧兽医、渔业厅(局、委),新疆生产建设兵团农业农村局,北大荒农垦集团有限公司,广东省农垦总局:

为深入贯彻中央农村工作会议、中央 1 号文件和全国农业农村厅局长会议精神,加快农业先进适用技术推广应用,农业农村部组织遴选了 114 项农业主推技术(见附件),现予推介发布。

2021 年农业主推技术到位率将继续列入粮食安全省长责任制考核指标。各地农业农村部门要重点围绕确保粮食安全和重要农副产品有效供给,结合我部发布的农业主推技术,组织发布本地区年度农业主推技术。要充分发挥试验示范基地、科技示范主体等的引领带动作用,积极开展技术集成应用和示范展示工作。要充分调动公益性推广机构和社会服务组织的积极性,组织专家、农技人员深入开展技术指导和技术培训,推动先进技术应用到生产实际,促进农业转型升级和高质量发展。

附件:2021 年农业主推技术

农业农村部办公厅

2021 年 6 月 10 日

附件

# 2021 年农业主推技术

## 粮食增产类

1. 优质小麦全环节高质高效生产技术

2. 冬小麦宽幅精播高产栽培技术

3. 冬小麦节水省肥优质高产技术

4. 小麦两墒两水两减绿色高效生产技术

5. 稻茬小麦灭茬免耕带旋播种技术

6. 稻茬麦秸秆还田整地播种一体化机播技术

7. 小麦绿色智慧施肥技术

8. 杂交稻暗化催芽无纺布覆盖高效育秧技术

9. 籼粳杂交稻优质高产高效栽培技术

10. 水稻叠盘出苗育秧技术

11. 水稻"三控"(控肥、控苗、控病虫)施肥技术

12. 北方寒地水稻机插同步侧深施肥技术

13. 玉米品种互补增抗生产技术

14. 玉米控释配方肥免追高效施肥技术

15. 玉米密植高产全程机械化生产技术

16. 西南山地玉米黑膜覆盖控草集雨抗旱栽培技术

17. 马铃薯绿色高效栽培技术

18. 旱地黑色地膜马铃薯垄上微沟栽培技术

19. 小麦机械化收获减损技术

20. 水稻机械化收获减损技术

21. 玉米机械化收获减损技术

## 油料增效类

22. 大豆带状复合种植技术

23. 黄淮海夏大豆高质低损机械化收获技术

24. 黄淮海夏大豆免耕覆秸机械化生产技术

25. 米豆轮作条件下大豆高产栽培技术

26. 油菜精量联合播种与广适低损高品质收获技术

27. 长江流域油菜密植增效种植技术

28. 玉米花生宽幅间作技术

29. 花生单粒精播节本增效栽培技术

30. 夏花生免膜播种机械化技术

31. 芝麻节本增效机械化播种技术

## 特色产业类

32. 西北内陆棉区"宽早优"绿色高质高效机采棉生产技术

33. 黄河流域棉花生产全程机械化增产技术

34. 设施茄果类蔬菜优质绿色简约化栽培技术

35. 非耕地日光温室蔬菜有机生态型无土栽培技术

36. 高光效日光温室蔬菜绿色生产技术

37. 旱作区苹果高品质栽培技术

38. 梨树液体授粉节本增效技术

39. "一改二精三高"鲜食葡萄高效栽培技术

40. 哈密瓜露地优质绿色高效轻简化栽培技术

41. 设施高品质生食果蔬生态基质无土栽培稳产技术

42. 茶园化肥减施增效生产技术

43. 茶园农药减量增效生产技术

44. 蚕豆全程机械化生产技术

45. 燕麦宽幅匀播栽培技术

46. 旱作谷子全程机械化栽培技术

47. 甘薯机械化栽插与碎蔓收获技术

48. 食用菌菌棒自动化高效生产技术

49. 甘蓝类蔬菜全程机械化生产技术

50. 露地蔬菜无人化作业生产技术

51. 木薯宽窄双行起垄种植及配套全程机械化技术

## 绿色防控类

52. 水稻病害"一浸两喷"精准防控技术

53. 稻田抗药性杂草"早控—促发"治理技术

54. 稻田杂草群落消减控草技术

55. 二点委夜蛾绿色防控技术

56. 葡萄果实病害绿色防控技术

57. 猕猴桃细菌性溃疡病"三位一体"精准防控技术

58. 利用寄生蜂防治椰心叶甲技术

59. 水果内部病害的田间减控与采后精准无损筛查技术

60. 梨蜜蜂授粉与病虫害绿色防控技术

61. 甘薯病毒病综合防控技术

## 耕地质量提升类

62. 玉米秸秆覆盖保护性耕作技术

63. 东北地区玉米秸秆集中深还田快速改土培肥技术

64. 旱作土壤秸秆错位轮还全耕层培肥技术

65. 耕地土壤重金属关键障碍降控技术

66. 寒区黑土地保护性耕作技术

67. 东北黑土区旱地肥沃耕层构建技术

68. 健康耕层构建技术

69. 土壤熏蒸消毒技术

70. 南方稻田豆科绿肥与稻草联合利用养地减肥技术

## 健康养殖类

71. 玉米豆粕减量替代技术

72. 畜禽抗生素减量替代技术

73. 奶牛精准饲养技术

74. 优质苜蓿青贮加工与饲喂利用技术

75. 放牧绵羊母子一体化养殖技术

76. 肉羊标准化饲养管理技术

77. 肉鹅规模化高效生产技术

78. 单作苜蓿田季节性套作青贮玉米种植技术

79. 规模养殖母猪定时输精批次生产技术

80. 混播草地划区轮牧技术

81. 高青贮日粮均衡营养技术

82. 漏斗形池塘循环水高效养殖技术

83. 池塘鱼菜共生循环种养技术

84. 稻田生态综合种养技术

85. 池塘养殖水质调控与尾水生态治理技术

86. 海水池塘养殖尾水生态治理技术

87. 对虾工厂化循环水高效生态养殖技术

88. 池塘工程化循环水养殖技术

89. 鱼虾混养生态防控技术

## 畜禽防疫类

90. 种畜场口蹄疫免疫无疫控制技术

91. 非洲猪瘟常态化防控技术

92. 奶山羊布鲁氏菌病区域净化技术

93. 生猪养殖机械化防疫技术

94. 规模化鸡场消毒技术

## 增值加工类

95. 冷鲜肉减损保鲜物流关键技术

96. 奶产品三维评价技术

97. 玉米种子精细高效规模化加工技术

98. 切花采后运销综合保鲜技术

99. 橡胶树省工高效采胶技术

100. 玉米全株青贮裹包机械化技术

101. 全株玉米青贮质量评价技术

102. 高水分苜蓿青贮技术

# 生态环保类

103. 北方地区秸秆捆烧清洁供暖关键技术

104. 畜禽粪便就近低成本处理利用集成技术

105. 村镇有机废弃物高效清洁好氧发酵技术

106. 分散式农业废弃物能源化利用技术

107. 畜禽粪便纳米膜好氧发酵堆肥技术

108. 秸秆基料化循环利用技术

109. 农业废弃物食用菌基质化利用技术

110. 黄土高原旱作果园雨水集蓄根域补灌技术

111. 玉米无膜浅埋滴灌水肥一体化技术

112. 热带果园间作柱花草提质增效技术

113. 镉污染稻田原位钝化联合微肥调控技术

114. 稻田氮磷流失田沟塘协同防控技术